王中华 著

我是溪山旧主人

武夷山古代旅游史

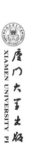

厦门大学出版社
XIAMEN UNIVERSITY PRESS
国家一级出版社
全国百佳图书出版单位

图书在版编目（CIP）数据

我是溪山旧主人：武夷山古代旅游史 / 王中华著
. -- 厦门：厦门大学出版社，2024.6
ISBN 978-7-5615-9271-7

Ⅰ．①我… Ⅱ．①王… Ⅲ．①武夷山-旅游业-经济
史 Ⅳ．①F592.9

中国国家版本馆CIP数据核字(2024)第017924号

责任编辑　林　灿
责任校对　杨木梅
美术编辑　蒋卓群
技术编辑　朱　楷

出版发行　厦门大学出版社
社　　址　厦门市软件园二期望海路 39 号
邮政编码　361008
总　　机　0592-2181111　0592-2181406(传真)
营销中心　0592-2184458　0592-2181365
网　　址　http://www.xmupress.com
邮　　箱　xmup@xmupress.com
印　　刷　厦门市金凯龙包装科技有限公司

开本　　720 mm×1 000 mm　1/16
印张　　26.25
插页　　2
字数　　400 千字
版次　　2024 年 6 月第 1 版
印次　　2024 年 6 月第 1 次印刷
定价　　99.00 元

厦门大学出版社
微信二维码

厦门大学出版社
微博二维码

题　记

我是溪山旧主人，归来鱼鸟便相亲。

一杯与尔同生死，万事从渠更故新。

——（南宋）朱熹

目 录

绪　论 /001

　　一、"旅游"概念的相关研究及其定义的阐明　/001

　　二、历史上的巡游、仙游与宦游　/004

　　三、关于中国古代旅游史的研究　/009

　　四、意义和价值　/012

第一章　远古先民的悬棺遗存　/014

　　一、丹霞上的悬棺　/014

　　二、悬棺的主人　/015

　　三、悬棺葬的原因　/019

　　小　结　/021

第二章　汉代的武夷君祭祀　/023

　　一、汉武帝的"求仙"与"祀神"　/023

　　二、关于汉武帝祭祀武夷君的分析　/027

　　三、历史上对武夷君的质疑　/036

　　四、关于武夷君的猜想及结论　/038

　　五、闽越国的兴亡　/041

　　小　结　/043

第三章　魏晋南北朝的发现武夷　/044

　　一、信仰空间的转变　/044

二、道教神仙谱系的建立　/052

三、山水审美的开启　/055

四、武夷山的发现　/056

小　结　/060

第四章　隋唐五代的空间建构　/062

一、神仙空间的建构　/063

二、神权空间的建构　/074

三、道教宫观的建构　/074

四、神话传说的建构　/077

五、初步的流传　/081

小　结　/086

第五章　北宋神仙谱系的完善与仙赏旅游的开始　/087

一、北宋王朝的崇道活动　/088

二、"幔亭招宴"的传说与武夷山神仙谱系的完善　/092

三、冲佑观之国家宫观地位的确立　/095

四、武夷山游赏活动的初步展开　/100

五、仙凡混合的仙赏时代——以李纲为例　/112

六、建茶与武夷山　/123

小　结　/131

第六章　南宋人文主义旅游的兴起与演进　/132

一、武夷山冲佑观影响的扩大　/133

二、"闲境"武夷刘子翚　/137

三、朱熹对武夷山人文主义旅游的启蒙　/141

四、朱熹影响下的武夷山旅游现象之兴发　/154

五、山林神仙白玉蟾的游居武夷　/164

六、人文主义旅游的扩大和继续　/177

小　结　/190

第七章　仙凡并举的元代旅游　/191

一、仙游思潮的回归　/192

二、人文主义的继续　/199

三、山水审美时代的到来　/202

四、棹歌唱和的新格调　/206

五、文人的栖居　/208

小　结　/210

第八章　明代前期旅游的重启　/211

一、明代前期的游居与宦游现象　/212

二、旅游的重启　/219

小　结　/223

第九章　明代中期空间多样性的充分发展　/224

一、洞天福地的旅游与葬蜕事件　/225

二、人文圣地的文化旅游　/235

三、桃花源空间意象与旅游　/244

四、审美胜地的旅游体验　/247

五、武夷山旅游新现象　/253

小　结　/263

第十章　明代后期古代旅游的巅峰　/264

一、自觉的超级旅游者　/265

二、旅游时空的扩大与转向　/284

三、桃花源里的栖居　/289

四、审美主导的时代　/294

五、神仙空间的余韵　/300

小　结　/307

第十一章　清代前期人文主义的主导与旅游的新气象　/308

一、远道而来的游者　/309

二、栖居的游者　/319

三、人文主义主导地位的最终确立 /322

四、日益衰微的神仙之音 /336

五、武夷山旅游的新发展 /338

小　结 /349

第十二章　乾隆南巡与武夷山 /350

一、清初对理学的重视 /350

二、康熙、乾隆的南巡 /352

三、乾隆的武夷情结 /353

小　结 /366

第十三章　武夷山：中国古典山水依恋的典范 /367

一、中国人空间优先的思维方式 /367

二、西方哲学的空间转向 /371

三、中国人的山水依恋现象 /376

四、武夷山：中国古典山水依恋之典范 /380

小　结 /387

结语　武夷山旅游史研究的启发与反思 /389

一、原真性与异化 /389

二、建构与尊重 /391

三、山水与景观 /393

四、旅游本质之反思 /394

参考文献 /396

后　记 /409

绪　论

　　武夷山地处福建省西北部,历来是福建进出内地的交通要道,属于典型的丹霞地貌,有罕见的自然美景。武夷山历史悠久,人文荟萃,集天下名山、福地洞天和道南理窟于一身,是中国历史上久负盛名的文化名山之一,在中国旅游版图中占据着不可或缺的重要地位。

　　到目前为止,相对于其他著名的风景名胜区,学界对武夷山旅游史的研究,尚未全面系统地展开,本书希望能够从历史的角度,认识武夷山古代旅游形态的演绎、旅游空间的变迁及其原因,希望能够为区域旅游史,尤其是福建旅游史的研究,做出有益的尝试。以下就与本书相关的专业概念及研究状况,作简要说明。

一、"旅游"概念的相关研究及其定义的阐明

　　旅游是一种普遍的人文现象,它既是文化的,也是经济的;既是中国的,也是世界的。但旅游现象的发生与发展,却存在很大的区域和文化差异,因此对它的理解和研究,也必然存在跨文化差异。长期以来,国内外关于"旅游"定义的研究,就存在较大的分歧,笔者也曾经参与对这一问题的讨论和研究。

　　大致说来,国内外学术界关于"旅游"的定义,主要有两种倾向:一种是"综合现象说",另一种是"属性说"。

　　在国外学术界,大部分印欧语系的定义,偏向于"综合现象说"。这些定义普遍认为,旅游是人们在惯常环境与非惯常环境之间的"圆周运动",同时也特

别强调了由于人的圆周运动而带来的"结果"，即由此所引起的一切现象和现象的总和，包括相关的服务、设施、产业、行业等，也包括由此而引起的各种社会现象，如交际、教育、研究等。这些观点往往把"旅游"看作一个宏大的系统，或一系列"关系"和"作用"的总和。印欧语系学术界普遍存在的"综合现象说"，发端于1942年瑞士学者亨泽克、克拉普夫对"旅游"的定义，也是旅游科学专家国际联合会（AIEST）定义的来源，在国内外学术界有广泛的影响，这里不详述。

但是，经过我们的研究，发现英文"tourism"与汉语"旅游"的内涵，实际上存在着较大的差异，两者是不能直接对译的。① 具体而言，英文的"tourism"主要是指人的"圆周运动"，这是一个普遍的、广泛的"类现象"，它几乎包含了所有的人员流动事象。② 国际上著名的学者，以及主要旅游组织关于"旅游"的定义，都是依据这一内涵而产生的。但基于这一内涵的"综合现象说"，忽略了"人"的特殊性，却又强调行为的"结果"，从而导致"旅游"内涵的泛化，这就给旅游学概念体系的构建造成诸多困惑，因此也受到国内一些学者的质疑。③

"属性说"主要是以判断行为过程的属性或本质为主要内容的定义，判断的主要依据是"人"的特殊性，比较符合汉语社团的思维习惯，因此"属性说"在国内讨论的比较多。然而，定义的研究主要是判断某一"类现象"的共同特征，至于它的属性或本质是什么，则需要进一步研究，并不一定属于定义本身要完成的任务，这是20世纪八九十年代逻辑学界达成的共识。事实上，不同的研究者往往从不同的角度得出不同的"旅游"的属性或本质，而关于"旅游"定义的分歧，却越来越多。

笔者在前人研究的基础上，认为旅游是人的"圆周运动"的一种，与其他圆周运动一样，"旅游"同样具有时间的"短暂性"和空间的"异地性"这样的显著

---

① 但长期以来，无论是学界还是官方或媒体，都是直接翻译并引用的。

② 王中华：《"旅游"定义研究的语言困境及其突破思路》，《旅游论坛》2014年第3期。

③ 曹诗图、郑宇飞、黄蓉：《旅游概念的哲学辨析》，《地理与地理信息科学》2006年第4期；王敬武：《对旅游艾斯特定义的质疑》，《北京工商大学学报（社会科学版）》2009年第1期。

特征。但与其他同类圆周运动不同的是,旅游是"以游为目的的旅",应该突出对人的"特殊性"的判断。而英文的"tourism"恰恰忽略了人的特殊性,因此"tourism"的实际内涵,正是广义上的人的"圆周运动"。与"tourism"在内涵上最接近的汉语词语,是"旅行"而不是"旅游"。我们要研究的"旅游",是"以游为目的"的"旅行",只是"旅行"的一部分。

基于此,我们以主体、时间、空间三者的特殊性为判断的主要依据,对"旅游"作以下定义:

旅游是指人们自觉地到非惯常环境做短暂停留的行为过程。①

这里,有必要对上述定义作以下几点说明:

第一,武夷山古代旅游史的阐述和相关的研究,是基于上述"旅游"的内涵而展开的。

第二,这里的"旅游",是最小公约的"旅游",是"元概念"的"旅游",它仅仅是指人们出于自觉的那一类"圆周运动"。至于由于人的此类活动而产生的各种结果,如与此相关的服务、设施、产业、行业,进而又产生的相关交际、教育、研究等,都是在这类活动的基础上产生的派生现象,可以进一步概括为"旅游服务""旅游产品""旅游设施""旅游产业""旅游学"等派生概念,这是一个由小到大、由元概念到派生概念的逻辑展开过程,而这里所谓的最小公约的"旅游",即元概念的旅游,正是这个逻辑的元始起点。

第三,人的"自觉性",是"旅游"不同于其他类"圆周运动"的主要特征。在现实生活中,人们常常会离开自己的惯常环境,到非惯常环境做短暂的停留,然后又回到自己的惯常环境,这是一种广泛而普遍的"圆周运动"现象。但有些圆周运动是出于"惯常环境的必须"而进行的,比如人们到异地参加会议、探亲、比赛、就医,以及各种专门的出差、参加商务活动等,都属于此类圆周运动。它们虽然也是人的异空间圆周运动,但受到惯常环境的驱动和制约,是人们惯常生活的必须和延续,并且这类圆周运动的目的地(非惯常环境)往往是确定

---

① 王中华:《"旅游"定义研究的逻辑反思及其内涵的再认识》,《旅游论坛》2014 年第 5 期。

的、唯一的、不可更改的。比如人们到异地参会、比赛、参加商务活动、探亲、就医等，此类活动的目的地是确定的，是不可选择的。换言之，在这类圆周运动中，人们的惯常环境与非惯常环境之间，是一对一的"必然对应关系"。

而相比之下，"旅游"与上述这些圆周运动最大的不同，恰恰就在于人们离开自己的惯常环境是"自觉的"，不仅不受惯常生活、工作的驱动与制约，反而总是与惯常生活、工作之间，呈现"反向意动"的关系。因此，所谓的"自觉"，是指人们离开自己惯常环境的动机是自觉的、主动的，不受惯常环境的驱使和限制，异地的空间是可以自由选择的。换言之，在"旅游"类的圆周运动中，旅游者的惯常环境和他们所选择的非惯常环境之间，是一对多的"或然对应关系"。

第四，"伴随旅游"是允许的。上述关于"旅游"的定义，是"旅游"现象发展到一定阶段，逐渐成为独立现象之后，必然产生的类现象界定。但这一界定，并不排斥之前曾经发生的，或正在发生的"伴随旅游"现象。比如，人们赴非惯常环境参加必要的商务、会展、宗教、体育等活动的同时，利用空闲时间，就地顺便游览、参加休闲等非事务性活动。我们当然可以将这类活动看作旅游的一部分，但有必要明白这只是一种"事务性旅行+旅游"的现象，是"伴随旅游"现象，或者说这是一种事务性旅行过程中的"短途旅游"现象，而不宜将人们全部的异地事务性旅行视为"旅游"，如把人们在异地参加商务活动、体育比赛或就医等直接视为"旅游"，显然是不合适的。

二、历史上的巡游、仙游与宦游

事实上，人类早期的旅游现象，往往是伴随着他类异地的旅行而展开的，随着社会经济的发展和人们审美意识的觉醒，当外在空间逐渐成为独立的审美对象时，旅游才成为一种独立的现象，并逐渐发展起来。这个过程，在中国历史上表现得尤为突出。早期的旅游，总是伴随着帝王贵族的巡游、方士道人的仙游，以及文人士大夫的宦游等异空间活动展开。

（一）巡 游

所谓"巡游"，是指古代帝王在"巡狩"活动中的巡行和游历活动。《孟子·梁惠王》说："天子适诸侯，曰巡狩。巡狩者，巡所守也。"[①]可见，"巡狩"是古代帝王对地方诸侯国的巡视，是中央对地方的一种管辖方式，属于国家的政治活动，也是中国古代礼乐制度的一部分。然而，这种政治性的"巡狩"活动，超越帝王贵族的惯常环境，难免使他们对异空间产生审美情结，也使得这种政治活动常常带有"游"的色彩，因此也被称作"巡游"。如秦始皇、汉武帝等的巡游活动，及其封禅泰山、祭祀名山大川等，都是以政治为主要目的，不能直接将"巡游"视为"旅游"。但也不能排除，在这些政治活动中，帝王贵族会被异空间所吸引，从而产生具有审美性质的游览现象。

东汉建武三十二年(56 年)，汉光武帝刘秀封禅泰山，随从马第伯所撰写的《封禅仪记》，是这样描绘当时封禅场景的：

> 仰望天关，如从谷底仰观抗峰。其为高也，如视浮云；其峻也，石壁窅窱，如无道径。遥望其人，端如竹（行）朽兀，或为白石，或雪。久之，白者移过树，乃知是人也……仰视岩石松树，郁郁苍苍，若在云中。俯视溪谷，碌碌不可见丈尺。遂至天门之下，仰视天门，窔辽如从穴中视天。[②]

这里看不出任何严肃的政治气氛，反倒像一篇优哉游哉的纪游散文，因此很多研究者认为，这是中国历史上第一篇山水游记。王立群先生还认为，马第伯的《封禅仪记》在"实践上第一次突破了自然神秘论的迷障，揭示了大自然的美……传统的宗教大典中出现了对自然美的欣赏——山水从神的祭坛降临到了人间"。[③] 可见，帝王封禅的政治活动，能够起到对异空间审美的诱导作用。也可以说，其中包含着伴随旅游现象。

---

①　（清）焦循：《孟子正义》（上），沈文倬校，北京：中华书局，1987 年，第 122 页。

②　（清）秦蕙田：《五礼通考》卷 49，清文渊阁四库全书本，第 36 页 b～37 页 a。

③　王立群：《中国古代山水游记研究》，北京：中国社会科学出版社，2008 年，第 37 页。

尽管先秦时期早已有天子巡游现象，但真正开始大规模、长时间、远距离的帝王巡游，还是在秦汉时期。秦始皇是帝王巡狩天下制度的真正开创者，他一统天下之后，在位 12 年，有 5 次大规模的天下巡游。汉武帝执政 54 年，各种形式的巡游 30 多次，较大规模的也有 4 次。在他们的影响下，秦汉时期帝王巡游成为一种常见的政治活动，宣扬天子德威、安抚天下民心等政治目的占主导地位。秦汉是中国古代史上帝王巡游的第一个高峰期。

经历南北朝分裂之后，重新实现国家统一的隋唐帝王，踌躇满志，再次兴起大规模的巡游活动。隋炀帝曾 8 次大规模巡游，其中 3 次下江南，规模宏大。唐太宗也曾多次试图封禅泰山，因魏徵阻挠而未能如愿。但他的继任者唐高宗、武则天、唐玄宗等的巡游活动却十分频繁，既有以游览为目的的大规模游历活动，也有封禅、视察等政治性巡行活动。北宋时期，由于受周边民族政权的威胁，少有大规模的帝王巡游活动，但宋真宗为粉饰太平，借机封禅泰山也颇为典型。总之，唐宋时期，是中国古代帝王巡游的第二个高峰。从整体上看，这一时期的巡游，政治目的仍占据主导地位，同时也出现很多以游览为目的的巡游活动，这在客观上推动了中国古代旅游的发展。

至清朝前期，康熙和乾隆两位皇帝把中国古代的帝王巡游演绎到极致，他们着意于巡游天下，分别先后六下江南，固然有稳定统治的政治目的，但游览的意图也比较明显，尤其是乾隆的巡游。清代前期的帝王巡游现象，进一步推动了古代旅游的发展，也在客观上反映了中国古代旅游的繁盛。需要指出的是，乾隆皇帝一直对武夷山情有独钟，倾心向往，这也是武夷山古代旅游发展至巅峰的一个标志，后文对此有专门的研究和叙述。

（二）仙游

"仙游"是指人们出于对成仙的渴望，通过建构神仙世界，并试图到达这个神仙世界，与神共游，或寻求仙药，以实现长生不老、成仙升天愿望的活动。"仙游"是中国古代特有的社会文化现象，它源自人们为摆脱人生困境、超越有限生命，而渴望永恒的精神现象。

战国中后期，庄子创造了真人、神人、至人等理想人格，并使他们逍遥游于

"四海之外""逍遥之虚""无极之野""无何有之乡"等无边无际的精神空间,试图以此引导人们超越自我有限性而实现精神自由。屈原的《离骚》《远游》等篇,则描绘了人神共游的宏大场景,反映了人们向往神仙世界的仙游愿望。这些思想倾向,对人们的异空间审美起到一定的诱导作用,但仍属于精神的遨游,尚不能表现为真实的空间移动。战国末期至秦汉初期,神仙思想在社会各阶层十分盛行,由于长生不老思想的驱动,齐燕方士鼓吹东海有蓬莱、方丈、瀛洲等仙岛,趋之可得不死之方,于是战国末期的齐燕诸侯,以及后来的秦皇、汉武等帝王,纷纷派人远赴东海求仙问药,是为仙游之始。

无论是庄子创造的精神空间,还是秦汉方士鼓吹的神仙世界,对大多数人来说,都是遥不可及的。但是,到了汉末魏晋时期,人们渴望的神仙空间逐渐从遥不可及的东海仙岛和西方昆仑,转向泰山、华山、首阳山等可望、可及的现实空间,这是中国人精神空间的一次重要转向。此一时期,道教思想家也开始提出新的空间建构理论,把神仙世界从遥不可及的东海仙岛和西方昆仑,拉回到人间。

唐宋时期的道教理论家继续建构和完善道教的神仙空间,具体地说,即"十大洞天""三十六小洞天""七十二福地"等"福地洞天"空间建构理论的落实。此时道教理论家所建构的神仙世界,已经与人们可望、可及的"天下名山"相互重合,名山胜水的仙游之旅成为可能,因而也变得更加普遍起来。加之,唐宋朝廷对道教的特殊关照,仙游现象在唐宋时期有较大的发展。

纯粹以长生、成仙为目的的仙游,应当属于宗教现象,但历史上很多文人墨客,甚至方士道人,他们虽然对福地洞天的神仙世界充满向往之情,但对神仙羽化、长生不老却保持理性的态度。所以,他们在福地洞天的漫游、栖居等活动,也常常伴随着对山水的游览和审美,留下大量的诗篇和遗迹,这些行为现象具备旅游的特征,人们习惯地将他们的漫游、栖居活动统称为"仙游",其中也蕴含着旅游的成分。然而,仙游现象总是与道教的宗教信仰密切相关,随着人文主义思潮的兴起与发展,道教神仙思想必然受到冲击。明代中期以后,仙游现象渐趋衰微。

实际上,武夷山古代旅游的兴起与发展,与地方道教的发展和兴盛是密不可分的。这里有大量的"神仙"遗迹和神话传说,也有著名的道教神学家游仙活动。武夷山在唐代被列为道教三十六小洞天之"第十六升真玄化洞天",武夷山"冲佑观"在宋代是全国著名的国家宫观之一,地方神仙谱系得到朝廷的认可和推崇,武夷山仙游现象达至巅峰。历代文人墨客,旅游伴随着仙游,仙游伴随着旅游,留下大量的诗篇、游记,是武夷山旅游现象的一部分,后文也将分章节逐步阐述。

(三)宦游

在中国古代,"宦游"的含义十分广泛,多指官吏的为官生涯,有时也有官场零落的寓意。现代有学者将"宦游"定义为,"中国古代历朝官吏奉帝王派遣,为执行一定的政治、经济、军事任务出使各地"。[①] 这是广义的宦游概念,它沿袭了古代宦游的含义。但依据这一定义,"宦游"的主要内涵应当属于历史学、政治学的范畴,并没有涵盖旅游学的内涵。本书认为,刘德谦先生提出的"宦游"是一种类似"伴随旅游"的说法,是很有道理的。[②] 基于此,本书采取了狭义的"宦游"定义,即它是指与公务相关的赴任、随行、游说、拜谒、公使、流亡、致仕等的游历、游览活动。宦游是中国古代史上另一种突出的旅游文化现象。

中国自商周时期就有完备的官制,秦汉时期强化中央集权,郡县制代替分封制,官僚群体随之扩大。隋唐开始,科举制代替九品中正的选官制度,大量的寒门士子有机会参与国家政治活动,官僚阶层进一步扩大。宋代特别重视文人士大夫,不断完善科举制度,增加考试频次和录取人数,文人士大夫阶层空前扩大,并逐渐形成稳定的文人群体和文人意识,这一趋势延续至明清时期。

文人士大夫是宦游的主体,也是中国古代旅游的发现者和引领者。文人士大夫往往是各自时代的政治、思想和文化精英,他们对宇宙、社会和人生往

---

① 马勇:《旅游学概论》,北京:高等教育出版社,1998 年,第 38 页。
② 刘德谦:《先秦旅游活动初探》,《旅游论坛》1986 年第 3 期。

往有独到的见解。加之,中国古代的驿站制度十分完善,有完善的官员供给制度,士大夫游历过程中,各地驿站会提供车马、食宿之便,有的还提供导游、道路维护等服务。因而士大夫在赴任和旅行的过程中,得意时,"春风得意马蹄疾,一日看尽长安花"(孟郊);失意时,"官闲不计程,遍上南朝寺"(刘禹锡);苦闷时,"但令身健能强饭,万里只作游山看"(陆游)。他们往往因寄所托,放浪形骸,遨游山水,吟诗作赋,形成中国历史上乃至世界文化史上独特的宦游文化现象。

然而,宦游终究与公务活动密切相关,常常受到公务的羁绊,因而不能随心和自由。古人也称宦游为"薄游",发出宦游"不畅"的感叹。随着宦游现象的增多,也会增加地方的财政负担。明代中期之后,随着社会经济的发展和审美意识的觉醒,文人士大夫逐渐意识到宦游的局限性,独立的旅游普遍成为人们的理想,远距离、长时间的旅游活动也多了起来。

武夷山地处福建西北与江西的交界处,历来是福建文人赴内地宦游的交通要道。资料显示,福建的文人仕宦,从沿海一带,沿闽江逆流而上,或经浦城,过仙霞岭,经浙江至于内地;或经武夷山,过大安驿,越过分水关,经江西赴赴内地。从外返闽亦然。这些文人仕宦在宦游途中经过武夷山,绝大多数都会停留游览,并留下大量的诗篇游记,这些资料是本书的核心依据。可见,宦游是古代旅游的一种形式,它不断丰富旅游现象并带动地方旅游发展。

当然,除了帝王巡游、道人仙游和文人宦游之外,中国古代史上的相关旅游现象还有很多,表现出丰富的多样性。比如文人的漫游、学游、云游等,以及后来真正成为独立现象的旅游,更是我们要关注和研究的对象,是武夷山古代旅游史的主线,这里不一一赘述。

三、关于中国古代旅游史的研究

一般认为,民国时期江绍原先生的《中国古代旅行之研究》(商务印书馆,1935 年)是中国古代旅游史研究的开山之作。20 世纪 90 年代至 21 世纪初的这一段时间,是中国古代旅游史研究成果集中呈现的一个时期。

这一时期,出现一批中国旅游史的专著,如章必功的《中国旅游史》(云南人民出版社,1992 年),王淑良、张天来的《中国旅游史》(旅游教育出版社,1998 年),郑焱的《中国旅游发展史》(湖南教育出版社,2000 年),以及彭勇的《中国旅游史》(郑州大学出版社,2006 年)等。这些专著的出版,在中国旅游史研究的体例、内容,以及旅游发展的基本线索、类型、特点等方面,做了很多系统性、开创性的工作,为后期中国旅游史的研究奠定了基础。

与此同时,区域旅游史、旅游断代史和旅游产业专门史的研究,也涌现可喜的成果,如黄家城的《桂林旅游史略》(漓江出版社,1998 年)、向玉成的《乐山旅游史》(巴蜀书社,2005 年)等具有代表性的地方旅游史专著,还有郑向敏的《中国古代旅馆流变》(旅游教育出版社,2000 年)等旅游产业专门史研究专著。前述这些成果,为本书的展开提供了宝贵的方法和范式借鉴。

毋庸讳言,以今视之,早期的旅游通史研究,是在旅游学基础理论准备不够充分、研究范式不够统一的情况下展开的,导致出现一些重要概念的争议较大、研究对象比较泛化、内在逻辑不能完全自洽等问题。比如有些研究,存在把"旅行"当"旅游"的泛化问题,将中国古代史上的外交使节活动、宗教朝圣现象,甚至军事远征都纳入古代旅游的范畴,研究对象泛化的问题时有出现。有些研究,把古代思想家的伦理思想、哲学思想,直接视为旅游思想,容易遮蔽人们对真正旅游现象和旅游思想的正确认知。相信随着旅游学基础理论研究的深入,以及基本概念体系的完善,中国旅游史的研究一定能够取得进一步的成果。

关于中国古代旅游文化的研究也取得了丰硕的成果。第一,出现一批关于中国游记史、山水诗赋研究的专著。[①] 例如梅新林、俞樟华的《中国游记文学史》(学林出版社,2004 年),王立群的《中国古代山水游记研究》(中国社会科学出版社,2008 年),夏咸淳的《明代山水审美》(人民出版社,2009 年),吴海

---

① 台湾地区学者在这方面的研究更早一些,比如陈素贞的《宋代山水游记研究》(花木兰文化出版社,1960 年)、萧淑贞的《魏晋山水纪游诗文之研究》(台湾学生书局有限公司,1964 年),以及许东海的《山水田园诗赋与士人心灵图景》(新文丰出版股份有限公司,2004 年)等。

庆的《江南山水与中国审美文化的生成》(中国社会科学出版社,2011年)等。这些研究,大多是从其他学科如文学、哲学、美学方面研究中国古代旅游的历史,给人们提供了比较新颖的角度。上述研究成果中有很多关于"旅游""游记"等相关概念的界定,从跨学科的角度,给中国旅游史的研究提供了有益的参考。第二,出现一批旅游断代史和旅游文化、旅游审美等专门的旅游研究优秀博士论文。例如王福鑫的《宋代旅游研究》(2006年),张翠爱的《两宋休闲词研究》(2009年),郭本厚的《六朝游文化视野中的山水诗研究》(2010年),吴艳萍的《南朝山水文研究》(2011年),周军的《清代旅游地理研究》(2011年),章辉的《南宋休闲文化及其美学意义》(2013年),李莉的《春秋战国旅游活动的历史文化考察》(2013年),杨昱的《"游":魏晋山水审美内涵研究》(2014年),贾雁飞的《论北宋山水文章》(2014年),丁庆勇的《唐代游记文学研究》(2014年),夏淼的《魏晋南北朝游览诗研究》(2015年),王明道的《晚明游记文学的多维度研究》(2015年),俞红艳的《明代西湖游记研究》(2016年),郑鹏的《宋代游记地理、游观与知识探索研究》(2018年),等等。很显然,中国古代旅游史的研究群体正在扩大,研究范畴正在向纵深层面发展。

武夷山作为中国久负盛名的文化名山和旅游目的地,相比于其他地区,在区域旅游史研究方面,还是比较薄弱的。武夷山旅游史的研究,亟待系统、深入地展开。本书是以武夷山为研究对象、以其古代旅游史为核心研究内容,是中国旅游史的一部分。研究资料主要来源于两个方面:一是实证资料,二是文献资料。实证资料主要是指武夷山风景名胜区现有的古代旅游遗址、遗存、摩崖题刻等,从中提炼不同时代的旅游信息和旅游者的行为特征。文献资料主要包括三个方面:第一,《四库全书》中关于武夷山旅游的相关诗赋、游记、书信等文献资料;第二,现存各本《武夷山志》中关于武夷山旅游的文献资料,主要包括劳堪①《武夷山志》(明万历九年,1581年)、徐表然②《武夷山志》(明万历

---

① 劳堪(1529—?),字任之,号道亭,又号庐岳,江西德化人。嘉靖三十五年(1556年)进士,万历间曾任福建左布政使、福建巡抚等。

② 徐表然,字德望,崇安人。

四十七年,1619 年)、衷仲孺①《武夷山志》(明崇祯十六年,1643 年)和董天工②《武夷山志》(清乾隆十六年,1751 年)等;第三,现当代关于武夷山旅游史研究的文献资料。

四、意义和价值

这是一次系统化研究和叙述武夷山旅游史的尝试。相对于其他著名的风景名胜区,到目前为止,对武夷山旅游史的研究,尚未全面系统地展开。本书从历史演变的角度,较为清晰地认识和阐释武夷山旅游形态的演绎,旅游空间的变迁及其原因,希望能够为区域旅游史的研究做一点有益的尝试。

武夷山古代旅游史是中国古代旅游史的一部分,是旅游学基础理论的组成部分。它以武夷山个案为例,以"解剖麻雀"的方式,探讨旅游发展的规律,有一定的旅游学价值,具有从特殊到一般的理论研究意义。

本书从旅游学的视角,发掘武夷山旅游文化资源,发现武夷山旅游景观发展、旅游空间变迁、旅游审美特征等旅游历史现象和规律,以史为鉴,为本地区文化旅游资源的开发提供借鉴,以期能够将当代旅游发展与区域历史文化资源综合考量,以免由于历史文脉断裂而导致文化资源开发的偏颇,以及旅游发展定位的偏移。

"旅游"是以空间审美为主导的行为方式,其核心是人与外在空间的关系问题,古今中外并无二致。旅游史的研究,在某种程度上就是研究人与外在空间关系模式嬗变的历史。通过对古代人们与武夷山这个山水空间交往关系嬗变的研究,不仅为进一步发掘本地区历史文化资源提供参考,而且有助于人们从更深层次认识旅游现象及其一般规律,希望能够对现有的旅游实践产生积极意义。本书相关研究的展开,也有助于进一步探讨中国古代旅游思想发展的理论框架和理论边界,有助于把握中国古代旅游现象的普遍规律。

---

① 衷仲孺,字稺生,崇安人。工诗善书,明末以荐授平远令。
② 董天工(1703—1771 年),字村六,号典斋,崇安人。

　　晚明士人陈继儒[①]在他的《卧游清福编叙》中，曾经提及"山游之难"。他说，"非夙具灵根者，不能游"，"非有胆智者，不能游"，"非捷如猿鸟而顽如樵牧者，不能游"，"非精爽壮旺而好奇者，不能游"。并且说"纪游"也很难，虽然具备了条件，但终究"纠于俗务，顿于老病，左于非时，甚则兴尽者才尽，才尽者山川之秀亦尽，而游不必记、记不必文者多矣"。[②] 虽然旅游的人很多，但真正能够书写诗赋，抒发旅游情感体验的人却很少，能写游记的人更是少之又少。陈继儒的说法是符合事实的，真正能够留下纪游诗文的自然是少数。然而，正如我们所看到的，武夷山历史上给我们留下大量的诗赋、游记、石刻、方志等旅游文献资料，这些都是武夷山古代旅游发展的见证与标志，是武夷山乃至中国古代旅游史上极为珍贵的旅游学、文化学、人类学资料，它们蕴含着古代旅游者的审美、情感和旅游信息。本书通过对武夷山现有旅游文献的整理、甄别和研究，把握它们所包含的旅游学信息，分析它们所反映的旅游者行为特征、旅游思想意义、旅游时代变迁等内涵，希望能够以此为武夷山现代旅游的发展提供历史文化的参考和支撑，以助人们更多地了解武夷山本有的、丰富的旅游文化历史内涵，提升本地区的旅游品位，提升区域旅游的文化竞争力和文化影响力。

---

　　① 　陈继儒(1558—1639年)，字仲醇，号眉公，松江华亭人。明代著名画家、书法家、文学家。

　　② 　(明)陈继儒：《卧游清福编叙》，载丁允和、陆云龙编：《皇明十六家小品》，北京：书目文献出版社，1997年，第1073页。

第一章
远古先民的悬棺遗存

悬棺葬是武夷山早期文化现象之一,武夷山是世界悬棺文化的发源地。悬棺遗存也是武夷山世界文化与自然遗产的重要组成部分,它是某种已消失文明的特殊见证。丹霞上的悬棺,与武夷山旅游的前世今生有天然的关联,武夷山的神话传说、宗教建构、仙赏游览等与旅游史相关的现象和问题,无不与此有千丝万缕的联系。

一、丹霞上的悬棺

武夷山的丹霞地貌,是福建西部丹霞地貌的一部分,在地质上属于几千万年前的红色砂砾盆地堆积物,经过长期的沉积作用,形成坚硬的岩石层。在第三纪喜马拉雅造山运动中,地势抬升,导致该岩层断裂。至第四纪再次抬升,呈块状分布。经过长期的风化、侵蚀、崩塌等作用,逐步形成现在的奇峰、石柱、岩洞、悬崖等地貌特征。[1]

在丹霞峰林峡谷之间,有一条溪流蜿蜒而过,这就是著名的九曲溪。在九曲溪两岸的悬崖峭壁上,散布着很多形态各异、大小不一的石洞,这些石洞距地面较远,不易被察觉。其中的一些石洞安置着古老的悬棺。据董天工《武夷山志》记载,"函共二十有余"[2]。又据1977年崇安县文化馆和厦门大学考古

---

[1]　林文龙:《福建丹霞地貌及其旅游资源》,《福州师专学报》1994年第2期。

[2]　(清)董天工:《武夷山志》卷19,《古迹》,武夷山市市志编纂委员会整理,北京:方志出版社,1997年,第605页。

学专业师生的野外考察，武夷山的丹霞岩洞中仍然可见悬棺遗迹（包括虹桥板）的地方，有莲花峰（白崖洞）、鼓子峰、大藏峰、小藏峰、玉女峰、大王峰、白岩（金猪栏）等，认为"其数字远远超过十六具"①，与董天工的记载大致相当。

据考察，悬棺一般长3～5米，上下套合，两头微翘，呈船形，大都用整棵楠木凿成，棺身千年不坏。因其形状呈船形，武夷山的历史文献多称之为"仙船""架壑船"等，现代考古学家据此把悬棺统称为"架壑船棺"，这是比较恰当的。

武夷山是我国已发现悬棺葬时间最早的地方。据考古学者的碳14测定，武夷山观音岩棺木"距今约3840±90年"②，结合随葬品、形制，考古学者认为，"武夷山悬棺葬的盛行年代，大体相当于商代晚期、西周至春秋以及战国早期"③。同时还发现，棺内有竹席、细棕、龟形木盘，以及丝、棉等物，其中的棉制品为我国发现最早的棉纺织品实物。悬棺的制作，显然使用了刨、凿、砍、锯等技术工序，人们据此判断悬棺产生的时代已经使用金属工具。

悬棺葬是我国古代南方少数民族的一种独特民俗文化现象，考古学的研究表明，它起源于武夷山，而后分别向两个方向扩散，向西经江西至我国西南地区，如湖南、广西、四川等地，向东南至广东、台湾等地。④ 武夷山是悬棺葬民俗文化的发源地，这里的悬棺遗址，是已消失的中国南方某种文明的特殊见证，也是联合国教科文组织世界遗产委员会将武夷山确定为世界文化与自然遗产地的重要依据之一。

二、悬棺的主人

悬棺的主人是谁，他们从哪里来，到哪里去，为什么要采取这种安葬方式，也即远古时期武夷山先民的族属等问题，是武夷山的千古文化之谜，历来争论

---

① 福建省崇安县文化馆、厦门大学历史系考古专业：《福建崇安县架壑船棺调查简报》，《厦门大学学报（哲学社会科学版）》1978年第4期。

② 福建省崇安县文化馆、厦门大学历史系考古专业：《福建崇安县架壑船棺调查简报》，《厦门大学学报（哲学社会科学版）》1978年第4期。

③ 林忠干：《武夷山区悬棺葬遗存再研究》，《东南文化》1990年第3期。

④ 欧潭生、卢美松：《试论闽族及其考古学文化》，《南方文物》1991年第1期。

不休,很多考古学家、文化学者和民俗学者都参与其中。目前来看,主要有几种说法,如越族说、越人武夷族说、无余君后裔说、古闽族说、彭祖部落说等。

严格地说,这是一个严肃的考古学和文化学课题,需要科学的考古依据和缜密的历史逻辑及相关资料的相互印证,才能展开进一步的研究,以得出可靠的结论。遗憾的是,不仅相关的资料十分缺乏,而且笔者在这些领域的知识和能力都十分有限,本不应该涉及这一问题,但是由于丹崖上的悬棺,与武夷山旅游的前世今生有着天然的关联,武夷山的神话传说、宗教建构、仙赏游览等与旅游史相关的现象和问题,无不与此有千丝万缕的联系。因此,这里把有关的主要研究成果,做一个简要的介绍,也斗胆略谈一下自己的看法。

（一）越族说

1978年,厦门大学考古专业师生在《福建崇安县架壑船棺调查简报》中指出,船棺反映当地人以水为家的水上生活方式,应当是古代的越族,是为"越族说"。[①]

蒋炳钊先生对越族说进行了详尽的论证。他在《略谈福建崇安武夷山的架壑船棺》一文中认为,今天福建地方的远古先民,先秦文献均以"百越"称之,最早见于《吕氏春秋·恃君览》中的"扬汉之南,百越之际"。颜师古注《汉书·地理志》也曾说,从会稽南部到今天的越南北部,"百粤杂处,各有种姓"。直到西汉,司马迁《史记·东越列传》才出现"闽越"一词,主要指福建一带的越族。可见,闽越是百越的一支,"武夷山船棺的主人应该是属于越族的范围"。[②]

这种说法有较为充分的文献依据,同时也有船棺及随葬实物相互印证,而越族的一支范围比较广泛,应该没有太大的问题。

（二）越人武夷族说

在蒋炳钊先生提出"越族说"的同时,辛土成先生则进一步认为,于越被楚

---

① 福建省崇安县文化馆、厦门大学历史系考古专业:《福建崇安县架壑船棺调查简报》,《厦门大学学报(哲学社会科学版)》1978年第4期。

② 蒋炳钊:《略谈福建崇安武夷山的架壑船棺》,《厦门大学学报(哲学社会科学版)》1978年第4期。

国打败后,有两支南迁:一支"滨于江南海上",即加入"闽越";另一支"走南山",所谓"南山",按叶国庆先生的考证,"应是指浙江南部和福建北部的某些山区"①,恰好与架壑船棺分布相吻合。辛土成先生又结合习俗以及后世关于武夷山的神话传说,提出"无疆曾孙'亲'再次被楚打败后,其中有个叫武夷君的人率领着一部分于越人,迁居于武夷山,与原来居住于这一带的越人结合在一起"。"这就是现存武夷山架壑船棺的主人","它是'百越'中没有见于史籍的一个支族,我们不妨叫它为武夷族"。②

"武夷族"的说法过于具体,他们的首领是否叫"武夷君",推测的成分多了一些。

(三)无余君后裔说

石钟健先生依据关于武夷山悬棺的考古简报和相关文献资料,对上述问题展开了进一步的讨论。他在《论武夷山悬棺葬的有关问题——武夷君是谁和武夷山悬棺葬式的开始时代》一文中,一方面肯定了厦门大学考古专业师生关于武夷山悬棺年代的主要结论,同意越族说;另一方面,在此基础上,结合《越绝书》和《吴越春秋》中关于越族祖先"无余君"的资料,以及历史上关于"武夷君"传说的记载,从民俗文化的角度,提出武夷山悬棺的主人是越国的创立者"无余君",这里的先民都是无余君的后裔,这一说法的影响比较广泛。

石钟健进一步提出,"武夷山之阳的建溪流域,乃是越人部落的一个中心",越人部落"在这里从事农业和狩猎",后来"以无余君为首领的部落终于脱颖而出,成为一个最有号召力的越人大部落"。大禹建国后,来到会稽,会盟四方,"无余君"前去朝拜,被推为越族部落的首领,后来又建立越国,开国称王。大禹死后,葬会稽。无余君以越族部落首领的身份,为大禹守陵。石钟健进而写道:

――――――――――

① 叶国庆、辛土成:《西汉闽越族的居住地和社会结构试探》,《厦门大学学报(哲学社会科学版)》1963年第4期。

② 辛土成:《关于武夷山"架壑船棺"若干问题的探讨》,《厦门大学学报(哲学社会科学版)》1978年第4期。

越王无余君死后，由于他在越人中拥有较高的道德威望，按照越人当时的祖先崇拜观念，他的子孙臣民把他悬葬在距离会稽西南七八百里的武夷山，因为那里曾经是他的原始居地；到了后来，他的子孙臣民便也按照他的悬葬法式，继续在这里实行悬棺葬。这就是武夷山最早的悬棺葬，也就是历史悠久的武夷山悬棺葬的由来。[①]

上述关于"武夷君就是无余君"的说法，是比较勉强的。首先，没有明确资料证明无余君率领越人在武夷山一带兴起和发展，推测的成分较多。其次，生活在尧舜禹时代的无余君，虽然在时间上与武夷山悬棺的早期时代比较接近，但无余君的封地是在浙江会稽，表明其政治、宗教活动中心应在会稽一带。最后，他能够为大禹守陵，表明他和他的族人也基本属于大禹文化圈，大概率认同入土为安的葬俗，他的后人也应该为他选择在大禹陵附近土葬，而不是从浙江会稽运到七八百里之外的福建武夷山悬棺而葬，在远古时代，两地之间远隔崇山峻岭，不仅没有交通上的便利，而且也不符合基本的逻辑。更不用说，他的继承者也都要采取这种方式，葬在武夷山的悬崖之上。因此，在缺乏充分考古依据的情况下，无余君就是武夷君的说法，只能是一种猜想。但我们也不能排除无余君的一支后裔来到武夷山，继续尊崇他们的祖先无余君，使得这里被称为武夷山。这是武夷山之名可能的来源之一。

彭适凡在此基础上进一步推论，武夷山悬棺葬的主人是古代越人的一支，即"于越"族人。[②] 与上述说法基本属于同一种观点，请参考相关文献，这里不一一赘述。

（四）古闽族说

林忠干、梅华全在《武夷山悬棺葬年代与族属试探》一文中提出，武夷山悬

---

① 石钟健：《论武夷山悬棺葬的有关问题——武夷君是谁和武夷山悬棺葬式的开始时代》，《思想战线》1981 年第 1 期。

② 彭适凡：《论武夷山地区悬棺葬制的族属——兼及其年代》，《江西师范大学学报（哲学社会科学版）》1988 年第 2 期。林华东等认为是"于越一支"，大致都属于同一类观点。

棺葬的主人是"闽濮"①,认为武夷山就是《礼记·夏官》中所记的"七闽"之地,是《山海经·海内南经》所记的"闽在海中"之闽。所以,其族属应为"古闽族的一支"②。

也有人提出,武夷先民是彭祖及其后裔,这种说法源自南宋白玉蟾对武夷山神仙谱系的新建构,与远古先民的悬棺遗存没有关系,更不足为考古的依据,这里不再赘述。

综合来看,大部分学者认为,中国南方悬棺葬的主人应该是古代越人的一支,他们以渔猎为生,传承着沿水而居的生活方式。悬棺族人及其习俗发源于闽江中上游流域,分别向西、向东南两个方向传布。从这个意义上讲,武夷悬棺的族属是古代越人一支的说法较为合适,至于后来这里被称作闽,认为是闽族一支的说法,也没有太大问题。

三、悬棺葬的原因

其实,安葬先辈是人类文明的重要标志之一,是人类精神生活不可或缺的一部分,任何葬式都是一定民族、一定时期生活方式的必然反映。武夷山的远古先民为什么把逝去的亲人安葬在悬崖峭壁之上,这一直是人们探讨的热点问题。

目前,比较流行的观点认为,大部分的悬棺以船为形制,反映了人们试图通过渡船的方式把灵魂带回故乡,或者说这些悬棺是人们把逝者的灵魂"送往天堂的超度船"。③ 也有学者认为,悬棺葬选择在临水高山,是因为古代先民往往对高山产生敬畏心理,幻想那里是"天神上帝"和"百鬼"所居之地,或通天之路,将逝去的亲人安葬在那里,就可以让他们像天神那样居住其间,"更重要

---

①　林忠干、梅华全:《武夷山悬棺葬年代与族属试探》,《民族学研究》1982年第2期。
②　林忠干:《武夷山区悬棺葬遗存再研究》,《东南文化》1990年第3期。
③　郑德坤:《沙捞越考古观感——由考古学看华人开发沙捞越的历史》,《南洋文摘》1967年第3期。

的是使之易于皈附于神仙天国"。①

　　虽然这些流行的观点看起来有一定的合理之处，但通过对相关资料的整理，以及对武夷山悬棺文化的考察，笔者认为，所谓"超度""灵魂""天神""上帝"，乃至"神仙天国"，都是后世才有的宗教神学观念，而上述观点实际上是以后世的观念推测远古居民的葬俗，显然不妥。因此，应简单地从先民的生活方式和朴素的精神信仰出发，来考察悬棺葬的原因。

　　从空间地理的角度看，大部分悬棺葬遗存都分布在沿江、沿溪地带，武夷山作为悬棺葬的发源地更是这样，这是悬棺葬文化的普遍空间地理特征，说明这些先民可能就居住、生活在水上，他们主要的生产方式可能是以渔猎为主。居于水上，最重要的生活、生产工具当然就是船。先辈去世之后，以船形棺材安葬，与当时人们物质生活的状态与技术能力的边界相吻合。现代人容易由"船"联想到"渡"，因而就认为古代先民是希望通过船棺来超度先辈的灵魂，这些观点有过度臆测的嫌疑。我们知道，以农耕生活为主的先民往往有一个相对稳定的生活空间，因而更多地采取土葬的方式，比较方便祭祀和守护先辈的灵魂。而渔猎民族的生活空间则不太稳定，可能会因季节或气候的变化、变迁而远走他乡，因而在悬崖峭壁之上安葬先辈，就成了比较合理的选择。当然，我们也不能排除其中可能包含着人们对先辈曾经的穴居、巢居空间依恋的精神因素。

　　可见，悬崖峭壁不一定是通往神灵所居之地的天路，也可能只是远古先民保护先辈灵魂的一种适当方式而已，悬棺而葬是渔猎部族一种相对安全和安心的葬法。加之南方气候湿润，尸骨容易腐烂，悬崖峭壁常年通风无雨，遗骸不易腐化，这可能也是当时人们选择这种葬式的原因之一。

　　唐代张鷟的《朝野佥载》记载，有一个被称为"五溪蛮"的民族，就是采取悬棺葬的方式。张鷟是这样记载的：

　　　　父母死，于村外合其尸，三年而葬，打鼓路歌，亲属饮宴、舞戏一

　　月余日，尽产为棺，于临江高山半腰，凿龛以葬之，自山上悬索下柩，

---

　　① 林蔚文：《闽赣川黔地区崖棺葬几个问题的比较研究》，《考古与文物》1988 年第 2 期。

弥高者,以为至孝,即终身不复祠祭。初遭丧,三年不食盐。[1]

这可能是我国古代南方悬棺葬民俗在唐代的遗存,尽管其中突出了后世"孝"的观念,但也不难看出远古先民悬棺葬的一些特点,如"五溪蛮"的名称表明这可能是游居水上、以渔猎为生的部落族群;[2]悬棺葬的空间特征是临江、临水,高山洞穴之中;观念意识则认为越高越好,置办悬棺要尽其所有;民俗特征是采取宏大的安葬仪式之后,终身不复祠祭;技术要素则是从上而下,悬索下柩。至于三年而葬悬棺,应为骨骸而非尸体,这样也比较轻便,更符合古代的技术条件。上述资料应该保留了很多上古时期悬棺葬的文化基因。

小　结

《山海经·海内南经》说,"闽在海中,其西北有山"[3],这里的山可能就指今天的大武夷山脉。发源于武夷山脉的闽江,集建溪、富屯溪、沙溪等支流自西向东汇入东海。在商周时期,闽江中上游的建溪等支流,生活着一个古老的越族部落。部落先民以渔猎为生,常年居于水上,他们以建溪上游的武夷山九曲溪一带为主要生活区域,有时也会因季节和气候的变迁而游居于其他水域。部落先民选择在所居水域的丹霞悬崖洞罅安葬先辈,是他们生活和生产方式及其朴素精神信仰的反映。从悬棺的制作、形制以及悬棺葬的方式和规模来看,部落族群的规模很大,其生产力水平与内地基本一致,有一定的社会分工,并可能形成一定的社会组织和统一的信仰。由于是古越人的一支,他们或许

---

① (唐)张鷟:《朝野金载》卷2,《五溪蛮》,清文渊阁四库全书本,第14页b。

② 在古代,中国南方一直存在着水上游居而生的族群。明代中期,李东阳奉命巡视湖南,看到当地有他称为"浮居户"的居民,因感水上风高浪急,作诗《浮居户》呼吁其民回归陆上,诗云:"江南人家船为屋,白发长年水中宿。生男不识徒步劳,生女赤脚随波涛。江湖东西货贵贱,朝游楚州暮吴县。满帆四面往复还,慎勿恃尔凋朱颜。江头昨夜风浪恶,胡不归来种田乐?归来无田生亦足。"参见(明)李东阳:《怀麓堂集》卷91,《文续稿一·南行稿》,清文渊阁四库全书本,第21页b～22页a。这里李东阳所谓的"浮居户",以船为屋,常年居于水上,游走往复而无定居,是古代渔猎民族的遗存。

③ 《山海经》卷10,(东晋)郭璞注,清文渊阁四库全书本,第1页a。

保留着对无余君的崇拜和信仰。

战国中后期,闽越国兴起,建溪上游一带成为闽越国的一部分,融入闽越的历史进程。部分渔猎族人依然保持着传统的生活、生产方式,向东、西两个方向传播和发展。秦统一之后,百越之君,皆委命下吏,秦朝于闽地设闽中郡,地方归于一统。秦汉之际,闽越国复立。后来西汉王朝册封闽越国,武夷山在闽越国范围之内,今天武夷山城村的汉城遗址即闽越国的重要遗存。公元前110年,西汉中央政府派兵灭掉闽越国,迁其地居民往江淮一带。武夷山只留下寂寞的悬棺高卧在丹霞峭壁间,一任夕阳西下、九曲东流。大约500年后的魏晋时期,人们来到这里,发现此地"悬棺数千",是仙人葬处,乃"地仙之宅"。

那么新的问题又来了,《史记》载汉武帝曾经"派使者"祭祀和朝圣"武夷君",为何转眼之间,风云变幻、反目成仇? 武夷君是谁,汉武帝又为何要祭祀武夷君? 这些都是武夷山旅游史上无法绕过的问题。

第二章
汉代的武夷君祭祀

　　毫无疑问，武夷君是武夷山历史上最具特色、最有影响的一位尊神。有关武夷君的话题，几乎伴随着武夷山旅游史的全过程。然而，武夷君究竟是什么神，汉武帝为什么要祭祀武夷君，而之后将近五六百年的时间，又为何没有任何关于武夷君的文献记载。这些问题历来众说纷纭，有些是望文生义，有些是断章取义，有些是主观臆测，也有些则充满疑惑。

　　这是一个宏大但又不得不关注的问题。因此，这里专门开辟一章，以汉武帝祭祀武夷君为中心，探讨一下汉武帝祭祀武夷君的来龙去脉，以及汉代与武夷山历史相关的问题。这里所展开的研究，只是初步的探讨，以期学者批评指正，以及对相关问题的进一步关注与讨论。

一、汉武帝的"求仙"与"祀神"

　　最早记载汉武帝祭祀武夷君的文献，主要是《史记》卷十二的《孝武本纪》和卷二十八的《封禅书》，两处关于祭祀武夷君的相关文字没有差别，这里以《史记》卷十二的《孝武本纪》为据。

　　公元前141年，16岁的刘彻即皇帝位，但太史公对这位少年天子的第一印象，却是"孝武皇帝初即位，尤敬鬼神之祀"①。接着，《史记》连载三个事件

―――――――――――――

　　① （西汉）司马迁：《史记》卷12，《孝武本纪》，载《二十五史》，上海：上海古籍出版社，1986年，第50页。

来说明这一观点。一是汉武帝采纳李少君的求仙之方，派人赴东海求仙问药。二是听从薄诱忌的建议，祭祀"泰一"等神。三是接受无名方士的建议，祭祀黄帝、武夷君等八位尊神。《史记》围绕上述事件，对汉武帝敬鬼神的目的、地点、方式等，都有详细的记载。

（一）李少君的求仙之方

西汉元光三年（前 132 年），汉武帝在上林苑遇到传说中的神人"李少君"。李少君为获得汉武帝的信任，先是"匿其年"，即隐瞒自己的年龄。也许是汉武帝想测试一下李少君，就指着一尊"故铜器"，问李少君有关铜器之事。李少君答曰："此器齐桓公十年，陈于柏寝。"汉武帝派人查看铜器上的刻字，果然是齐桓公的器物。于是，"一宫尽骇，以少君为神，数百岁人也"。李少君居然认出齐桓公时期的铜器，并准确地说出它陈列的位置，整个宫廷十分惊骇，众人都以为李少君至少是齐桓公时期的人，当然是"数百岁"的神人了。

紧接着，神人李少君便宣称自己"能使物及不死"，能够"使物"以及"不死"，正好符合当下这个"尤敬鬼神"天子的心理需要。李少君十分明白这一点，在获得充分信任之后，便向汉武帝进献他的"不死之方"：

> 祠灶则致物，致物而丹砂可化为黄金。黄金成，以为饮食器则益寿，益寿而海中蓬莱仙者可见。见之以封禅则不死，黄帝是也。臣尝游海上，见安期生，食巨枣大如瓜。安期生，仙者，通蓬莱中，合则见人，不合则隐。[1]

据李少君向汉武帝进献黄帝的"不死之方"，即通过祭祀灶神，获得丹砂，丹砂又化为黄金，用黄金做成饮食器可以使人长寿，长寿就可以到蓬莱仙岛遇见仙人"安期生"，见到安期生则可以封禅，而后就能够实现不死为仙了。李少君还向汉武帝讲述他在蓬莱仙岛的亲身经历。李少君说，他看到了仙人安期生，"食巨枣大如瓜"，但又说安期生是不会随便见人的，"合则见人，不合则隐"。

---

[1] （西汉）司马迁：《史记》卷 12，《孝武本纪》，载《二十五史》，上海：上海古籍出版社，1986 年，第 50 页。

遗憾的是,向天子进献"不死之方"的"神人"李少君,不但没有像他宣称的那样长生不老,反而很快却因病而死。《史记》载,"居久之,李少君病死,天子以为化去不死也"。已经入迷的汉家天子以为李少君是"化去不死",仍然按照他的指引,派人赴东海蓬莱求见仙人"安期生",结果当然是"莫能得"。没有见到吃枣大如瓜的安期生,但汉武帝却并未因此醒悟,反而认为这是李少君所谓的"不合则隐"。

(二)薄诱忌的祭神之方

虽然没能如愿见到仙人安期生,李少君的"不死之方"并没有实现,但众多方士却因此看到了"生意",蠢蠢欲动。《史记》记载,"海上燕齐怪迂之方士,多相效,更言神事矣"。燕齐方士纷纷效仿李少君,争相向天子进献新的"不死之方"。

其中,受到汉武帝重视的是薄诱忌进献的"祠泰一方"。《史记》载:

> 亳人薄诱忌奏祠泰一方,曰:"天神,贵者泰一,泰一佐曰五帝。古者天子以春、秋祭泰一东南郊,用太牢具,七日,为坛开八通之鬼道。"[①]

薄诱忌建议要祭祀的神是"泰一",因为泰一神是天神之贵者,能辅佐五帝,古代天子也以春、秋两季祭祀泰一。祭祀地点在长安城的"东南郊",以"太牢具"为祭品,设坛而七日为祭,目的是"开八通之鬼道"。

不难看出,薄诱忌关于祭神的建议,与李少君的求仙之方已经有了明显的不同。李少君代表着东海求仙药的通仙路径,而薄诱忌则不再主张远赴东海这样的神仙空间祈求仙方,而采取就近设坛祭祀最高尊神的方式,以获得"通鬼"之道。我们可以称前者为"求仙"模式,后者为"祭神"模式。当然,"求仙"与"祭神"的最终目的都是汉武帝个人所渴求的长生不老,但其路径已经发生了重大变化,活动的空间从东海蓬莱仙岛,转换到都城长安的东南郊。同样,

---

① (西汉)司马迁:《史记》卷12,《孝武本纪》,载《二十五史》,上海:上海古籍出版社,1986年,第50页。

盼长生心切的汉武帝也立刻采纳了薄诱忌的建议：

> 于是，天子令太祝立其祠长安东南郊，常奉祠，如忌方。①

汉武帝命令祠官"太祝"在长安东南郊设立"泰一祠"，按照薄诱忌的建议，常规性地祭祀泰一神。此后，又有人向汉武帝建议，除了泰一神，还要祭祀天神和地神。汉武帝也都一一照做：

> 其后，人有上书言："古者天子，三年一用太牢具，祠神三：一天，一地，一泰一。"天子许之，令太祝领祠之于忌泰一坛上，如其方。②

应该指出的是，这次祭祀三神的方式是"三年一用太牢具"，地点依然是长安东南郊的"泰一坛"。而这里的"如其方"，意即按照建议人所提议的方式。

依据上述资料，我们不妨认为，汉武帝追求长生不老的过程，大致经历了两个阶段：第一阶段是听取李少君的建议，到东海蓬莱求见仙人安期生，按照李少君的说法，这是黄帝的成仙之路，即所谓的"求仙"模式。第二阶段是听取薄诱忌的建议，在长安东南郊设坛祭祀"泰一"神。后来，又有人建议增加天神和地神，即所谓的"祭神"模式。"求仙"模式是空间优先的模式，就是必须到神仙空间中去，见到神仙方可有效。而"祭神"模式则以祭祀对象为中心，神所居的空间并不重要，如前述对泰一等神的祭祀，都统一安排在长安东南郊的泰一坛。同时，两种模式所尊奉的对象，也由"仙"转为"神"。相对而言，"神"比"仙"更具超越性和普遍性。

那么，对武夷君的祭祀，采取了哪种路径，武夷君的神格是什么，下面将重点讨论。

---

① （西汉）司马迁：《史记》卷 12，《孝武本纪》，载《二十五史》，上海：上海古籍出版社，1986 年，第 50 页。

② （西汉）司马迁：《史记》卷 12，《孝武本纪》，载《二十五史》，上海：上海古籍出版社，1986 年，第 50 页。

二、关于汉武帝祭祀武夷君的分析

据《史记》记载，接下来又有人提出了新的祭神建议，"武夷君"位列其中：

> 后人复有上书，言"古者天子，常以春、秋解祠，祠黄帝用一枭、破镜，冥羊用羊，祠马行用一青牡马，泰一、皋山山君、地长用牛，武夷君用干鱼，阴阳使者以一牛"。令祠官领之，如其方，而祠于忌泰一坛旁。①

基于前文，这应当属于"祭神"模式。关于这次"祭神"活动，该如何理解，如何诠释，千百年来，众说纷纭。这里为解开武夷君之谜，依据《史记》相关的文献注解，分别从目的、倡议者、地点、礼制、祭品等方面，对汉武帝的这次祭祀活动，逐条展开分析。

（一）目的

关于汉武帝祭祀武夷君的目的，历来有很多种说法。大部分人认为，汉武帝尊奉武夷君，是为了缓和与南方越族政权之间的关系。那么，汉武帝祭祀武夷君的目的究竟是什么，这是我们首先要弄明白的问题。

石钟健在《论武夷山悬棺葬的有关问题——武夷君是谁和武夷山悬棺葬式的开始时代》一文中提出："正是由于中央封建王朝对百越地方政权的镇压，因而引起各地越人的反抗，越巫勇之提出恢复武夷君的祠庙祭祀一事，也反映了越人的反抗心理状态。迫于越人的潜在势力，汉武帝终于同意所请，恢复武夷君的祠庙，在祭祀时，允许按照越人的传统礼仪，'用干鱼'。"②石钟健认为，汉武帝祭祀武夷君的目的，是中央政府为缓和与南方越人政权之间紧张的政治关系。

---

① （西汉）司马迁：《史记》卷12，《孝武本纪》，载《二十五史》，上海：上海古籍出版社，1986年，第50～51页。

② 石钟健：《论武夷山悬棺葬的有关问题——武夷君是谁和武夷山悬棺葬式的开始时代》，《思想战线》1981年第1期。

我们不妨将上述观点称为政治目的说。由于人们容易将汉武帝祭祀武夷君与平定闽越国的事件联系起来，因而政治目的说的影响很大，很多人认同这一观点。

但如前文所述，汉武帝"初即位，尤敬鬼神之祀"，于是盲目听信李少君，派人赴东海求仙药，企图长生不老。无果之后，又采纳薄诱忌建议祭祀泰一神，以"开八通之鬼道"。显然，这两次活动的目的都是汉武帝个人对长生不老的追求，与国家政治关系不大。而后面的两次祭祀，只是增加了祭祀的对象，一次增加了天神和地神，另一次就是把祭祀对象范围扩大到包括武夷君在内的八位尊神，虽然没有直接说明后两次祭祀的目的，但不难推测，也是汉武帝为"开通鬼道"，以求长生不老。如果说祭祀武夷君是为了缓和同南方越人政权之间紧张关系的话，那么，同时被祭的还有黄帝、冥羊、泰一、阴阳使者等其他七位尊神，该如何解释其政治目的，却又成了新的难题。

（二）倡议者

我们看到，《史记》并未说明包括"武夷君"在内八神之祭的倡议者是谁。从目前的文献来看，最早将"武夷君"与武夷山联系起来的是唐代历史学家司马贞。[①] 他在《史记索隐》中这样写道：

> 顾氏按：《地理志》云，建安有武夷山，溪有仙人葬处，即《汉书》所谓武夷君。是时，既用越巫勇之，疑即此神。今按：其祀用干鱼，不飨牲牢，或如顾说也。[②]

司马贞在解释"武夷君"的时候，将顾野王《地理志》中记载的武夷山与汉武帝祭祀的"武夷君"联系起来，但他并不十分肯定，只说"疑即此神"，"或如顾说也"。司马贞还注意到祭祀武夷君的用品是"干鱼"而不飨牲牢，以及宫中还

[①] 司马贞（679—732年），字子正，河内人。唐代史学家，开元中官至朝散大夫，弘文馆学士，著有《史记索隐》三十卷。

[②] （西汉）司马迁：《史记》卷28，《封禅书》，载《二十五史》，上海：上海古籍出版社，1986年，第175页。

任用越巫"勇之"。后世人们普遍认为,汉武帝祭祀的武夷君就是武夷山之神,是从司马贞的上述推测开始的。

但我们也注意到,与司马贞同时代的道教茅山宗师司马承祯[1],著有《天地宫府图》一书,将道教洞天福地的神仙空间建构落到实处,其中他把武夷山列入"三十六小洞天"的第十六"真升化玄天"(升真玄化洞天)。按照司马承祯的说法,每个洞天都有一位地仙"治之",但武夷山的地仙是"真人刘少公"而不是"武夷君"。司马承祯是当时道教最著名的代表人物,可谓熟知天下名山,他所建构的洞天福地神仙谱系并未提及武夷君,也就是说,他没有将武夷君与武夷山联系起来。这至少从一个侧面表明,司马贞的说法在当时并不普遍,只是他自己的推测而已。

汉武帝时期,确实有个越巫叫"勇之"。不过,根据前述资料可知,汉武帝曾先后听取李少君和薄诱忌的建议,但涉及祭祀武夷君等神的时候,《史记》并没有说明其倡议者是谁,如果确实是越巫"勇之",太史公没有必要不加以说明。与此同时,《史记》却明确记载了由越巫"勇之"建议的另一场祭祀:

> 元封元年……南越越人勇之乃言:"越人俗信鬼,而其祠皆见鬼,数有效。昔东瓯王敬鬼,寿至百六十岁,后世谩怠,故衰耗。"乃令越巫立越祝祠,安台无坛,亦祠天神、上帝、百鬼,而以鸡卜。上信之,越祠鸡卜,始用焉。[2]

元封元年,即公元前110年,正是汉武帝平定南越国的第二年。《史记》明确记载"勇之"是"南越越人",说明勇之可能是在平定南越之后来到都城的,而祭祀武夷君发生在此之前,约公元前132年之后的一段时间。从内容上看,勇之所建议的祭祀,也是为了长寿,只不过祭祀的对象和祭品发生了变化,但勇之所列的天神、上帝和百鬼,并未提及武夷君。

---

[1]　司马承祯(639—735年),字子微,法号道隐,自号白云子,河内温县人。道教上清派第十二代宗师。

[2]　(西汉)司马迁:《史记》卷12,《孝武本纪》,载《二十五史》,上海:上海古籍出版社,1986年,第50～52页。

可见,认为越巫"勇之"建议祭祀武夷君的说法也是不可靠的。根据前文,李少君、薄诱忌等都是燕齐之人,效仿他们的人,同样也是"海上燕齐怪迂之方士"的可能性更大一些。

（三）地点

北宋初年的《太平寰宇记》,最早称武夷山为"汉祀山"。[①] 之后有些武夷山纪游文字也称,在武夷山幔亭峰下有"汉祀亭""汉祀台"等遗址,似乎在向人们表明,汉武帝的确派使者来到武夷山祭祀武夷君,地点就在武夷山幔亭峰下,这已经是历史的一部分。这里,有必要专门针对汉武帝祭祀武夷君的地点,展开进一步的讨论。

根据《史记·封禅书》的记载,汉武帝首次祭祀武夷君等神的活动,应该发生在公元前 132 年至公元前 110 年之间的一段时间,而公元前 110 年正是汉武帝平定闽越国的时间。换言之,汉武帝最早祭祀武夷君发生在闽越国的后期。我们知道,此时的闽越国实际上处于半独立的状态,与中央政府的政治关系是比较紧张的。如果这个时候,汉武帝派使者到武夷山祭祀武夷君,当然是一件重大的政治事件,《史记》是不可能不予记载的。

另外,当时京城长安与武夷山之间,远隔万水千山,派遣使者到武夷山来祭祀武夷君,在地理交通上也是一件不大可能实现的事。据班固《前汉书》记载,汉武帝建元三年（前 138 年）,淮南王刘安听说朝廷在议论准备平定南方诸越之事。于是他长篇大论,向汉武帝进言,劝说中央政府不要做出用兵闽越的决策。刘安的理由很多,这里列举几条,以供参考：

> 臣闻越非有城郭邑里也,处溪谷之间,篁竹之中,习于水斗,便于
> 用舟,地深昧而多水险,中国之人不知其势阻而入其地,虽百不当其
> 一。得其地,不可郡县也;攻之,不可暴取也。以地图察其山川要塞,
> 相去不过寸数,而间独数百千里,阻险林丛,弗能尽着。视之若易,行

---

① （北宋）乐史:《太平寰宇记》卷 110,《江南东道·建州》,清文渊阁四库全书本,第 8 页 b。

之甚难。[1]

　　臣窃闻之，与中国异。限以高山，人迹所绝，车道不通，天地所以

隔外内也。[2]

　　淮南王刘安听说中央政府要平定南方诸越，难免有唇亡齿寒、兔死狐悲之惧，于是上书朝廷，试图劝阻朝廷做出平定诸越的决策。言语之间，一定会夸大平定南方诸越的困难。但我们也不可否认，当时的淮南王刘安是距离闽越国和南方诸越较近的同姓王，他应该是汉王朝中比较了解诸越地理环境和政治版图的，因此他的建议中可能透露出很多当时的实际地理状况。刘安在上书中说，南方诸越，"处溪谷之间，篁竹之中"，"地深昧而多水险"，"间独数百千里，阻险林丛，弗能尽着。视之若易，行之甚难"，表明当时内地和南方诸越之间并没有经常性的交通往来，所以刘安又说，"臣窃闻之，与中国异。限以高山，人迹所绝，车道不通，天地所以隔外内也"。

　　上述资料说明，当时汉中央政府与南方诸越国之间不仅存在政治、心理上的隔阂，而且在地理上还远隔万水千山，交通不便。这种情况下，汉武帝贸然派遣使者到武夷山祭祀当地的山神武夷君，几乎是天方夜谭。

　　《史记》确实记载了汉武帝派人祭祀武夷君，且有"如其方"的明确记载，很多人因此认为，这就是"到那个地方去"，即到武夷山祭祀武夷君。但实际上，《史记》的完整记载是，"令祠官领之，如其方，而祠于忌泰一坛旁"。无疑，祭祀的地点是长安东南郊的"泰一坛旁"。后世有的文献称武夷山为"汉祀山"，甚至记载幔亭峰下有"汉祀亭""汉祀台"等遗址，大多是断章取义地把"如其方"理解为"到那个地方去"而臆想出来的，并没有可靠的历史依据。试想一下，同时被祭祀的有八位尊神，如果都要到每位尊神所在地方去祭祀的话，那么黄帝已经成仙，"冥羊"是星神，"阴阳使者"是掌管阴阳之事的神，又该到哪里去祭祀它们，显然是个问题。《史记》中"如其方"的本义并非指空间"方位"，而是指

----

① （东汉）班固：《前汉书》卷 64 上，《严助传》，载《二十五史》，上海：上海古籍出版社，1986 年，第 258 页。

② （东汉）班固：《前汉书》卷 64 上，《严助传》，载《二十五史》，上海：上海古籍出版社，1986 年版，第 258 页。

按照倡议者的"方式"，即在什么时间，用什么祭品等。这种理解方法，适合于解释《史记》同时记载的其他资料。如薄诱忌提出祭祀"泰一"神的时候，汉武帝"令太祝立其祠长安东南郊，常奉祠，如忌方"①。后来又有人建议增加"天神""地神"祭祀的时候，汉武帝又"令太祝领祠之于忌泰一坛上，如其方"②。其本义都是一样的。因此，可以肯定地说，汉武帝祭祀武夷君等八位尊神的地点是长安东南郊的"泰一坛旁"，并没有派使者到武夷山祭祀武夷君。

（四）礼制

众所周知，中国是礼仪之邦，举国上下，男女老少，行为举止都要符合基本的礼乐规制。祭祀活动历来是国家重大的政治事件，统治者极为重视，所谓"国之大事，在祀与戎"③。因此，国家祭祀都有严格的礼仪规制，如"神不歆非类，民不祀非族"④，"支子不祭"⑤等，这些是从价值上对祭祀行为进行规范。还有更多的规范是在具体的祭祀行为中体现出来的，如祭祀的对象、祭祀者的身份等，都有严格规定，不会轻易变动。

对"名山大川"的祭祀也是如此，《史记·封禅书》是这样记载的：

> 自五帝以至秦，轶兴轶衰，名山大川，或在诸侯，或在天子，其礼损益世殊，不可胜记。及秦并天下，令祠官所常奉天地、名山、大川、鬼神，可得而序也。于是，自崤以东，名山五，大川祠二，曰太室（太室，嵩高也），恒山，泰山，会稽，湘山。⑥
>
> 至如他名山川、诸鬼，及八神之属，上过则祠，去则已。郡县远方

---

① （西汉）司马迁：《史记》卷12，《孝武本纪》，载《二十五史》，上海：上海古籍出版社，1986年，第50页。

② （西汉）司马迁：《史记》卷12，《孝武本纪》，载《二十五史》，上海：上海古籍出版社，1986年，第50页。

③ 杨伯峻编著：《春秋左传注》，北京：中华书局，1981年，第861页。

④ 杨伯峻编著：《春秋左传注》，北京：中华书局，1981年，第334页。

⑤ （清）孙希旦：《礼记集解》，《王制》，沈啸寰、王星贤点校，北京：中华书局，1989年，第342页。

⑥ （西汉）司马迁：《史记》卷28，《封禅书》，载《二十五史》，上海：上海古籍出版社，1986年，第174页。

神祠者,民各自奉祠,不领于天子之祝官。①

可见,秦朝时列入国家常奉祭祀的天下名山,在崤山以东有五座,分别是嵩山、泰山、恒山、会稽山和湘山。并进一步规定,各名山大川,皇帝路过则亲自祭祀,不过则不必亲祀。在郡县远方者,"民各自奉祠,不领于天子之祝官",当地居民各自奉祠,天子的祭司官太祝是不参与的。

汉承秦制,在祭祀名山大川方面基本保持不变。汉高祖时规定,"上帝之祭及山川诸神当祠者,各以其时礼祠之如故"②。汉文帝十三年(前167年),下诏曰:

> 名山大川在诸侯,诸侯祝各自奉祠,天子官不领。及齐、淮南国废,令太祝尽以岁时致礼如故。③

唐代张守节《史记正义》注解云,"齐有泰山,淮南有天柱山,二山初天子祝官不领,遂废其祀,令诸侯奉祠。今令太祝尽以岁时致礼,如秦故仪"④。由此可见,汉代基本实行与秦朝类似的天下名山祭祀礼制,主要的"名山大川"由中央政府常奉,中央专职的祠官太祝负责按常规祭祀,其他名山则由所在诸侯国负责祭祀,太祝基本不予涉及。

根据当时的记载,"天下名山八,而三在蛮夷,五在中国。中国华山、首山、太室、泰山、东莱,此五山,黄帝之所常游,与神会"⑤。尽管"名山大川"会因时而化,但没有资料表明,武夷山在秦汉时期属于"名山大川"。当时东南一带的

---

①　(西汉)司马迁:《史记》卷28,《封禅书》,载《二十五史》,上海:上海古籍出版社,1986年,第174页。

②　(西汉)司马迁:《史记》卷28,《封禅书》,载《二十五史》,上海:上海古籍出版社,1986年,第174页。

③　(西汉)司马迁:《史记》卷28,《封禅书》,载《二十五史》,上海:上海古籍出版社,1986年,第174~175页。

④　(西汉)司马迁:《史记》卷28,《封禅书》,载《二十五史》,上海:上海古籍出版社,1986年,第175页。

⑤　(西汉)司马迁:《史记》卷28,《封禅书》,载《二十五史》,上海:上海古籍出版社,1986年,第176页。

"名山大川"只有会稽山。① 即便是会稽山这样的"名山大川"，按照秦汉的礼制规定，天子也不可能派使者祭祀，而应当由领地内的地方诸侯负责祭祀，这就是所谓"天子祭天下名山大川……诸侯祭其疆内名山大川"之礼。② 因此，在这种情况下，如果汉武帝派人祭祀武夷君，显然是一件与礼制相悖的祭祀事件。

（五）祭品

在古代礼制中，不仅祭祀的对象、祭祀者的身份都有严格的规定，祭祀的用品同样也有严格的规定。③ 如《大戴礼记》所记，"诸侯之祭，牲牛，曰太牢。大夫之祭，牲羊，曰少牢。士之祭，牲特豕，曰馈食"④。可见，不同规格的祭祀，要对应不同等级的祭品。等级最高的社稷祭祀用太牢，祭品是牛、羊、豕，三牲全备。其次少牢牲羊，馈食则牲特豕。前文薄诱忌所提议的祭"泰一"和此后的祭"天、地、泰一"三神，所用祭品均为"太牢具"，足见其国家祭祀的最高规格。

按照祭祀礼仪，在随后出现的包括武夷君在内的八神之祭，也是代表国家的最高祭祀，同样也应使用"太牢具"。然而，这次的祭品却发生了非同寻常的变化。如前文，黄帝用"一枭、破镜"，冥羊用"羊"，马行用"一青牡马"，泰一、皋山山君、地长用"牛"，武夷君用"干鱼"，阴阳使者用"牛"。这次国家最高祭祀并没有像通常那样统一使用太牢，而是针对不同的神，分别使用了不同的且并不常见的祭品。这说明不同的祭品与各位尊神之间应该存在着某种特殊的关

---

① 武夷山在唐玄宗时期，被列为"名山大川"，进入国家祭祀序列，成为东南与会稽山并列的"名山大川"之一。"名山大川"是仅次于五岳的一类国家神山序列，属于地方的镇山。有些文献也称为"天下名山"，但后来"天下名山"这个概念泛化，这里统一以"名山大川"称之。

② （西汉）司马迁：《史记》卷28，《封禅书》，载《二十五史》，上海：上海古籍出版社，1986年，第173页。

③ 祭品也是祭礼的一部分，因为关于武夷君等神的祭品非常独特，这里单独分段来讨论。

④ （西汉）戴德：《大戴礼记》卷5，《曾子天圆》，（清）王聘珍：《大戴礼记解诂》，北京：中华书局，1983年，第101页。

联，否则这样的祭品选择，就会失去意义。

首先，我们注意到祭祀黄帝使用的是"一枭、破镜"。《史记集解》引用孟康的话说：

> 枭，鸟名，食母。破镜，兽名，食父。黄帝欲绝其类，使百物祠皆用之。[1]

枭和破镜食父母，在人们看来，当然是大逆不道。而黄帝是人文始祖，提倡以孝为本。孟康认为，以枭和破镜来祭祀黄帝，目的在于要灭绝其类。但这样的解释存在逻辑悖论。按照这种逻辑，历来各种规格的祭祀，更多地以"牛""羊""豕"作为祭品，如果说目的是"绝其类"，显然是十分荒谬的。况且这是后人祭祀黄帝的祭品，而不是黄帝本人举行祭祀活动的用品。可见，通过祭祀活动，使得令人讨厌的物种"绝其类"，这种想法过于臆测。因此，我们不妨更换思路，以理解这种不合常规的祭祀行为。使用"一枭、破镜"作为祭品的原因，既然不是从数量和种类上考量的，那么不妨从价值和意义的角度思考，黄帝是人文始祖，"孝"被认为是人类脱离禽兽的标志，这种"食母"与"食父"的禽兽，一定是人文始祖黄帝所厌弃的。

可见，这次祭祀针对不同的神，使用不同的祭品，有可能是该神所厌弃的对象，即所谓的"以春秋解祠"，"解祠"即通过"恶物"相克，以求消除罪过，达到祈求长生的目的。用这一思路，我们发现，对其他诸神的祭品也有类似的特点，至少祭品与本神的内在属性有一定的"反向价值"关联，比如冥羊用"羊"，马行用"一青牡马"，泰一、皋山山君、地长用"牛"，阴阳使者用"牛"等。由此推测，"干鱼"与"武夷君"之间，也可能存在着类似于黄帝与"枭"和"破镜"之间的"反向价值"关联。"干鱼"并不是什么高级的祭品，对于大部分人来说，其味道也是令人难受的。

需要明确的是，如果当时武夷君是作为"名山大川"之神被祭祀的话，那么它的祭品是有明确规定的，而不是令人厌弃的"干鱼"。汉武帝太初二年（前

---

[1]　（西汉）司马迁：《史记》卷12，《孝武本纪》，载《二十五史》，上海：上海古籍出版社，1986年，第50～51页。

103 年），规定对"名山大川"的祭品，"以木寓马代驹焉"①。这段资料表明，在太初二年之前，祭祀名山大川使用的祭品是"驹"，之后以"木寓马"代之，但均不见"干鱼"之说。②

三、历史上对武夷君的质疑

关于武夷君，最早质疑的是宋代大儒朱熹③。朱熹在《武夷图序》中有这样一段文字：

> 武夷君之名，著自汉世，祀以干鱼，不知果何神也。今建宁府崇安县南二十余里，有山名武夷，相传即神所宅。峰峦岩壑，秀拔奇伟，清溪九曲，流出其间，两崖绝壁人迹所不到处，往往有枯查插石罅间，以庋舟船棺柩之属。柩中遗骸外列，陶器尚皆未坏。颇疑前世道阻未通，川壅未决时，夷落所居。而汉祀者，即其君长，盖亦避世之士，生为众所臣服，没而传以为仙也。今山之群峰最高且正者，犹以大王为号，半顶有小丘焉，岂即君之居耶？然旧记相传，诡妄不经，不足考信。④

从这段文字里，我们可以看出，朱熹对武夷君究竟是什么神，还是心存疑虑的，猜想它可能是上古时期的部落君长，后传为仙人，并认为《史记》所载汉武帝祭祀的武夷君即此神，但又说旧记"诡妄不经，不足考信"。可见朱熹的态度，至少是模棱两可的。

---

① （西汉）司马迁：《史记》卷 28，《封禅书》，载《二十五史》，上海：上海古籍出版社，1986 年，第 177 页。

② 有人说，汉武帝祭祀武夷君用"乾（干）鱼"，类乌龟。此说望文生义，谬以千里，不足取信。

③ 朱熹（1130—1200 年），字元晦，号晦庵，祖籍婺源，生于福建尤溪。年幼丧父，在刘子羽等人的扶助下，朱熹母子迁居崇安五夫里。朱熹是中国历史上杰出的哲学家、思想家、教育家和诗人。

④ （南宋）朱熹：《晦庵先生朱文公集》卷 76，《武夷图序》，上海涵芬楼藏明刊本，第 28 页 b～29 页 a。

明代中期以后,武夷山道教神学系统逐渐被质疑,随之道教在武夷山的地位也开始动摇。明末清初,随着实学的兴起,这种趋势更加明显,武夷君受到的质疑也越来越多。

清初文坛领袖朱彝尊①来到武夷山,还在诗中追问武夷君究竟是谁,"武夷君,异哉世所传,或云籛铿之二子,或云是魏王子骞"②。表明从南宋到清朝,关于武夷君的神格,一直是一个模糊不清的问题。

与朱彝尊同时代的林霁③,于清康熙三十九年(1700年)自福州舟行至武夷山,并撰《游武夷山记》以纪游。游记表明林霁在武夷山共游览14天,是目前见到的古代武夷山单次旅游时间最长的记载,因此他对武夷山的了解,比一般的游客更深入一些。林霁在游记中说:

> 按道书,武夷为十六洞天,又谓彭祖二子之名,其果可信耶? 秦汉之先,草昧未辟,汉武帝何从知有武夷君,而必以干鱼祀之?《封禅书》殆方士之言耶。至魏王子骞、十三仙之号,其果真耶? 然仙函蜕骨往往有之,必骨蜕而仙成,其初亦人耳。闽之山多矣,而洞天独称霍童与武夷,必有得于神人之传述,儒者所不必深究也。④

林霁在这里否认汉武帝祭祀武夷君,认为是方士之言,并不可信。但根据我们前面的研究,方士所言是没有问题的,《史记》所载汉武帝祭祀武夷君也是没有问题的,问题可能在于,人们对那段资料的误解。

后来,史贻直⑤在为董天工《武夷山志》作序的时候,也提出了类似的疑

---

① 朱彝尊(1629—1709年),字锡鬯,号竹垞,浙江秀水人。清初词人、学者、藏书家。康熙二十二年(1683年),入直南书房,博通经史,参加纂修《明史》。康熙三十七年(1698年),朱彝尊与其表弟查慎行同游武夷山。纪晓岚在《曝书亭集·提要》评曰:"国朝之诗,以彝尊及王士禛为大家,谓王之才高而学足以副之,朱之学博而才足以运之。"
② (清)朱彝尊:《曝书亭集》卷18,《古今诗》,清文渊阁四库全书本,第7页b~8页a。
③ 林霁,字子罴,号沧湄,同安人。
④ (清)董天工:《武夷山志》卷20,《艺文》,武夷山市市志编纂委员会整理,北京:方志出版社,1997年,第660页。
⑤ 史贻直(1682—1763年),字儆弦,号铁崖,江苏溧阳人。康熙三十九年进士,历充云南主考、侍讲、内阁学士、吏部侍郎,后来署理闽浙总督、户部尚书、兵部尚书等。

问,并对武夷山人文发展的历史做了简要概述。他说:

> 独余自三十岁迄今四十年中,持节遍天下,凡名山大川如滇之点
> 苍,粤东之庾岭、罗浮,秦之华岳,楚之衡山,豫章之匡庐,以至江乡之
> 钟山……耿耿于怀,弗能释者,则闽之武夷。考武夷之迹最古,其所
> 称武夷君、圣姥诸事,多荒诞不可信。六朝时,自顾野王讲授其中,文
> 学以显,至宋赵清献筑吏隐亭于三曲,其后杨文肃、胡文定皆道于此,
> 及朱熹开紫阳书院,诸大儒云从星拱,流风相继。迄元明以至于今,
> 而闽学集濂、洛、关之大成,则皆讲学此山者,而山之名遂以甲于
> 天下。[①]

史贻直对武夷山人文发展的历史脉络,给予清晰的描述和充分的肯定,但
同时也认为,"武夷君、圣姥诸事,多荒诞不可信",这个观点在董天工《武夷山
志》中作为序言同时出版,也表明了清初文人对"武夷君"神话建构的普遍态
度,其影响是比较大的。

可见,探究汉武帝祭祀武夷君的真相,进一步厘清武夷君的神格,对正确
认识武夷山文化史、正确理解武夷山文化空间的建构,是十分必要的。

四、关于武夷君的猜想及结论

神格,即神的类别、品级、身份等属性。不同的时代,人们会根据自己的精
神和心理需要,塑造各种不同神格的神。广义地说,在秦汉时期,有"真人"、
"仙人"或"黄帝"这类与人有密切关联的仙,有天帝、上帝、泰一等具有较强超
越性和普遍性的神,也有各地巫术信仰中的百鬼之神。

《史记》并未说明"武夷君"的神格是什么,但根据其上下文的记载,薄诱忌
等方士向汉武帝建议的依据,均有"古者天子"曾经是这么做的理由。既然是
"古者天子"所祭之神,一定是众人所熟知和普遍认同的神,当时其他神职人员

---

① （清）董天工:《武夷山志》原序,武夷山市市志编纂委员会整理,北京:方志出版社,
1997年,第1页。

并无异议,也表明了这一点。与武夷君同时被祭祀的神,还有黄帝、冥羊、马行、泰一、皋山山君、地长和阴阳使者,它们的神格分别是人神、天神、地神、星神、山神、阴阳使者等,显然这些神都带有较强的超越性和普遍性。从职能上讲,它们都执掌着与人的生死有关的事项。由此可见,汉武帝所祭的武夷君,在当时应该也是一位被普遍认同的、具有一定超越性的尊神,而且可能与其他尊神一起也执掌着与生死相关的事项。从这个角度看,偏居一隅的闽越国的"武夷君",与汉武帝所祭祀的"武夷君",相距甚远,格格不入,很可能并不是同一个神。

两汉魏晋时期,也曾出现"武夷""无夷"这样的词语,但并不是指现在的武夷山,而是另有所指。如东汉文学家李尤作的《函谷关赋》,其中写道:"……或置于西,则有随陇武夷,白水江零,汧汉阻曲,路由山泉。旧水辽滥,沐落是经。乃周览以泛观兮,历众关以游目……"①很显然,这里的"武夷"并非今之武夷山。

《穆天子传》记载,"戊寅,天子西征,骛行至于阳纡之山,河伯无夷之所都居",郭璞在这里注释说,"无夷,冯夷也。《山海经》云,冰夷"。②按这里所记,河伯即"无夷",又名冯夷、冰夷。明代胡应麟在《少室山房笔丛正集》中曾依据当时的文献,对"河伯"进行了专门的研究。他引证说:

> 《酉阳杂俎》云,河伯,人面,乘两龙。一曰冰夷,一曰冯夷,又曰人面鱼身。又《金匮》言,名冯循(一作修)。《河图》言,姓吕名夷。《穆天子传》言,无夷。《淮南子》言冯迟。③
>
> 河伯,姓吕名夷,一曰冰夷,一曰冯迟,一曰冯修,一曰无夷。④

可见,河伯的另一个名字是"无夷",在读音上与"武夷"是相似的。因此,《史记》所载汉武帝祭祀的"武夷君",很可能是河伯"无夷"。如果是河伯"无

① (东汉)李尤:《函谷关赋》,(明)张溥:《汉魏六朝百三家集》卷15,明娄东张氏刻本,第1页a。

② 《穆天子传》卷1,(东晋)郭璞注,清文渊阁四库全书本,第2页a~b。

③ (明)胡应麟:《少室山房笔丛正集》卷24,《庄岳委谈上》,明万历刻本,第5页a。

④ (明)胡应麟:《少室山房笔丛正集》卷27,《玉壶遐览二》,明万历刻本,第3页b。

夷"的话，汉武帝同时祭祀八位尊神的神格，就能够解释得通了，与"武夷君"同时被祭祀的，有人神黄帝，有天上的星神，有地上泰一神，有阴阳之神，还有山神，再加上一个"河神"，众神放在一起，正好构成了一个囊括天地、日月、星辰、山川、河流的宇宙全神，它们共同主宰着人们所居住的世界。这样一来，上述众神当然有足够的神力，掌管人的生死之命、阴阳之变，因而才有足够的说服力，让汉武帝崇信不已。[①] 又根据前文的分析，从祭品的反向价值关联来看，武夷君的祭品"干鱼"，显然与河、海有关，而"干鱼"正是河神所厌弃的。河伯作为当时一个被普遍认同的尊神，是毋庸置疑的，而河伯的别称，有"冯夷"、"冰夷"、"水夷"和"无夷"等。因此，汉武帝所祭祀的"武夷君"，应该是当时人们普遍认同和信奉的河伯武夷，而不是武夷山之神"武夷君"。这一推测，是有文献依据和内在逻辑的。

综上所述，我们认为，汉武帝为追求长生不老，崇信鬼神之道，他听取燕齐方士的建议，在长安南郊的泰一坛旁，设坛祭祀黄帝、冥羊、马行、泰一、皋山山君、地长、武夷君、阴阳使者等八位尊神，它们共同构成了一个囊括天地、日月、星辰、山川、河流的宇宙全神，掌管着人的长生不老之事。但与以往不同的是，这次祭祀没有采用人们熟知的太牢，而是听取方士建议，针对不同的神，分别使用不同的祭品，并且这些祭品与它们的尊神之间存在着"反向价值"关联。汉武帝所祭祀的武夷君，是当时具有普遍性和超越性的河神——河伯。后来，人们把汉武帝所祭祀的"武夷君"与武夷山联系起来，可能与这里曾是古代越人生活的地方，而越人的祖先"无余君"与"武夷君"读音也有相似之处，两者关联起来是有可能的。

需要指出的是，这里仅限于对汉武帝祭祀武夷君，以及武夷君神格的历史

---

① 东晋的神学理论家葛洪在论述如何炼神丹的时候，提出了一个炼丹之法。他说，王侯为神丹，神丹既成，"不但长生，又可以作黄金。金成，取百斤先设大祭。祭自有别法一卷，不与九鼎祭同也。祭当别称金各检署之。礼天二十斤，日月五斤，北斗八斤，太乙八斤，井五斤，灶五斤，河伯十二斤，社五斤，门户闾鬼神清君各五斤，凡八十八斤"。参见(东晋)葛洪：《抱朴子内篇》卷1，《金丹》，王明校释，北京：中华书局，1986年，第76页。葛洪提出的诸神中，"礼天""日月""北斗""太乙""井""灶""河伯""社"等，其结构与汉武帝祭祀武夷君的诸神结构极为相似。

研究,并不意味着对"武夷君"价值和意义的否定。相反,作为武夷山最重要的神,厘清它的历史文脉,对于研究武夷山"洞天仙府"和"名山大川"等文化空间的建构、武夷山文化史,乃至福建文化史都有重要的学术和现实意义。

武夷山之武夷君是客观存在的。纵观武夷山发展的历史,武夷君是一位逐渐被建构起来的尊神,它的诞生及相关的建构,伴随着武夷山古代旅游史的兴衰,对武夷山文化形象的建构和旅游的发展,都起到极其重要的作用,具有重要的地位和价值。这里作以探讨和研究的目的,在于还原"武夷君"的真相,探明武夷君的真实属性,以便能够更为准确和清晰地研究武夷山旅游史上所发生的宗教神学、人类学、旅游学等现象,还原武夷山历史上神仙谱系的建构和神格演变的过程,以更加清楚地了解其演绎及规律。

五、闽越国的兴亡

无论武夷君是谁,武夷山在商周至秦汉这段历史的脉络,还是比较清晰的。如前一章所阐明的那样,夏、商、周三代时期的武夷山地区,有一支广泛意义上的越族部落,处于新石器和金属工具并存的时期,已经开始步入文明阶段,其形态更多地表现为渔猎文明的特点。悬棺葬式的出现,也说明这个部落内部出现分化,已经有了贵族阶层,甚至可能出现权力等级社会。棉制品的出现,以及金属工具的应用,表明该区域的社会生产力与内地的发展基本是同步的、相当的。

春秋战国时期,越楚争霸,越国占下风,越王勾践的后裔无诸及摇,分别向南、向东发展,称闽越王和东海王。武夷山地区属于闽越王无诸的统治区域。公元前 221 年,秦并天下,废王为君,推郡县于全国,在东南地区首次设立隶属于中央的地方行政机构闽中郡。其后,秦亡汉兴,楚汉交替,无诸率领越人辅佐刘邦。史载"汉五年(前 202 年),复立无诸为闽越王",也就是说,作为诸侯国的闽越国重新恢复。东海王摇也复国(都东瓯),世称东瓯王。

汉景帝时期,吴王刘濞叛乱失败,闽越国与东瓯国发生矛盾。汉武帝建元三年(前 138 年),闽越发兵东瓯。东瓯向中央政府求救,汉武帝派遣会稽军队前去援救,闽越退兵。东瓯国可能因安全问题,请求获准举国迁徙至江淮一带,东瓯国结束。

建元六年(前135年),闽越国又进攻南越国,汉武帝从江浙一带调兵准备进攻闽越,闽越王郢发兵拒险,与中央形成军事对抗的紧张局面。此时,闽越国内部发生动乱,闽越王郢的弟弟余善联合属下杀郢,并献出其首级而降汉,汉军前线接受其降,并驰报天子。汉武帝遂下诏,命令汉军停止进攻闽越,但同时却册封无诸的孙子丑为越繇王,奉闽粤祭祀。余善因杀前国王郢而威名国中,地方兵民多归附于他,因而余善窃自立为王,越繇王丑不能控制。汉武帝听说东南的这种局势,认为不足以因余善重新兴兵,于是顺应其势,又册封余善为东越王。

但东越王余善仍不安分,元鼎五年(前112年),余善上书请击南越,但发兵至揭阳却借口不战,首鼠两端,暗中勾结南越。汉军灭掉南越之后,回师途中,屯兵江西豫章、梅岭(即南昌一带),以备闽越之不测。第二年,战事爆发。元封元年(前110年)冬,汉军全面进入东越(即余善的闽越)境内。越国发生内乱,余善被杀,汉军平定闽越之战结束。

需要指出的是,汉武帝祭祀"武夷君"的活动,发生在公元前135年至公元前110年之间,正是在余善当政的这段时间。从上述梳理可见,汉朝中央与闽越国之间实际上处于半军事对抗的状态,年轻气盛的汉家天子,不太可能为了缓和关系而派人到武夷山祭祀武夷君。

闽越国覆灭之后,汉武帝下诏,"将其民徙处江淮之间,东越地遂虚"①。强盛一时的闽越国时代结束了,武夷山地区作为闽越国的重要区域,既见证了闽越国的辉煌,也见证了它的消亡。大部分居民被迁往江淮一带,留下一片寂

---

① (西汉)司马迁:《史记》卷114,《东越列传》,载《二十五史》,上海:上海古籍出版社,1986年,第329页。

静。寂寞的悬棺，沉寂的战场，空空的宫殿，等待着再次被发现。①

闽越国灭亡了，但是汉廷对武夷君等八神的祭祀一直都在继续。据《前汉书》卷二十五记载，直到西汉末年的汉成帝时期，国势渐趋衰微，汉成帝接受大臣的建议，取消了很多国家级的祭祀活动，其中包括开始于汉武帝时期对黄帝、武夷君等八神的祭祀，"孝武薄忌泰一、三一、黄帝、冥羊、马行、泰一、皋山山君、武夷、夏后启、母石"，"皆罢"。② 从此，关于武夷君的资料不再见于史载。这恰恰从另一个角度旁证了汉武帝祭祀的武夷君与武夷山及闽越国的确没有太多的关联。

小　结

汉武帝特别重视鬼神之祭，为求长生不老，他曾经听取神人李少君的建议，派人赴东海求仙药，也曾在长安南郊设坛祭祀泰一、天、帝等神。汉武帝在长安南郊同时祭祀包括武夷君在内的八位尊神，其目的是开通鬼道，以求长生不老和国泰民安。汉武帝用"干鱼"祭祀的"武夷君"，其神格是河神，是河伯武夷，又称无夷、冰夷、冯夷。武夷君与古越人崇奉的"无余君"读音相似，可能是后人把它们联系在一起的原因之一。武夷君与武夷山的关联，以及武夷君神格的演绎，都经历了一个漫长的历史过程，不是一蹴而就的。

---

① 武夷山城村汉城遗址，位于武夷山市兴田镇城村西南的低山丘陵，距武夷山市区约 20 公里，于 1958 年福建全省文物普查时被发现，是福建境内迄今发现的面积最大的一处上古城邑遗址。1980 年，经国家文物局批准，福建省博物馆组成考古队，对城村汉城遗址展开发掘和研究工作。经过系统的钻探和发掘，发现一座面积约 48 万平方米的山城遗址。以杨琮先生为代表的考古发掘者根据对城址的结构和出土器物的分析，认为城村汉城是西汉时期闽越国王城。城址的年代为西汉前期及西汉中期的前段，上限不早于汉高祖五年（前 202 年），下限则止于汉武帝元封元年（前 110 年），闽越国从建立到消亡历经 92 年。这个结论后来逐步得到学术界许多研究者的赞同和认可。

② （东汉）班固：《前汉书》卷 25 下，《郊祀志》，载《二十五史》，上海：上海古籍出版社，1986 年，第 124 页。

第三章
魏晋南北朝的发现武夷

从旅游发展的历史来看,武夷山作为一个具有一定吸引力属性的空间,是逐步被发现的,也是逐步被建构的。武夷山的发现和建构,与中国古代空间建构的历史演绎是分不开的。

一、信仰空间的转变

人总是存在于空间之中,每时每刻都与空间之间发生着物质和情感的交换。物质交换满足人们的生理需要,情感交换满足人们的精神需要。不同的文化,养成和建构了不同的空间,形成不同的文化空间类型,简单地说,如极乐世界、天堂、仙境等,都是不同文化类型的空间建构。

中国文化从一开始就非常重视空间的建构,人与空间的关系一直是中国哲学关注的核心命题。朱良志先生曾提出,"西方哲学是知识的、思辨的","中国哲学不重知识论,而重存在论,重视将人的生命存在放到世界中去,寻找其意义",人与世界的关系,"是中国哲学关心的中心"。[1] 人与世界的关系,本质上就是人与空间的关系。杨春时先生也曾提出,与西方重视时间性不同,中国哲学与空间的关联更为明显,注重空间性是中国古典审美现象学的显著特征。[2]

---

[1] 朱良志:《中国美学十五讲》,北京:北京大学出版社,2006年,第2、273～274页。

[2] 杨春时:《作为第一哲学的美学——存在、现象与审美》,北京:人民出版社,2016年,第335～336页。

"五岳名山"和"洞天福地"就是十分特殊的文化空间,是中国文化特有的空间建构现象。人们往往把它们当作宗教现象看待,但从人与空间关系的角度来看,人们对五岳名山和洞天福地的崇拜与信仰,也反映了中华文明形态所表现出来的人与外在空间之间的情感交换关系。本质上讲,这是中国文化形态中所特有的人对外在空间依恋的精神文化现象,也是哲学、人类学、文化学、心理学等现象。

中国传统文化中,普遍存在"游"文化现象,它的基本内涵是人(或精神)在空间中的自由流动,表达着人与空间之间的关系样态。我们要研究的旅游,实际上也是人与空间之间展开情感交换的一种类型。

(一)从方外到方内

先秦时期,最重视空间建构的思想家是庄子,他"独与天地精神往来"[1],主张"逍遥于天地之间,而心意自得"[2]。这里所谓的"天地""天地之间",便是庄子所建构的精神空间。在庄子看来,人生于天地之间,人的精神遨游于天地之间,人的最终归宿也在天地之间。

庄子建构的"天地之间"是具有终极意义的、无限广阔的精神空间,他说"精神四达并流,无所不极,上际于天,下蟠于地"[3]。庄子常称要逍遥游于"物之初""方之外""逍遥之虚""四海之外""无极之野""六合之外""无何有之乡"等无限的精神空间。这些空间,超越了人们日常的生活世界,无限地扩大了人们的视野,令人心向往之。但它们又是遥不可及和难以捉摸的,因此郭象称庄子是"游谈乎方外"[4]。

同一时期,另一位空间建构的大师是诗人屈原。与庄子不着边际的精神空间相比,屈原向往的空间是神居之所,如《离骚》主人公向往的是昆仑、扶桑、县圃、咸池、苍梧、九嶷、不周、羽山等传说中的神居之所,构想了主人公饮马咸

---

[1]　(战国)庄周:《庄子》,《天下》,方勇译注,北京:中华书局,2010年,第583页。

[2]　(战国)庄周:《庄子》,《让王》,方勇译注,北京:中华书局,2010年,第483页。

[3]　(战国)庄周:《庄子》,《刻意》,方勇译注,北京:中华书局,2010年,第274页。

[4]　(西晋)郭象:《庄子注》,《原序》,清文渊阁四库全书本,第1页a。

池、总辔扶桑的逍遥之游,创造了宏大的人神共游的场景。《远游》构想了主人公的"登仙"之游,生动描绘了万乘并驰、八龙逶迤的"仙游"景象,清代学者朱乾在《乐府正义》中认为"屈子《远游》乃后世游仙诗之祖"。屈原拉近了人与空间的距离,进一步加深了人与空间之间的情感关联,但他所建构的空间依然是神性的、遥不可及的"方外"之所。

对死亡产生焦虑和恐惧,渴望长生和永恒是人类普遍的精神需求,于是各种形态的宗教、哲学、艺术等文化形式便逐渐产生。据学者的研究,三代时期,先民已经出现登天成仙、永生不死的信仰现象。① 战国后期,不死思想已经广泛流传,当时人们普遍相信,能够使人不死的神仙之境在西方的昆仑以及东海的蓬莱、方丈和瀛州。登上西方昆仑之巅,或远赴东海神山,见到仙人,求取仙药,是实现长生不老的有效途径。《史记·封禅书》记载:"威、宣、燕昭使人入海,求蓬莱、方丈、瀛州,此三神山者,其传在勃海中。"②

秦汉时期,西方昆仑和东海神山依然是人们最重要的信仰空间。众所周知,秦始皇、汉武帝都曾派人赴东海神山求取仙药。刘安《淮南子·地形训》载,"昆仑之丘,或上倍之,是谓凉风之山,登之而不死。或上倍之,是谓悬圃,登之乃灵,能使风雨。或上倍之,乃维上天,登之乃神,是谓太帝之居"③。可见,自战国至秦汉,人们所信仰的神仙空间与当时哲学、文学所建构的空间是一样的,都是遥不可及的"方外"之地。

汉末魏晋之际,社会动荡加剧,生命的幻灭感深深地震撼着社会各阶层,建安士人表现出强烈的生命意识的觉醒,发出"人生寄一世,奄忽若飙尘"(《古诗十九首·今日良宴会》)的生命惊叹。他们呼吁珍惜有限的生命,珍重当下的生命体验。"人生如寄,多忧何为？今我不乐,岁月如驰。"④"激朗笛,弹哀

---

① 吴天明:《神仙思想的起源和变迁》,《海南大学学报(人文社会科学版)》2004 年第 2 期。

② (西汉)司马迁:《史记》卷 28,《封禅书》,载《二十五史》,上海:上海古籍出版社,1986 年,第 174 页。

③ (西汉)刘安:《淮南子》卷 4,《地形训》,何宁撰:《淮南子集释》,北京:中华书局,1998 年,第 328 页。

④ (三国)曹丕:《魏文帝集》卷 2,明末刊七十二家集本,第 2 页 a。

筝,取乐今日尽欢情。"①以建安诗派为代表的生命理性思潮蔚然兴起,必然引起传统信仰空间的改变。

曹操是建安诗派的代表,也是历史上"大力写作游仙诗的第一人"②。曹操留下20余首诗,其中有游仙诗8首,如《气出唱》《精列》《陌上桑》《善哉行》《秋胡行》等。整体上看,曹操的信仰空间依然是以西方昆仑和东海神山为主,仙游的模式依然是屈原式的人神共游。如他的《秋胡行》(其二),"愿登泰华山,神人共远游。经历昆仑山,到蓬莱。飘飖八极,与神人俱"③。但对曹操来说,仙游的目的已经不再是追求长生不老,而是体悟生命短暂、摆脱空间局限的一剂良药,如他清醒地看到,"神龟虽寿,犹有竟时"(《观沧海》),"造化之陶物,莫不有终期"(《精列》)。因此,曹操的游仙诗所描绘的神仙空间,虽然仍以昆仑、蓬莱为主,但也出现了泰华、华阴山等"方内"名山。

郭璞④是魏晋时期另一位重要的游仙诗人,著有《游仙诗十四首》。诗中写道:"在世无千月,命如秋叶蒂。"⑤可见,郭璞也不再执着于长生不老的神仙幻想,短暂的生命依然可以游仙,游仙的目的是优游人生,益寿延年,"借问蜉蝣辈,宁知龟鹤年"。更为重要的是,郭璞所仙游的空间,已经完全摆脱西方昆仑和东海神山的神仙空间范式,大多是五岳、名山,乃至山林、河涧,如"采药游名山,将以救年颓""登岳采五芝,涉涧将六草"。他在山中遇到的高士,"放情凌霄外,嚼蕊挹飞泉""左挹浮丘袖,右拍洪崖肩"。⑥ 这些高士只是山水的知音,因此与其说郭璞是神仙道士,倒不如说是隐者、游者。钟嵘《诗品》评郭璞

---

① (西晋)陆机:《顺东西门行》,(明)张溥:《汉魏六朝百三家集》卷49,明娄东张氏刻本,第6页b。

② 李亮伟:《中国古代山水文学散论》,杭州:浙江大学出版社,2016年,第96页。

③ (东汉)曹操:《秋胡行》,(明)张溥:《汉魏六朝百三家集》卷23,明娄东张氏刻本,第22页b。

④ 郭璞(276—324年),字景纯,河东闻喜人。两晋文学家、训诂学家。

⑤ (东晋)郭璞:《游仙诗十四首》,(明)张溥:《汉魏六朝百三家集》卷57,明娄东张氏刻本,第22页b。

⑥ (东晋)郭璞:《游仙诗十四首》,(明)张溥:《汉魏六朝百三家集》卷57,明娄东张氏刻本,第22页a。

游仙诗，"乃是坎壈咏怀，非列仙之趣也"。① 可谓一语中的。

何国平注意到郭璞游仙诗的空间转换意义。他说："游仙诗在郭璞那里实现仙境山林化，即通过处所和背景的悄然置换，将审美视野转向方内的自然山林水泽，并在一定程度上保留了仙界之缥缈灵动的非人间性，并且仙者和隐士可以在同一处所(山林)中栖居、交游。由此，自然界的山林水泽既是抗拒尘网缨绂、保持品格高洁的庇护所，又是在神性氤氲下的方内乐土，这些正是在郭璞游仙诗中表现出的以山水沟通方外与方内的形而上演绎和美学转向。"②

郭璞的游仙诗，将传统的神仙世界——西方昆仑与东海神山，置换到了人们可望又可及的五岳名山，甚至无名的山林、溪涧，这是一次从方外到方内、从仙界到人间的空间范式转换，也是对人间山水价值的新建构，从此方内的山水也逐渐成为具有神仙属性的信仰空间。

(二)名 山 的 仙 化

佛教自西汉传入中国，到魏晋南北朝时期，已经在全国范围内流行起来了。从传入开始，佛教就有比较完善的宗教理论，其中包括以须弥山为中心的"三界诸天""大千世界"等宇宙空间理论。相比之下，中国传统道教的宇宙空间理论，只有西方昆仑和东海神山之说，显得不够周延，缺乏系统化的建构。从魏晋南北朝开始，为弥补在空间建构方面的不足，神学理论家们着手完善道教的宇宙空间理论。于是，"十大洞天""三十六小洞天""七十二福地"等神仙空间概念逐渐出现。至唐代中期，司马承祯作《天地宫府图》，道教的宇宙空间理论建构才算最终完成。

《列仙传》是我国第一部神仙传记，虽托名西汉刘向所著，但当代学者一般

---

① (南北朝)钟嵘：《诗品》卷中，明夷门广牍本，第3页a。
② 何国平：《山水诗前史——从〈古诗十九首〉到玄言诗审美经验的变迁》，广州：暨南大学出版社，2011年，第15页。

认为,它并非刘向所作,而是东汉的作品。[①] 纪昀等认为,它应该是"魏晋间方士为之"[②]。《列仙传》宣扬凡人可以成仙,并记载了多样化的升仙途径。其中,最主要的是靠服食而成仙,如宣称一些神仙就服食"百花草""松实""桂芝"等,其次是通过导引行气而得道成仙,再次是获得善报等也可成仙。[③] 无论是哪种途径,一个明显的特征是:它们已经不再以遥不可及的神仙空间为先决条件,只要在人们可望可及的范围之内,就能够得到所谓的"仙药",即可成仙。这些显然是魏晋时期的神学特征,《列仙传》多样化的成仙途径为当时人们信仰空间的转变创造了条件。

东晋的葛洪[④]是道教的神学理论家和实践者,[⑤]其理论主要集中在《抱朴子》一书中。葛洪整合、发展了战国以来道教的神仙理论体系,提出神仙实有、仙人可学、长生能致、方术有效等神学思想,主张自我修炼即可成仙,使得普通人与神仙的关系更为紧密,极大地拉近了人与神仙的距离。

葛洪也发展了道教神仙空间理论。他在《抱朴子·登涉》篇明确提出:"山无大小,皆有神灵,山大则神大,山小即神小也。"[⑥]凡山皆有神灵,这就使得人们可望可及的山,都有了神性的价值。在葛洪看来,山的神性有大小之分,但他特别看重的是"名山",认为有道之士要想获取神丹,必入名山,名山成了修炼成仙的必要空间。葛洪在《抱朴子·神丹》中说:

> 古之道士,合作神药,必入名山,不止凡山之中,正为此也。又按
> 仙经,可以精思合作仙药者,有华山、泰山、霍山、恒山、嵩山、少室山、
> 长山、太白山、终南山、女几山、地肺山、王屋山、抱犊山、安丘山、潜

---

① 黄景春:《秦汉魏晋神仙思想的继承与嬗变:兼谈小南一郎"新神仙思想"说存在的问题》,《武汉大学学报(人文社会科学版)》2010 年第 3 期。

② (清)纪昀:《列仙传·提要》,清文渊阁四库全书本,第 2 页 a。

③ 张林:《〈列仙传〉神仙思想摭谈》,《长治学院学报》2013 年第 4 期。

④ 葛洪(约 281—341 年),字稚川,号抱朴子,丹阳郡人。东晋医药学家、道教理论家。

⑤ 卿希泰:《中国道教史》第 2 卷,成都:四川人民出版社,1996 年,序言。

⑥ (东晋)葛洪:《抱朴子内篇》卷 4,《登涉》,王明校释,北京:中华书局,1986 年,第 299 页。

山、青城山、峨眉山、绥山、云台山、罗浮山、阳驾山、黄金山、鳖祖山、大小天台山、四望山、盖竹山、括苍山，此皆是正神在其山中，其中或有地仙之人。上皆生芝草，可以避大兵大难，不但于中以合药也。若有道者登之，则此山神必助之为福，药必成。若不得登此诸山者，海中大岛屿，若会稽之东翁洲、亶洲、纻屿洲，及徐州之莘莒洲、泰光洲、郁洲，皆其次也。今中国名山不可得至，江东名山之可得往者，有霍山，在晋安；长山、太白在东阳；四望山、大小天台山、盖竹山、括苍山，并在会稽。①

葛洪在这里提出的神仙空间，已经不再是之前盛行的昆仑与蓬莱，而是人们可望可及的天下名山，是为名山的仙化。这是中国道教史上信仰空间的重要转向，实现了道教神仙空间从方外到方内的转换，与魏晋南北朝时期整个社会的空间转向是一致的。名山的仙化，使中国传统语境中"名山"的性质开始发生变化，由政治性的"五岳名山""名山大川"概念，转向兼具宗教神性的名山，使得名山作为一种空间，与普通人的精神信仰发生了关联。

值得注意的是，葛洪的上述文字，还透露出两个重要信息。第一，葛洪首先提出，在每个名山之中，都有"正神"，即"地仙之人"，可以帮助登山之人为福，合药必成。这是最早提出的"地仙"概念，是后来的洞天由地仙统领观念的萌芽。第二，作为东晋著名的道教神学理论家，葛洪对当时天下名山的描述，其视野还是比较开阔的，有中原的、东北的、西北的、西南的，还有东南浙江、广东的，也有福建晋安的霍山，即后来的霍童山，但并没有武夷山，这表明当时的武夷山尚未进入道教名山的理论视野，尚未被道教所发现。

（三）洞天的降临

南北朝时期的陶弘景②是另一位重要的道教理论家，他进一步发展了葛

---

① （东晋）葛洪：《抱朴子内篇》卷1，《神丹》，王明校释，北京：中华书局，1986年，第85页。

② 陶弘景(456—536年)，字通明，号华阳隐居，丹阳人。人称"山中宰相"，是南北朝时期重要的道教理论家之一，他的《真灵位业图》是道教第一部完备神仙谱系的著作。

洪、寇谦之的神仙空间理论。① 陶弘景说：

> 名山五岳中学道者，数百万人。今年有得道而升天者，人名如
> 别，年年月月，皆有去者，如此不可悉纪。今为疏一年之得道人耳，有
> 不乐上升仙，而长在五岳名山者，乃亦不可称数。或为仙官，使掌名
> 山者，亦复有数千。②

可见，葛洪的名山可得神丹成仙之说，在陶弘景这里已经变成现实了。五岳名山有"数百万"学道成仙之人，有得道升天的，也有得道但不愿升天的，他们是数千名山的掌管者——仙官。陶弘景还进一步提出，人们修炼成仙的地方，"所谓静室者，一曰茅屋，二曰方溜室，三曰环堵……在名山大泽，无人之野，不宜人间"③。虽然人们成仙的空间是"无人之野，不宜人间"，但毕竟已在"名山大泽"，在人们的生活世界之中。于是，宫观道院，趋之名山，逐渐蔚然成风，当时就出现"馆舍盈于山薮"④的现象，这是中国信仰空间转换的结果。

不仅如此，陶弘景还明确提出了"三十六天，十方上下"之说，尤为重要的是他还明确提出，地中有洞天三十六所。他说：

> 大天之内，有地中之洞天三十六所，其第八是句曲山之洞，周回
> 一百五十里，名曰金坛华阳之天。⑤

陶弘景强调"有地中之洞天三十六所"，提出自己修道的"句曲山"（即茅

---

① 寇谦之(365—448年)，字辅真，上谷郡昌平县人。南北朝时期北方道教的重要代表人物，曾提出"三十六天"的空间建构。他说："二仪之间，有三十六天，中有三十宫，宫有一主。最高者无极至尊，次曰大至真尊，次天覆地载阴阳真尊，次洪正真尊，姓赵名道隐，以殷时得道，牧土之师也。牧土之来，赤松、王乔之伦，及韩终、张安世、刘根、张陵，近世仙者，并为翼从。牧土命谦之为子，与群仙结为徒友。幽冥之事，世所不了，谦之具问，一一告焉。"参见(南北朝)魏收：《魏书》卷114，载《二十五史》，上海：上海古籍出版社，1986年，第339页。寇谦之并未说明"三十六天"的具体位置，但他提出"三十六天"的概念，并提出天中有宫，宫中有主，其中有宫主赵道是得道牧土的师父，寇谦之本人也与牧土及众仙人在宫中结为"徒友"，问答世间所不得的幽冥之事。这种神人相遇的模式，是后来洞天福地的雏形。

② (南北朝)陶弘景：《真诰》卷2，清嘉庆学津讨原本，第86页b。

③ (南北朝)陶弘景：《真诰》卷2，清嘉庆学津讨原本，第41页b。

④ (唐)释道宣：《广弘明集》卷24，北齐文宣帝《问沙汰释李诏》，清文渊阁四库全书本，第7页a。

⑤ (南北朝)陶弘景：《真诰》卷2，清嘉庆学津讨原本，第43页a。

山）就是地中"三十六所"洞天的第八洞天，并明确了洞天的范围和名称。这是一种新的神仙空间建构模式，此后道教理论家都是按照这种模式展开的。与此同时，陶弘景在《真诰》等道书中，也多次提及"福地"等新的神仙空间概念。

总之，魏晋南北朝时期，道教神仙空间与当时中国其他类型的文化空间一样，经历了一个转向，即从秦汉时期占主导的西方昆仑和东海神山，转向人们生活世界里可望可及的五岳名山。道教理论家首先将名山仙化，其次尝试在人间建构新的神仙空间，"洞天""福地"这样的空间概念开始出现。道教神学空间理论的这一发展，使得人间的名山与神仙之境相重合，"人间仙境化""仙境人间化"的局面得以实现。在"'洞天福地'概念影响下，'凡人遇仙'也成为可能"①。实际上，人神相会、仙凡混合的传说在当时已经出现。② 名山与仙境的重合，形成了特殊的神仙空间，即洞天福地。

隋唐时期的道教理论家，沿着洞天福地的思想模式，将道教神仙空间的建构进一步具体化，武夷山正是在这一神学建构中得以成为天下名山的。

二、道教神仙谱系的建立

道教源自民间的神仙信仰，属于多神教。它所尊奉的神仙很多，几乎都来自民间传说中的真人、神人等，比如早就传为神人或仙人的黄帝、王子乔、彭祖、安期生、穆天子等，都是道教神仙的一部分。但在道教产生的初期，神仙信仰是比较松散的，缺乏一个严格的谱系。汉末魏晋时期，随着道教的发展，其神仙谱系也开始逐渐建立起来。

东汉后期的《太平经》最先建构起道教神仙谱系的雏形，它提出道教的最高神是大太平君（实指老子），而后是一师（太师彭君）、四辅（南极元君、太素真

---

① 付其建：《试论道教洞天福地理论的形成与发展》，济南：山东大学硕士学位论文，2007年。

② 梁代任昉《述异记》中记载，关于"石室山"烂柯的传说，就是人与神在山中相遇。据《述异记》卷上记："信安郡石室山，晋时王质伐木至，见童子数人棋而歌，质因听之，童子以一物与质，如枣核，质含之不觉饥。俄顷，童子谓曰：'何不去？'质起，视斧柯烂尽。既归，无复时人。"参见（南北朝）任昉：《述异记》卷上，明刻汉魏丛书本，第13页 b。

君、青童君、总真王君），还有先真大夫官 361 位。稍后，张道陵的《老子想尔注》又提出老子是道的化身，尊老子为"太上老君"，奉为最高尊神。以张道陵为创始人的天师道一派，还信奉天、地、水三官大帝等神，以及玉女君、太平君、九天九地君等仙君。但总体而言，这一时期的道教神仙谱系还比较零乱，也不够系统。

《列仙传》作为我国第一部神仙传记，其中列举了 70 多位神仙。葛洪则在《列仙传》的基础上，列出了 92 位神仙，并且将它们分为上士、中士、下士三个等级。他说：

> 按仙经云，上士举形升虚，谓之天仙。中士游于名山，谓之地仙。下士先死后蜕，谓之尸解仙。[1]

天仙、地仙、尸解仙是葛洪所建构的具有等级性的神仙谱系，他还进一步提出具有一定超越意义的道教神仙——"元君"。葛洪说："元君者，老子之师也……元君者，大神仙之人也。能调和阴阳，役使鬼神，兴作风雨，骖驾九龙、十二白虎，天下众仙皆肆焉。"[2]"地仙"和"元君"等神仙概念的创造，对后世道教神仙谱系的影响很大。

创立于晋代中期的上清派，以《上清经》为主要经典，奉魏华存为始祖，尊元始天王、太上道君为最高尊神。陶弘景是上清派第九代宗师，著有《真诰》《登真隐诀》《真灵位业图》等道书，是上清派真正的发扬光大者，也是上清派乃至整个道教神仙谱系最重要的建构者。

陶弘景认为，各路神仙"虽同号真人，真品乃有数，俱目仙人，仙亦有等级千亿"[3]。于是，他在归纳前人神仙理论的基础上，作《真灵位业图》，编制了一

---

① （东晋）葛洪：《抱朴子内篇》卷 1，《论仙》，王明校释，北京：中华书局，1986 年，第 20 页。

② （东晋）葛洪：《抱朴子内篇》卷 1，《金丹》，王明校释，北京：中华书局，1986 年，第 76 页。

③ （南北朝）陶弘景：《真灵位业图·序》，（明）张溥：《汉魏六朝百三家集》卷 89，明娄东张氏刻本，第 1 页 a。

个秩序井然、系统规范的道教神仙谱系。[1] 其中，共有700多位神仙，葛洪将这些神仙划分为七个等级，前四个等级皆为天神，中间两个等级是地仙，最下级则为人鬼。每个等级中，都有一位主神和左右副神等。在陶弘景的神仙谱系中，第一等级的主神是"元始天尊"，也是所有神仙的最高尊神，左右诸神都是天仙圣真，非凡人所能及。第二等级以"玄黄大道君"为主神，其左右诸神有西王母、赤松子、王晋等，还有上清派的开山祖师魏华存（即南岳魏夫人）。第三等级以"太极金阙帝君"为主神，左右诸神包含黄帝、尧、舜、禹、孔子等历史人物。第四等级以"太清太上老君"为主神，即天师道所尊的最高神老子，左右诸神包括很多仙人、方士和道士。剩余等级分别以"九宫尚书张奉""中茅君""丰都北阴大帝"为主神。[2] 陶弘景的《真灵位业图》是中国道教史上第一部完整的神仙谱系，在中国道教史上具有重要的地位和深远的影响，唐、宋两代对道教神仙谱系的完善和定型，都是在这个基础上进行的。[3]

值得注意的是，被尊为上清一系始祖的魏华存，据说是通过持斋修道，得虚清真人王褒等降授"神真之道"，景林真人授《黄庭经》，之后在南岳衡山继续修炼，最后成仙升天的。这种真人降临人间、人神相会的神话，在陶弘景所作的《真诰》中也经常出现。如"六月二十六日夜，降八真人，紫微左夫人一"[4]，"六月二十四日夜，紫微王夫人来降"，"岁在乙丑六月二十五日夜，紫微王夫人见降"等。[5] 上清派的人神相会模式，应该是后来武夷山"幔亭招宴"神话传说的原型，其中与武夷君同时降临幔亭峰的"魏真人"，就是上清派始祖魏华存，从中可见武夷山早期道教与上清派茅山宗一系有一定的渊源关系。

---

① 张雁勇：《〈真灵位业图〉校勘举要》，《南京晓庄学院学报》2011年第1期。

② 卢巷文：《陶弘景的神仙谱系研究》，长沙：湖南师范大学硕士学位论文，2019年。

③ 王娟：《道教神谱〈真灵位业图〉神仙演化过程考察》，西安：陕西师范大学硕士学位论文，2005年。

④ （南北朝）陶弘景：《真诰》卷2，清文渊阁四库全书本，第3页a。

⑤ （南北朝）陶弘景：《真诰》卷1，清文渊阁四库全书本，第8页b、12页b。

三、山水审美的开启

中国人与外在空间的关系，还表现出另一个显著的特点，那就是审美。早在《诗经》的时代，人与外在空间物象之间的审美关系已经清晰呈现，并不断演绎，"昔我往矣，杨柳依依。今我来思，雨雪霏霏"（《诗经·采薇》），"淇水滺滺，桧楫松舟。驾言出游，以写我忧"（《诗经·竹竿》）。继而孔子提出"知者乐水，仁者乐山"（《论语·雍也》），是充分肯定山、水空间具有人文价值的开始。

战国时代的庄子，让人与外在空间之间建立了更为深层的情感关系。他说，"天地与我并生，而万物与我为一"（《庄子·齐物论》），"天地有大美而不言……圣人者，原天地之美，而达万物之理"（《庄子·知北游》）。人与天地万物之间的情感关系，上升到人的终极存在的精神层面。但总的来看，从先秦到整个秦汉时期，人与外在空间之间的审美关系，还不够独立和自觉。真正表现出独立与自觉审美关系的，是在魏晋南北朝时期。

如前所述，魏晋时期有一股生命理性觉醒的思潮。首先是以曹操父子为代表的建安诗人对生命价值的呼唤和觉醒，之后以嵇康为代表的竹林七贤，提出了"越名教而任自然"的主张，即超越名教束缚，追求人的精神自由。用嵇康自己的话说，也就是"越名而任心"。魏晋名士的这些思想主张，在当时的社会上层产生了很大的影响，形成了重视自我价值、追求个体精神自由的时代潮流，"我与我周旋久，宁作我"（殷浩），是这个时代自我觉醒的宣言。这种摆脱社会名教束缚，重视自我生命价值的生命理性思潮，导致了新的空间发现，魏晋士人发现了一个新的世界——山水。

嵇康自称是"餐霞人"，"游山泽，观鱼鸟，心甚乐之"（《与山巨源绝交书》）。左思首倡"非必丝与竹，山水有清音"（《招隐诗》），谢灵运高吟"山水含清晖""清晖能娱人"（《石壁精舍还湖中作》），"山水，性分之所适"（《游名山志》）。陶渊明说，"性本爱丘山"（《归园田居》），提出以"纵浪大化中，不喜亦不惧"（《形影神三首》）的态度对待世界、欣赏山水，"采菊东篱下，悠然见南山"（《饮酒》），"木欣欣以向荣，泉涓涓而始流"（《归去来兮辞》）。魏晋南北朝时期，山水已深入骨髓,化为人的本性。于是"游"便成为一种选择,成为一种崭新的生活和存在方式。上流社会纷纷趋之若鹜,孙绰"游放山水"(《晋书》),宗炳"好山水,爱远游"(《画山水序》),梁武帝"少爱山水,有怀丘壑"(《净业赋》),甚至连道教神学理论家陶弘景也成为"山中宰相",畅言"山川之美,古来共谈"(《答谢中书书》)。

魏晋南北朝是中国历史的一个重要转折点,随着哲学、美学思想的转向,人们与外在空间的关系变得更加亲近,人们对外在空间更为依恋。于是我们看到,独立的山水诗出现了,山水赋产生了,独立的山记、水记也产生了,这些都源自独立旅游现象的兴起和扩大。

南北朝时期,在中国信仰空间转变的大背景下,沉寂了五百余年的武夷山,重新被人们发现。当时的《建安记》关于武夷山的记载,是目前发现的关于武夷山的最早记载,标志着武夷山的发现。

四、武夷山的发现

(一)建制的演变

公元前 110 年,闽越国覆灭,汉武帝下诏将闽越国的居民像东越国一样迁至江淮一带,此后这一地区在行政管理上隶属于会稽郡。但由于大量人口迁出,导致地方空虚,发展几乎停滞,曾经的辉煌归于沉寂,乃至成为废墟。在武夷山市兴田镇城村的沿江低山丘陵地带发现的古城遗址,是已经消失的闽越国的特殊见证。

据沈约《晋书》,东汉时期,会稽东南分设两都尉,东部为临海都尉,南部为建安都尉。东汉建安八年(203 年),设建安郡,郡治今闽北建瓯。闽北一带,"建安"之名,影响久远。三国时,吴永安三年(260 年),短暂废掉建安郡,但南朝时期,宋、齐、梁都有皇室子弟被封为"建安王",可见建制和影响一直都在,南朝时期依然称"建安"。

又据北宋乐史《太平寰宇记》卷一百一,武夷山一带本是建安属地。建安十年(205 年),吴国在这里设立建平县,隶属于上饶。晋太康四年(283 年),改建平为建阳。隋文帝开皇九年(589 年),废建阳县,入建安县。[①]

(二)美的发现

南朝时期,刘宋元徽年间(473—477 年),著名才子江淹因与建平王刘景不和,被贬为吴兴令,吴兴即今天的浦城。据唐欧阳询《艺文类聚》卷五十五"史传"条记:

> 梁江淹自序传曰,"淹,字文通,济阳考成(城)人,为建安吴兴令,地在东南峤外,闽越之旧境也。爰有碧水丹山,珍木灵草,皆淹平生所至爱,不觉行路之远也"。[②]

按江淹自己的说法,他在此任职期间,常常"悠然独往"于山水之间,放浪形骸,日夕忘归,"逍遥经纪,弹琴咏诗","忽忘老之将至"。[③] 江淹在这里形容的"碧水丹山",应该就是指武夷山的丹霞地貌美景,这一形容恰如其分,后人便用它来指喻武夷美景。[④] 应该说,这是武夷山水被审美发现的开始。

(三)文化地理的发现

比江淹稍晚约半个多世纪之后,梁萧子开作《建安记》,这是最早关于闽北文化地理记载的文献。

据明代梅鼎祚的《简文帝法宝联璧序》所记,"南徐州治中南兰陵萧子开,年四十四,字景发"[⑤]。可见,梁简文帝时,萧子开曾任治理南徐州的地方官员。可惜他的《建安记》早已失传,但有很多古代文献资料都曾转引其中的文

---

① 这就产生了一个矛盾现象,在魏晋南北朝时代的武夷山一带,包括建阳在内,在行政区划上是不属于"建安"的,但梁简文帝时期的萧子开作的《建安记》却记述了建阳之武夷山。也许,他是从传统的空间和习俗关联的角度出发而记述的。

② (唐)欧阳询:《艺文类聚》卷 55,汪绍楹校,上海:上海古籍出版社,1982 年,第 994 页。

③ (唐)欧阳询:《艺文类聚》卷 55,汪绍楹校,上海:上海古籍出版社,1982 年,第 995 页。

④ 明初,唐桂芳《访江君祥》云:"碧水丹山武夷境,黄鹂白鹭辋川庄。谁怜梦笔江淹老,自笑吟诗杜牧狂。"参见(明)唐桂芳:《白云集》卷 4,清文渊阁四库全书本,第 6 页 a。武夷山一曲水光岩上,有"碧水丹山"的题刻。

⑤ (明)梅鼎祚:《释文纪》卷 22,清文渊阁四库全书本,第 16 页 b。

字。北宋《太平寰宇记》有一段文字记载：

> 武夷山，在县北一百二十八里，萧子开《建安记》云："武夷山，高
> 五百仞，崖石悉红紫二色，望之若朝霞。有石壁峭拔数百仞于烟岚之
> 中，其间有木碓磨、簸箕、箩箸什物，靡不有之。"①

《建安记》的这段文字描述武夷山高峻挺拔、红紫若朝霞的地理特征，并记
载武夷山上石罅间，"有木碓磨、簸箕、箩箸什物"。这不仅是关于古代武夷山
悬棺文化遗存的最早文献记载，而且也是第一次明确使用"武夷山"的文献资
料，标志着空间地理和文化意义上的"武夷山"开始出现。

根据相关文献记载，萧子开的《建安记》除了记载"武夷山"之外，同时还记
有"阑干山"和"鸡岩"两个地方。

据北宋《太平御览》所载"阑干山"，《建安记》曰：

> 阑干山，南与武夷山相对。半岩有石室，可容千人，岩口有水、阑
> 干、飞阁、栈道，远望石室中，隐隐然有床帐、几案之属。岩石间悉生
> 古柏，悬棺仙葬，多类武夷。②

从这里对"阑干山"地理特征的描绘来看，它南面与"武夷山"相对，且半岩
有"石室"，其中"有床帐、几案之属"，岩口有水，有阑干，有飞阁和栈道，也有悬
棺仙葬。按照所讲的空间位置和文化特征，"阑干山"应该是今天幔亭峰北边
的"换骨岩"。"换骨岩"上至今还保存着悬梯和栏杆的痕迹。这进一步表明，
《建安记》中最早记载的"武夷山"，实际上是指今天的"大王峰"。

《建安记》中也有关于"鸡岩"的记载。《建安记》曰：

> 鸡岩，隔涧西，与武夷相对，半岩有鸡窠四枚，石峭上不可登履，
> 时有群鸡数百飞翔，雄者类鹍鹉。③

---

① （北宋）乐史：《太平寰宇记》卷110，《江南东道·建州》，清文渊阁四库全书本，第8
页 b。这里的"县北"，是指建阳县以北。北宋初年，崇安县设立（994 年）之前，武夷山隶属
建阳县。

② （北宋）李昉：《太平御览》卷47，清文渊阁四库全书本，第18 页 b～19 页 a。

③ （北宋）李昉：《太平御览》卷47，清文渊阁四库全书本，第19 页 a。

这里记载的"鸡岩",隔涧西,"与武夷相对",实际上就是现在九曲溪四曲南岸的仙鸡岩,唐代魏王李泰主持撰写的《坤元录》也是这么认为的。① 但这又再次表明,最早出现的"武夷山"的空间概念,实指九曲溪北的一座山峰。无疑,就是今天的大王峰。

综合《建安记》所载的武夷山、阑干山和鸡岩,当时人们眼中的武夷山一带,地貌若紫红朝霞,鸟类群集,生态鲜活,不仅留存大量古人的生活遗迹,而且还有栖居悬崖"仙人"的居住痕迹,尤其在"阑干山"上,痕迹清晰可见,与今天武夷山换骨岩的遗存相互印证。这些记载是最早关于武夷山地理和文化特征的确切资料。

（四）地仙之宅的建构

南北朝末期,梁、陈之间的顾野王②关于武夷山的记载,又有了新的进展。据史料记载,顾野王"年十二随父之建安,撰《建安地记》二篇"③。可见,顾野王从小就生活在闽北,对闽北应该是十分了解的。

北宋初年,乐史所著的《太平寰宇记》将顾野王视为建安县本地人物,并记载"顾野王宅","此郡人(建安,今建瓯),其宅今为开元观"。④ 清初的《福建通志》也记载"顾野王宅",所不同的是它记在"崇安县治"⑤,董天工《武夷山志》也认为顾野王"卜居崇安"⑥。由于没有其他资料佐证,这里认为《太平寰宇记》所记内容在时间上更接近,也更符合他随父迁居建安的史实,所以倾向于顾野王宅在建安的说法,但这并不影响他关于武夷山记载资料的可靠性。

---

① 唐代初年,李泰《坤元录》中说,"武夷山涧东一岩,上有鸡栖,即此是也"。参见(北宋)李昉:《太平御览》卷47,清文渊阁四库全书本,第19页a。

② 顾野王(519—581年),字希冯,原名顾体伦,吴郡吴县人。在地理、文字、史学及文学等方面造诣深厚,成就斐然。

③ (唐)姚思廉:《陈书》卷30,载《二十五史》,上海:上海古籍出版社,1986年,第43页。

④ (北宋)乐史:《太平寰宇记》卷110,《江南东道·建州》,清文渊阁四库全书本,第5页b。

⑤ (清)郝玉麟:《福建通志》卷63,清文渊阁四库全书本,第43页b。

⑥ (清)董天工:《武夷山志》卷17,《名贤下》,武夷山市市志编纂委员会整理,北京:方志出版社,1997年,第546页。

据《太平寰宇记》转引：

> 武夷山……顾野王谓之"地仙之宅"，半岩有悬棺数千。[1]

这不仅是第一次明确使用"悬棺"一词，也是第一次将武夷山与"地仙"关联起来，并且明确武夷山就是"地仙之宅"。应该说，这是武夷山山岳史上的一次非同寻常的文化建构。如前所述，"地仙"是道教理论家葛洪的创造，将武夷山视为"地仙"之宅，是顾野王对武夷山的重要文化贡献。从此，武夷山与道教就产生了不可分割的关联，伴随着武夷山兴衰的历史，达千年之久。

又据董天工《武夷山志》，"陈天嘉中"（560—566 年），顾野王"为光禄卿，奉使来闽，至武夷，叹曰'千岩竞秀，万壑争流，美哉河山！真世所稀觏也'。遂卜居崇安焉……崇人知学，自野王始"。[2]

如果这段资料可靠的话，顾野王借用《世说新语》中顾恺之关于会稽山的审美典故，用"千岩竞秀，万壑争流""美哉河山"来描绘武夷山，这也是顾野王对武夷山的又一贡献。

小　结

魏晋南北朝时期，中国人的信仰空间逐渐从方外的西方昆仑和东海神山转向方内的中土名山，随之而来的是中土名山的仙化和洞天的降临。与此同时，具有哲学意义上精神空间，也从广阔无边的"天地之间"和遥不可及的"无极之野"转向人们可望、可及的山山水水，"山水"作为精神和审美的空间最先是由魏晋士人发现和建构的。这些空间文化的重要转向，对中国人的信仰、哲学、文学、美学乃至旅游等产生了深远的影响。

南北朝末期，武夷山已经为文人所关注，从江淹"碧水丹山"美的发现，到

---

[1] （北宋）乐史：《太平寰宇记》卷 110，《江南东道·建州》，清文渊阁四库全书本，第 8 页 b。

[2] （清）董天工：《武夷山志》卷 17，《名贤下》，武夷山市市志编纂委员会整理，北京：方志出版社，1997 年，第 546 页。

萧子开的文化地理发现,再到顾野王"地仙之宅"和"千岩竞秀,万壑争流"的文化建构与美的描绘,武夷山已经从自然和文化两个方面融入历史进程,必将进一步地展开和绽放。①

---

① 很多地志都记载,郭璞来到武夷山,并在九曲溪题有谶诗曰:"黄冈降势走飞龙,郁郁苍苍气象雄。两水护缠归洞府,诸峰罗立拱辰宫。林中猛虎横安迹,天外猱猊对面崇。玉佩霞衣千万众,万年仙境似空同。"清人郑方坤在《全闽诗话》中认为,郭璞时代没有"七律"这种体裁的诗,显然是后人附会。参见(清)郑方坤:《全闽诗话》卷1,清文渊阁四库全书本,第1页b~2页a。从诗歌内容上看,这首诗将武夷山称为"洞府"和"辰宫",这是唐代道教洞天福地建构之后的空间属性,与魏晋时期武夷山的空间属性不相匹配。因此,这里也认为上述资料并不可靠。但郭璞所注的《山海经》中却有一段文字与武夷山有关。《山海经·海内南经》中记载:"……瓯居海中。闽在海中,其西北有山。一曰闽中山在海中。三天子鄣山(郭璞云'音章')在闽西海北,一曰在海中。"参见袁珂:《山海经校注》,成都:巴蜀书社,1992年,第316~317页。这里的"三天子鄣山",可能是武夷山脉早期的称呼。

第四章
隋唐五代的空间建构

隋开皇九年(589 年),废建阳县,并入建安县。唐武德四年(621 年),复设建阳县,武德八年(625 年)又废,垂拱四年(688 年)又重置。总之,在宋代置县之前,武夷山一直隶属建阳县,随着建阳从汉代隶属于建安郡,三国吴国时期开始从建平(建阳)而隶属于上饶,隋朝初年又与建阳一起重新归入建安郡。北宋淳化五年(994 年),原建阳县崇安场,从建阳县单列设县,是为崇安县(今武夷山市),武夷山开始属崇安县管辖。

从武夷山发展的历史来看,它作为一个有特殊属性的空间,是逐步被发现和被建构的。对于武夷山而言,隋唐五代是一个非常重要的时期,是武夷山空间属性的建构期。武夷山文化空间的建构,首先是伴随着中国道教的发展而展开的。

唐朝政府非常重视道教,尤其是唐玄宗时期,道教与国家上层建筑的关系极为密切,司马承祯的道教神学理论获得了国家权力的充分支持。在司马承祯所建构的洞天福地系统中,武夷山开始占据重要地位。同一时期,武夷山开始被纳入名山大川的序列。之后相当长的一段时期内,武夷山的发展,主要是沿着洞天福地和名山大川这两个维度的空间建构展开的,并逐步丰富多彩,开花结果,成就千古名山。

一、神仙空间的建构

(一)唐朝政府对道教的崇信和利用

隋唐时期,中国道教有了新的发展。隋朝道教沿袭上清派的传统,尊奉元始天尊为万物始原和宇宙主宰,逐渐"演化为以元始天尊为最高、以太上老君为次的道教神团系统……茅山宗成为道教主流派的雏形"[①]。唐朝李家天子自称李耳后裔,因此老子更加受到前所未有的尊崇,道教的政治地位得以空前提升。有唐一代,求仙学道之风遍及社会各个阶层,全国各地道观林立,道教发展呈浩大之势。

唐高祖李渊在起兵之初,就宣称有"霍山神使,谒唐皇帝",这是利用道教的谶纬之术,为夺取政权营造舆论和心理优势。称帝后,又托言"李氏将兴,天祚有应"。武德七年(624年),天下初定,唐高祖立即"幸终南山,谒老子庙"[②]。唐太宗贞观十一年(637年),下诏说,"老君垂范,义在清虚","今鼎祚克昌,既凭上德之庆;天下大定,亦赖无为之功。宜有解张,阐兹玄化。自今已后,斋供行立,至于称谓,道士女冠,可在僧尼之前","令道士等在僧之上"。[③] 唐太宗认为,道教在唐朝定鼎中起了很大作用,因而确定道教优先于佛教的宗教政策。《旧唐书·高宗本纪》记载,唐高宗乾封二年(667年),"二月己未,次亳州,幸老君庙,追号曰'太上玄元皇帝',创造祠堂,其庙置令、丞各一员"[④]。皇帝追封老君为"太上玄元皇帝",创制祠堂,设置祠官,常规奉祀,这显然是一个重要的政治姿态。

唐玄宗开元二十九年(741年),下诏"制两京、诸州各置玄元皇帝庙,并崇

---

① 卿希泰:《中国道教史》第2卷,成都:四川人民出版社,1996年,第29页。
② (五代)刘昫:《旧唐书》卷1,载《二十五史》,上海:上海古籍出版社,1986年,第11页。
③ (唐)释道宣:《广弘明集》卷25,《叙太祖皇帝令道士在僧前诏表》,清文渊阁四库全书本,第13页b～14页a。
④ (五代)刘昫:《旧唐书》卷5,载《二十五史》,上海:上海古籍出版社,1986年,第19页。

玄学,置生徒,令习老子、庄子、列子文"①。天宝元年(742年),"两京玄元庙改为'太上玄元皇帝宫',天下准此"②。天宝二年(743年),又"追尊玄元皇帝为'大圣祖玄元皇帝'"③。唐玄宗还亲自注解《道德经》颁行天下,规定科举考试加试《老子》策。他本人也笃信道教,据《旧唐书·礼仪志》载:"玄宗御极多年,尚长生轻举之术。于大同殿立真仙之像,每中夜夙兴,焚香顶礼。天下名山,令道士、中官合炼醮祭,相继于路。投龙奠玉,造精舍,菜药饵,真诀仙踪,滋于岁月。"④唐玄宗倚重道教人士,茅山宗大师司马承祯格外受到宠信。他在位期间,唐朝道教发展到顶峰。

(二)司马承祯的"洞天""福地"建构

尽管魏晋南北朝时期道教理论家已经明确提出洞天、福地等神仙空间的新建构,陶弘景也明确提出了三十六洞天,并初步确立了洞天在人间、地仙统领洞天的道教神仙空间模型,但除了陶弘景自己所在的第八洞天"句曲山"之外,其他洞天并未作任何具体的说明,这表明当时道教的神学理论仍不完整、不系统。随着唐代李家天子对道教的重视,为适应道教在全国范围内空前发展的需要,道教神学理论的进一步完善,成为时代的必需。

唐初,茅山派宗师潘师正⑤融合当时各种教派的说法,也吸收佛教关于宇宙空间的理论,对道教"三十六天"进行了初步的建构。潘师正提出,作为最高尊神的元始天尊,以道为身,化生三界诸天。所谓三界诸天分别指欲界诸天、色界诸天、无色界诸天,其间又各有诸天皇帝和真仙,以及众多僚属。凡人学仙,首先要戒行无缺陷,得名于仙录。其次要进入五岳灵山洞宫之中继续修炼,而后从洞宫之中,登临欲界诸天。之后继续登临色界诸天,再登无色界诸

---

① (五代)刘昫:《旧唐书》卷9,载《二十五史》,上海:上海古籍出版社,1986年,第32页。
② (五代)刘昫:《旧唐书》卷9,载《二十五史》,上海:上海古籍出版社,1986年,第33页。
③ (五代)刘昫:《旧唐书》卷9,载《二十五史》,上海:上海古籍出版社,1986年,第33页。
④ (五代)刘昫:《旧唐书》卷24,载《二十五史》,上海:上海古籍出版社,1986年,第123页。
⑤ 潘师正(586—682年),字子真,贝州宗城人。道教上清派茅山宗第十一代宗师。

天。①　潘师正提出的修戒得"仙录"、入灵山修炼而后升天的成仙路径,在他的弟子司马承祯那里,得到进一步的继承和发展。

司马承祯自号白云子,初游名山,后至天台山修炼。在则天朝、睿宗朝都曾受到皇帝的召见,与陈子昂、宋之问、王维、李白、孟浩然等名士结交,名满天下。唐玄宗笃信道教,对司马承祯更是宠信有加,开元九年(721年)召司马承祯入京布道,赏赐甚厚。

司马承祯在吸收、融合前人理论的基础上,作《天地宫府图》一书,第一次完整地建构了"十大洞天"、"三十六小洞天"和"七十二福地"的道教神仙空间体系。

关于"十大洞天",司马承祯说,"十大洞天者,处天地、名山之间,是上天遣群仙统治之所"②。十大洞天乃上天派遣群仙掌管,它们处于天地、名山之间。司马承祯还分别列出了每个"大洞天"的名称、位置及掌管者等,如:

第一,王屋山洞。周回万里,号曰小有清虚之天,在洛阳、河阳两界,去王屋县六十里,属西城王君治之。

第二,委羽山洞。周回万里,号曰大有空明之天,在台州黄岩县,去县三十里,青童君治之。

第三,西城山洞。周回三千里,号曰太玄总真之天,未详在所,登真隐诀云:"疑终南太一山是",属上宰王君治之。

第四,西玄山洞。周回三千里,号三元极真洞天,恐非人迹所及,莫知其所在。

第五,青城山洞。周回二千里,名曰宝仙九室之洞天,在蜀州青城县,属青城丈人治之。③

余下的"大洞天",依次分别是赤城山洞、罗浮山洞、句曲山洞、林屋山洞、括苍山洞,司马承祯全都一一列举。

关于"三十六小洞天",司马承祯在序言中称,"三十六小洞天,在诸名山之

---

① 卿希泰:《中国道教史》第2卷,成都:四川人民出版社,1996年,第129~130页。
② (北宋)张君房:《云笈七签》卷27,清文渊阁四库全书本,第2页a。
③ (北宋)张君房:《云笈七签》卷27,清文渊阁四库全书本,第2页a~3页a。

中,亦上仙所统治之处也"①。其描述模式与"十大洞天"是一样的,如:

> 第一,霍桐山洞。周回三千里,名霍林洞天,在福州长溪县,属仙人王纬玄治之。
>
> 第二,东岳太山洞。周回一千里,名曰蓬玄洞天,在兖州乾封县,属山图公子治之。
>
> 第三,南岳衡山洞。周回七百里,名曰朱陵洞天。在衡州衡山县,仙人石长生治之。
>
> 第四,西岳华山洞。周回三百里,名曰总仙洞天,在华州华阴县,真人惠车子主之。
>
> 第五,北岳常山洞。周回三千里,号曰总玄洞天,在恒州常山曲阳县,真人郑子真治之。②

剩余的"小洞天",分别是嵩山、峨眉山、庐山、四明山、会稽山、太白山、西山、小沩山、灊山、鬼谷山、武夷山、玉笥山、华盖山、盖竹山、都峤山、白石山、句漏山、九嶷山、洞阳山、幕阜山、大酉山、金庭山、麻姑山、仙都山、青田山、钟山、良常山、紫盖山、天目山、桃源山、金华山,也都一一列举。

关于"七十二福地",司马承祯解释道,"七十二福地,在大地、名山之间,上帝命真人治之,其间多得道之所"。如"第一,地肺山。在江宁府句容县界,昔陶隐居幽栖之处,真人谢允治之"③。按照同样的叙述模式,将剩余的"福地"盖竹山、仙磕山、东仙源、西仙源等全都列举,这里不一一赘述。

这是道教神仙空间的第一次具体、完整、系统的建构,意味着自魏晋以来信仰空间由方外到方内转向的最终完成,道教修炼成仙的空间体系最终确定了下来,是道教神学宇宙观理论的重要发展,对后世道教乃至中国文学、思想等领域都产生了深远的影响。司马承祯建构的洞天福地神仙空间,有以下几个特点。

---

① （北宋）张君房：《云笈七签》卷 27,清文渊阁四库全书本,第 4 页 a。
② （北宋）张君房：《云笈七签》卷 27,清文渊阁四库全书本,第 4 页 a～5 页 a。
③ （北宋）张君房：《云笈七签》卷 27,清文渊阁四库全书本,第 11 页 a。

第一,这是一个立体的神仙空间。

司马承祯所建构的洞天福地共有 118 个单元,它们分别分布于天上、名山、大地之中。其中"十大洞天"在天上,但它们在名山之上,即与名山最接近的上天区域。所以有的"大洞天"有明确的空间范围,如上述王屋山洞、委羽山洞、青城山洞等,有的则"恐非人迹所及,莫知其所在",或"未详在所",如西城山洞、西玄山洞等。其余的"三十六小洞天"和"七十二福地",共 108 个神仙空间则全部都在地上,分别分布于名山之中,以及名山和大地之间的区域,它们是人间的名山胜水,或神仙圣迹。司马承祯打破了原有神仙空间从边缘到中土的平面思路,建构了一个宏大的、涵盖天下与地下的立体空间,这是中国道教神仙空间建构的创新与完善。

第二,这是一个以名山为中心的神仙空间。

按照司马承祯的描绘,十大洞天"处天地、名山之间",三十六小洞天"在诸名山之中",七十二福地则"在大地、名山之间"。很显然,"名山"是洞天福地的中心环节,是沟通天上与地下神仙空间的关键联结点,也是人、神共在的神仙空间。这是魏晋以来"名山仙化"趋势的继续和扩大,充分表明了仙境在人间的中国宗教特色。

第三,它打破了传统五岳名山的等级秩序及其对空间权力的垄断,促进了新兴名山的兴起。

在中国,五岳名山是另一种历史悠久的、具有神性又与世俗权力紧密结合的神权空间建构,它源自中华文明早期的山岳崇拜。传说黄帝曾经封禅泰山,舜在继位的时候,也曾"望于山川,遍于群神"[1]。据墨子说,三代之圣王,皆"以敬祭祀上帝、山川、鬼神"[2]。可见,在中国文化的早期,祭祀山川是十分重要的政治活动。根据考古学者对殷墟甲骨卜辞的研究,商代已有完整的天神、地祇和人鬼三大鬼神系统。其中,地祇包括河、岳、土地、四方诸神,[3]河、岳之

---

[1]　(清)孙星衍:《尚书今古文注疏》,《舜典》,陈抗、盛冬铃点校,北京:中华书局,1986年,第 41 页。

[2]　(清)孙诒让:《墨子闲诂》卷 7,孙启治点校,北京:中华书局,2001 年,第 211 页。

[3]　河,指黄河。岳,指嵩山。

神的地位并不比帝神低。① 周代在尊崇商代诸神的基础上，更加推崇对"天"的信仰，虽然学术界尚有争论，但周代逐渐用"天"取代商代对"帝"的信仰，这个大趋势是没有问题的。② "天"的本意是指人们头顶上方的苍穹，与"上帝"相比，它淡化了神的人格属性，增加了神的自然属性和空间属性。换言之，对"天"的信仰，是具有空间意义的。《诗经·大雅·崧高》中说，"崧高维岳，骏极于天"③，《诗经·周颂·时迈》也说，"怀柔百神，及河峤岳"。有学者提出，周代"天神崇拜的天就是山岳崇拜"，嵩山被称为"天室山"，即天神所居之室。④周代最高的神，与现实中的空间发生了关联。至春秋战国时期，已经形成五岳、四渎、名山等具有神性的空间概念，以及相应的礼乐制度。经过秦始皇、汉武帝的巡狩、封禅、册封等行为的推动，西汉中期以后，随着儒家独尊地位的确立，五岳、四渎、名山逐渐从经典演化为具体的制度。⑤ 此时，也首次出现明确记载"五岳"的文献。⑥ 汉宣帝神爵元年（前 61 年），下诏确定五岳、四渎具体地点以及相关礼制。至此，以五岳四渎为尊、以名山为辅的神权空间建构最终形成。

从上古时期的山岳崇拜，到秦汉时期五岳、四渎、名山空间体系的最终形成，神权空间的建构始终是在国家权力主导下完成的。统治者一方面不断神化空间，另一方面又利用空间的神性来神化世俗权力，即所谓的"君权神授"。

---

① 林志强：《卜辞所见河岳神之地位》，《福建师范大学学报（哲学社会科学版）》1996 年第 2 期。

② 李绍连提出，殷商时期，人们用各种办法祭祀日、月、风、雨、雷、土、山、川等自然诸神，此外还有一个凌驾于诸神之上的"上帝"，而周代则以"天"为最高的"天神"，取代了商代的至上神"帝"，参见李绍连：《殷的"上帝"与周的"天"》，《史学月刊》1990 年第 4 期。也有学者提出，商代的"上帝"不一定具有"至上神"的地位，参见朱凤瀚：《商周时期的天神崇拜》，《中国社会科学》1993 年第 4 期。也有学者认为，周代至高的神，依然是"上帝"，参见张荣明：《周代"天"神说驳证》，《天津师范大学学报（社会科学版）》1993 年第 3 期。

③ "崧"同"嵩"，即嵩山。

④ 王晖：《论周代天神性质与山岳崇拜》，《北京师范大学学报（人文社科版）》1999 年第 1 期。

⑤ 牛敬飞：《五岳祭祀演变考论》，北京：清华大学博士学位论文，2012 年。

⑥ 《尔雅·释山》载："泰山为东岳，华山为西岳，霍山为南岳，恒山为北岳，嵩高为中岳。"参见《尔雅》卷中，（东晋）郭璞注：永怀堂本，第 13 页 b。

管仲将祭祀山川之神,作为守国之本的四维之一。他说"守国之度,在饰四维",其中要"明鬼神,祗山川","不祗山川,则威令不闻"。①《史记》引《周官》云,"天子祭天下名山大川,五岳视三公,四渎视诸侯,诸侯祭其疆内名山大川"②。可见,在周代祭祀权分为两级:第一等级在天子,第二等级在诸侯。③又据《公羊传·僖公三十一年》记,"天子有方望之事,无所不通。诸侯山川有不在其封内者,则不祭也"。④ 天子的祭祀权力是至上的,诸侯则只能祭祀疆内名山大川,否则视为越礼,即所谓"祭不越望"⑤,"非其所祭而祭之,名曰淫祀"⑥。卿大夫以下,则没有祭祀山川的权力,否则就是僭越,如《论语·八佾》记载"季氏旅于泰山"(旅,祭名也),就是严重的礼制僭越行为。可见,五岳、四渎与名山,是属于国家权力垄断下的、具有严格等级之分的神权空间。

司马承祯建构的"福地洞天",无疑是属于神仙空间的,它打破了传统神权空间的等级秩序及统治者对空间权力的垄断,提高了新兴道教名山的地位。"十大洞天"虽在天上,但也在王屋山、青城山、句曲山等道教名山之上。"三十六小洞天"的第一洞天,却是名不见经传的"霍桐山"⑦,传统至高无上的五岳名山,如泰山、嵩山、华山等,在这里则只是道教三十六"名山"之一,已经不具备神权空间体系中的至尊地位了。换言之,在司马承祯的道教神仙空间系统中,五岳很重要,但已不再至尊。

唐玄宗开元十五年(727 年),司马承祯上书说:

> 今五岳神祠,皆是山林之神,非正真之神也。五岳皆有洞府,各有上清真人降任其职,山川风雨,阴阳气序,是所理焉。冠冕章服,佐

---

① 黎翔凤:《管子校注》卷1,梁运华整理,北京:中华书局,2004 年,第 2～3 页。

② (西汉)司马迁:《史记》卷 28,《封禅书》,载《二十五史》,上海:上海古籍出版社,1986 年,第 173 页。

③ 张怀通:《周代山川祭祀的民本精神与政治功能》,《殷都学刊》1994 年第 4 期。

④ (清)秦蕙田:《五礼通考》卷 21,清文渊阁四库全书本,第 9 页 b。

⑤ 杨伯峻编著:《春秋左传注》,北京:中华书局,1981 年,第 1635 页。

⑥ (清)孙希旦:《礼记集解》,《曲礼下》,沈啸寰、王星贤点校,北京:中华书局,1989 年,第 152 页。

⑦ 即霍童山,在今福建宁德。

从神仙，皆有名数，请别立斋祠之所。①

按照司马承祯的神学理论，传统的五岳神祠所奉之神，都是"山林之神"，"非正真之神"，不足为道。在他看来五岳都是"洞天"，每个洞府都有"真人"职掌山川风雨和阴阳气序，因此应当另立神祠以祀之。史载唐玄宗"从其言，因敕五岳各置真君祠一所，其形象制度，皆令承祯推按道经，创意为之"②。司马承祯的主张得到唐玄宗的支持，并推行全国。实际上，这是司马承祯否定了传统五岳之神不可撼动的至尊地位，代之以洞天之主的"真人"，从而将"五岳"与"洞天"的神学地位进行了置换，弱化了传统五岳名山至高无上的等级性，一批诸如峨眉山、四明山、武夷山等新兴名山，在他所建构的洞天福地神仙空间体系中，取得了与五岳同等的价值地位，无形之中促进了新兴名山的兴起。

"洞者，通也"，意为沟通人、神之意。所谓"洞天"，即有神仙之所居、凡人也能得神之助并实现成仙愿望的地方。所谓"福地"，是近仙进福之地，大多是靠近洞天的仙境乐园或神仙圣迹。显然，这样的建构让普通人能够有机会与神仙空间之间建立精神层面的关联，打破了皇权对传统五岳名山的垄断，促使这些具有垄断性的神权空间，走向世俗、走向大众。这是中国古代精神文化史上一次重要的空间重构。

（三）第十六升真玄化之洞天——武夷山

司马承祯建构的洞天和福地，在江南东道共有 40 处之多，是全国最多的，这说明当时江浙一带道教发展的兴盛。③ 其中，福建的福州、建州各有洞天 1 处，福州有福地 1 处，曰"庐山"④。建州除了有武夷山这个洞天之外，还有福

---

① （五代）刘昫：《旧唐书》卷 192，载《二十五史》，上海：上海古籍出版社，1986 年，第 616 页。

② （五代）刘昫：《旧唐书》卷 192，载《二十五史》，上海：上海古籍出版社，1986 年，第 616 页。

③ 周能俊：《唐代道教地理分布》，南京：南京大学博士学位论文，2013 年。

④ "第七十一庐山，在福州连江县，属谢真人治之。"参见（北宋）张君房：《云笈七签》卷 27，清文渊阁四库全书本，第 20 页 a。

地3处,分别是第十三福地"焦源","在建阳县北,是尹真人隐处";第二十七福地"洞宫山","在建州关隶镇五岭里,黄山公主之";第三十一福地"芹溪","在建州建阳县东,是孔子遗砚之所"。[1] 由此可知,当时福建道教发展主要分布在闽北和闽东一带,闽北以武夷山为中心,道教发展比较突出。

那么,我们要重点关注的是"第十六武夷山洞"。司马承祯说:

> 周回一百二十里,名曰真升化玄天,在建州建阳县,真人刘少公治之。[2]

文虽简短,却透露很多关于武夷山的重要信息。

第一,司马承祯对"武夷山"的空间描述是写实的。司马承祯描述"武夷山"的空间范围是"周回一百二十里",而今天的武夷山风景名胜区,即以九曲溪为中心,包括了溪南溪北的丹霞地貌区域,面积大约70平方公里,与司马承祯所记的"周回一百二十里"差不多,并且当时确实属于建阳县管辖。可见司马承祯对武夷山的描述是写实的,说明他当时对这个区域还是比较了解的。根据前文,萧子开《建安记》记载的"武夷山",仅仅指"大王峰"这座山峰,说明唐代的"武夷山",其内涵已扩大为相当于今天武夷山风景名胜区的范围。在司马承祯的道教空间建构中,闽北地区除了武夷山这个"洞天"之外,还有焦源、洞宫山、芹溪3个"福地",这从一个侧面反映了司马承祯对这一地区的重视和了解程度。

第二,"升真玄化"洞天,是掌管凡人升仙的洞天。[3] 所谓"升真玄化",即

---

[1] (北宋)张君房:《云笈七签》卷27,清文渊阁四库全书本,第13页a、14页a、15页a。

[2] (北宋)张君房:《云笈七签》卷27,清文渊阁四库全书本,第7页a。

[3] 关于武夷山洞天之名,有不同的记载。《云笈七签》是最早文献,记为"真升化玄",但仅见此一处,文献记载最多的是"升真玄化"和"升真元化",也有少数使用"升真化玄"之说。现在武夷山天游峰下伏虎岩上有题刻"升真元化之洞",是南宋宁宗开禧二年(1206年)游九言所题,但这是为避讳朝廷赵氏圣祖"赵玄朗"而改"玄"为"元"的。同样,清代董天工《武夷山志》称"升真元化",是为了避讳清圣祖爱新觉罗·玄烨之名。结合其他文献,如(南宋)熊禾《勿轩集》卷三的《升真观记》等,为叙述方便,本书统一采取"升真玄化"之名。

升仙、化仙之意。在司马承祯的语境中，"真"与"玄"都有"仙"的含义。[①] 现在武夷山还流传凡人在武夷山"换骨岩"完成脱胎换骨，在"更衣台"更去凡衣，而后登"天柱峰"升天成仙的神话传说，可能就是依据司马承祯的神学思想而产生的。道教修炼的最高果位是升真仙化，而"升真玄化"的武夷洞天，正是凡人升仙之地。祝穆所辑的《方舆胜览·武夷山》记载，武夷山之神"武夷君"，号称"统录地仙，授馆于此"[②]。虽名列第十六，但它的主神却"统录地仙"，可见它是非常重要的一"天"。

第三，掌管武夷洞天的主神，是"刘少公"而不是"武夷君"。司马承祯所列掌管"十大洞天"和"三十六小洞天"的"上仙"，大部分来自《列仙传》、葛洪的《神仙传》和陶弘景的《真诰》等道书，但也有一部分是司马承祯自己创造的"神仙"，如王纬玄、唐成公、花丘林、刘少公、严真青等，他们并不见于先前的神仙传记。"刘少公"是什么神仙，已无可考。值得注意的是，司马承祯并没有将掌管武夷洞天的主神确定为"武夷君"，而是名不见经传的"刘少公"。鉴于司马承祯对闽北还是比较了解的，我们推测，至少在他的时代，作为山神或地仙的"武夷君"，在武夷山尚未出现。换言之，在列入"洞天"的初期，武夷山地方的神仙谱系尚未确立。[③]

第四，这是一次重要的神学建构，是武夷山由区域仙山走向天下道教名山的开始。从南北朝时期萧子开《建安记》发现武夷山，到顾野王开始将武夷山称作"地仙之宅"，根据当时的道教神学思想，地仙是游于名山的，可见当时人们已经将武夷山当作道教的仙山看待了，只不过局限于东南一隅，而且还是民间的说法。至唐代中期，武夷山得到当时道教宗师司马承祯的认可，一跃成为

---

① 司马承祯所称的三十六小洞天中，均为"上仙所统治之处也"，但其中有 23 处记为"某某真人治之"，其余大多为"仙人某某治之"，既然都是"上仙"，那么"真人"其实就是"仙人"。

② （南宋）祝穆：《方舆胜览》卷 11，宋刻本，第 5 页 b。

③ 前文提到，与司马承祯同时代的历史学家司马贞，在注释《史记》的时候，第一个将武夷山与"武夷君"联系起来，但他采取的是"疑即""或如"这样的怀疑、猜测的态度，说明司马贞并不能确定两者之间的关联。而相对来说，对闽北道教比较了解的司马承祯，却没有将武夷山与武夷君联系起来。

第十六升真玄化洞天,同时得到唐政府的官方支持,这无疑极大地提高了武夷山的地位和影响,使得武夷山由一个区域性的仙山,一跃成为与传统的五岳名山并列的天下道教名山,成为新兴名山的代表之一。这是武夷山历史上的一次重要建构与转折,唐代是武夷山成名天下的关键建构时期。

（四）杜光庭①对洞天建构的传承

杜光庭于天台山修道,后入觐京城,被唐僖宗封"麟德殿文章应制"。唐亡后,入蜀居青城山,事王建。著有《洞天福地记》《道德真经广圣义》《道门科范大全集》《广成集》《青城山记》《西湖古迹事实》等道书,是唐末五代影响最大的道教神学理论家。

杜光庭在道教神学思想上,继续神化老子,称老子为"太上老君",认为是老君创造了三十六天,以及日月星辰和天地万物,三十六天各有天仙、太帝、仙君掌管。他还极力宣传神仙实有、仙道多途的主张,他的《神仙感遇传》中有很多人神相遇的故事。②

杜光庭基本沿袭了司马承祯的道教思想和神仙空间建构模式。在他的《洞天福地记》中,神仙空间的模式与司马承祯的建构基本相同。所不同的是,杜光庭省去了"地仙"之名,而直接称"某某洞天",并将"洞"与"天"合并而称"洞天"。这个变化说明,杜光庭强调的是"天",而司马承祯强调的则是"仙",司马承祯更加强调洞天对凡人成仙的引导作用,而杜光庭则忽略了这一点,只是说明神仙空间建构而已。

杜光庭三十六洞天的建构,使武夷山作为道教天下名山的地位再次得以确认和传承。

---

① 杜光庭(850—933年),字宾至(一说宾圣),号东瀛子,缙云人。
② 杜光庭的《神仙感遇传》中,并没有与武夷山相关的传说。有文献记载杜光庭作《武夷山记》,已失传,不可考。但据现有文献,并没有他来到武夷山的记载。

二、神权空间的建构

据明代衷仲孺《武夷山志》"唐刻石"条载,武夷山有唐代册封的刻石遗碑,"在幔亭峰下,刻石云,'唐天宝七年,岁在戊子七月,封名山大川,登仕郎颜行之记'。此石旧在万年宫门外同亭湖畔,后湖陷石坠水中,今竭时犹仿佛可见"①。在唐玄宗天宝七年(748年),登仕郎颜行之受唐政府派遣,以国家的名义册封武夷山为"名山大川",并刻石为证。刻石在武夷山大王峰下的同亭湖畔,后来湖陷,刻石落入水中。在明代末年,干旱水少的时候还可以见到。衷仲孺的记载是可靠的,后来董天工《武夷山志》也记载此事。②

这是武夷山历史上又一件大事,它意味着武夷山从此进入国家祭祀系列的、仅次于五岳的政治性神权空间——"名山大川",从此武夷山正式成为国家神权空间序列的名山之一,成为东南的镇山(主要指福建)。

可见,唐代中期武夷山实现了神仙空间与神权空间的合一。从此,武夷山从一个区域性名山,开始向全国性名山转化。因此,我们称唐代是武夷山发展史上重要的建构期。

三、道教宫观的建构

由于唐政府对道教的重视,全国范围内道教宫观的建设呈现前所未有的兴盛局面。唐高宗永淳二年(683年),下诏"令天下诸州置道士观,上州三所,

---

① (明)衷仲孺:《武夷山志》卷3,明崇祯癸未年版,哈佛大学汉和图书馆藏影印本,第1页b~2页a。万年宫,即今武夷宫。

② 董天工《武夷山志》载:"唐天宝七载,封天下名山,遣登仕郎颜行之至武夷山(一曲溪北有石刻记其事,后同亭湖陷,石陨水中)。全山禁樵采。"参见(清)董天工:《武夷山志》卷4,《敕封》,武夷山市市志编纂委员会整理,北京:方志出版社,1997年,第82页。

中州二所,下州一所"①。唐玄宗于开元十九年(731年),诏令"五岳各置老君庙"②。据《新唐书·百官志》载,唐玄宗时期,"天下观一千六百八十七,道士七百七十六,女冠九百八十八"③。有学者研究,玄宗朝全国范围内所置道观不少于1300所,有唐一代的道观总数应在4000～5700所,有道士28000～39900名。④

武夷山的宫观建设,与唐代道教发展的趋势是一致的。⑤ 武夷山在唐代中期,既是新兴的道教第十六升真玄化洞天,又是新晋的名山大川,集宗教名山和政治名山为一体,其宫观建设也开启了武夷山历史上的新局面。

如前所述,唐玄宗天宝七年(748年),武夷山被册封为"名山大川"。又据《册府元龟》记载,天宝八年(749年),令"两京并十道于一大郡亦置一观,并以'真符''玉芝'为名","命九州镇山,除入诸岳外,并宜封公,仍各置祠宇。先已有祠宇者,量更增修"。⑥ 这时的武夷山已是"名山大川",当然也要兴建"祠宇"。据衷仲孺《武夷山志》记载:"唐天宝间,始创屋于洲渚,名曰'天宝殿'。"⑦这段资料与前面所记相互印证,应该是可靠的,估计因为是天宝年间皇家所为,民间俗称"天宝殿"。因此可以确定,唐玄宗天宝八年(749年)奉旨修建的"天宝殿",是武夷山正式官方修建道教宫观祠宇的开始。

五代时期,闽王王审知在位期间(909—925年),将天宝殿加以扩展,并改

---

① (北宋)宋敏求:《唐大诏令集》卷3,《改元弘道诏》,民国适园丛书本,第6页b。

② (五代)刘昫:《旧唐书》卷8,载《二十五史》,上海:上海古籍出版社,1986年,第31页。

③ (北宋)欧阳修:《新唐书》卷48,载《二十五史》,上海:上海古籍出版社,1986年,第138页。

④ 王永平:《论唐代道教的发展规模》,《首都师范大学学报(社会科学版)》2002年第6期。

⑤ 据史料记载,武夷山最早的宫观是"石堂寺",从名字看应该是一座佛教寺院。建于唐初武德年间(618—626年)。但不幸的是,宋仁宗天圣二年(1024年)朔夜,因雷雨山崩,后来成了天壶峰下著名的桃花源,此不多论。

⑥ (北宋)王钦若:《册府元龟》卷86,清文渊阁四库全书本,第25页a～b。

⑦ (明)衷仲孺:《武夷山志》卷2,明崇祯癸未年版,哈佛大学汉和图书馆藏影印本,第2页a。

名为"武夷观"。① 这一改变,有消解唐朝影响的含义,也使得武夷山的宫观开始具有地方属性。

南唐建立之后,李昪十分推崇道教,将茅山第十九代宗师王栖霞召至金陵,拜馆于玄真观,加金印紫绶。李璟即位后,继续崇信道教,南唐道教一度兴盛起来。开运二年(945年),李氏南唐趁乱灭掉王氏闽国,建州归南唐管辖。之后不久,李璟的弟弟李良佐来到武夷山,武夷山的宫观建设有了较大的发展。

董天工《武夷山志》记载,李良佐"性冲淡,保大八年(950年),辞璟访道武夷山,遂居焉。旧观在洲渚间,璟敕有司移创今址,赐额'会仙',册封'演道冲和先生'……良佐居武夷三十七载,坐化于观之清虚堂……今武夷祀之,以为开山之祖"②。

由于李良佐的皇室身份,武夷山的宫观建造得到南唐政府的大力支持。据衷仲孺《武夷山志》载:

> 南唐保大九年御帖
>
> 敕建州武夷山升真洞"玄化洞天武夷观",可改赐"会仙"为额,仍令所司日下准备木植,别爽清净去处,鼎新创造,照依降去式格,务要简朴。其山方圆一百二十里,与本观护荫,并禁樵采、张捕,违者所司按法施行。③

这是李良佐到达武夷山的第二年(951年),南唐政府准许改"武夷观"为"会仙观",将观址从河中洲渚转移到幔亭峰下的岸上,鼎新建造新观,并将方圆一百二十里区域范围划定为会仙观的护荫,禁止樵采捕猎,对保护武夷山的

---

① 据衷仲孺《武夷山志·云构篇》记载:"闽王审知增而广之,名曰武夷观。"参见(明)衷仲孺:《武夷山志》卷2,明崇祯癸未年版,哈佛大学汉和图书馆藏影印本,第2页a。

② (清)董天工:《武夷山志》卷18,《方外》,武夷山市市志编纂委员会整理,北京:方志出版社,1997年,第589页。按董天工的记载,李良佐在武夷山修行37年,他应当卒于985年。南唐于宋开宝八年(975年)被灭,至李良佐去世时,北宋已灭南唐10年之久。董天工《武夷山志》将李良佐列入仙真之列,并不妥当,李良佐实为武夷山真正的开山之祖。

③ (明)衷仲孺:《武夷山志》卷8,明崇祯癸未年版,哈佛大学汉和图书馆藏影印本,第1页a。

生态环境起到积极作用。又据董天工《武夷山志》载,南唐政府还为武夷山"会仙观"铸造一口千余斤的大钟,从金陵沿海路至福州,又沿闽江而上,运至武夷山"会仙观"。① 南唐时期,武夷山的宫观建设,得到南唐政府政治、经济、文化的全方位支持,武夷山道教得以空前发展,当时会仙观的护荫,基本上就是今天武夷山风景名胜区的范围。南唐政府的开发,奠定了后世武夷山发展的基础。所以明清时期,武夷山地方居民仍然祭祀李良佐,尊其为"开山之祖",是有道理的。李良佐对武夷山的开发是有奠基意义的,可以说他是整个武夷山的"开山之祖"。明代王士性在《广志绎》卷一的《方舆崖略》中说:"王审知、李璟分据,八闽始盛。"②王士性的说法,与武夷山发展的实际情况是一致的。

值得注意的是,南唐将"武夷观"改名为"会仙观",意味着"人神相会"的神学思想或神话传说,在当时的武夷山可能已经开始流传。

四、神话传说的建构

有神的地方,就有神话,而神话是需要建构的,神话的建构又反映了时代的潮流。

(一)资料的甄别与说明

如前所述,南唐将"武夷观"改为"会仙观",可能意味着"人神相会"神话传说的流布。当然,也有一些资料表明,武夷山"人神相会"的神话在这之前已开始流布,如晚唐诗人李商隐的《武夷山》诗:

> 只得流霞酒一杯,空中箫鼓几(一作当)时回。武夷洞里生毛竹,
> 老尽曾孙更不来。③

---

① (清)董天工:《武夷山志》卷 18,《方外》,武夷山市市志编纂委员会整理,北京:方志出版社,1997 年,第 589 页。

② (明)王士性:《广志绎》卷 1,清文渊阁四库全书本,第 3 页 b。

③ (清)彭定求:《全唐诗》卷 540,中华书局编辑部点校,北京:中华书局,1999 年,第 6242 页。董天工《武夷山志》记为《题武夷》。

这里明确提及"流霞""空中箫鼓""曾孙"等，都是"幔亭招宴"传说的主要内容。但是由于没有唐五代时期关于武夷山神话传说的具体资料，这里把眼光聚焦到宋代初年编纂的类书。

宋代初年，类书编纂的高峰出现，其中包括《太平御览》①、《太平广记》②和道教类书《云笈七签》③，这三部类书对武夷山和武夷山神话都有涉及。

如何看待这些资料，本书采取的态度是，重点参考、采纳《太平御览》和《太平广记》，把这两部书中有关武夷山的神话，看作唐五代时期的神话，而把《云笈七签》中有关武夷山的新神话，归入北宋的建构。这是因为神话的源头往往是民间或宗教人士，总是要经过一段时间的传播，才能进入文人的视野，变成文字记录下来。《太平御览》和《太平广记》是宋太宗时期编纂的，时间比较接近唐五代时期，而且这两部书的作者基本上是编纂活动，没有创作。相比之下，《云笈七签》成书则晚了30年，而且经历了北宋最崇信道教的宋真宗在位时期，正值北宋历史上新的造神运动之际，因此我们把《云笈七签》所记载的神话新内容，视为北宋的新建构。

（二）神人"武夷君"的初现

《太平御览》卷四十七《地部十二》，与武夷山相关的记载共三条，分别是"武夷山""阑干山""鸡岩"，除了转述萧子开《建安记》和魏王李泰《坤元录》关于"鸡岩"的内容之外，在"武夷山"条目上，又增加一句云：

> 传云，昔有神人武夷君居之，故因名之。又《坤元录》云，建阳县
> 上百余里，有仙人葬山，亦神仙所居之地。④

这是最早明确记载武夷山之名来自"神人""武夷君"的资料，是自唐代中期司马贞将武夷君与武夷山联系起来之后，"武夷君"作为武夷山"神人"的首

---

① 李昉、李穆、徐铉等奉敕编纂，成书时间是宋太宗太平兴国二年至八年（977—983年）。

② 李昉、李穆、徐铉等奉敕编纂，成书时间是宋太宗太平兴国二年至八年。

③ 宋仁宗天圣三年至七年间（1025—1029年）辑成。

④ （北宋）李昉：《太平御览》卷47，清文渊阁四库全书本，第18页 b。

次出现。尽管这只是传说，但也是一次重要的神话建构，它意味着武夷山历史上最重要、最独特的神——武夷君从此与武夷山有了确定的关联。这个时间，推测为五代末至宋代初年。

（三）其他神话

《太平广记》一共三条，分别是卷四十的"许碏"，卷六十七的"崔少玄"，以及卷三百九十的"武夷山"。

《太平广记》卷四十"许碏"条，转引自唐代[①]沈汾的《续仙传》，关于"神仙"许碏的记载云：

> 许碏，自称高阳人也。少为进士，累举不第。晚学道于王屋山，周游五岳名山洞府。后从峨眉山，经两京，复自荆襄、汴宋，抵江淮、茅山、天台、四明、仙都、委羽、武夷、霍桐、罗浮，无不遍历。到处皆于石崖峭壁、人不及处题云："许碏自峨眉山寻偓佺子到此。"睹笔踪者，莫不叹其神异，竟莫详偓佺子也。后多游庐江间，尝醉吟曰："阆苑花前是醉乡，踏翻王母九霞觞。群仙拍手嫌轻薄，谪向人间作酒狂。"好事者或诘之，曰："我天仙也，方在昆仑就宴，失仪见谪。"人皆笑之，以为风（疯）狂。后当春景，插花满头，把花作舞，上酒家楼，醉歌升云飞去。[②]

这则神话，有关武夷山的是，这位自称仙人的漫游之士许碏，游遍天下"五岳名山洞府"，其中一个地方就是"武夷山"。这说明该神话产生于司马承祯之后，[③]且可能是司马承祯一派的道士，后来被传为神仙。武夷山位列其中，说明武夷山被列入福地洞天和确定为天下名山之后，已经产生了一定的影响。董天工《武夷山志》等地方志，将许碏的这首有关"醉乡"的诗，作为武夷山的

---

① 《四库全书》提要认为，这里的唐是指南唐，这个观点是可靠的。

② （北宋）李昉：《太平广记》卷40，北京：中华书局，1961年，第255页。

③ 文中的地名"汴宋"，是唐玄宗时期所设的藩镇，广德（763—764年）、大历（766—779年）之后才称"汴宋"，可知这肯定是唐玄宗以后的资料，与洞天福地的说法是一致的。

《题诗》是不合适的。也有人根据这个传说，称在武夷山最高处的三仰峰，见到"许碏自峨眉山寻偃月子到此"的题字，应为传说或后人附会，不足为据。

《太平广记》卷六十七记载，有女仙"崔少玄"，是唐汾州刺史崔恭的小女儿，"异香袭人，端丽殊绝"，成年后嫁给卢陲。后来卢陲赴闽中任职，一家经过建溪时，远望武夷山，忽然看见有翠冠绯裳的神人，自东峰乘碧云而来。神人问卢陲"玉华君来乎？"卢陲感到惊讶，忙问玉华君是谁，神人云"君妻即玉华君也"。崔少玄这才说，"扶桑夫人、紫霄元君果来迎我，事已明矣，难复隐讳"。看着隐瞒不住，崔少玄便以实相告，言明自己就是玉华君，并且立刻"整衣出见神人，对语久之"。而卢陲自然无法听明白神仙之语，再三揖拜请求，才知道他妻子崔少玄原本是居住在无欲天的玉皇左侍"玉华君"，"主下界三十六洞学道之流，每至秋分日，即持簿书来访志道之士"，今日既然遇到了紫霄元君，"不复近附于君矣"。[①] 之后，常有女真人到静室与崔少玄"天语"，谈笑通宵，不可明辨。后来，卢陲辞职，归家于洛阳。其妻崔少玄曾用五言诗一首，引导他上界成仙，可卢陲不明诗意，崔少玄便尸解仙去。

故事很长，但其中也蕴含着非常重要的信息。其一，这个神话故事就是一场"人神相会"的会仙传说。据神话传说，崔少玄本是玉华君，对她丈夫卢陲来说，遇到扶桑夫人、紫霄元君两位神仙，就是经历了一场凡人与神仙的相遇。这也可能是南唐武夷山"会仙观"之名的来源。其二，这个故事中的神仙是"玉华君"、"扶桑夫人"和"紫霄元君"，它们都不是武夷山地方特有的神，而是早已流行的普遍之神。而且这场人神相会的地点"武夷山"，也没有起到空间唯一性的作用，抑或可以说，它们只是偶遇于此。所以这个神话的武夷山痕迹尚不够明显。其三，这则神话的模式，与后来流传甚广的"幔亭招宴"有一定的相似之处，人与神相遇但不能相随，题诗分别又充满遗憾。这意味着，幔亭招宴的传说，可能是在这个传说的基础上发展而形成的。

《太平广记》关于武夷山的第三条，是卷三百九十《冢墓二》"武夷山"条。这一条出自《稽神录》，作者是徐铉，而徐铉正是《太平广记》的编纂者之一。按

---

① （北宋）李昉：《太平广记》卷 67，北京：中华书局，1961 年，第 414～416 页。

照徐铉自序的说法,《稽神录》编纂的时间是"自乙未岁(935 年)至乙卯(955 年),凡二十年",可见这个神话也可能是宋代之前的。"武夷山"条云:

> 建州武夷山。或风雨之夕,闻人马箫管之声,及明,则有棺椁在悬崖之上,中有胫骨一节,土人谓之仙人换骨函。近代有人深入绝壑,俯见一函,其上题云:润州朝京门内,染师张某第三女。好事者记之,后至润州,果得张氏之居,云第三女未嫁而卒,已数岁。因发其墓,则空棺矣。[①]

显然,这个故事是针对武夷山的悬棺而编造的,实际上它就是对顾野王所记载"仙人葬处"[②]的具体演绎和文化建构,试图将武夷山上早已存在的悬棺遗存与当下人们渴望成仙的愿望相结合。这种解释适应了五代时期成仙思潮的需要,也将古老的悬棺进一步具体神化了,是上述三个传说中最具有武夷山特色的神话。

总之,唐五代时期,有关武夷山的神话还是比较零散,不够丰富,武夷山在这些神话传说中的空间唯一性还不够突出,也就是说具有武夷山地方特色的神话尚未出现。但也已经有神话与武夷山相关,比如武夷君的称呼开始出现,悬棺的遗存也开始与仙人尸解、换骨成仙的传说联系起来。

唐五代时期,是武夷神话建构的萌芽时期。

五、初步的流传

隋唐五代时期,究竟有多少人来过武夷山,以此为目的地而旅游,无从可知。这一时期,记载武夷山文字的个人,大致可以分为两类:一是文人官宦,二是宗教人士。

---

① (北宋)李昉:《太平广记》卷 390,北京:中华书局,1961 年,第 3121 页。
② 唐初,魏王李泰《坤元录》记载:"建阳县上百余里有仙人葬山,亦神仙所居之地。"表明此时人们对武夷山悬棺的认知尚在对仙人的推测阶段,还没有展开具体的神话建构。《括地志》《坤元录》成书时间在贞观十年至十六年间(636—642 年)。

（一）文人官宦

董天工在《武夷山志》中认为，晚唐诗人李商隐的《武夷山》诗，是"武夷题咏，自此始也"。清代《全闽诗话》的作者郑方坤[①]却认为，李商隐没有来到过武夷山。据他说，"考义山平生踪迹未至建州，不知何为而有是作，盖亦借山咏事也"[②]。李商隐虽然没有到过武夷山，但却作了关于武夷山的诗，这说明武夷山在唐中后期的流传，已经开始在文人阶层中产生了一定的影响。

稍晚一些时候的侯官人林宽[③]，作《送李员外频[④]之建州》：

> 句践江头月，客星台畔松。为郎久不见，出守暂相逢。鸟泊牵滩索，花空押号钟。远人思化切，休上武夷峰。[⑤]

这里的"武夷峰"，是指武夷山。林宽认为，建州当地的人民迫切地希望得到教化，劝说刚上任的好朋友建州刺史李频"休上武夷峰"，集中精力，处理政务，不要游山玩水。李频也没有辜负朋友厚望，史称"以礼法治下，建赖以安"。[⑥]李频卒于任上，当地百姓在建瓯梨山为他立庙，每年祭祀。林宽的这首诗，则从一个侧面表明，武夷山在当时已经被部分文人当作名胜游览了。

大约同时代的另一位布衣诗人陈陶[⑦]，关于武夷山的诗歌透露他到过武夷山。陈陶的《上建溪》诗云：

---

① 郑方坤（1693—约1770年），字则厚，号荔乡，建瓯人。雍正元年（1723年）进士，为邯郸令，知兖州府。

② （清）郑方坤：《全闽诗话》卷1，清文渊阁四库全书本，第20页a。

③ 林宽，生卒年不详，唐懿宗咸通末前后在世（约873年前后），字不详，侯官人。有《文献通考》传世，比李商隐稍晚些。

④ 李频（818—876年），字德新，睦州寿昌人。唐后期诗人，曾任建州刺史，史称"以礼法治下，建赖以安。卒官，父老为立庙梨山，岁祠之"。参见（清）彭定求：《全唐诗》卷587，中华书局编辑部点校，北京：中华书局，1999年，第6864页。

⑤ （清）彭定求：《全唐诗》卷660，中华书局编辑部点校，北京：中华书局，1999年，第7055页。

⑥ （清）彭定求：《全唐诗》卷587，中华书局编辑部点校，北京：中华书局，1999年，第6864页。

⑦ 陈陶（约812—885年），字嵩伯，自号三教布衣，鄱阳剑浦人。工诗，性平淡，屡举不第，遂以布衣自称，恣游名山。

崆峒一派泻苍烟,长揖丹丘逐水仙。云树杳冥通上界,峰峦回合下闽川。侵星愁过蛟龙国,采碧时逢婺女船。已判猿催鬓先白,几重滩濑在秋天。①

丹丘、水仙,通上界、下闽川,此情此景,在建溪上游,唯有武夷山。这里显示武夷山的形象则略显神秘,似是神仙之境。

诗人徐凝②的《武夷山仙城》,则更加清晰地描述了武夷山"仙城"的特色和形象:

武夷无上路,毛径不通风。欲共麻姑住,仙城半在空。③

"武夷无上路",并不是整个武夷山无路可上,而是指最初"武夷山"的含义,即现在的"大王峰"。"无上路"表明当时的大王峰尚未开发,难以攀登。"仙城"则是人们看到山峰上的悬棺遗存,以及传说中的神仙居所,产生想在这里与仙人一起隐居的想法,但无奈"仙城"悬在半空,无路可上。

南唐时期,诗人张绍所作的《会仙观铭》④,是当时所见关于武夷山最长的文献。因篇幅所限,在此不能摘录,但此篇铭文却是早期武夷山珍贵的研究资料。根据北宋诗人李复《潏水集》记载,张绍的身份是御史大夫,他作此文是奉朝廷之命而赞,这是南唐朝廷对李良佐在武夷山修建"会仙观"的文化支持。⑤张绍在文中对武夷山极尽颂扬之能事,赞曰"日月丽天,山川镇地",这里所赞

---

① （北宋）李昉:《文苑英华》卷295,北京:中华书局,1956年版,第1503页。

② 徐凝,生卒年不详,与诤友张祜(约792—约854年)年岁相当,浙江睦州分水人。唐代诗人,与白居易、元稹同时而稍晚,元和间(806—820年)有诗名。

③ （清）彭定求:《全唐诗》卷474,中华书局编辑部点校,北京:中华书局,1999年,第5409页。

④ 《全唐诗》记名《冲佑观》,有些地方志记载此文为《冲佑观铭》,均为错误,此时尚没有"冲佑观"之名,《会仙观铭》是准确的。这可能是张绍依据南唐朝廷的旨意,为会仙观落成而作。

⑤ 李复,字履中,长安人。宋神宗元丰二年(1079年)进士。他说:"武夷山闻之久矣,昔于张公燮处见画图,事实不甚详备,与传闻者粗得其一二,闻南唐时曾命监察御史张绍撰《会仙观记》,所载可考。今此碑存否,往昔郡人曾有所遇。"参见(北宋)李复:《潏水集》卷5,清文渊阁四库全书本,第20页b～21页a。不仅表明张绍的身份及其撰文的缘由,也表明这篇铭文在宋代时还有碑刻,当地人还曾经见到过。

的是武夷山作为名山大川、东南镇山的身份。又写道"惟彼武夷,实曰洞天。峰峦黛染,岩岫霞鲜","心悬真洞,梦到华胥。乃眷名山,追惟圣迹","仿佛壶中,依稀物外"。① 武夷洞天,神仙所居之所,但同时也充满美感,峰峦黛染,岩岫霞鲜,不禁让人心向往之,眷恋名山,仿佛置身物外壶天。

正如张绍所云,"会仙之类,名之惟新"。会仙观的建成,以及张绍长篇铭文的出现,都标志着武夷山洞天福地和天下名山双重建构在隋唐时代的基本完成。武夷惟新,岂止名矣。

(二)宗教人士

据现有资料可知,最早来到武夷山的道人,是后来被奉为道教全真派祖师的吕洞宾②,他作《回道人游武夷山题》诗一首,此诗见于董天工《武夷山志》卷二十二。吕洞宾是晚唐人,传说他曾游览天下名山,其中有庐山、罗浮等,他来到武夷山当然是有可能的,姑且存之。③ 这首七言古诗,将武夷山的地理环境定位于"建溪之阳",这是符合当时武夷山实际状况的。诗中称"武夷之山","水流九曲",也符合当时的语言特征。这首诗在神学建构方面,只是轻描淡写地提及"夜静空闻王子笙",其他如关于武夷君、十三仙等的神话均未提及,表明吕洞宾到武夷山的时代,这些神话传说尚未出现或流行。根据目前的研究,这种可能性是很大的。

晚唐名僧、诗人贯休④,虽然没有信息显示其本人来到过武夷山,但他在与朋友往来的诗文中,却多次提及武夷山。贯休诗文提及的武夷山,多为"仙

---

① (清)彭定求:《全唐诗》卷887,中华书局编辑部点校,北京:中华书局,1999年,第10096页。

② 吕洞宾,唐中晚期著名道士,被奉为全真派祖师。

③ 由于这段资料没有其他资料印证,姑且存疑,这里保留两种态度。如不可靠,不必多议。清人陈元龙所编纂的《格致镜原》卷四十六引用《武夷山记》一段文字云:"吕真人、钟离先生,会武夷山吕阿香,夏圆腹。注:圆腹,琵琶也。"参见(清)陈元龙:《格致镜原》卷46,清文渊阁四库全书本,第25页a。虽云吕真人来到武夷山,但也是清代人的资料,可靠性亦不能肯定。

④ 贯休(832—912年),字德隐,俗姓姜,兰溪人。唐末五代著名僧人,善诗画,初为吴越钱镠所重,后入益州,王建礼遇之,署号"禅月大师"。

山"形象,表明在唐末五代时期,作为神仙空间的武夷山,已经在一定范围内得以传播,并逐渐被人接受。

值得注意的是,贯休也曾单独提到"武夷君"。他在《送缘有禅师与雷处士入武夷山》一诗中,这样写道:

> 师与雷居士,寻山道入闽。应将熊耳[①]印,别授武夷君。崖蟏仙棺出,江埌毒草分。他年相觅在,莫苦入深云。[②]

"应将熊耳印,别授武夷君",这是《全唐诗》中第一次明确提及"武夷君",更重要的是,贯休在这里提醒缘有禅师和雷处士两位将入武夷的宗教人士,应当将武夷山之印,另外授予武夷君。言外之意,当下掌管武夷神山之印的并不是武夷君。这实际上是指根据司马承祯的洞天建构,掌管武夷山第十六升真玄化洞天的地仙是刘少公,贯休明确向两位地方宗教人士建议,应当将地仙之印,"别授武夷君"。这首诗本身又恰恰说明,在贯休所处的唐末五代时期,"幔亭招宴"的传说尚未出现,但贯休的这个主张,为"幔亭招宴"神话传说的出现做了铺垫。

综上所述,隋唐五代时期,武夷山的流传还局限在一定的范围之内。在唐代中期之前,主要在专业的史地著作中有所记录,不见于一般文人笔端。唐中后期,已经开始在文人中流传,但主要在东南一带。且武夷山的形象,大多是"仙山""洞府"之类,仅有一个人的描述涉及武夷山的审美,但也是地地道道的仙馆之赞(张绍《会仙观铭》)。上述这些特点,表明武夷山在唐代的建构及其影响,仍然偏重宗教神学方面,而且还是初步的建构,尚待进一步完善。

---

① 熊耳,山名,这里指代武夷山。熊耳山位于河南洛阳西南,是秦岭在河南较大的支脉之一,西南与伏牛山相连,东北延伸至洛阳龙门西山。熊耳山也是古代道教名山,《尚书·禹贡》和《水经注》都有记载。

② (清)彭定求:《全唐诗》卷832,中华书局编辑部点校,北京:中华书局,1999年,第9465页。

小　结

隋唐五代时期的武夷山，在建置上仍属于建州的建阳县管辖。此一时期的发展，主要表现在国家层面与道教宗教上层对武夷山的重视，唐玄宗时期道教"第十六升真玄化洞天"的建构和国家"名山大川"的册封，都具有开创和标志意义。武夷山作为一个地方名山，开始得到道教神学的认可和国家最高权力的支持，使其影响不断扩大，实际地位不断提升，这是武夷山走向天下名山的开始。但从这一时期流传的情况来看，建构期的武夷山，其影响还局限在一定的范围之内，形象和属性还比较单一。

第五章
北宋神仙谱系的完善与仙赏旅游的开始

从南朝时期被发现,历经隋唐五代近 400 年的漫长建构,武夷山逐渐从东南一隅的区域名山,过渡到全国性的道教名山和新晋国家神权系列的名山大川。南唐时期,李良佐在武夷山扩建会仙观,加之他的皇室背景,使得武夷山神仙空间的建构得到突破性进展。从空间建构的角度看,隋唐五代是武夷山神仙空间与神权空间的双建构期。然而,这一时期的武夷山,还没有形成独立的地方神仙谱系,神仙空间的建构尚未最终完成。我们也注意到,由于地理环境、发展程度等原因,在隋唐五代近 400 年的时间里,武夷山的被关注,还局限在一定的范围之内,没有在文化上成为一座真正的天下名山。从现有的资料来看,隋唐五代时期武夷山的形象主要是"仙城""洞天",而审美意义上的空间吸引现象,即旅游吸引现象,尚不够明显。

960 年赵匡胤建立宋朝,979 年北宋结束五代十国的分裂局面,南北归于统一。到"靖康之变"的 1127 年,北宋经历 160 多年的时间。从整体上看,北宋王朝采取儒、释、道三教兼容,又崇奉扶持道教的政策。[①] 北宋太祖、太宗、真宗、徽宗时期,崇道倾向尤为明显,最高统治者乐此不疲地利用道教神灵,宣扬君权神授,使得北宋道教走向繁荣。北宋时期,是中国道教发展的巅峰时期。

北宋太宗淳化五年(994 年),武夷山所在地方从南唐时期的崇安场升格

---

① 朱镜静:《南宋道教管理思想及宫观制度研究》,杭州:杭州师范大学硕士学位论文,2007 年。

为崇安县，隶属于建宁军①，这是武夷山地方历史上置县的开始。建制更新，其境内的武夷山，随着宋王朝对道教的崇信也日益维新，武夷山再次迎来重要的建构和新的发展。

一、北宋王朝的崇道活动

宋朝初年，虽然基本是儒、释、道三教并重的局面，但总体来看，与李唐王朝相比，赵宋王朝对道教的崇信，有过之而无不及。

北宋建国之初，十分重视对宫观庙宇的修缮。宋太祖开宝四年（971年），下诏对广南管内"祠宇丘垄，悉加营护"②。同时也强化对宫观道士的管理，完善度牒制度。宋太祖开宝五年（972年），下诏禁止一切私度，奉教诵经之道士，不得蓄养妻孥，已有家室者皆出观而居，违者按罪论处。③ 从此，前朝携家居馆修行、道俗不分的现象逐渐消失。政府加强管理，客观上清净了宗教场域，有利于道教宫观地位的提高。宋太宗即位后，利用道士张守真的"降神"之术，宣扬君权神授，广纳祥瑞，崇奉圣真，大修宫观，揭开了赵宋王朝崇道的序幕。

宋真宗将北宋的崇道活动推向新阶段。他在位期间，大搞"天书下降"，在全国范围内采祥纳瑞，人神皆知。大中祥符元年（1008年），宋真宗举办盛大的封禅泰山表演，同时还大搞"神人降""天书降"之事，令王钦若等编纂《翊圣保德真君传》，继续宣扬"君权神授"，为王朝权力合法性制造依据。大中祥符五年（1012年），再次创作天尊下降的神话，宣称赵姓始祖赵玄朗，受玉皇之命下降，生下当今皇族赵氏之族。宋真宗还频设醮坛，史载"自祥符天书一出，斋

---

① 据《宋史·地理志》载，北宋太宗端拱元年（988年）升建州为建宁军节度，南宋绍兴三十二年（1162年）以孝宗旧邸升府，即建宁府。
② （南宋）李焘：《续资治通鉴长编》卷12，清文渊阁四库全书本，第5页a。
③ （北宋）王栐：《燕翼诒谋录》卷2，清文渊阁四库全书本，第12页b。

醮糜费甚众,京城之内,一夕数处"①,乃至"一岁醮四十九"②。真宗在位期间,倾天下之力,大修宫观。大中祥符元年(1008 年),为迎奉天书,宋真宗命丁谓为使臣,主持修建玉清昭应宫,历时 7 年,耗费巨资建成道教殿宇 3610 间,是为宋代最大的宫观。次年(1009 年),宋真宗诏令全国,"诸路州府军监关县,择官地建道观,并以'天庆'为额。民有愿舍地备材创盖者,亦听",以至"及是,天下始遍有道像矣。"③

北宋王朝的崇道活动,虽然在仁宗、神宗时期有所收敛,但徽宗朝又把它推向新的高度。宋徽宗同样利用托梦、神降之术,宣扬权力的合法性。他宣称自己梦中被召到藩邸,老君亲自传谕曰:"汝以宿命,当兴吾教。"④政和三年(1113 年)冬祀日黎明,徽宗出南薰门时,自称见到天神降于空中,于是作《天真降临示现记》,颁示天下。史称:"道教之盛,自此始。"⑤宋徽宗宠信神霄派道士林灵素,政和六年(1116 年),利用林灵素制造神话,宣称当今皇帝是"神霄玉清王者,上帝之长子",甚至连皇帝身边的大臣,也都是神仙下凡。于是,徽宗加尊玉皇大帝,诏令"天下洞天福地,修建宫观,塑造圣像"。第二年,于上清宝箓宫召集道士 2000 余人,"诏林灵素,谕以帝君降临事",林灵素等道士则尊徽宗为"教主道君皇帝"。⑥徽宗也大兴土木,多次诏令全国修建道观。如政和六年(1116 年),命天下福地洞天遍建宫观。政和七年(1117 年),又命天下改建神霄玉清万寿宫,"于是,神霄玉清之祠遍天下"⑦。徽宗政和年间(1111—1118 年),还编成一部《道藏》,史称《政和万寿道藏》。

由于统治者的重视,道教在北宋得以前所未有地发展。首先,符箓派道教在北宋空前兴盛。唐代对道教的信奉,虽然也有君权神授的意味,但大多数唐代帝王信奉道教还有一个重要的因素,即个人对长生不老的幻想和追求。相

---

① (元)脱脱:《宋史》卷179,载《二十五史》,上海:上海古籍出版社,1986 年,第 562 页。
② (清)徐乾学:《资治通鉴后编》卷 36,清文渊阁四库全书本,第 6 页 b。
③ (南宋)李焘:《续资治通鉴长编》卷 72,清文渊阁四库全书本,第 20 页 a。
④ (清)徐乾学:《资治通鉴后编》卷 98,清文渊阁四库全书本,第 18 页 b。
⑤ (清)徐乾学:《资治通鉴后编》卷 98,清文渊阁四库全书本,第 18 页 b。
⑥ (明)陈邦瞻:《宋史纪事本末》卷 51,北京:中华书局,1977 年,第 515 页。
⑦ (元)脱脱:《宋史》卷 472,载《二十五史》,上海:上海古籍出版社,1986 年,第 1154 页。

比之下,北宋皇帝则更多表现为一遍一遍地导演天神下降的故事,竭力证明权力来源的合法性,而追求个人长生的因素不太明显。这就使得宋代道教的基本理论和道术发生了变化,曾经盛行一时的炼丹之术逐渐衰落,"内丹取代外丹流行于世"①,因而符箓斋醮道派特别盛行,成为主流。茅山的三清派、龙虎山的天师派、阁皂山的灵宝派都逐渐转向以符箓为主,被称为"三山符箓",它们与皇室关系紧密,影响很大。此外,神霄派、天心派等新兴道派也纷纷涌现,风云一时,推动着符箓道教走向兴盛。

其次,北宋确立了以"玉皇"为中心的"四御"神仙谱系及其地位。在唐代中前期,道观多以元始天尊殿或老君殿为主,唐中叶以后出现三清殿、三清观,说明"三清"尊神的地位是在唐代中后期最终确立的。② 五代时期,杜光庭在《道门科范大全集》中,在三清尊神之后,所列的神灵有玉皇大天尊、玄穹高上帝、天皇大帝、紫微大帝、北斗九星君、三官、五帝、九府四司诸君、六十甲子本命星君、玄中大法师、三天大法师等繁多众神。入宋,为进一步适应皇权集中的世俗政治局势,道教在三清之后的众多神灵中,逐步确定以"玉皇"为中心的"四御"神仙谱系。宋政府当然也大力支持这一趋势,如宋真宗于大中祥符五年(1012 年)十一月,亲自在朝元殿祭祀玉皇,大中祥符八年(1015 年)又尊玉皇圣号为"太上开天执符御历含真体道玉皇大天帝"。宋徽宗于政和六年(1116 年)确定玉帝尊号为"太上开天执符御历含真体道昊天玉皇上帝"。通过宋代皇帝的钦定,确立了玉皇大帝、北极大帝、天皇大帝、后土皇地祇四御尊神的地位,"玉皇""玉帝"成为世俗君权在道教中的象征,③最终形成了以"三清""四御"为首的道教神仙谱系。

最后,将道教管理纳入官僚体系,世俗文人参与道教事务。宋承唐制,在礼部之下设祠部,管理宗教事务。北宋初期,祠部的主要职掌是祭祀、休假日期的确定,以及管理僧道的度牒与名册等。宋神宗元丰改制之后,开始"实行本司事",职掌范围扩大,包括天下典祀、国忌庙讳、节令休假,以及僧道的神祠

---

① 卿希泰:《道教与中国传统文化》,福州:福建人民出版社,1990 年,第 136 页。
② 李剑楠:《道教神仙谱系的建构初探》,北京:中央民族大学硕士学位论文,2010 年。
③ 李剑楠:《道教神仙谱系的建构初探》,北京:中央民族大学硕士学位论文,2010 年。

爵号、宫观寺院、僧道置籍、岁较医官、功过赏罚等事务的管理。① 除祠部之外，鸿胪寺也兼辖道释，管理道录院及御前宫观的器用财务、帝后斋醮的组织、提点的职印等具体宫观道教事务。② 一般宫观事务由钦派的提点掌管，宋真宗时开始设"宫观使"，由现任宰相兼任，监管国家宫观的兴建等重大事务。王安石罢相后，"以太尉领玉清昭应宫使，此前宰相领宫观之所从始也"。后来，又逐步放宽限制。③ 宫观使的设置，使得世俗文人参与宫观事务，客观上提升了道教在国家事务中的分量，扩大了国家宫观的影响。

与此同时，北宋又设置祠官之职。《宋史》记载，"祠禄之官，以佚老优贤"。广义的祠官，除了上述"宫观使"之外，还有宫观副使、提举、提点、主管等，大都是从"戚里近属"等世俗文武官员中选任，"以示优礼"。开始时，享受祠禄待遇的人很少。王安石变法期间，"亦欲以此处异议者"。宋神宗下诏，宫观祠禄人数不再限制，以 30 个月为一任，但不得超过两任。后来又下诏称，"兼用执政恩例者，通不得过三任"④，特殊情况也不得超过三任。最初主要在京城附近的御前宫观设置上述职位，后来又下诏在杭州洞霄宫、亳州明道宫、华州云台观、建州武夷观等洞天福地的 12 个宫观，设置提举、提点和主管，按照官职大小，降级发放官俸。⑤ 对于正在掌握实职的官员来说，这显然是一种贬谪，但宋代致仕官员的待遇是半俸制，宫观提举的待遇又比致仕优待很多。⑥

最高统治者对道教的崇信和大力扶持，形成了巨大的社会思潮和心理倾向，社会各阶层仰慕神仙、向往洞天之风此起彼伏，崇尚道教成为社会时尚。世俗文人的仕途命运与道教宫观相关联，极大地提升了道教宫观的地位和影响。

---

① （元）富大用：《古今事文类聚新集》卷 13，清文渊阁四库全书本，第 28 页 b。

② 南宋高宗建炎三年（1129 年），废鸿胪寺，其所掌事务也全部归于祠部。

③ "渡江后，前宰相在经筵者，不以官高卑，率为宫使。"参见（南宋）李心传：《建炎杂记》乙卷 15，清文渊阁四库全书本，第 22 页 a。

④ （元）脱脱：《宋史》卷 170，载《二十五史》，上海：上海古籍出版社，1986 年，第 527 页。

⑤ （元）脱脱：《宋史》卷 170，载《二十五史》，上海：上海古籍出版社，1986 年，第 527 页。

⑥ 南宋后逐渐成为一种优待，很多文人以此为荣，积极申请提举或主管宫观，有的甚至还需要谋得。

武夷山在北宋王朝的道神运动中,获得了新的发展,更加接近国家权力中心,并最终完成了"天下名山"的建构。

二、"幔亭招宴"的传说与武夷山神仙谱系的完善

据前一章所述,南唐时期,李良佐修道于武夷山,改"武夷观"为"会仙观",这意味着"与神相会"的传说在武夷山已经出现。这里的人神相会可能指幔亭招宴的传说,也可能指崔少玄偶遇玉华君的传说。上一章,我们将宋太宗时期的《太平御览》和《太平广记》中关于武夷山的神话,视为唐五代时期的传说。而 30 多年之后,成书于宋仁宗天圣年间的《云笈七签》,关于武夷山的神话,又出现了一些新内容,反映了北宋初年人们对武夷山神话的新建构。这里主要以此为依据,展开研究和叙述。

北宋天禧三年(1019 年),著作郎张君房辑录而成《大宋天宫宝藏》,这是一部新的道教类书。为方便皇帝阅读,天圣三年至七年(1025—1029 年),张君房又择其精要,汇编而成《云笈七签》献给仁宗皇帝。《云笈七签》中关于武夷山的记载,沿袭了《太平御览》中"许碏"的条目,但又增加一个关于"武夷君"的神话,这就是被广为流传的"幔亭招宴"传说。

为叙述的方便,这里摘录如下:

> 赞颂歌
>
> 次清虚真人歌二章
>
> 其二,《人间可哀之曲一章》并序
>
> 太子文学陆鸿渐撰《武夷山记》云:武夷君,地官也。相传每于八月十五日,大会村人于武夷山上,置幔亭,化虹桥,通山下,村人既往。是日,太极玉皇、太姥魏真人、武夷君三座空中,告呼村人为曾孙,汝等若男若女呼坐。乃命鼓师张安凌槌鼓(木槌也),赵元胡拍副鼓,刘小禽坎笭鼓,曾少童摆鼗鼓,高知满振嘈鼓,高子春持短鼓,管师鲍公希吹横笛,板师何凤儿抚节板。次命弦师董娇娘弹箜篌,谢英妃抚掌离(筚篥),吕阿香夏圆腹(琵琶),管师黄次姑噪悲栗(筚篥),秀琰鸣

洞箫,小娥运居巢(笙也),金师罗妙容挥撩铫(铜钹也)。乃命行酒,须臾酒至,云酒无谢。又命行酒,乃令歌师彭令昭唱《人间可哀之曲》,其词曰:

　　　天上人间会合疏稀,日落西山兮夕鸟归飞。百年一晌兮志与愿违,天宫咫尺兮恨不相随。[①]

"幔亭招宴"的神话传说,在武夷山影响深远,是武夷文化的重要内容,上述文字是最早关于这个传说的完整表述,其中蕴含着诸多重要的历史文化信息,这里有以下几点分析。

首先,关于文献的来源。上述内容来自《云笈七签》第九十六卷的《赞颂歌》,据张君房所说,摘自太子文学陆鸿渐所撰的《武夷山记》,但这种说法是有疑问的。陆鸿渐即著名的"茶圣"陆羽,他作《茶经》是人尽皆知的。而在陆羽的时代,武夷山茶已经开始崭露头角了,但《茶经》中并未提及武夷山及其茶事,这说明陆羽对武夷山并不了解,他作《武夷山记》的可能性是很小的。后来又有人传说,是杜光庭所撰《武夷山记》记录了这些神话。在杜光庭的洞天福地建构中,确实也有武夷山"第十六升真玄化洞天"的记载,但从内容来看,其主要是沿袭了司马承祯的建构,并没有其他新内容。而从道教思想看,杜光庭本人是倡导"人神相会"神学思想的,他所作的《神仙感遇记》中辑录了大量关于人和神相会的传说,但其中却没有关于武夷山的任何内容。如果他能专门写《武夷山记》,对当地的神话应该是了如指掌的,像武夷君"幔亭招宴"这样重要和典型的"人神相会"的传说,杜光庭不可能会漏掉不写。另外,在司马承祯建构的七十二福地中,闽北建州共有3个,而在杜光庭的《洞天福地记》中,闽北的"福地"则由3个减少为1个,这至少从一个侧面说明,杜光庭还没有司马承祯对闽北了解得多,他作《武夷山记》的可能性也很小。再说,也没有其他资料显示陆羽和杜光庭来到过武夷山,他们没有撰写《武夷山记》的主客观条件。南宋时期,有人确实看到两部《武夷山记》,一部是刘夔[②]所撰,另一部是杜光

---

① （北宋）张君房:《云笈七签》卷96,清文渊阁四库全书本,第11页b~12页a。
② 刘夔,字道元,崇安人,宋真宗时进士。后文详述。

庭所撰。郑樵《通志》中，同时记载两部《武夷山记》，"《武夷山记》一卷，杜光庭撰……《武夷山记》一卷，刘夔撰"[①]本书认为，刘夔撰《武夷山记》比较可靠，而杜光庭撰《武夷山记》，可能是其他道士附会的。

其次，关于神话叙事的时间。这里记载的"每于八月十五日"，是指每年的八月十五日，武夷君等神在幔亭峰上大会村人。明代洪武年间，冲佑观的主观者曾编纂《武夷山志》，邀请当时掌管全国道教的天师道第四十三代天师张宇初作序，张宇初在《武夷山志序》中称，"或曰，秦始皇二年，八月十有五日"。[②]这样就将每年的八月十五日，改为"秦始皇二年"的八月十五日，之后的明清文献大多采纳张宇初的说法。董天工《武夷山志》也以这种说法为依据，将"武夷君""皇太姥""十三仙"等仙人列为秦代的方外仙人。但秦代尚未出现道教，更谈不上太极玉皇、太姥魏真人[③]等神。神话与历史难分，是传统方志的局限。

笔者认为，根据上述《云笈七签》的记载，与武夷君一同下凡的是"太极玉皇""太姥魏真人"，其中透露的信息是，这表明当时武夷山的道教流派是上清派茅山宗一脉，而"太极玉皇"则表明了北宋王朝崇奉"玉皇"的时代特征。与此同时，"八月十五"也是北宋初年开始盛行的中秋节。宋代初年的中秋节非常热闹，八月十五这天晚上，皇帝要举办盛大的晚宴，重要的官员都要参加，并且置酒共同欢饮娱乐。正如我们看到的，八月十五的武夷山幔亭峰上，正在上演着一场同样的舞台剧。"幔亭招宴"的传说，无意间映射了北宋初年的民俗特征，也透露了这个传说的时代信息，即北宋初年。另外，歌师所唱的《人间可哀之曲》，反映了"人神相会，但不能相随"的道教神学思想，也是北宋初年的时代特征。基于上述考察，这里认为，完整的"幔亭招宴"传说产生于北宋初年，而且是造神运动较为突出的宋真宗时期的可能性较大。

最后，"幔亭招宴"的主角是武夷君，这场盛会的实质是武夷山主神的一次"陈桥兵变"。正如我们所看到的，八月十五的晚上，月光之下，幔亭峰上，人神之会，热闹非凡，简直是一场仙凡同台的大型歌舞盛会。各种鼓笛、管弦乐器

---

① （南宋）郑樵：《通志》卷66，北京：中华书局，1987年，第782页。
② （明）张宇初：《岘泉集》卷2，清文渊阁四库全书本，第16页a。
③ "太姥魏真人"，则是指上清派第一代天师魏华存，晋代女道士，被奉为南岳主神。

齐奏,还有歌师的歌唱,人神共饮,歌舞同台,好不热闹。[1] 但我们注意到,指挥各路音乐仙师上演这场音乐盛宴的导演正是武夷君,"玉皇太极"和"太姥魏真人"只是武夷君请来的贵宾,而山下的村民则是武夷君邀请的主要对象。神话开头即云"武夷君,地官也",上来就迫不及待地宣称"武夷君"是"地官",清晰地表明武夷君导演这场音乐盛会的目的,就在于向村民宣告"武夷君"才是这里的主人,即武夷山"第十六升真玄化洞天"的地官。"从天而降"的武夷君,不仅搞了个盛大的音乐晚会,还特别请来了豪华队友"太极玉皇"和"太姥魏真人"两位尊神予以确认,正是为了让"曾孙们"明白,武夷君才是武夷山真正的主人。

"幔亭招宴"的神话传说,是武夷山主神身份的置换和确认,十六洞天的主神由名不见经传的真人"刘少公",置换为大名鼎鼎的"武夷君"。因此可以说,幔亭盛会,并不是一场为娱乐而娱乐的歌舞盛宴,而是武夷山主神的一次"陈桥兵变","黄袍加身"的正是武夷山的新主神——地官武夷君。

纵观"武夷君"在武夷山出现的过程,首先是从唐初学者的猜测开始的,唐末五代时期,贯休等宗教人士曾主张"应将熊耳印,别授武夷君"。于是开始出现武夷君居住于此的神话传说。北宋初年,终于出现"幔亭招宴"的神话传说。这是武夷山历史上最重要的一次神话建构,它的真正内涵,不是神学意义上的"人神相会",而是武夷君以主人的身份从天而降,意味着武夷山主神身份的置换和确认,是武夷山地方特色神仙谱系形成的重要标志。

三、冲佑观之国家宫观地位的确立

"幔亭招宴"的传说,使得武夷君成功地取代了"刘少公"的"地官"(地仙)身份,成为第十六升真玄化洞天的主神。与此同时,武夷君被进一步世俗化,

---

[1]　此场景实际上模仿了《汉武帝内传》汉武帝见西王母的场景:"王母设膳于汉武,乃命王子登弹八音之璈,董双成吹云禾之笙,石公子击昆庭之钟,许飞琼鼓震灵之簧,阮灵华拊五云之石,范成君击洞阴之磬,段安香作九天之钧。"参见(明)王世贞:《弇州四部稿》卷174,清文渊阁四库全书本,第1页 a～b。这可能是"幔亭招宴"的原型。

与最高权力发生了神学关联，无限接近国家权力的中心。之后，武夷山冲佑观也被列入国家宫观的行列。武夷山作为神仙空间的属性，在北宋时期得到充分的建构。

（一）武夷君与皇权的关联

由于最高统治者对神仙道教的崇信，一些道士或文人仕宦就开始利用这个机会，制造"神"的故事，以附会时尚。

据明代衷仲孺《武夷山志》的《仙真篇》记载，北宋时期的道士"吴怀玉"：

> 吴怀玉，邑之新丰乡人。习静武夷山中，行坐常闭目，人问之，故不答，因称为眇翁，年九十六而化。初，真人之未解也，每醉辄狂歌大笑，指武夷君像曰："岁在戊子，降为人主。"指魏真君像曰："三十有八载，当抚平四海。"故《杨文肃公家集》云，真宗、神宗、哲宗皆十三仙降世。[①]

道士吴怀玉预言，武夷君"岁在戊子，降为人主"，北宋有三个戊子年，宋太宗端拱元年（988 年），宋仁宗庆历八年（1048 年），宋徽宗大观二年（1108 年），而只有 1048 年是皇帝的降生之年，即宋神宗赵顼的生年。又指魏真人"三十有八载，当抚平四海"，庆历八年（1048 年）之后的 38 年，正是宋哲宗赵煦即位的时间（1086 年）。可见，神秘道士吴怀玉所"预言"的是宋神宗和宋哲宗，暗示他们分别是武夷君和魏王子骞的转世化身，这个传说在当时应该是确实存在的。曾任职建州知州的陈觉民[②]，过武夷山时，曾作《武夷山》诗云："升真洞口接天门，灵草丹桃日日春。听说列仙来瑞世，三朝德业在斯民。"[③]其中的列

[①]（明）衷仲孺：《武夷山志》卷 4，明崇祯癸未年版，哈佛大学汉和图书馆藏影印本，第 5 页 a。这里有"魏真君"之语，可见这段文字是后来所写，魏王子骞等十三仙被尊奉为"真君"，是在南宋时期。但吴怀玉的这个人物及其传说，在北宋时期就已经在民间流传了。明嘉靖年间，陈耀文所编纂的《天中记》卷十二，也有类似说法。

[②] 陈觉民，字达野，仙游人。宋神宗熙宁九年（1076）进士，"元祐间知建阳县，累迁宗正丞，历知漳、建二州，移知福州"。参见（清）厉鹗、马日管：《宋诗纪事》卷 27，清文渊阁四库全书本，第 9 页 b~10 页 a。

[③]（南宋）祝穆：《方舆胜览》卷 11，宋刻本，第 6 页 b。

仙瑞世、三朝德业,即指这个传说。南宋祝穆在《方舆胜览》中也说:"圣出自武夷,事见《杨大年家集》,神考、哲宗朝,武夷真君应世,故此有'三朝德业'之句。"①

列仙来瑞世,三朝出武夷。杨大年是否说过这些神话,有待进一步考证,②但上述资料至少说明,以"武夷君"为首的地方神仙谱系确定之后,武夷山地方道士意识到最高统治者的政治和心理需要,于是便制造武夷君、十三仙转世的神话,以迎合和神化世俗权力。这一新的神话建构,正好符合当时最高统治者的需要,而武夷君的神格除了十六洞天的主神之外,又兼具当朝帝王转世的新角色,正无限接近国家最高权力。

(二)武夷君受封与冲佑观列入国家宫观行列

武夷山地方道士的做法,正中当朝统治者的下怀。投桃报李,这些"努力"立刻获得回报。

宋绍圣三年(1096年),宋哲宗下诏,赐会仙观"冲佑"之额,从此由"会仙观"改为"冲佑观",并敕封武夷君为"显道真人"。③ 这里的"显道"二字,意味深长。表明之前"转世"的神话建构,得到了当朝皇帝的认可与表彰。元符元年(1098年),宋哲宗又册封武夷君为"显道真君"④。同时,宋哲宗在位期间还两次下诏,赐冲佑观"秩二千石,奉祠者领之"⑤,"赐建州武夷山冲佑观良田十顷"⑥。政府拨给冲佑观良田,并将它纳入国家祠禄体系,确立其国家宫观的地位。武夷山冲佑观越来越受到国家的重视,武夷山离国家权力中心也越来越近。

---

① (南宋)祝穆:《方舆胜览》卷11,宋刻本,第6页 b。

② 袁仲孺《武夷山志》亦载此说。今查杨亿《武夷新集》,并无此说,也可能是因杨亿的地位和影响,地方道人附会于他。

③ (清)董天工:《武夷山志》卷18,《方外》,武夷山市市志编纂委员会整理,北京:方志出版社,1997年,第586页。

④ (明)袁仲孺:《武夷山志》卷8,明崇祯癸未年版,哈佛大学汉和图书馆藏影印本,第2页 a。

⑤ (南宋)祝穆:《方舆胜览》卷11,宋刻本,第16页 b。

⑥ (南宋)李焘:《续资治通鉴长编》卷530,清文渊阁四库全书本,第25页 a。

宋神宗熙宁二年(1069 年)，下诏曰：

> 杭州洞霄宫、亳州明道宫、华州云台观、建州武夷观、台州崇道观、成都府玉局观、建昌军仙都观、江州太平观、洪州玉隆观、五岳庙，自今并依嵩山崇福宫、舒州灵仙观，置管干或提举、提点官。[①]

这就是前文所提及的，宋政府在洞天福地 12 个宫观设置提举、提点的诏书。这是北宋宫观祠禄制度形成的重要事件，也是武夷山与其他京外重要宫观一起，正式成为国家宫观的标志性事件。它从一个侧面反映了北宋时期武夷山在全国道教地位的上升，冲佑观的影响力已位居全国众多宫观的前列。从目前的文献记载来看，北宋提举和主管武夷山冲佑观的官员只有 4 个，均在徽宗时期。南宋则人数众多，后文详述。

据《宋史》记载，元符二年(1099 年)，徽宗初即位，兵部侍郎黄裳[②]上书言，皇帝南郊祭祀时使用的诸旗名物，除了用典故拟定名号之外，其余的都可以因事而取名，"伏见近者玺授元符，茅山之上日有重轮，太上老君眉门发红光，武夷君庙有仙鹤，臣请制为旗号曰宝符、曰重轮、曰祥光、曰瑞鹤"。徽宗从之。[③]

武夷君庙有仙鹤飞过，地方官员立即上报朝廷，并因此制定皇帝郊祭仪仗的旗名，表明武夷山冲佑观的重要地位和国家宫观的性质，也表明当时武夷君庙在冲佑观的核心地位和被重视的程度。

(三)投金龙玉简

道教以为，龙能够入地升天，驰骋于上天和下界之间，是沟通人神的灵物。于是人们铸金龙、制玉璧，把祈雨、祈福、求仙、除罪等愿望写成书简，举行盛大的仪式，一并把它们投放到洞天福地的龙藏之地，也就是能够与天沟通的地方，希望那里的金龙能够把人们的愿望带到天上。

---

① (元)脱脱:《宋史》卷 170，载《二十五史》，上海:上海古籍出版社，1986 年，第 527 页。马端临《文献通考》卷二百六记载，这个诏令颁布于熙宁二年。

② 黄裳(1044—1130)，字冕仲，号演山，延平人。宋神宗元丰五年(1082 年)进士第一，官至端明殿学士。

③ (元)脱脱:《宋史》卷 148，载《二十五史》，上海:上海古籍出版社，1986 年，第 541 页。

大部分的投金龙玉简活动(简称投龙)都是奉旨举行的,也有少部分是地方政府或个人组织的。每逢国家重大事项或祈求风调雨顺、国泰民安,都会派出使臣,前往各名山大川进行投龙活动。有记载显示,唐高宗时期已经将投龙南岳衡山作为常典。武则天即位后,为证明权力的合法性,"令元贞往五岳四渎,投龙作功德"[①]。唐玄宗时期是唐政府投龙活动比较集中的时期,"当时茅山华阳洞、天台山玉京洞、王屋山玉阳洞、青城山天师洞、南岳朱陵洞、武夷山升真洞、天柱山大涤洞等名山洞府,成为斋醮投龙的热点区域"[②]。前文所记,唐玄宗天宝年间,登仕郎颜行之奉旨册封武夷山为"名山大川",可能就有投龙活动。

崇奉道教的宋代朝廷,也十分热衷投龙活动。据当时官员范镇的记载,宋仁宗天圣年间(1023—1032年),皇帝认为,名山洞府大多偏远穷困,迎送致醮使臣,"颇为州郡之扰"。于是,下诏令道录院裁减国家投龙之地。最终经过道录院的裁定,决定在全国范围内只保留20处投龙之地,其余皆罢。据范镇《东斋记事》的记载,保留下来的20处分别是:

> 河南府平阳洞、台州赤城山玉京洞、江宁府华阳洞、舒州潜山司真洞、杭州大涤洞、鼎州桃源洞、常州张公洞、南康军庐山咏真洞、建州武夷山升真洞、潭州南岳朱陵洞、江州马当山上水府、太平州中水府、润州金山下水府、杭州钱塘江水府、河阳济渎北海水府、凤翔府圣湫仙游潭、河中府百丈泓龙潭、杭州天目山龙潭、华州车湘潭。[③]

武夷山升真洞,名列其中。可见武夷山升真洞,确实是唐宋时期纳入国家典章名录的重要投龙之所。由于投金龙玉简是一项重大的国家斋醮活动,这扩大了武夷山的政治影响,尤其是北宋时期,投龙活动的展开,进一步促进了武夷山从区域名山向天下名山过渡。

---

① (清)顾炎武:《求古录》,《东一碑北面第一层》,清文渊阁四库全书本,第32页a。

② 张泽洪:《唐代道教的投龙仪式》,《陕西师范大学学报(哲学社会科学版)》2007年第1期。

③ (北宋)范镇:《东斋记事》卷1,清文渊阁四库全书本,第5页b~6页a。原诏书称保留20处,但实际记载只有19处。多种文献均是如此,待考。

总之,北宋时期,武夷君成为武夷山的主神,开始形成地方特色的神学谱系,并得到国家最高权力的肯定和支持,武夷山也由一个区域性的名山,实质性地走向天下名山的前列。武夷山的神祇受到国家的册封,冲佑观进入国家宫观体制,举办国家斋醮活动(如投龙等),表明北宋时期武夷山冲佑观的国家宫观地位,也表明地方道教流派迎合时代需要,道教神仙世俗化的趋势较为明显。

四、武夷山游赏活动的初步展开

如果说隋唐五代时期的武夷山,处于一个建构初期的话,那么北宋时期武夷山地方神仙谱系建构的基本完成和冲佑观国家宫观地位的确立,是唐代建构的继续和扩大。新的建构使得武夷山与国家权力进一步紧密结合,也使武夷山在更大范围内进入人们的视野。但北宋时期的武夷山,主要是以洞天福地的形象和姿态展现在人们面前的,因而这一时期武夷山的旅游,带有明显的寻访仙迹的"仙赏"特征,同时也伴随着游居、栖居等现象。北宋时期,是武夷山旅游的初创期。

(一)文人恋地情结的初现——以杨亿①为例

杨亿年少闻名,被召入朝廷,赐进士出身,官至工部侍郎。他是北宋早期闽北杰出的文学家,西昆体诗歌的主要代表人物。由于年少就外出在京城做官,他常在作品中表达对家乡的思念,把自己的诗文集命名为《武夷新集》,也表露了对武夷山的眷恋之情。

杨亿在回复家乡亲朋好友的诗书中,常常这样写道,"官满会须抛印绶,武

---

① 杨亿(974—1020 年),字大年,建州浦城人。

夷归去作闲人"①，"武夷山秀建溪清，身隐心闲事不萦"②。宦游日久，思念家乡山水，渴望结束宦游生涯，尽快回到武夷山，作个闲人。有家乡的同仁寄来诗书，杨亿见之感慨，顿生思乡之情，"仆桑梓之地，耳目熟焉，不胜起予"。于是一口气写下《建溪十咏》，其中最开头两首即《武夷山》和《毛竹洞》，表明杨亿对武夷山的印象之深刻和思念之甚笃。其中，《武夷山》诗云：

> 灵岳标真牒，孤峰入紫氛。藤萝暗仙穴，猿鸟骇人群。古道千年
> 在，悬流万壑分。汉坛秋藓驳，谁祀武夷君。③

杨亿把武夷山称作"灵岳"，与当时武夷山的洞天形象是一致的，其中还提及"汉坛"和武夷君，表明他对武夷山还是十分熟悉的。④ 在另一篇《次韵和章顷见寄》中，他写道，"雨雪共抛修竹苑，烟霞独访武夷君"⑤。可见武夷君作为武夷山主神，在当时文人中已经产生了一定的影响。

杨亿的绝大部分诗歌为应制酬和之作，几乎没有纯粹的山水文章，但其作品多次提及武夷山，《建溪十咏》把武夷山置于首位，并将自己的文集命为《武夷新集》，诚如他自己所言："盖山林之士，不忘维桑之情。雕篆之文，窃怀敝帚之爱。命题之意，良在是也。"⑥这充分表明杨亿对武夷山有深深眷恋之情。

（二）官宦游赏活动的初创

随着崇安置县的开始，武夷山地方行政建制的升级，任职和过往武夷山的文人多了起来，层次也提高了，为武夷山进一步名彰天下创造了人文条件。一些文人仕宦到崇安县任职，他们利用履职的闲暇时间，也会到武夷山中展开游

---

① （北宋）杨亿：《武夷新集》卷1，《次韵和十六兄先辈见寄》，清文渊阁四库全书本，第5页b。

② （北宋）杨亿：《武夷新集》卷1，《章征君见和所寄诗再次本韵酬赠》，清文渊阁四库全书本，第17页a。

③ （北宋）杨亿：《武夷新集》卷4，清文渊阁四库全书本，第15页a。

④ 杨亿在这里将"汉坛"与武夷君联系在一起，说明当时人们认为，汉武帝派使者来武夷山祭祀武夷君，如前文所分析，这是误解。

⑤ （北宋）杨亿：《武夷新集》卷1，清文渊阁四库全书本，第10页a。

⑥ （北宋）杨亿：《武夷新集》原序，清文渊阁四库全书本，第1页a。

赏活动。早期文人仕宦的游赏活动，对武夷山旅游的开启，起到了开创和推动作用。[①]

赵抃[②]是北宋早期在崇安任职的代表人物。据记载，他在担任崇安县令的时候，曾经于九曲溪之四曲，建"吏隐亭于金鸡洞左"[③]，这是武夷山最早的游赏类建筑。赵抃作为崇安县令，以地方官的身份在九曲溪修建游赏类设施，可见他对旅游开发的重视。他曾经多次题写与武夷山相关的诗，将武夷山比作"烂柯山""神仙宫"。《福建通志》卷七十六记载他的《武夷行》[④]，诗云：

> 武夷之山千万峰，溪水诘曲流其中。白鹤昂昂写峭壁，雕虎长啸来清风。悬崖蜕骨造化外，绝壑驾船神鬼功。寒岩鼎灶失鸡犬，盘石松桧腾蛟龙。行行自喜浣尘俗，萧散玉羽超樊笼。当年此日是高会，左仙右仙曲未终。紫皇飘然上天去，曾孙虹桥路已穷。我生丹心涵太冲，欲脱缰锁追鸿蒙。上邀轩辕宴元圃，手摘日月相游从。[⑤]

从内容上看，赵抃这首诗应作于当年的中秋节，他看到的武夷山，千峰林立，清溪九曲，白鹤昂昂，雕虎长啸。同时也有架壑仙船，蛟龙鸡犬。遥想当年仙曲夜未央，幔亭宴正欢，如今虹桥已断，紫皇飘然天上，曾孙代代老去。正直

---

① 与杨亿同一时代的另一位少年天才晏殊(991—1055年，字同叔，抚州临川人。北宋政治家、文学家。赐进士，历集参知政事、贤殿学士、同平章事兼枢密使等)，也是北宋中前期文坛官场的关键先生。董天工《武夷山志》记："范仲淹、欧阳修、孙道辅皆出其门，富弼、杨察又为其婿，世以为知人。"参见(清)董天工：《武夷山志》卷17，武夷山市市志编纂委员会整理，北京：方志出版社，1997年，第548页。明代徐表然《武夷山志》记载晏殊有武夷山诗一首，董天工《武夷山志》也载此诗，并认为晏殊"曾游武夷"。诗名《棋盘石》："洞仙遗下石棋盘，人到壶天静处看。十九路谁弹黑界，几千年自带云寒。面平可步流星势，尘净无旧藓瘢。干霄声中闻子响，不知还许采樵观。"参见(清)董天工：《武夷山志》卷13下，《八曲》，武夷山市市志编纂委员会整理，北京：方志出版社，1997年，第422页。目前还没有查到其他相关资料，表明晏殊来到过武夷山。但如果这是真的，还是值得注意的。

② 赵抃(1008—1084年)，字阅道，号知非子，衢州人。曾任崇安令，谥号"清献"。

③ (明)衷仲孺：《武夷山志》卷2，明崇祯癸未年版，哈佛大学汉和图书馆藏影印本，第5页b。

④ 同一首诗，《方舆胜览》记题名为《游山诗》，内容也有出处。参见(南宋)祝穆：《方舆胜览》卷11，清文渊阁四库全书本，第5页b。

⑤ (清)郝玉麟：《福建通志》卷76，清文渊阁四库全书本，第34页a。

中秋佳节，游览于这样的地方，似乎"手摘日月"，直追鸿蒙，令人感到尘俗一洗，顿生挣脱缰锁、从游轩辕的游仙之想。

赵抃《武夷行》诗关注的主要是幔亭招宴传说和架壑悬棺遗存，涉及的景观有虎啸岩、金鸡岩等，是武夷山旅游史上较早的旅游诗。他的创作，在武夷山旅游史上具有开创意义。

陈升之[①]是北宋中期文人仕宦游居武夷的代表之一。陈升之是建阳人，虽位高权重，但早有摆脱官场名利的愿望，对武夷山充满向往之情。资料记载，他曾在武夷山九曲溪之四曲修建"希贺堂"，徐表然《武夷山志》记载他的一首《希贺堂》诗：

> 浮世何尝有定居，惬情便可著茅庐。久知名利为缰锁，爱此溪山作画图。种菊疏篱效陶令，栽梅浅水像林逋[②]。只须此处延风月，休问君王乞鉴湖。[③]

陈升之虽然位高权重，但从诗中可以看出，他非常清晰地表达了纯粹的出世愿望，希望像陶渊明一样，淡泊名利，能够远离尘世的喧嚣，回归自然而自由的本然之态。

杨亿、赵抃、陈升之等都是当朝名宦，他们或本是闽北人，以武夷为家，或在武夷山本地任职，利用闲暇，以武夷山为游览之地。他们的旅游行为还有"伴随旅游"的特征，说明北宋早期武夷山的旅游发展尚处于初级阶段。他们还在武夷山积极修建游赏设施，属于武夷山早期的旅游开发，具有开创性。

（三）栖居现象的开始

唐代科举取士的实行，使得文人阶层迅速扩大，很多中下层文人通过科举

---

① 陈升之（1011—1079 年），字旸叔，初名旭，建阳人。历枢密院事、同中书门下平章事、集贤殿大学士等。

② 林逋（967—1028 年），字君复，钱塘人。著名隐逸诗人，通百家，喜恬淡，不趋荣利。宋仁宗赐谥号"和靖"，人称林和靖、和靖先生。

③ （明）徐表然：《武夷山志》，《行集》，明万历己未年版，哈佛大学汉和图书馆藏影印本，第 66 页。

参与国家政权,实现自己的政治抱负。踌躇满志的新兴文人跃跃欲试,建功立业成为他们的主流追求。也有人通过隐居终南山,引起时人关注,从而得到朝廷的召唤,进入仕途,是为"终南捷径"。即便是号称"五岳寻仙不辞远,一生好入名山游"的李白,听到朝廷诏令入京,虽然感慨"游说万乘"晚了一点,但还是情不自禁地高唱:"仰天大笑出门去,我辈岂是蓬蒿人。"唐代文人崇尚个人功业,毫不掩饰渴望成为国师的抱负,商山四皓是《全唐诗》中最受仰慕的历史人物,由此可见一斑。

但唐宋之际,文人意识发生较大的变化。文人阶层的价值追求出现多元化倾向,他们一方面积极入世,立志有为,"为天地立心,为生民立命,为往圣继绝学,为万世开太平"①。但另一方面,宋代文人也意识到自我价值的重要性,开始与世俗权力之间保持一定的距离,走向内敛,于是追求个体存在的独立性,自由、闲适之风蔚然兴起。与唐代文人仰慕商山四皓形成鲜明对比的是,宋代文人最为推崇的历史人物是陶渊明。以商山四皓为代表的终南隐居者,他们的终极理想是建功立业,终南山只是他们走上功业之途的台阶,是被利用的空间。而宋代文人普遍向往陶渊明式的闲适与自由,希望能够像他那样过着南山栖居的生活。在这种思潮的涌动下,武夷山也开始出现文人栖居的现象。

北宋初年的詹先野,是有记载的最早栖居武夷山的隐士。据董天工《武夷山志》载,詹先野,字景舒,崇安本地人。宋仁宗天圣四年(1026年),"领乡荐,继应贤良科。后竟不仕,隐居武夷廪江之滨,日啸咏山水间,人望之犹神仙然"②。由地方乡荐,参加进士应试,但他本人不愿意做官,归隐武夷山中,畅游山水,自得其乐。他的《廪江》就表达了这种思想:

> 武夷溪九曲,曲曲可垂钓。自得溪山乐,何须公与侯。③

作为武夷山最早的栖居案例,詹先野垂钓山水之间,尽得山水之乐。他在

---

① (北宋)张载:《张子全书》卷14,清文渊阁四库全书本,第3页b。
② (清)董天工:《武夷山志》卷17,《隐逸》,武夷山市市志编纂委员会整理,北京:方志出版社,1997年,第576页。
③ (清)董天工:《武夷山志》卷13下,《八曲》,武夷山市市志编纂委员会整理,北京:方志出版社,1997年,第448页。

这里更加强调"九曲"的审美体验,淡化武夷山作为洞天的神学价值,只关注人与山水的审美共存,并将空间的美置于世俗名利"公与侯"的对立面,类似于陶渊明的栖居模式。

同一时期,另一位在武夷山栖居的是崇安本地人刘夔。他是宋真宗大中祥符八年(1015年)的进士,皇祐四年(1052年)知建州,次年以户部侍郎致仕。宋英宗即位后,他又被起用为吏部侍郎,但不久即卒,年八十三。

刘夔从1053年致仕之后约10年时间,隐居在武夷山中。据记载,他在武夷山九曲溪之四曲,筑"观山亭",自号"北山居士",并著《武夷山志》一卷。[①]刘夔所著《武夷山志》,是历史上最早的武夷山志,后人重修,略本于夔,是后来武夷山志的典范。《宋史·艺文志》也记载刘夔有《武夷山记》一卷,表明这是可靠的。刘夔留下《清隐岩》诗一首,诗云:

> 地迥隔尘寰,石门云闭关。幽人澹无事,白鹤相往还。[②]

刘夔对武夷山的描述,是"隔尘寰""幽""澹""无事""白鹤相往还",类似于陶渊明"采菊东篱下"的悠然之态。

总之,上述两个北宋时期栖居武夷山的案例,主要是本地人,未免有告老还乡的传统意味。但毕竟这是对武夷山空间的审美感悟、情感依恋的开始,是一个值得注意的新现象,此后武夷山旅游的历史上,栖居成为一种比较突出的现象。

(四)旅游现象的初兴

随着武夷山洞天福地和名山大川建构的逐步完成,武夷山作为一个新兴的天下名山,正逐渐进入天下文人的视野,随之以空间审美为特征的旅游现象也开始兴起。

---

① (清)董天工:《武夷山志》卷17,《名贤下》,武夷山市市志编纂委员会整理,北京:方志出版社,1997年,第570页。

② (清)董天工:《武夷山志》卷11,《五曲下》,武夷山市市志编纂委员会整理,北京:方志出版社,1997年,第364页。

北宋时期著名的画家和画论家郭熙①，在他的《林泉高致》中这样写道："盖身即山川而取之，则山水之意度见矣。"②郭熙提倡学画的人，要亲临山水，观察和体验山水之美，才能画出真正的山水画。他举例说：

> 嵩山多好溪，华山多好峰，衡山多好别岫，常山多好列嶂，泰山特好三峰，天台、武夷、庐、霍、雁荡、岷、峨、巫峡、天坛、王屋、林虑、武当，皆天下名山巨镇，天地宝藏所出，仙圣窟宅所隐，奇崛神秀，莫可穷其要妙。③

郭熙从山水画实践的角度，把武夷山列入与五岳及天台、庐山、雁荡、峨眉等17座并列的天下名山，表明武夷山已经作为天下名山，并以审美的姿态进入文人的视野。与郭熙同时代的沈遘④，听说自己的朋友刘泌要回福建建州老家，便作诗相送，诗中即云："武夷天下名，众溪环左右。"⑤表明当时的武夷山，确实已天下闻名。稍晚些时候，北宋中期著名山水词人郭祥正⑥，在《武夷行寄刘侍郎》中说："平生爱山水，最闻武夷好。"⑦表明武夷山的洞天福地和天下名山的建构，的确在文人阶层产生了实际的影响，并且开始以审美的姿态展现在人们面前。随之而来，武夷山早期的旅游现象也逐渐兴起。

陈襄⑧是北宋仁宗和神宗时期的名臣，曾向朝廷推荐苏轼、曾巩、程颢、张载、苏辙等当世英才。他有一首《游武夷山》诗云：

> 万叠层峦接远空，瑞云晴霭气溶溶。高于泰华五千仞，秀出巫山

---

① 郭熙（1023—1085年），字淳夫，河南温县人。北宋杰出画家、绘画理论家。
② （北宋）郭思编：《林泉高致集》，《山水训》，清文渊阁四库全书本，第5页a。
③ （北宋）郭思编：《林泉高致集》，清文渊阁四库全书本，第7页b。
④ 沈遘，字文通，杭州钱塘人。仁宗皇祐元年（1049年）进士，历江宁府通判，知杭州、开封府，迁龙图阁直学士。
⑤ （北宋）沈遘：《西溪集》卷1，《送刘泌归建州》，清文渊阁四库全书本，第4页b。
⑥ 郭祥正（1035—1113年），字功父，号谢公山人，安徽当涂人。皇祐五年（1053年）进士，历太子中舍、朝请大夫等，有政声。诗风奔放，似李白。
⑦ （北宋）郭祥正：《青山集》卷3，清文渊阁四库全书本，第10页a。
⑧ 陈襄（1017—1080年），字述古，古灵先生，侯官人。庆历二年（1042年）进士，官侍御史。

十二峰。蕙帐晓寒孤鹤怨,桃源春尽落花秾(浓)。鸾笙一啸最深处,
仙客楼台有几重。[①]

这首诗勾勒的武夷山,展现仙境、层峦、祥瑞等空间特征,是宋代初年武夷
山仙凡混合形象的呈现,但毕竟与道家者流的仙游已经有了很大的不同。陈
襄的《游武夷山》诗也是武夷山历史上早期的纪游诗。

稍晚些时候的刘斧,撰写了现存武夷山历史上最早的山记。刘斧是北宋
神宗时期人,生卒年和事迹不详。董天工《武夷山志》卷二十记载刘斧的《武夷
山记》一篇,该篇山记接近于游记,其中有很多旅游的信息。篇幅不长,为研究
方便,全文摘录如下:

> 山在崇安县南三十里,方圆百二十里。东南皆枕流水,一水北
> 至,一水西来,凑于大王峰前,合南流以为建溪。按《茅君内传》,仙家
> 有三十六洞天,武夷山乃第十六升真元(玄)化之天。其山东望如楼
> 台,南视如城壁,西顾似庾廪,北观如车盖。峰峦岩岫四十余所,峭拔
> 奇巧,高下相属,吞吐云雾,草木蒙茸,寒暑一色。崖壁红腻而棱叠可
> 爱。大王石一名天柱峰,在山之东南,方圆一十里,高五千尺,一面向
> 东,瞰北溪;一面向南,瞰西溪。峰南有路可升,但高处危绝,须编梯
> 索,节级而上。近顶有天鉴池,至顶有投龙洞,洞门小而直下,縋绳百
> 二十丈乃可至水。每朝遣使,投金龙玉简,悉诣其处。峰上颇有嘉
> 竹,所虬屈如龙蛇状。又有仙橘,小者如弹丸,其皮可食;大者如鸡
> 卵,味尤甘。又有仙李如小鸟卵,长而色赤,味亦酸美。又有仙荔枝,
> 丛生而密结成朵,可食,微类闽中者,但差小耳。又有仙柏,树古而清
> 翠可赏。其余异卉嘉木,多不能名。《杂记》曰:魏王子骞得道此山,
> 遂化开是石,与众仙居。其中别有天地,日月星辰、五岳四渎与世无

---

① (清)郝玉麟:《福建通志》卷77,清文渊阁四库全书本,第28页b。陈襄《古灵集》
卷二十四,同诗题名《武夷纪游》。

异,斯可信矣。①

这篇山记虽然短小,但其中透露了很多信息。首先,刘斧诗中虽开篇即云武夷山是仙家第十六升真玄化洞天,但并未拘泥于神仙意象,而是从旅游者的角度,东望、南视、西顾、北观,可谓仰观俯察,完全是从审美的视角,惊叹武夷山 40 余座峰峦岩岫,峭拔奇巧,棱叠可爱。刘斧对武夷山的这些描写是写实的,表明他的旅游是真实的。其次,刘斧记大王峰为"大王石",但又说它"一名天柱峰",这说明宋代人又称大王峰为天柱峰,这一点与后来李纲的诗文所记是一致的。"天柱峰"的称呼,与这里被封为"名山大川"以及在这里举办投龙活动有关。再次,作为旅游者的刘斧,当时应该爬上了几乎无路可上的大王峰,他记载的"近顶有天鉴池,至顶有投龙洞,洞门小而直下"。现在武夷山大王峰上还有"天鉴池"遗址,留有"天鉴池"三字的题刻,显然刘斧的记载是写实的。"每朝遣使,投金龙玉简",表明刘斧到武夷山的时候(北宋神宗时期),这里已经举办过很多次投龙活动,这也是武夷山大王峰举办投龙活动的一个旁证。最后,从游记的内容上看,还是有较为明显的"仙"的氛围,刘斧看到的橘为"仙橘",李为"仙李"。刘斧认为,传说中的魏王子骞在这里修炼得道,"斯可信矣"。

上述武夷山纪游诗和山记,已经反映出早期武夷山旅游的特征,但也有一定的"仙游"气氛。

(五)寻访仙迹的"仙赏"特征

北宋时期,从整体上看,武夷山在人们心目中的形象,主要还是作为洞天福地的神仙空间而呈现的。因此,我们看到,大部分文人墨客或羽人道士,总是从"仙游"的角度游览体验武夷山。所以他们在武夷山留下的诗歌所表达的体验,总是与"仙"有着万般的纠缠。韦骧在《游武夷山寄曹子方》中说:"访寻

① (清)董天工:《武夷山志》卷 20,《艺文》,武夷山市市志编纂委员会整理,北京:方志出版社,1997 年,第 626 页。

仙迹览群峰,诘曲清溪两桨通。"①"寻访仙迹览群峰",就是一种仙凡混合的游览模式,恰当地表达了北宋旅游者在武夷山的行为特征,这里称这种体验为"仙赏"旅游。

韦骧②,浙江钱塘人,曾任福建转运判官,在他的《钱塘集》中有多首关于武夷山的诗。其中,卷三所载的《刘仲诚以武夷记见借》诗云:

　　自从见借武夷编,每一开编思渺然。使我胸怀厌尘滓,羡君家世乐神仙。漫(慢)亭曾会千余客,石洞元居十六天。何日访灵寻翠壁,待将名字谩雕镌。③

韦骧从朋友刘仲诚那里借到《武夷记》一书④,自从看了这本书之后,心中对武夷山幔亭会仙、十六洞天等印象深刻,渴望有朝一日能够访灵寻翠,一洗尘滓。后来韦骧终于实现了自己的愿望,游览武夷山,并留下很多诗篇。韦骧在《游武夷山二绝》中云,"昔日幔亭何处是,寂寥空想武夷君""心爱仙山役世缘,乘轺欲去谩留连"。⑤在旅游的过程中,"空想武夷君""心爱仙山",表明武夷君幔亭招宴的神话给旅游者留下深刻印象,武夷山的"仙山"形象比较突出。另外,在他的《游武夷山二首》《游武夷山寄曹子方》等诗中,也表现出对洞天、悬棺、仙骨的明显关注,"寻访仙迹"的愿望十分明显。

韦骧寻访仙迹的旅游体验特征,最集中地体现在《武夷游仙咏》这首长诗中。诗篇较长,这里不能摘录,从内容上看,也透露出很多信息。诗中描述了韦骧在武夷山的游览活动,他首先被武夷山的崔嵬倚天、气象不凡所吸引,在道人的引导下,"引我举棹乘长津",乘舟游览九曲溪。他注意到九曲两岸壁立万仞、奇形怪状的群峰,也注意到大王峰、鸡窠岩上的悬棺仙迹,由此遥想当年幔亭招

----

　　①　(北宋)韦骧:《钱塘集》卷6,清文渊阁四库全书本,第22页a。曹子方,安徽谯县人。宋哲宗元祐年间,曾任福建转运使,与苏轼、黄庭坚等都有诗词往来。
　　②　韦骧(1033—1105年),本名让,避濮王讳改名骧,字子骏,钱塘人。宋仁宗皇祐五年(1053年)进士,曾任福建转运判官。
　　③　(北宋)韦骧:《钱塘集》卷3,清文渊阁四库全书本,第35页a。
　　④　可能是刘夔的《武夷山志》。
　　⑤　(北宋)韦骧:《钱塘集》卷6,清文渊阁四库全书本,第21页a~b。

宴的盛景，"当时曾集三千宾，幔亭铺设紫云茵。酒味醇洁肴羞珍，凤儿荷香艺绝群"。其中，也提及冲佑观供奉神灵的情况，"严祠唯奉武夷君"。这与武夷君受到北宋朝廷册封，成为武夷山主神的建构是一致的。但作者最后也说："师仙术异非所欣，但怅胜概无缘邻。"①虽然在游览过程中，时有仙迹相伴，但仙术非所欣，最能触动人心的还是山水之美，显示了"赏"的根本目的。

北宋时期，与韦骧类似的文人还有很多，他们在武夷山的旅游活动，大都是寻仙与游赏相交织，仙赏特征十分明显。

吴栻②所作《冲佑观铭》，几乎是把幔亭招宴的神话重新复述一遍，其中对武夷君更是赞美有加。曾巩的弟弟曾肇，也作《武夷山天柱峰》诗一首，惊叹武夷山天柱峰（大王峰）的雄伟，只想"飞上峰头访列仙"③。邵武道人黄希旦④，游武夷留下两首游仙诗，他的《幔亭》诗"宴罢不知消息处，至今乡老望孤峰"，表达了人神相会但不能相随的遗憾。⑤ 他的《宴仙坛》也反映出类似的特征：

> 幔亭秋露鹤声长，独上仙坛夜久凉。明月照开三岛路，冷风吹落
> 九天香。青山绿水年年好，白发红尘日日忙。休问人间蜗两角，无何
> 认此白云乡。⑥

幔亭乍到，独上仙坛，面对武夷山的青山绿水，对比那些在天天忙碌于蜗角的白发红尘之人，感慨万千。诗歌表达了对尘世功利和生命有限的哀叹，以及通过仙游之路达至超越的愿望。

北宋后期，还有很多文人仕宦经游武夷山，他们也留下诸多诗篇，同样也

---

① （北宋）韦骧：《钱塘集》卷1，清文渊阁四库全书本，第21页 a～22页 a。

② 吴栻，字顾道，瓯宁人。宋神宗熙宁六年（1073年）进士。

③ （北宋）曾肇：《曲阜集》卷3，清文渊阁四库全书本，第60页 b。

④ 黄希旦，字姬仲，自号支离子，邵武人。入道九龙观，熙宁中典太乙宫事，年四十二解化，有《竹堂集》。

⑤ （清）张豫章：《御选宋诗》卷74，清文渊阁四库全书本，第29页 b。

⑥ （清）董天工：《武夷山志》卷7，《一曲下》，武夷山市市志编纂委员会整理，北京：方志出版社，1997年，第201页。同一首诗，《御选宋诗》则题名《游九曲》，诗文内容也稍有变化："幔亭乍到兴何长，独上仙坛夜久凉。蟾魄照开三岛路，松风飘散九天香。青山绿水年年好，白发红尘日日忙。休问蜉蝣蜗角事，无何认取旧家乡。"从诗歌内容上看，董天工所记题名《宴仙坛》更为合适。

表现出浓厚的仙游气氛。如状元郎黄裳曾作《览武夷记》,表达对武夷十三仙的羡慕和崇拜:

> 武夷山中十三子,邂逅相寻良有以。顷向上筵(一说"太清筵前")何事醉,一时谪在人间世。八百年后还升真,武夷真君真主人。天台有籍安得知,不谒子骞谁与祈。紫云中下龙潭雨,尤喜张仙好诗句。①

这是目前见到的关于武夷十三仙故事的最早文字记载,这是一个新的神话,即十三仙在武夷山修炼,遇到控鹤仙人,到天台山取仙籍,却发现他们原本是仙,只因在天帝筵前醉酒,被"一时谪在人间世",这表明武夷山地方神仙谱系的建构在进一步发展。武夷十三仙的传说产生于 1100 年左右,对照北宋的历史,正是道君皇帝宋徽宗在位期间。因此,北宋末年的徽宗时期,是武夷山历史上最后一个神仙谱系的建构期,也是最终的完成期。

北宋末年,武夷山有本地才子翁彦约②,目前见到他所作的武夷山诗共 7首,分别是《题武夷》③、《幔亭峰》、《仙船岩》、《金鸡洞》④、《仙钓台》、《毛竹洞》、《三层峰》,从这些诗的题名就可以看出,翁彦约对武夷山的空间体验,同样也有明显的仙赏特征,如《金鸡洞》诗云:"仙人清馨读黄庭,长听金鸡夜半鸣。一夕都随黄鹤去,满窠明月白云生。"⑤此外,翁彦约关注的空间范围有所扩大,比如他诗题"三层峰",是武夷山旅游空间的纵深之地,这是与其他旅游者不同的地方。

北宋时期,由于受统治者崇尚神仙道教思想的影响,士大夫阶层确实有一股神仙思潮,这个思潮凝结在士大夫的心头,他们所看到的世界首先是具有神

---

① (北宋)黄裳:《演山集》卷 3,清文渊阁四库全书本,第 2 页 b。

② 翁彦约(1061—1122 年),字行简,翁仲通子,崇安人。徽宗政和二年(1112 年)进士,累迁太常博士,知高邮军。

③ 衷仲孺《武夷山志》卷十四同诗题名为《天游观》,显然有误,北宋时期,"天游观"尚不存在,所以董天工《武夷山志》卷二十记《题武夷》,更为恰当。

④ 徐表然《武夷山志》记题为《大藏峰》,从内容上看,董天工《武夷山志》所题《金鸡洞》,更加恰当。

⑤ (清)董天工:《武夷山志》卷 9 下,《四曲》,武夷山市市志编纂委员会整理,北京:方志出版社,1997 年,第 276 页。

性的"仙"的世界，因而对山水的游览，常常带有"神仙"的影子。这一时期的武夷山，在唐代洞天福地和名山大川双重空间建构的基础上，又有了新的发展，以武夷君为首的地方神仙谱系开始确立，并与皇权发生了现实的关联，受到最高权力的肯定和支持。因此北宋依然属于武夷山神仙空间的建构期，官宦和地方文人的旅游活动，也带有较为明显的仙游特征。

两宋之际的抗金名将李纲，曾三次经游武夷，是当时在武夷山留下诗篇最多的名宦，也是北宋时期武夷山旅游者的典型。以下，以李纲在武夷山的游览体验为案例，作专门剖析。

五、仙凡混合的仙赏时代——以李纲①为例

（一）李纲三次经游武夷山

抗金名将李纲，遭遇两宋交替、家国丧乱之际。他深负报国之心，南征北战，穿梭于庙堂与江湖之间，可谓漂泊一生，坎坷无定。李纲文论颇丰，整体而言，其思想境界受苏轼影响较大。李纲一生虽宦游漂泊，但也深怀游览理想，每到一处，往往利用闲暇登临清赏，诗赋满章。由于遭遇动乱，他的诗文也有很多无奈和彷徨。

李纲对武夷山的深情向往，可谓寤寐求之，用他自己的话说，是"好慕之极，达乎精神"②。李纲一生三次经游武夷，每次都有深度的游览体验。宋徽宗宣和元年（1119 年），东京积水，李纲奏疏论事，因而被贬官福建沙阳，"遂游武夷"，这是李纲第一次经游武夷。初到武夷山，李纲兴致高昂，身心撼动，在

---

① 李纲（1083—1140 年），字伯纪，号梁溪先生，常州无锡人，祖籍福建邵武。宋徽宗政和二年（1112 年）进士及第，历官至太常少卿。宋钦宗时，授兵部侍郎、尚书右丞。靖康元年（1126 年）金兵入侵汴京时，任京城四壁守御使，团结军民，击退金兵。绍兴二年（1132 年），为湖南宣抚使兼知潭州，旋即又遭免职。绍兴十年（1140 年）病逝，追赠少师。淳熙十六年（1189 年），特赠陇西郡开国公，谥号"忠定"。董天工《武夷山志》卷十七记，史称其"出将入相，南渡第一名臣"也。

② （宋）李纲：《梁溪集》卷 1，清文渊阁四库全书本，第 1 页 b。

此停留很长时间,游遍当时武夷山最大的旅游空间,并留下50首诗和长赋1篇,其中还有序记3篇,李纲因此成为当时在武夷山旅游空间最大、留下诗篇最多的旅游者。次年冬天,即宣和二年(1120年),李纲被朝廷召回,再次经游武夷山。靖康之变后,李纲率族人南迁,第三次经游武夷。

家国丧乱,情随事迁,李纲与武夷山在那个时空相遇,在武夷山留下自己特殊的旅游体验。李纲诸多旅游诗篇,具有典型性和代表性。这里从李纲诗赋反映的旅游体验和旅游空间出发,探讨北宋时期武夷山旅游的特点。

(二)从《武夷山赋》看武夷山的空间形象

李纲第一次经游武夷山,泛舟九曲,登临赋诗,作《武夷山赋》(并序)一篇,这是武夷山历史上第一篇旅游赋作。李纲在赋中阐述自己游览武夷山的缘由,表达自己对武夷山的仰慕之情,赋作集中反映了武夷山在北宋时期的空间形象。

李纲在《武夷山赋·序》中,首先交代了自己与武夷山的一段梦幻情缘:

> 武夷山水之胜,为七闽最,图志载之详矣。予闽人也,游宦四方,每以未至其下为恨。宣和改元,承乏螭头,寓直左省,昼寝梦游山间,四顾峰峦玉色,秀美瑰奇,不可模状。既觉欣然,窃意所梦殆非尘世也。已而都城积水,奏疏论事,谪官沙阳,渡淮历浙,道江南入闽境,遂游武夷。道士导予乘小舟泛九曲溪,抵睎(睎)真馆①,奇峰怪石,顾接不暇。回舟雪作,山色尽白,恍如梦中,怛然惊笑,信乎!好慕之极,达乎精神,而出处分定,非人力之所能致也。留山中,赋诗凡五十篇,又广其意而为之赋。予于武夷,可谓无负,亦足以偿平昔之愿矣。②

---

① 睎真馆,又记为睎真馆,从字面意思看,后者更为合适,因此本书取睎真馆。睎,为仰慕、怀想之意。

② (宋)李纲:《梁溪集》卷1,清文渊阁四库全书本,第1页b~2页a。以下引《武夷山赋》文同此注,不再单独标注。

李纲说自己曾经在一次朝廷值班休息的时候，做梦到了一个山间，"四顾峰峦玉色，秀美瑰奇，不可模状"。来到武夷山后，泛舟九曲，抵睎真馆，回舟时正值武夷雪作，环顾四周，奇峰怪石，白润如玉，应接不暇。李纲自言"恍如梦中，怛然惊笑"。觉得这是由于自己对武夷山"好慕之极，达乎精神"，缘分前定，非人力所能致。于是，游兴大作，在武夷山逗留多日，成为当时在武夷山留下诗篇最多的旅游者。因此这里把李纲的第一次经游武夷称为"圆梦之旅"。

作为武夷山历史上第一篇旅游赋作，李纲的《武夷山赋》第一次系统地阐述了武夷山的空间形象，检验了武夷山长期以来的空间建构，及其对旅游者的直观影响。

李纲首先对武夷山作整体概述，武夷之山，"作镇南服，千里奠安"，"秀气磅礴……蜿蜒郁蟠"。接着，着重从三个方面评价武夷山。

第一，"稽于秘籍，是为升真（玄）化之天"。称武夷山"洞户杳然，栖神宅仙。蝉蜕羽化，灵骨犹传"，李纲注意到的是武夷山作为神仙之宅、羽化之地的神仙空间属性，即第十六升真玄化之洞天。

第二，"瑰伟绝特之观"。李纲这样写道：

> 其瑰伟绝特之观，则有幔亭之麓，天柱之峰，铁障延衰，鉴池空蒙，岩啸雕虎，潭藏老龙。俨金仙之容晬，粲游女之肌红。储芝玉于二廪，铸栾乳于三钟。耸层峰之叠翠，落飞瀑之长虹。千岩万壑，竞秀争雄。荡心骇目，不可殚穷。

瑰玮绝特的武夷山，给李纲留下深刻印象。峰峦叠翠，飞瀑长虹，千岩万壑，竞秀争雄，使人"荡心骇目，不可殚穷"。李纲在这里涉及的景点有幔亭峰、大王峰（当时称天柱峰、大王石）、天鉴池、铁板障、玉女峰、虎啸岩、龙潭等，李纲从旅游体验的角度，对武夷山的景观之美给予肯定，体现了武夷山作为审美之域的空间属性。

第三，"仙圣游戏之地"。李纲称这里不仅是升真玄化之地，还有换骨岩、玉女峰、丹灶石、鸡窠岩、仙掌峰、仙机岩、仙宴岩等仙迹，是众多仙圣的游戏之地。可见在李纲看来，武夷山的神仙始终是在场的，充满神秘、神圣的光环。

李纲的这种空间感知,是神仙空间的体现。神的在场,带给旅游者神性的空间体验。

第四,李纲总结道,这里曾经的幔亭"真游"虽已远去,但笙箫夜夜,时有声闻。其琼楼玉宇,是仙灵周旋之所;枕流漱石,又是幽遁考盘之地。与泰山、华山、终南、太行、四明、天台、衡山、庐山等名山比较,虽然不及这些名山的峻极与雄伟,但武夷山的"幽邃巧妙"也是其他名山所没有的。狷介之士,可以"迹朝市而心山林","驰精神于梦寐",也可以在谪宦途中,趁经游武夷的机会,赏心畅游一番。他说:

> 步烟霞之岑寂,仰神仙之有无。览魏子之遗躅,访刘公之旧庐。
> 嘉泉石之可乐,寄吟哦以自娱。倒冠落佩,与世阔疏。眷兹山而无斁
> (斁),将徇其愚而隐居者乎。

李纲表达了步烟霞,仰神仙,嘉泉石,寄吟哦,可乐可娱,与世阔疏,自由逍遥的旅游体验。

综合来看,到两宋之际,经过长期的建构与演变,武夷山的空间形象主要有三个,即神栖之洞天、瑰玮之景观、南服之镇山。这三种空间形象,共同构成了当时武夷山的综合吸引力。李纲的《武夷山赋》,是从旅游者的角度,对当时武夷山空间形象感知的总结。

(三)李纲在武夷山的旅游体验分析

为进一步考察李纲当时对武夷山的空间印象,游览的空间范围,及其旅游体验,这里以他第一次经游武夷"圆梦之旅"所创作的 51 篇诗赋文本为对象,考察这些诗赋所涵盖的空间区域,及其所感知到的景观、洞天、镇山等空间属性的描述,以及李纲本人直观体验的描绘,分类列表如表 5-1。

表 5-1　李纲首游武夷诗赋文本分析

诗名	空间区域	景观	洞天	镇山	体验
将次武夷	整体	秀气/苍石/碧溪	神仙/洞府		恍惚/ 谢尘寰

续表

诗名	空间区域	景观	洞天	镇山	体验
崇安宰见示武夷山图记	整体	峰岫/千岩秀	神仙/窟宅		
自入闽境值雪默祷武夷君游山日雪霁有感	整体	残雪/峰峦	武夷君	衡岳	
趋真亭	一曲岸边	烟霞/石磴/峰峦			闲
游仙溪	九曲整体	群峰/九曲/轻舠/落花流水	仙溪		误入武陵
武夷山	大王峰一带[a]	云山/林花	笙箫/天柱/画鹤/紫岩		梦魂/飘零
幔亭峰	幔亭峰	千嶂月/一溪云/苍崖	虹桥/武夷君/笙竽/洞天		绝世/静
天柱峰	大王峰	林彷秀/气象雄	共工/女娲	天柱	
三姑石	三姑石	芳林/行雨	仙衣/化石		
洞天穴	升真洞[b]	云烟/日月/山川	洞天/壶中/刘公/张湛/紫府		物外/隐
换骨岩	换骨岩	烟霞	玄化升真/十六天/灵仙蝉脱		
龙潭	一曲溪中	清潭/澄波	神龙		
狮子峰	狮子峰	奇石/竹树	百兽王		
观音岩	一曲溪中	花冠/山水/泉石	补陁山（普陀山）		
兜担石	兜鍪峰	夕晖/云月	仙人/玉质		
三女石	玉女峰	碧溪	三英/玉肌		
学堂岩	三曲岸边		仙官/几案/昆阆/成仙		
船场岩	三曲岸边	翠微云烟	仙艇/双龙		
鸡窠岩	四曲		天鸡/飞仙/仙家/遗栖		
大小藏岩	四曲		玉棺/阳魂/紫府/灵骨		
仙迹石	四曲		天姥/遗踪		

续表

诗名	空间区域	景观	洞天	镇山	体验
大小二廪石	八曲		仙家/斑龙/紫石/芝玉		
钟模石	七、八曲		仙君/宾云曲		
鼓楼岩	七、八曲	高楼/翠烟	洞天/群仙/鼓声		
丹灶	六曲		金鼎/丹灶/一丸五色/散仙		
仙掌	六曲	烟霭/映日/碧峰	玉指	华岳	
三层峰	七、八曲	气象豪/喷云泄雨/悬崖峭壁	灵峰/碧霄		
画鹤	大王峰	丹青/清辉	玄裳朱顶/万里飞		
大隐屏	五曲	微屏/峥嵘			大隐
禅庵岩	二曲溪南c	虎啸猿啼月满天	山僧/安禅		
仙机岩	四曲	烟霞/溪山夕照	仙机/天孙		
魏王峰	五曲更衣台d	危峰/白云	与天通/羽化踪/仙驭/鸾鹤/玉楼金巢		
虎啸岩	二曲溪南	幽岩/清风/花雨			
钓台石	五曲	碧溪	仙人		
试剑石	三曲		炼气/妖魔		
折笋岩	六曲	翠岩/笼烟	玉府		
仙接石	六曲		天风/碧琅玕/神化/凤/鸾		
柴岭	九曲溪南	林花/烟光/峰岫	仙家风景/紫岩巇		
车钱峰	四曲	泉石	神仙/洞天/天姥		
毛竹洞	九曲	毛竹	群仙		
睎真馆	六曲	小溪/景更奇	睎真		
仙橘	一曲大王峰	岩畔/橘树/岁寒姿	仙橘		
仙竹	一曲大王峰	翠竹/瘦节	化龙/洞府/天坛		

续表

诗名	空间区域	景观	洞天	镇山	体验
泛舟至晞真馆遇雪(二首)	六曲	云散天开/飞雪/溪浅/云深	琼花/玉屑/仙掌		斯游清绝
	六曲	清溪/峰岫/雪花/清光	神仙窟		未穷幽兴
访李道士(二首)	一曲	青山/烟霞/踏雪	道士/话真机		
	一曲	白云			
纪旧梦	整体	小舟泝(溯)流/水落石出/玉峰积雪/幽奇			斯游清绝/翛然梦觉
宿栖真馆夜雪大作诘旦遂行	六曲	三尺雪/烟岫	玉树瑶林/道士		仙赏
题栖真馆三十六韵	整体	奇峰/九曲/岩岫/倒影/楼观/屏帷/澄潭/飞瀑/翠竹/苍苔/翠麓/夕晖风月	洞天/鸾凤/虹龙/蜕仙/游女/鸡栖船/学馆/仙机/天池/石屋/绘禽/遗迹/天柱/幔亭/武夷君/仙俗/飞桥/紫霞/瑶樽/玉豆/仙妃/宾云/金鼓/丝竹/曾孙/笙箫/地灵/仙灵/仙经/仙梦		性爱山水酷/仙赏/神游/开襟豁怀/壮观慰幽/仙游/谢羁束
武夷山赋	整体	瑰玮绝特之观/千岩万壑/竞秀争雄	栖神宅仙/蝉蜕羽化/升真玄化之天/仙圣游戏之地	作镇南服	好慕之极/达乎精神/荡心骇目

注：a. 文中描述的具体空间是指今天的大王峰一带，最早武夷山就是指今天的大王峰，两宋时期有大王石、天柱峰的称呼，后来才普遍称为大王峰，所以李纲《梁溪集》的这首关于大王峰的诗，仍以《武夷山》为题，表明北宋时期武夷山古称的痕迹依然存在。

b. 李纲的《洞天穴》，董天工《武夷山志》卷十一则题名为《大隐屏》，并认为这是关于五曲隐屏峰的诗，但从内容和《梁溪集》的排序看，这里的"洞天穴"实际上指大王峰的升真洞。

c. 根据内容，这应该是指虎啸岩下的天成禅院一带。又根据名称可知，这里在北宋时已经有禅寺存在了。

d. 传说魏王子骞于更衣台上脱去凡服，于旁边的天柱峰上羽化升天。

资料来源：笔者自制。

据表 5-1,这里将李纲对武夷山空间审美的描述、文化印象和个人体验作简单的对比,有以下三点结论:

第一,从空间分布上看,李纲本次游览的景点,是当时武夷山最精华、最流行的区域。李纲本次游览以九曲溪为中心,兴趣集中在四曲、五曲、六曲沿岸,周边扩展区域在六曲能够远望的鼓楼岩,以及二曲溪南的虎啸岩等。除了 6 篇描述整体空间之外,其余 55 篇全部是具体的空间单元,即今天所谓的景点。空间虽小,景点却多而集中,表明当时武夷山的景观建构,在九曲溪两岸已经基本完成。

第二,李纲对武夷山印象最深的是神栖之洞天和瑰玮之景观,“仙赏”是李纲在武夷山旅游体验的主要特点。虽然李纲在即将进入武夷山之前,曾说“神仙恍惚谁能识,洞府深沉自不关”[①],似乎对武夷山的福地洞天之说并不太在意。但当他看到崇安县令呈现《武夷山图》的时候,就改变了态度,“须信神仙真窟宅,故令峰岫巧雕镂”[②],因为是神仙窟宅,天工雕镂,所以一水映带,群山竞秀,优美景观与洞天神仙在李纲的印象中发生了关联。

从表 5-1 看,李纲对景观的描述共 109 条,洞天共有 140 条,而对镇山的描述只有 4 条。这表明李纲主要的空间体验是神仙空间和审美空间,对具有政治意义名山大川的空间感知则很少,这与武夷山自唐以来的神仙空间建构、先天的奇美景观以及政治性名山影响力的减退有关。

从表 5-1 看,李纲的 51 首诗篇,只有 3 篇没有涉及神话传说,其余全部与神仙或神话传说有关。可以说,在李纲的视域中,武夷众神始终是在场的。如《钟模石》云:“谁铸三钟鸾乳形,不须笋簴自能鸣。仙君欲奏宾云曲,只感清霜便发声。”[③]《鼓楼岩》云:“洞天击鼓集群仙,石作高楼锁翠烟。万籁不鸣霜月晓,咚咚犹听鼓声传。”[④]李纲在这里感受到的“仙君”和“群仙”都是在场的,他

---

① (宋)李纲:《梁溪集》卷 1,《将次武夷》,清文渊阁四库全书本,第 7 页 a。
② (宋)李纲:《梁溪集》卷 1,《崇安宰见示武夷山图记》,清文渊阁四库全书本,第 7 页 b。透露出当时已经有武夷山水图,人们可以按图旅游。
③ (宋)李纲:《梁溪集》卷 6,清文渊阁四库全书本,第 21 页 b～22 页 a。
④ (宋)李纲:《梁溪集》卷 6,清文渊阁四库全书本,第 12 页 a。

们并没有离开过这个世界,似乎依然可以听到三钟自奏宾云曲,咚咚鼓声群仙集。

虽然李纲对武夷山的空间感知偏重洞天视角,但不能将李纲在武夷山的旅游,等同于传统意义上的"仙游"。仙游的目的是为长生、成仙而游,而李纲向往这个空间的目的并不是渴望成仙,景观的审美才是根本目的,李纲把自己的这种仙凡混合旅游体验称为"仙赏"。在《宿栖真馆夜雪大作诘旦遂行》中,李纲总结说,"轻装冒雪非得已,仙赏更待他年来"。多年以后,李纲第三次来到武夷山,在冲佑观看到以前与老朋友共游武夷的题诗时,感慨道"昔年曾约武夷孙,仙赏心违莫共论"①。李纲创造性地把自己的武夷之游称为"仙赏",与他洞天和景观兼而有之的空间体验有关。

在《车钱峰》诗中,李纲又说:

> 尘缘洗尽便神仙,泉石幽奇即洞天。我欲云崖结茅屋,侍从天姥借车钱。②

原来,洗尽尘缘即神仙,泉石幽奇为洞天,李纲所理解的神仙只为摆脱尘缘的束缚,洞天也就是泉石幽奇,即泉石,即洞天,即仙即赏,这既是李纲独特的旅游思想,也是在武夷山这个空间区域,人们介于仙游和审美体验之间的一种过渡型旅游体验。李纲创造的"仙赏"一词,恰当地表达了整个北宋时期,武夷山旅游的时代特征。这是一种仙凡混合游览体验的表达,是对北宋时期武夷山旅游特征的恰当总结。

李纲的第一次武夷之游,也可以说是圆梦"仙赏"之游,他对武夷山的神性建构基本上是认同和接受的,并将这些建构融合到旅游体验之中,与自我生命感受相结合,形成一种摆脱尘世纠缠、探索幽奇胜地、追求自由舒展的"仙赏"体验。

第三,李纲对大多数具体景点的体验是"无我"的,对空间的描绘是抽象

---

① （宋）李纲:《梁溪集》卷 29,《道武夷冲佑观壁间读翁士特郎中留题追怀感怆》(二首),清文渊阁四库全书本,第 12 页 a。

② （宋）李纲:《梁溪集》卷 6,清文渊阁四库全书本,第 14 页 b～15 页 a。

的、普遍的,在武夷山的旅游体验主要体现在精神层面。据表 5-1 的统计,涉及"个人体验"的共有 27 条,且都集中在 13 篇诗赋中。大部分的诗篇中,几乎看不到对个人游览体验的描述,说明大部分的游览过程中,"我"是次要的,甚至是可以缺席的,而"神"或"仙"是不可或缺的,是这里的主角。大部分对空间的描述都是偏于抽象的、普遍的,基本上都是对神仙的衬托,为神仙的在场做铺垫或服务的。比如高楼、翠烟、烟霭、映日、碧峰、悬崖峭壁、丹青、清辉、微屏、峥嵘、猿啼、烟霞、溪山夕照、危峰、白云、幽岩、清风、花雨、碧溪、翠岩、笼烟、林花、烟光、峰岫、泉石、毛竹、小溪、青山、清溪、雪花、清光等,这些表达并不属于某个具体景点空间特殊性的描绘,说明作者对这些景点本身并不太关注,空间及其描述都是为神的在场衬托和服务的。例如"天孙织就烟霞锦,吹落溪山夕照中"[①],这里的"烟霞"和"夕阳",都是"天孙"的成果。"危峰孤峭与天通,犹有当时羽化踪"[②],这里的"危峰孤峭",正是为了突出和建构"与天通"的神仙世界。

从 27 条个人体验的表述来看,李纲与武夷山的情感交换,主要集中在精神层面,武夷山与他在精神上追求"逍遥"的愿望相契合。他感慨道,"金玉满堂何所益,不如便作逍遥人"[③],不屑于那些迷恋"市朝"的人,追问"何如云水自由身"[④],于云水中获得的自由,是难得的人生体验。李纲直言,"嗟予真散材,性爱山水酷",提出"薄宦方区区,仙赏宜碌碌","开襟豁怀抱,壮观慰幽独"。[⑤] 李纲认为通过这次武夷之游,使得自己酷爱山水的本性得以舒展,壮观的景物,使自己的襟怀大为开阔。武夷山留给李纲的印象,用他自己的话说,就是"荡心骇目,达乎精神"。

（四）李纲与武夷山的前缘再续

宣和二年（1120 年）冬,李纲重新被朝廷招用,返京途中,行至黄亭驿,李

---

① （宋）李纲:《梁溪集》卷 6,《仙机岩》,清文渊阁四库全书本,第 13 页 a。

② （宋）李纲:《梁溪集》卷 6,《魏王峰》,清文渊阁四库全书本,第 13 页 b。

③ （宋）李纲:《梁溪集》卷 9,《次韵志宏见赠拙轩》,清文渊阁四库全书本,第 14 页 a。

④ （宋）李纲:《梁溪集》卷 9,《次韵题棣华堂》,清文渊阁四库全书本,第 12 页 a。

⑤ （宋）李纲:《梁溪集》卷 6,《题栖真馆三十六韵》,清文渊阁四库全书本,第 18 页 a。

纲便作诗《题黄亭驿》：

> 云山一带碧崔嵬,迎我南迁又北回。岁月才周两经历,此行端为
> 武夷来。①

第二次经游武夷山,李纲仍然充满期待,并称这是专为武夷而来。在观妙堂法师的陪同下,李纲再次泛舟九曲,谒冲佑观武夷君,登换骨岩,留下《泛游仙溪》《武夷行》《别武夷途中偶成寄观妙法师》等诗文。在《泛游仙溪》序中提到,"到闽中而不游武夷山,到武夷山而不泛游仙溪,皆与不到同"②。在李纲看来,到福建不到武夷,到武夷不游九曲,等于没到。表明武夷山在东南一带旅游的中心地位和九曲溪在武夷山旅游的核心区位已开始凸显,九曲溪正在取代武夷宫成为武夷山旅游空间的中心,这是武夷山神仙空间与审美空间在两宋之交开始发生转换的表现。本次游览,李纲认定"前生定在此山中,缘熟重游六六峰"③。多次表达对武夷山的眷恋："他日追思不可到,梦魂还过七闽中"④。临走的时候,表示"去路归鞍方眷恋"⑤,表达了依依不舍之情。

之后,北宋遭遇靖康之变,家国丧乱,李纲历经南征北战,看到国家"问津处处皆战场,访旧往往成新鬼"⑥,感慨良多,不得不为家族谋求长久之计。"闽山深处是吾乡,携幼扶衰又将徙"⑦,与族人商定,准备举家迁居福建。此时的李纲对福建和武夷山又多了一份情感,"欲论旧事无知者,只有青山是故人"⑧。青山武夷,似是故人;闽山深处,方是吾乡。

在带领族人迁徙福建邵武的途中,李纲第三次经游武夷山。青山依旧,故

---

① （宋）李纲：《梁溪集》卷13,清文渊阁四库全书本,第14页a。
② （宋）李纲：《梁溪集》卷13,清文渊阁四库全书本,第15页a。
③ （宋）李纲：《梁溪集》卷13,《泛游仙溪》,清文渊阁四库全书本,第15页b。
④ （宋）李纲：《梁溪集》卷13,《武夷行》(并序),清文渊阁四库全书本,第15页a。
⑤ （宋）李纲：《梁溪集》卷13,《别武夷途中偶成寄观妙法师》,清文渊阁四库全书本,第15页b。
⑥ （宋）李纲：《梁溪集》卷27,《自海外归间关万里经涉五载初抵家与诸季会饮成长句兼简邹德久昆仲》,清文渊阁四库全书本,第12页b。
⑦ （宋）李纲：《梁溪集》卷27,《自海外归间关万里经涉五载初抵家与诸季会饮成长句兼简邹德久昆仲》,清文渊阁四库全书本,第13页a。
⑧ （宋）李纲：《梁溪集》卷28,《留题凝翠阁二绝》,清文渊阁四库全书本,第4页b。

人已去,睹物思人,感目伤怀。李纲心生感慨,赋《道武夷冲佑观壁间读翁士特郎中留题追怀感怆》诗二首。其一云:

> 昔年曾约武夷孙,仙赏心违莫共论。地下修文君已远,世间多难我犹存。题诗屋壁事如昨,洒涕烟霞声为吞。英爽故山应未泯,试凭楚些与招魂。[1]

诗题如昨曾孙去,烟霞仙赏成追忆。李纲第三次经游武夷,又多了更为复杂的情感,洒涕凭栏,招魂故山,可谓"招魂"之旅。

从激情洋溢的"仙赏"之游,到凭栏洒涕的"招魂"之旅,同样的武夷山,同样的主人公,完全不同的身心体验,表明外在的空间与人内在的精神世界有着密切的关联,人的主观情感是空间审美的重要前提。

六、建茶与武夷山

建茶,因产于闽江中上游的建溪而得名,又称建茗。北宋、南宋时期,建茶以建州建安(建瓯)北苑凤凰山为主产区。北苑贡茶作为宋代建茶的代表,因其受皇室的特别恩宠,一时间闻名于世,独领风骚 300 余年。武夷山的九曲溪、崇阳溪、梅溪等是建溪的上游,境内丹霞地貌的红色砂砾岩,适合茶叶生长,在建茶兴盛的过程中,武夷茶也逐渐兴起,并最终取代北苑茶成为皇室贡茶,盛名于世,经久不衰。由于武夷山在建溪的上游,其所产之茶也是建茶的一部分。北宋乃至南宋时期,建茶名扬天下最盛之时,也是武夷名山之花的初放之日,名山与名茶,交相辉映,异彩纷呈。这里特用一小节,简略述之。

(一)唐五代时期茶事的初兴

据当代茶叶专家陈椽的研究,南北朝时期,建州已有茶叶生产和制作。又据五代时期王仁裕所撰的《开元天宝遗事》记载,唐玄宗时期,有高人王休,常

---

① (宋)李纲:《梁溪集》卷 29,《道武夷冲佑观壁间读翁士特郎中留题追怀感怆》二首,清文渊阁四库全书本,第 12 页 a。

与名僧数人结友，"或跨驴，或骑牛，寻访山水，自谓结'物外之游'"。又记王休居太白山下，"日与僧道异人往还，每至冬时，取溪冰，敲其晶莹者，煮建茗，共宾客饮之"①。王休于太白山下"敲冰煮茗"，他所煮之茗，正是"建茗"，表明此时建州已有茶事，并在都城长安附近有一定的影响，这也是关于建茶最早的明确记载。又据北宋张舜民的《画墁录》，唐德宗贞元年间（785—805年），"常衮②为建州刺史，始蒸焙而研之，谓研膏茶。其后稍为饼样其中，故谓之一串"③。在常衮的主持下，当地茶农改进制茶工艺，把蒸青茶叶焙而研末和膏，制成研膏茶，后来又压成饼样，谓之"一串"。

与常衮同一时期的茶圣陆羽④，在他的茶叶专著《茶经》中，提及"岭南"茶叶产地的时候，也这样写道：

> 岭南生福州、建州、韶州、象州，其恩、播、费、夷、鄂、袁、吉、福、建、泉、韶、象十一州未详，往往得之，其味极佳。⑤

茶圣陆羽肯定福州、建州所产之茶，"往往得之，其味极佳"，印证了唐中后期关于建州茶事的记载。但他又说，对包括福州、建州等地的岭南茶并不太了解，这从一个侧面也说明，当时建溪茶的知名度，还局限在一定的范围之内，尚未成为全国性的名茶。

五代十国时期，闽国龙启年间（933—935年）⑥，建州地方种茶大户张廷晖将自己所开的凤凰山及其周围三十里茶山献给闽王，闽王将这些茶山列为御

---

① （五代）王仁裕：《开元天宝遗事十种》，丁如明辑校，上海：上海古籍出版社，1985年，第72页。

② 常衮（729—783年），字夷甫，河内温县人。天宝十四年（755年）状元，历中书舍人、翰林学士、礼部侍郎、宰相。后贬潮州刺史，建中元年（780年），迁福建观察使。

③ （北宋）张舜民：《画墁录》，清文渊阁四库全书本，第21页a。

④ 陆羽（约733—约804年），字鸿渐，复州竟陵人。撰写第一部茶学专著《茶经》，是唐代茶学家，被尊为"茶圣"，奉为"茶神"。

⑤ （唐）陆羽：《茶经》，卡卡译注，北京：中国纺织出版社，2006年，第33页。

⑥ 唐朝灭亡之后，后梁三年（909年），福建节度使王审知接受后梁的册封，是为闽王。至后唐同光三年（925年），王审知去世。其间，王审知采取休养生息之策，福建暂得安宁。后唐长兴四年（933年），王审知次子王延钧称帝，国号"大闽"，年号"龙启"。两年后，王延钧被其子所杀，龙启年间，应为933—935年。

茶园,这是建茶成为贡茶的开始。945 年,南唐趁乱灭闽国,建州归南唐管辖。南唐继续在这里设官方焙茶机构,"岁率诸县民采茶"。据熊蕃《宣和北苑贡茶录》记载,南唐改进制茶工艺,在研膏茶基础上,又造蜡面茶,遂罢阳羡贡茶,专贡建溪北苑蜡面。① 从此,以北苑茶为代表的建茶,开始著名。

(二)宋代建茶的独领风骚

975 年,宋灭南唐。977 年,即宋太宗太平兴国二年,继南唐之后,北宋在北苑设皇家焙茶机构,制茶专贡朝廷之用。宋太宗淳化四年(993 年),丁谓任福建路采访使,还朝后任转运使。② 其间,丁谓多次督察建安茶事,北苑首次制出更加精致的"龙团凤饼"专贡皇室享用。张舜民在《画墁录》中说:"始制为凤团,后又为龙团,贡不过四十饼,专拟上供。虽近臣之家,徒闻之,而未尝见也。"③

宋仁宗庆历年间(1041—1048 年),名臣蔡襄④任福建路转运使,他在丁谓的基础上,又督造出更为精致的小龙凤团茶。据欧阳修《归田录》中云:

> 茶之品,莫贵于龙凤,谓之团茶,凡八饼重一斤。庆历中,蔡君谟为福建路转运使,始造小片龙茶以进,其品绝精,谓之小团,凡二十饼重一斤,其价直金二两。然金可有,而茶不可得。每因南郊致斋,中书、枢密院各赐一饼,四人分之,宫人往往缕金花于其上,盖其贵重如此。⑤

丁谓所造团茶,八饼为一斤,而蔡襄小团茶,则二十饼为一斤,且更加珍贵。据欧阳修所言,价值黄金二两。但即便如此,也非轻易可得。欧阳修曾参

---

① (南宋)熊蕃:《宣和北苑贡茶录》,清文渊阁四库全书本,第 1 页 a～5 页 a。

② 丁谓(966—1037 年),字谓之,后改为公言,苏州长洲人。北宋初年宰相。

③ (北宋)张舜民:《画墁录》,清文渊阁四库全书本,第 21 页 b。

④ 蔡襄(1012—1067 年),字君谟,莆田仙游人。天圣八年(1030 年)进士,历直史馆、龙图阁直学士、枢密院直学士、翰林院学士等,以知人直言著称,为北宋名臣,书法家、文学家、茶学家。著有茶学专书《茶录》。

⑤ (北宋)欧阳修:《欧阳文忠公全集》卷 127,清文渊阁四库全书本,第 5 页 a～b。

与中书省和枢密院在京城南郊的祭天仪式,祭祀结束之后,皇帝把作为祭品的小龙团茶赐给参与祭祀的大臣,两院各赐一饼,四人分之。① 欧阳修在《龙茶录后序》中记述此事说,"盖自君谟始造,而岁贡焉,仁宗尤所珍惜,虽辅相之臣,未尝辄赐"。南郊大礼之后,分得的四分之一饼,"不敢碾试,相家藏以为宝,时有佳客,出而传玩尔"。② 嘉祐七年(1062 年),欧阳修终于有机会得赐一饼,"余自以谏官,供奉仗内,至登二府,二十余年才一获赐"③。欧阳修在朝中任职 20 多年,才得一饼之赐,足见其珍贵难得,并非虚言。④

继小团龙凤饼茶之后,北苑茶园在宋神宗元丰年间(1078—1085 年)奉旨新造密云龙,其品在小团龙凤茶饼之上。宋哲宗绍圣年间(1094—1098 年),又造瑞云龙,精于旧制。可见,有宋一代,北苑贡茶名品迭出,愈加精致,前所未有。如赵汝砺在《北苑别录》中说:"茶自北苑,上者独冠天下,非人间所可得也。"⑤

的确,北苑贡茶为皇家所专有,非他人所能得。但由于北宋皇室对北苑茶的专宠,使得以北苑茶为代表的建溪茶名满天下,独领风骚。如宋徽宗在《大观茶论》中所云:

> 茶之为物,擅瓯闽之秀气,钟山川之灵禀,祛襟涤滞,致清导和,则非庸人孺子可得而知矣。冲澹间洁,韵高致静,则非遑遽之时可得而好尚矣。本朝之兴,岁修建溪之贡,龙团凤饼,名冠天下,而壑源之品,亦自此而盛。⑥

宋徽宗认为,茶之为物,专擅瓯闽之秀气,钟山川之灵禀。建溪之贡,龙团凤饼,名冠天下。因此,"壑源之品,亦自此而盛"。也就是说,建溪之茶,因此

---

① 按照今天的单位计算,每块小团茶只有 25 克,4 人分之,每人只约得 6.25 克,大致相当于现在一泡武夷岩茶的重量。

② (北宋)欧阳修:《欧阳文忠公全集》卷 65,清文渊阁四库全书本,第 9 页 b～10 页 a。

③ (北宋)欧阳修:《欧阳文忠公全集》卷 40,清文渊阁四库全书本,第 10 页 a。

④ 太学生陈东(1086—1127 年,字少阳)曾作《茶》诗云:"偏爱君家碧玉盘,建溪云脚未尝乾。书生自恨无金换,聊以诗章乞数团。"参见(北宋)陈东:《少阳集》卷 5,清文渊阁四库全书本,第 5 页 a。诗中可见建茶为世人所贵,陈东以诗易茶,留下另一种佳话。

⑤ (南宋)赵汝砺:《北苑别录》,清嘉庆读画斋丛书本,第 1 页 a。

⑥ (明)高元濬:《茶乘》卷 6,明天启刻本,第 8 页 a～b。

而盛,这种说法并不为过。北宋初年著名隐逸诗人林逋,曾作《茶》诗曰:

> 石辗轻飞瑟瑟尘,乳香烹出建溪春。世间绝品人难识,闲对茶经
>
> 忆古人(陆羽撰《茶经》而不载建溪者,意其颇有遗落耳)。①

林逋对陆羽《茶经》不载建茶,感到非常遗憾,认为建茶是"世间绝品"而不为人知,这说明在他所处的宋代初期,建茶在民间还不太为人们所熟知。但随着皇家对北苑茶的专宠,以及北苑贡茶的名品迭出,建溪茶在北宋,开始名冠天下。②

张舜民在《画墁录》中说:"迨至本朝,建溪独盛,采焙制作,前世所未有也。士大夫珍尚鉴别,亦过古先。"③众所周知,北宋时期人才辈出,群英荟萃。司马光、王安石、范仲淹、欧阳修、苏轼、梅尧臣等政坛名流和文坛领袖,也都纷纷品评,建茶成为时尚珍品,经久不衰。

苏轼④是北宋文人中最为痴迷于茶的文坛巨人,与建茶结下不解之缘。他的好朋友曹子方、钱安道等曾在建州任职,每每寄建茶予他,他总是兴奋不已,作诗回谢。苏轼是北宋乃至整个宋代,茶诗、茶文最多的人。他本人对茶的历史、制茶工艺、茶艺、品茶等都有深入研究,甚至还想续写《茶经》。⑤他称建茶为天宇之内的灵品,远超其他凡草,"大哉天宇内,植物知几族。灵品独标

---

① (清)汪霦等:《佩文斋咏物诗选》卷244,清文渊阁四库全书本,第28页a。

② 据曾经出使金国的南宋爱国名臣洪皓在《松漠纪闻》卷一中记载,当时北方金国人的婚姻习俗,"金人旧俗,多指腹为婚姻,既长,虽贵贱殊隔,亦不可渝"。待长大,举办婚礼宴会之后,"宴罢,富者瀹建茗,留上客数人啜之"。参见(清)宇文懋昭:《钦定重订大金国志》卷39,《婚姻》,清文渊阁四库全书本,第3页a~b。婚礼宴会之后,"富者"之家,往往煮建茗,留上客啜之。可见,在当时的北方,金人亦视建茶为上品。

③ (北宋)张舜民:《画墁录》,清文渊阁四库全书本,第21页a~b。

④ 苏轼(1037—1101年),字子瞻,号东坡居士,世称苏东坡,四川眉山人。嘉祐二年(1057年)进士,初任职于凤翔、杭州、密州、徐州、湖州等地,后因"乌台诗案"被贬黄州团练副使。哲宗即位后,任翰林学士、侍读学士、礼部尚书等,出知杭州、扬州等地。晚年又因党争被贬广东惠州、儋州。徽宗时获大赦,逝于北归途中。苏轼天赋异禀,是北宋著名的文学家、诗人、书法家、画家。

⑤ 苏轼《南屏谦师》诗云:"道人晓出南屏山,来试点茶三昧手。忽惊午盏兔毫斑,打作春瓮鹅儿酒。天台乳花世不见,玉川风腋今安有。东坡有意续茶经,会使老谦名不朽。"参见(北宋)苏轼:《东坡全集》卷26,清文渊阁四库全书本,第10页a。

奇,迥超凡草木"。建茶的味道,"香浓夺兰露,色嫩欺秋菊"[1]。

这里,以苏轼评建溪茶的两首诗为例：

其一,《元翰少卿宠惠谷帘水一器、龙团二枚,仍以新诗为贶,叹味不已,次韵奉和》：

> 岩垂匹练千丝落,雷起双龙万物春。此水此茶俱第一,共成三绝景中人。[2]

其二,《和钱安道寄惠建茶》：

> 建溪所产虽不同,一一天与君子性。森然可爱不可慢,骨清肉腻和且正。雪花雨脚何足道,啜过始知真味永。[3]

建溪产茶当第一,天赋君子性,森然可爱,骨清和正,滋味真永。这是苏东坡对建茶的最高评价,当今的武夷岩茶,事实上秉承和发扬了建茶的这些优良品质。

(三)建茶和武夷山

建茶名冠天下的北宋时期,也是武夷山作为福地洞天和天下名山的建构真正落实之时。武夷山是建州的一部分,九曲溪、崇阳溪和梅溪等都是建溪的上游源头,当时武夷山所产之茶,也是建茶的一部分。名山与名茶,交相辉映于闽北。

按陆羽《茶经》,茶之产地,"上者生烂石,中者生砾壤,下者生黄土"[4]。武夷山九曲两岸,为红色砂砾岩的丹霞地貌,经过风雨侵蚀,骨山之麓,砂砾沉积,所生之茶,自是茶之上品。

---

① （北宋）苏轼：《东坡全集》卷 27,《寄周安孺茶》,清文渊阁四库全书本,第 21 页 a。

② （北宋）苏轼：《东坡全集》卷 29,清文渊阁四库全书本,第 25 页 b。

③ （北宋）苏轼：《东坡全集》卷 5,清文渊阁四库全书本,第 21 页 a～b。

④ （唐）陆羽：《茶经》,卡卡译注,北京：中国纺织出版社,2006 年,第 2 页。

据五代人陶谷所作的《清异录》中所记"晚甘侯"一条,晚唐文学家孙樵[①]的《送茶与焦刑部书》云:

> 晚甘侯十五人,遣侍斋阁。此徒皆请雷而摘,拜水而和。盖建阳
> 丹山碧水之乡,月涧云龛之品,慎勿贱用之。[②]

孙樵用拟人的手法,把他所送之茶称为"晚甘侯",并提醒朋友此茶为"建阳丹山碧水之乡"所产,是"月涧云龛之品,慎勿贱用之"。一般认为,此时武夷山尚未建县,属于建阳县管辖,孙樵所谓"丹山碧水之乡",实际上就是指南朝文学家江淹对武夷山"碧水丹山"的美称,因此这里的"晚甘侯"就是武夷山最早的茶名。可见晚唐时,武夷山所产之茶,已被人们视为珍品。

稍晚些时候,唐末五代人的徐夤[③],他所作的《尚书惠蜡面茶》诗,早已广为传颂:

> 武夷春暖月初圆,采摘新芽献地仙。飞鹊印成香蜡片,啼猿溪走
> 木兰船。金槽和碾沉香末,冰碗轻涵翠缕烟。分赠恩深知最异,晚铛
> 宜煮北山泉。[④]

这是武夷山茶叶史上的重要资料,最早明确记载了武夷茶。徐夤是福建莆田人,他在晚唐为官期间,必然经过武夷山,诗中描绘武夷山春天采茶的情景,采得新芽献"地仙",而"地仙"正是武夷山第十六升真玄化洞天之主神。且诗中还透露这时武夷茶制成的是"香蜡片",这是指蜡面茶,与南唐时期北苑改进工艺,制成蜡面茶的记载是一致的,恰好说明武夷茶与北苑贡茶的生产工艺是同步的,是建茶的一个部分。

---

① 孙樵,字可之,关东人,生卒年不详。唐宣宗大中九年(855 年)进士,历中书舍人,迁职方郎,晚唐著名文学家。

② (清)陈鸿墀:《全唐文纪事》卷 33,清同治十二年巴陵方功惠广东刻本,第 9 页 b。

③ 徐夤,字昭梦,福建莆田人。唐昭宗乾宁元年(894 年)进士,博学多才,擅辞赋,晚唐、五代著名文学家。

④ (清)彭定求:《全唐诗》卷 708,中华书局编辑部点校,北京:中华书局,1999 年,第8232 页。

北宋名臣范仲淹①的《和章岷②从事斗茶歌》，其中的武夷元素，更是人尽皆知：

> 年年春自东南来，建溪先暖冰微开。溪边奇茗冠天下，武夷仙人
> 从古栽。……③

范文正公再次将建溪茶与武夷山联系起来，表明当时人们所谓的建茶，就包含武夷山茶。在这首长诗中，他生动描绘闽北民间斗茶的场景，虽有夸张手法，但也反映当时整个闽北民间茶叶的兴盛。最后，他说天产之茶，石上之英，其滋味可比醍醐、兰芝，令商山丈人休茹芝，首阳先生休采薇，"长安酒价减千万，成都药市无光辉。不如仙山一啜好，泠然便欲乘风飞"。名山与名茶，相得益彰，交相辉映。武夷茶与建茶是一致的、同步的。

众所周知的苏东坡《叶嘉传》，开头即云：

> 叶嘉，闽人也。其先处上谷，曾祖茂先，养高不仕，好游名山。至
> 武夷，悦之，遂家焉。④

东坡先生这里又以拟人的手法，借叶嘉的形象，描绘了武夷茶的高雅品位和不凡气质，留下千古佳话。

另外，南宋大儒朱熹的《春谷》诗，也记载了武夷山本土植茶的情况。朱熹诗云：

> 武夷高处是蓬莱，采得灵根手自栽。地僻芳菲镇长在，谷寒蜂蝶
> 未全来。红裳似欲留人醉，锦障何妨为客开。饮罢醒心何处所，远山
> 重叠翠成堆。⑤

---

① 范仲淹(989—1052年)，字希文，苏州人。宋真宗大中祥符八年(1015年)进士，历知苏州、开封府，授枢密副使，拜参知政事，发起"庆历新政"，北宋杰出的政治家、文学家。

② 章岷，字伯镇，福建浦城人，徙江苏镇江。宋仁宗天圣五年(1027年)进士，历知常州、江州、越州、福州等。

③ 这是一首记述当时闽北民间斗茶情景的长诗，后文略。参见(北宋)范仲淹：《范文正集》卷2，清文渊阁四库全书本，第5页b～6页b。

④ (北宋)苏轼：《东坡全集》卷39，清文渊阁四库全书本，第21页a。

⑤ (南宋)朱熹：《晦庵先生朱文公集》卷3，上海涵芬楼藏明刊本，第7页a。

朱熹是武夷山本地人,诗中所记武夷山当地人民在山上植茶,与前文所述相互印证。

纪晓岚等在陆廷灿的《续茶经·提要》中说:"自唐以来,茶品推武夷。"[①]北苑茶与武夷茶虽然都是建溪茶,但由于武夷山有天然的地理和地质优势,其茶品逐渐为世人所认可,自元代在武夷山设皇家御茶园之后,武夷茶取代北苑茶,成为建茶之主流,茶之新宠,独霸天下数百年。所以,明人许次纾在《茶疏》中说:"唐人首称阳羡,宋人最重建州,于今贡茶两地独多。阳羡仅有其名,建州亦上品,惟武夷雨前最胜。"[②]这大致符合唐至元初,中国顶级茶叶转换的历史。

建茶的兴盛,以及武夷茶与北苑茶的交相辉映,使得武夷山空间形象向多样化发展,客观上增强了武夷山的空间吸引力,有利于武夷山旅游的进一步发展。

小　结

北宋时期,随着朝廷崇道之风的日盛,武夷山顺势完成了地方神仙谱系的建构,武夷君等神灵受到国家册封,冲佑观列入国家宫观。武夷山在国家举办的斋醮仪式、投龙活动中扮演着重要角色,甚至在国家政治活动中也有一席之地,北宋时期的武夷山,更加接近国家权力中心。在地方文人的倡导和影响下,武夷山开始以天下名山的角色进入士大夫的视野,李纲所谓"好慕之极,达乎精神",以及他提出的"仙赏",都反映了北宋时期武夷山仙凡混合的旅游特点。

---

① (清)纪昀:《续茶经·提要》,清文渊阁四库全书本,第1页a。
② (清)卢之颐:《本草乘雅半偈》卷7,清文渊阁四库全书本,第30页a。

第六章
南宋人文主义旅游的兴起与演进

当李纲在武夷山一口气写完 50 首旅游诗文的时候,他完成了一个时代的总结,同时也终结了这个时代。一个崭新的人文主义时代,即将在武夷山开启。李纲继承了北宋武夷山的"仙游"特征,虽然没能走出神仙空间的纠缠,但他提出的"尘缘洗尽便神仙,泉石幽奇即洞天"的思想,预示着这个新时代的到来。

1127 年靖康之变,北宋灭亡,统治集团南迁。南宋王朝偏居江南一隅,中国的政治、经济、文化重心也随之南移。武夷山距离国家中心更近了,在武夷山区域先后出现一批高品位的文化精英,一时星光灿烂、人才辈出。他们曾经引领时代思想潮流,像北宋时期的洛阳一样,武夷山一度成为南宋王朝的思想中心。由于这些因素,南宋时期武夷山的形象更加多样化。从建构的角度来看,南宋是武夷山审美之胜地和人文之圣地的双建构期,武夷山迎来了人文主义旅游的新篇章。

山不自美,因人而彰。南宋时期,对武夷山旅游影响最大的,非朱熹莫属,其影响是划时代的。这里以朱熹在武夷山的活动时间为界,把南宋武夷山旅游的历史,大致划分为三个阶段。第一阶段,南宋初期(1127 年至 1170 年左右),约 40 年时间,是朱熹青少年和外出为官时期;第二阶段,南宋中期(1170 年至 1210 年左右),也是 40 年左右,这一时期朱熹以武夷山为中心展开活动,对武夷山的旅游产生了实质性的影响；[①]第三阶段，南宋后期(1210 年至 1279 年)，约 70 年的时间，是后朱熹时代的武夷山旅游。这三个时期武夷山的旅游分别呈现不同的特点，本章重点从这三个时期给予简要介绍和分析。

一、武夷山冲佑观影响的扩大

(一)在淡化中延续的神学建构

由于北宋道教是在帝王的引导和带领下，向符箓斋醮发展，所动用的社会资源和造成的社会影响是全方位的。过分崇道，耗费国力，是北宋灭亡的重要原因。无论如何，南宋统治者已经顾不上对政权合法性的论证了，整个王朝对道教的依赖逐渐淡化。也许是意识到其前辈过分崇信道教，导致了灾难性的后果，1127 年，即位不久的宋高宗就诏令"罢天下神霄宫"[②]，开始纠正宋徽宗时期神道至上的政策。但随着局势的稳定，宋高宗本人又强化了对崔府君等道教神君的尊奉，导致南宋朝廷对道教的崇奉又有所回暖，五岳四渎之祀也逐渐恢复。

武夷山作为神仙空间的建构，在北宋时期已基本完成，以武夷君为首的地方神仙谱系也基本确立，南宋时期主要在此基础上得到进一步的确认和巩固。继宋哲宗册封武夷君为"显道真君"之后，南宋理宗端平元年(1234 年)，又加封武夷君为"显道普利真君"，嘉熙二年(1238 年)，理宗又加封武夷君为"显道普利冲元真君"。同时，加封魏王子骞为"冲妙孚惠真君"，以及其余十三仙也都分别加封为真君。[③] 表明南宋朝廷扩大了对武夷山地方神仙的认可和推

---

① 这里把朱熹去世后约 10 年的时间，与他在武夷讲学的时间视为同一个时期。这样的话，南宋武夷山的旅游史，也可以分为前 80 年和后 70 年的前、后两个时期。

② (元)脱脱：《宋史》卷 24，载《二十五史》，上海：上海古籍出版社，1986 年，第 63 页。

③ 董天工《武夷山志》卷四中记载，女仙加封为元君；而衷仲孺《武夷山志》卷八则记，十三仙均为"真君"。

崇。① 与此同时,宋理宗还在武夷山举办隆重的投送金龙玉简制章活动,命建州"科命道士二十一员,于建宁府武夷山升真玄化洞天冲佑观,启建灵宝道场一昼二夜,设醮三百六十分位"②。至此,流传于武夷山的、具有地方特色的、以武夷君为首的神仙谱系建构最终完成,并得到国家权力的确认。

(二)宫观提举的泛化

北宋神宗熙宁年间,诏"杭州洞霄宫、亳州明道宫、华州云台观、建州武夷观、台州崇道观、成都玉局观、建昌军仙都观、江州太平观、洪州玉隆观、五岳庙,自今并依嵩山崇福宫、舒州灵仙观,置管干或提举、提点"③。这是将包括武夷山冲佑观在内的洞天福地 12 个宫观,正式纳入国家宫观祠禄体制的开始。如前所述,宫观祠禄是北宋官员俸禄制度的一部分,从此道教宫观与世俗官员的仕途和待遇结合起来,在一定程度上扩大了这些宫观的影响。当初设立宫观提举和主管,④主要是针对正在掌握实权的要员,是对他们去职之后的一种待遇,因祠禄官俸比原职俸禄要低一些,又失去了权力,相对而言就是一种贬谪。根据目前的资料,北宋时期武夷山冲佑观祠禄官员只有 4 个,分别是提举叶祖洽、程振,以及主管章岵、陈瑾,他们大都是在宋徽宗时期被罢官或贬官而任职冲佑观的。

南宋政府继承北宋宫观制度,武夷山冲佑观祠禄官员范围进一步扩大。整个南宋时期,祠禄冲佑观的官员数量大为增加。经查询,现将有文献记载的提举和主管冲佑观的官员列出,如表 6-1 所示。

---

① 有些地志认为,十三仙中的"魏王子骞"是魏国的王子,名骞,隐居武夷山中。既然是隐居,却在名字之前加"魏王子",当然不可信。也有人认为,王子骞是魏晋时期的隐居之人,后来传为仙人。根据目前的资料来看,十三仙的传说没有早于北宋中期以前,他们应该是在宋徽宗时期的造神运动中诞生的新神。

② 据袁仲孺所记,此次投送金龙玉简活动,发生于宋理宗嘉熙元年(1237 年),至明代武夷宫还保存有当时的"玉简",上述文字记载,即来自这一"玉简"所记。参见(明)袁仲孺:《武夷山志》卷 8,明崇祯癸未年版,哈佛大学汉和图书馆藏影印本,第 3 页 a。

③ (元)脱脱:《宋史》卷 170,载《二十五史》,上海:上海古籍出版社,1986 年,第 527 页。

④ 最早设置提举、提点和主管三个级别,后来省去提点,保留提举和主管。

表 6-1　两宋时期武夷山冲佑观祠禄官员一览表

时代	职别	官　　员	数量
北宋	提举	叶祖洽、程振	2
	主管	章岵、陈瑾	2
南宋	提举	陈戬、王次张、李显忠、陆游、林大中、张栻、辛弃疾ᵃ、彭龟年、程叔达、徐子寅、王闻诗、王师愈、赵善仪、张忠恕、陈昉	15
	主管	刘子翚、陈景思、李文渊、傅自得、朱熹、吕祖谦、赵令衿、黄中美、张维、赵善待、黄度、叶适、徐梦莘、孟嵩、王眹、林孝泽、叶大廉、陆洸、张管、周必正、周淳中、黄仁静、汪焕章、刘光祖、鲍浦、曹彦约、史弥远、魏了翁、吴津、李宗质、王卿月、曹耜、张仲梓、王炎、王自中、薛叔似、虞刚简、赵公升、萧之敏、薛扬祖、徐瑄、郑逢辰、赵善湘、彭辂、周枢、赵善俊、石昼问、陈安节、洪秘、何梦祥、张樗朝、江文叔、王镇、王弥远、王正功、袁说友、王从其、陆埈、杨樗年、杨子谟、程卓、黄何、张钧、张玠	64

注:a. 辛弃疾曾两度主管冲佑观,后来又提举冲佑观,这里按上一级统计,下同。
资料来源:笔者自制。

南宋时期,武夷山冲佑观的宫观祠禄有以下两个特点:

第一,提举或主管官员的人数多,范围广,类型多样。根据目前查到的资料,整个宋代,提举或主管武夷山冲佑观官员的总人数为 83 人,北宋 4 人,而南宋则有 79 人,可见南宋时期武夷山冲佑观在国家宫观祠禄制度中的地位明显上升。不仅任职人员众多,而且分布范围广泛,类型多样。[①] 北宋冲佑观祠禄人员主要是闽北人,而南宋时期,则扩大到当时的全国范围,除了福建之外,还有浙江、江西、安徽、四川等地。南宋冲佑观祠禄官员大部分都是当世名将、名臣。如陈戬是抗金护驾名臣;辛弃疾文武双全,名盖当世;李显忠也是抗金名将。有皇亲国戚,如赵善仪、赵善待、赵善湘、赵善俊、赵公升都是皇室后裔,孟嵩为宋哲宗昭慈圣献皇后(孟氏)的侄孙。还有名相之后,王从其为王安石之后,张栻、张忠恕、张钧都是张浚之后。也有当代名流、名士,或文坛领袖,如朱熹、陆游、叶适等。

[①] 可能是由于资料来源所限,董天工《武夷山志》卷十六没有区分提举和主管,所列"主管"总人数为 25 人。

第二，作为一种待遇，它经历了一个由贬到褒的过程。如前所述，北宋时期祠禄冲佑观的 4 位官员，均为贬谪或罢官之后的一种安慰或优待，相对于掌握实权的官员来说，降级意味十分明显。南宋初期也有此意，如辛弃疾曾两度主管、一度提举冲佑观，都有贬谪之意。但后来逐渐发生了变化，演化为一种恩宠和荣誉，成为真正的优待。祠禄宫观一般由礼部考定，也有自己申请的，如刘子翚、陆游、史弥远、黄度、傅自得、张维、陈安节、洪秘等，都是自己主动申请，然后经皇帝下诏批准，获得提举或主管冲佑观待遇的。因为是优待，有些士大夫把它看作一种恩荣，获得祠禄之后，还要上书主管官员表示感谢，如曹彦约曾作《主管冲佑观谢宰执启》，感谢当朝宰相的鼎力相助。朝廷也有打破两任、三任的传统，四度赐给皇室后裔赵善仪提举武夷山冲佑观的资格，以示特殊恩典。

南宋诗人之冠的陆游，64 岁时曾三次上书请求祠禄宫观，甚至在陆游看来，祠禄是要"谋"得的。[①] 当得知朝廷批准提举武夷山冲佑观时，陆游难掩喜悦之情，连续作诗多首。如《喜事》云"武夷老子雪垂肩，喜事何曾减少年"[②]，又《纵笔》道"一纸除书到海边，紫皇赐号武夷仙。功名敢道浑无意，暂作闲人五百年"[③]。陆游收到朝廷任命，自称"武夷老子"，自比"武夷仙"，顿时还想再活五百年。年近七十，将到致仕年龄的时候，陆游又作《上书乞再任冲佑》，再次主动请求祠禄武夷山冲佑观。获批之后，陆游仍然十分高兴，即兴而作《拜敕口号》云：

> 黄纸如鸦字，今朝下九天。身居镜湖曲，衔带武夷仙。日绝丝毫事，年请百万钱（祠俸钱粟絮帛，岁计千缗有畸）。恭惟优老政，千古照青编。[④]

宋代的祠禄制度，实行待遇为实，而履职乃虚。赐予官员优厚待遇，但受

---

① 如陆游直言，"时方谋祠禄"。参见（南宋）陆游：《剑南诗稿》卷 25，《秋晚岁登戏作》，清文渊阁四库全书本，第 16 页 a～b。

② （南宋）陆游：《剑南诗稿》卷 22，清文渊阁四库全书本，第 3 页 a～b。

③ （南宋）陆游：《剑南诗稿》卷 22，清文渊阁四库全书本，第 4 页 a。

④ （南宋）陆游：《剑南诗稿》卷 26，清文渊阁四库全书本，第 5 页 b。

赐官员并不到所领宫观任职。所以陆游说自己"身居镜湖曲,衔带武夷仙",实际上是赋闲在绍兴老家,与武夷山冲佑观的事务管理没有任何关系,却享受着"武夷仙"的待遇。按陆游在这首诗中所说,提举武夷山冲佑观的薪俸待遇,"年请百万钱",一年的钱、粮、棉、帛,总计超过一千缗(贯)钱,相当于现在年薪25万元人民币左右。待遇之优,可见一斑。

南宋时期,武夷山冲佑观受职面的扩大,进一步凸显了它作为国家宫观的地位,很多世俗士人自比武夷君、武夷仙,对武夷山充满向往之情,扩大了武夷山的影响。

二、"闲境"武夷刘子翚[①]

自南宋开始,武夷山人才辈出,群英荟萃,可谓星光灿烂。南宋早期,在武夷山留下旅游诗文的有李弥逊、杨时、刘子羽、刘子翚、虞亿等。

高宗朝户部侍郎李弥逊[②],因反对议和而忤秦桧,归隐福建连江,返乡途中经过武夷山,作《道游武夷遇雨既渡复回明日竟游九曲而行因留》诗二首。从诗歌内容看,武夷山在作者眼中的主要形象是"神山",作者心中尚留"寻真"的理想,可见受神仙空间的影响较大。[③] 抗金将领刘子羽[④],晚年居家崇安五夫里,据董天工《武夷山志》记载,刘子羽有《钟模石》诗一首,诗中也表露出类似李纲仙赏旅游的特征。

---

① 刘子翚(1101—1147年),字彦冲,号屏山,崇安人。宋代理学家,世称屏山先生,朱熹从之游。

② 李弥逊(1085—1153年),字似之,号筠西翁、普现居士等,吴县人。大观三年(1109年)进士,历户部侍郎,晚年隐连江西山。

③ 李弥逊《道游武夷遇雨既渡复回明日竟游九曲而行因留》二首:"人间何地寄衰翁,偶到神山一苇中。可是仙君谢道客,船头无处避刚风。""渡口回舟未忍移,净坊听雨坐题诗。余龄倘有寻真路,试与披云问凤儿。"参见(南宋)李弥逊:《筠溪集》卷19,清文渊阁四库全书本,第5页b。

④ 刘子羽(1086—1146年),字彦修,崇安人。南宋初年官员、将领。

著名理学家杨时[①]，曾提出"君子之至乐"与"众人之至乐"的不同，认为"君子之至乐"是德性之乐，以德为舆，以忠信为辅助，以圣贤为先驱，与同方合志者，"相与驰骋乎仁义之途，翱翔乎诗书之府，涉猎乎百家之园囿"，以达"至道之墟"，这是"天下之至乐"。而"众人之至乐"，则"乘飞轮之车，御遗风之驷"，郑女扶舆，曼姬挟辀，管弦间作，觥筹交错。"凡可以悦耳目而娱心意者，无不具焉"。[②] 两种至乐，不相为谋，各有其乐。但杨时也认为两种至乐也可以合一，正如乐全亭的主人，以君子之乐，而游乎是亭，既不玩物丧志，又能合内外之乐，是为乐全之意。杨时作为理学家，强调君子的德性之乐，但也不完全排斥众人的心意之乐。

杨时曾游武夷，作《游武夷》诗。据他所记，"是日，泛小舟至鸡窠岩，还，游冲佑观"。可见杨时当日主要是乘竹筏从一曲至四曲而归，游冲佑观。他看到"武夷山深水清泚，避世犹有高人踪"，虽然也注意到武夷山真骨写虚壁，仙舟跨绝壑，但又说"当时鸡犬不复见，窠岩依旧烟霞笼"。[③] 神仙已去，人们看到的是烟霞新霁，云幕残红，顿时产生解衣归卧之意。可见，这里的山水，让杨时产生了皈依于此的新境界，显然超越了他之前的君子之乐与众人之乐的两分范式。诗中表现了杨时对武夷山水深刻的留恋之情，神仙色彩也已经开始淡去。

同时，刘子羽的弟弟刘子翚，也提出一系列审美休闲的思想主张，他有很多与武夷山相关的诗文。这里以刘子翚为例，剖析他的山水审美主张及影响，探寻南宋初期武夷山旅游的特征。

刘子翚是南宋初期游居武夷的典型代表之一。他曾被授主管武夷山冲佑观，在《得冲佑命》中自云："惭愧君恩犹窃禄，官衔新带武夷山。"[④]根据朱熹《屏山先生刘公墓表》所言，刘子翚赋闲居家之后，俯仰于园林水石之间，如有

---

① 杨时(1053—1135年)，字中立，号龟山，福建将乐人。熙宁九年(1076年)进士，历建阳县丞、荆州府学教授、国子监祭酒、龙图阁直学士等，理学家、文学家、政治家。
② (南宋)杨时：《龟山集》卷24，《乐全亭记》，明万历刻本，第9页a～b。
③ (南宋)杨时：《龟山集》卷39，《游武夷》，明万历刻本，第5页a～b。
④ (南宋)刘子翚：《屏山集》卷17，清文渊阁四库全书本，第1页b。

所得,则笔之于书,或咏歌以自适。① 刘子翚山居十七年不出,常与刘勉之、胡宪、胡寅等约游武夷山中,游赏唱和,流连忘返。

刘子翚曾作《闲境志》②,阐明他关于"闲境"的理想空间建构。他认为,闲之境,始于"方寸之间",又莫知其"涯际","自有宇宙,便有此境"。可见,刘子翚所谓的"闲境",首先是一个精神空间,同时也具有与宇宙一样的终极意义。刘子翚提出,闲境"无炎凉之俗,无风波之途",没有世俗的炎凉之变,也没有世途的奔波之累。他说:

> 如化国其日舒长,如桃源与嚣尘背,如混茫之世无为而常自然,真雅怀素,志之栖寓埈(同峻),行逸轨之游历也。境内之人,心和而气平,神静而体舒,不拘拘趿趿,不营营汲汲,闲聪明之牖。

可见刘子翚所谓的"闲境",实际上是一种理想空间的建构,其思想应根源于庄子哲学,基本模型类似于陶渊明的桃花源。"闲境"远离尘世喧嚣,其中的人们没有心机聪明和功利算计,心平气和,神静体舒。"非夫特立高尚之人,莫能居也",闲境与人的品位也有一定的关系。刘子翚继续写道:

> 若夫坐忘寄傲之流,闲关却扫之士,徜徉乎竹林莲社之间,放浪乎草堂松径之侧,曲肱箕踞,长啸微吟,送日月于枯棋,泯乾坤于一醉。
>
> 乃有黄冠羽服,坏衲方袍,逍遥其间,自立门户,曰清都,曰净土,盖闲境之别名也。

刘子翚所谓的"闲境",又曰"清都""净土",既充满生活情趣又超越现实功利,它在世而不俗,是理想的精神空间。刘子翚《闲境志》,是继北宋的醉乡、睡乡、酒乡等理想空间之后的又一种新的建构,其理想空间进一步向人的日常生活靠近,反映了宋代文人桃源境界的哲学化、个体化、生活化倾向,是中国休闲思想的新动向,在宋代休闲思想史上应有一定的地位。刘子翚本人晚年在武

---

① (南宋)朱熹:《晦庵先生朱文公集》卷90,上海涵芬楼藏明刊本,第1页a～3页b。
② (南宋)刘子翚:《屏山集》卷6,清文渊阁四库全书本,第10页b～12页a。

夷山的生活，就是这种理想的写照。

刘子翚以武夷山为其"闲境"理想的现实模型，经常与朋友约游武夷山中，唱和诗赋。在他的《屏山集》中，有《病中追赋游武夷》《次韵原仲幽居》《游武夷山》《同詹明诚、傅茂元游晞（睎）真馆有诗因次其韵》《致中招原仲游武夷》《致中相拉游武夷有六耳不同谋之语原仲和章意似未平也再次原韵》《问明仲游武夷日》等。此外，徐表然《武夷山志》也载有《小桃源》等。他询问朋友游武夷的情况，畅想自己"何时纵仙舸，我亦愿周旋"（《问明仲游武夷日》）。与朋友相约春游武夷，"幔亭莫失春风约，我亦身如不系舟"（《次韵原仲幽居》）。在病中回想游武夷，"探幽神益新，得快意自消"（《病中追赋游武夷》）。

春风有约，探幽武夷，可新神消忧，可逍遥自由。在《游武夷山》诗中，刘子翚写道：

> 回薄湍流漾翠岑，夷犹一舸纵幽寻。幔亭落日笙箫远，毛竹连云洞府深。似有碧鸡翔木杪，谁将丹鹤写岩阴。神仙可学非身外，多少游人浪苦心。[①]

神仙可学，但主要靠自己的心性修养，幻想长生不老只是枉然。这是刘子翚对当时神仙学者的告诫，是对北宋以来武夷山占据主导地位神仙思想的一种反思，也是南宋理学家群体倡导人文主义思潮的开始。在《同詹明诚、傅茂元游晞（睎）真馆有诗因次其韵》中，刘子翚表达了同样的倾向：

> 橘柚红垂古观秋，归途邂逅得寻幽。晴莎散策随山远，夜月回船信水流。胜处无诗端可恨，他时有酒更来游。相陪二妙平生友，老矣襟期共一丘。[②]

名曰"仙馆"，但仙已不在，有的却是古观之秋，邂逅得幽，月夜、回船与水流，胜处有酒再来游，好友平生共一丘，没有任何神的色彩，颇有一番魏晋风流。

---

① （南宋）刘子翚：《屏山集》卷18，清文渊阁四库全书本，第4页a。
② （南宋）刘子翚：《屏山集》卷18，清文渊阁四库全书本，第12页a。

值得一提的是,刘子翚在《小桃源》诗中,将武夷山比作"桃花源":

> 桃花深处蜜蜂喧,山近前峰鸡犬村。若有胡麻泛流水,武夷转作
> 武陵源。[①]

"武夷转作武陵源",这是刘子翚闲境思想与武夷山唯美之境结合的产物,是第一次明确将武夷山比作武陵源的资料,也是武夷山空间形象的重要建构,对后世武夷山的空间形象和人们的旅游体验,产生了深远的影响。

总之,刘子翚秉承"人生乐在我"[②]的人文主义生活态度,开启了武夷山人文主义旅游思想的先河。他提出了"闲境"空间建构的思想,最早把武夷山比作武陵源,当作闲境思想的实现地。他与朋友胡原仲等人多次约游武夷山,对武夷山的游览是纯粹的审美体验,与之前盛行的仙游、仙赏等旅游体验有明显不同,是人文主义旅游在武夷山兴起的开始。刘子翚的休闲审美思想,为朱熹在武夷山人文主义旅游的启蒙奠定了基础,起到了承前启后的作用。

三、朱熹对武夷山人文主义旅游的启蒙

南宋统治者从一开始就面临北方民族政权的现实威胁,他们已经不再像北宋帝王那样热衷于道教斋醮的经营和表演,却也基本沿袭了北宋朝廷对士人的宽容政策,使得理学在南宋得以延续和发展,文人阶层逐渐对之前盛行的道教神学思想保持一定的距离。与朱熹同时代的理学家陈亮[③],在《重建紫霄观》中说:

> 道家有所谓洞天福地者,其说不知所从起,往往所在而有。然余
> 观世人之奔驰于耳目口腹之欲,而颠倒于是非、得丧、利害、荣辱之涂
> (途),大之为天下,浅至于缁铢,率若蚁斗于穴中,生死而不自觉。宜

---

① （明）徐表然:《武夷山志》,《忠集·六曲》,明万历己未年版,哈佛大学汉和图书馆藏影印本,第 11 页 a。

② （南宋）刘子翚:《屏山集》卷 13,《同胡原仲吴公路游清湍亭赋诗得流字》,清文渊阁四库全书本,第 5 页 b。

③ 陈亮(1143—1194 年),字同甫,号龙川,浙江永康人。南宋思想家、文学家。

其必有超世而绝去者,当于何所居之? 则洞天福地,亦理之所宜有。

大较清邃窈深,与人异趣,非可骤至而卒究,故君子常置而弗论。①

陈亮认为,世人常奔驰于耳目口腹之欲,颠倒于得失利害之途,就像蚁斗于穴中,生死皆不能自觉,而道教所谓洞天福地,为人们提供了超越这些利欲的可能,所以洞天福地是"理之所宜有",但由于它又十分深奥,不可细究,因此君子又"置而弗论"。陈亮肯定道教洞天福地存在的合理性,但对它所宣扬的神学内涵,则主张"置而弗论",这是南宋文人对道教神学的宽容和理性态度。

朱熹是中国历史上重要的理学家,其思想体系结构严密,宏大完整,集唐宋理学之大成,汇百家思想之英华,成就一代大儒。众所周知,朱熹与武夷山有不解之缘,成长于此,后又隐居、讲学于此。② 用他自己的话说,就是"琴书四十年,几作山中客。一日茅栋成,居然我泉石"③。朱熹对武夷山有特殊的情结。

朱熹所作与武夷山直接相关的诗文有 40 余篇,这是继李纲之后,又一个以武夷山为审美空间的典型。李纲对武夷山好慕之极,遍览武夷的心情溢于言表。到达武夷山之后,洋洋洒洒,满腹诗篇,涵盖了他所能看到和听到的所有空间元素。但相比之下,朱熹关于武夷山的诗文,大多是经过沉淀之后的情感观照,更能表现出隐居者对这个空间的依恋之情。借用北宋郭熙对绘画境界的论述,李纲对武夷山的审美境界,大致相当于"可行、可望"之境,而朱熹的诗篇则更多地体现了"可游、可居"深层依恋。朱熹的山水审美思想及武夷山水诗,反映了南宋时期武夷山旅游者的旅游行为和旅游审美思想。因此,这里以朱熹为例,展开个案研究,以期从一个侧面了解南宋中期武夷山旅游的特点和趋势。

---

① (南宋)陈亮:《龙川集》卷16,清文渊阁四库全书本,第8页b~9页a。

② 绍兴十三年(1143年),朱熹14岁,其父朱松病重,临终托付好友刘子羽、刘子翚、刘勉之等人,照顾朱熹母子。朱松去世后,朱熹随母迁崇安五夫里,刘子羽等为朱熹母子修葺房屋,又为朱熹讲授学问,使他得以成长,学有所成。淳熙十年(1183年),朱熹54岁,归武夷山中,筑精舍于五曲大隐屏下,授徒讲学。绍熙二年(1191年),卜居建阳考亭。

③ (南宋)朱熹:《晦庵先生朱文公集》卷9,《精舍》,上海涵芬楼藏明刊本,第4页a。

（一）朱熹的山水审美和旅游思想

朱熹思维缜密,视域高旷,是宋代理学集大成者,其思想体系提纲挈领,致广大,尽精微。其中也涉及山水、休闲,乃至于旅游,朱熹在这些方面都有独到的见解。

就时代而言,朱熹秉承了北宋以来文人阶层追求个人价值和精神自由的传统。就性格而言,朱熹秉性耿直,天生一派不受羁绊的麋鹿之性,不肯与世俗同流。就境界而言,朱熹的审美视野开阔,从天地观山水,从道体流行的高度体悟山水。这几个方面的因素,成就了朱熹的山水审美和旅游思想。概括而言,有以下几点。

第一,朱熹的麋鹿之性与山水之心。追求个人的价值和自由,是北宋中期以来兴起的人文主义时代特征。朱熹多次称自己乃麋鹿之性,表明追求自由的个人天性。他对朋友说,"熹麋鹿之性,久放山林"①,"枕流漱石自由身"②,"遂其麋鹿之性,实为莫大之幸"③。麋鹿之性,是指人要像麋鹿一样,摆脱羁绊,皈依山林而不可制约,遂其生命自由的天性。朱熹认为,人能如此,是"莫大之幸"。当时的起居郎刘光祖也曾说,"熹麋鹿之性,惟恐不入山林"④。朱熹麋鹿之性,时人也有所闻,并非虚言。

因麋鹿之性而痴恋于山水,总有一颗山水之心。朱熹在《西原庵记》中说,"少好佳山水异甚"⑤,并说自己有一颗"山水心","眷眷山水心,幸此朱墨暇。

---

　①　（南宋）朱熹:《晦庵先生朱文公集》卷 29,《与王枢使谦仲"……扎子"》,上海涵芬楼藏明刊本,第 12 页 b。

　②　（南宋）朱熹:《晦庵先生朱文公集》卷 9,《诗送碧崖甘叔怀游庐阜兼简白鹿山长吴兄唐卿及诸耆旧三首》,上海涵芬楼藏明刊本,第 12 页 b。

　③　（南宋）朱熹:《晦庵先生朱文公集》卷 24,《陈丞相书》,上海涵芬楼藏明刊本,第 27 页 a。

　④　（明）杨士奇、黄淮:《历代名臣奏议》卷 147,清文渊阁四库全书本,第 44 页 b。

　⑤　（南宋）朱熹:《晦庵先生朱文公集》卷 79,上海涵芬楼藏明刊本,第 2 页 a。

招呼得良友，邂逅成凤驾"①，"平生山水心，真作货食饕"②。经常与朋友有"青山之约"，共游山水，如《将游云谷约同行者》，与友人相约"时登北原上，一骋千里目……明发君莫迟，幽期我当卜"③，"我行得佳友，胜日寻名山"④。在游览中遇到新朋友，又一起寻访名山胜水。

朱熹在强调"山水之心"的同时，也谈及山水审美的主观条件。他说，"至乐在襟怀，山水非所娱"⑤，山水的快乐，主要还在于人的境界和襟怀。如很多学者注意到的那样，朱熹对待山水的审美态度是鲜活的，是快乐的。脍炙人口的《春日》诗："胜日寻芳泗水滨，无边光景一时新。等闲识得东风面，万紫千红总是春。"⑥春日胜景，万紫千红，诗中表达了作者对春天的新鲜感受，积极而快乐的生活态度溢于言表。在《出山道中口占》说："川原红绿一时新，暮雨朝晴更可人。书册埋头无了日，不如抛却去寻春。"⑦川原红绿，暮雨朝晴，清新可人，抛书寻春。生动形象地描述，人们感受到的是光景日日为新，一派生机盎然的情趣，一个生动鲜活的世界，跃然纸上。有些观点认为，朱熹是理学家，其山水诗文，"从山水娱情转变为以理节情；从描摹山水并赋予山水人格美转向山水与伦理道德一体化"⑧。这是长期以来贴标签的思维，今观《晦庵集》山水诗文，并非如此。相反，在整个南宋时期的代表诗派中，朱熹诗歌所表现的鲜活气象，是十分突出的。这与他认为的"天下只是一个天机活物，流行发用，

---

① （南宋）朱熹：《晦庵先生朱文公集》卷7，《游白鹿洞熹得谢字赋呈元范伯起之才三兄并示诸同游者》，上海涵芬楼藏明刊本，第5页a。

② （南宋）朱熹：《晦庵先生朱文公集》卷5，《自上封登祝融峰绝顶次敬夫韵》，上海涵芬楼藏明刊本，第8页a。

③ （南宋）朱熹：《晦庵先生朱文公集》卷6，上海涵芬楼藏明刊本，第15页a。

④ （南宋）朱熹：《晦庵先生朱文公集》卷6，《游密庵分韵赋诗得还字》，上海涵芬楼藏明刊本，第6页a。

⑤ （南宋）朱熹：《晦庵先生朱文公集》卷1，《读道书作六首》，上海涵芬楼藏明刊本，第11页b。

⑥ （南宋）朱熹：《晦庵先生朱文公集》卷2，上海涵芬楼藏明刊本，第11页a。

⑦ （南宋）朱熹：《晦庵先生朱文公集》卷9，上海涵芬楼藏明刊本，第5页a～b。

⑧ 侯长生：《朱熹山水诗的渊源与嬗变》，西安：陕西师范大学硕士学位论文，2004年。

无间容息"的哲学观点是一致的。①

第二，朱熹的理想空间建构。《晦庵集》卷一的《招隐操》，反映了朱熹的理想空间思想。朱熹认为，淮南小山(刘安)《招隐诗》的本意被左思和陆机误解了。左思等人认为，山水不是刘安所描绘的那样恐怖，相反山水之清音，可比丝竹管弦之盛，"非必丝与竹，山水有清音"，人可以优游于山水之间，所以名曰到山中招隐士，反被山水所招引。而朱熹认为，王康琚提出的"小隐隐于薮，大隐隐于市"，才符合淮南小山的本意，但王康琚又沉湎于老子之说。于是，为推"小山遗意"，"戏作一阕，又为一阕以反之"。朱熹《招隐》诗云：

南山之幽，桂树之稠。枝相樛，高拂千崖素秋，下临深谷之寒流。
王孙何处，攀援久淹留。闻说山中，虎豹昼嗥。闻说山中，熊罴夜咆。
丛薄深林鹿呦呦。猕猴与君居，山鬼伴君游。君独胡为自聊，岁云暮
矣将焉求。思君不见，我心徒离忧。②

朱熹的《招隐》，描绘了一个"南山之幽""千崖素秋""深谷寒流"的山水时空。王孙于山中，无处久留，只能与虎豹、熊罴、猕猴、林鹿为伴，山鬼伴游，君将老矣，思君不见，我心忧愁。朱熹塑造了一个对隐者思念的艺术内涵，这是他推测淮南王刘安的"遗意"。再看他所作的《反招隐》：

南山之中桂树秋，风云冥蒙。下有寒栖老翁，木食涧饮迷春冬。
此间此乐，优游渺何穷。我爱阳林，春葩昼红。我爱阴崖，寒泉夜淙。
竹柏含烟悄青葱。徐行发清商，安坐抚枯桐。不问箪瓢屡空，但抱明
月甘长终。人间虽乐，此心与谁同。③

《反招隐》的空间依然是南山，时间依然是秋天，但主人公不再是王孙，变成了"老翁"。老翁在其间"木食涧饮迷春冬"，生存于山水间，不知春夏秋冬，"此间此乐"，优游无穷，阳林阴崖，皆我所爱，竹柏枯桐皆发清音，虽然"箪瓢屡

---

① （南宋）朱熹：《晦庵先生朱文公集》卷32，《与张敬夫》，上海涵芬楼藏明刊本，第5页b。
② （南宋）朱熹：《晦庵先生朱文公集》卷1，上海涵芬楼藏明刊本，第4页a。
③ （南宋）朱熹：《晦庵先生朱文公集》卷1，上海涵芬楼藏明刊本，第4页b。

空"，"但抱明月甘长终"，"人间虽乐，此心与谁同"。

朱熹的《招隐》与《反招隐》的空间未变，但主人公由王孙变成了老翁。老翁优游于山水间，没有饥寒，不知春秋，其乐无穷。朱熹虽然在序言里说真正的小山之意被误解了，但朱熹的真正意图也在《反招隐》，其所塑造的那个空间，是纯粹的山水空间，也是一个理想的生活空间，这正是朱熹在武夷山隐居著书所要追求的目标和精神源泉，即可游、可居的理想空间。

第三，以"闲"释"逍遥"，以"适情"释"游"。《诗经》中曾多次提及"逍遥"，如"河上乎逍遥"（《诗经·清人》），"所谓伊人，于焉逍遥"（《诗经·白驹》）。庄子将"逍遥"发展为"逍遥游"的哲学思想，屈原的《离骚》和《九歌》也多次提及，如"聊逍遥以相羊""聊浮游以逍遥""聊逍遥兮容与"。宋人重新诠释逍遥，苏东坡提出"适意无异逍遥游"①的主张。朱熹对此也提出了自己的看法，他解释说："逍遥、容与，皆游戏、闲暇之意也。"②何谓"闲"，他又解释说，"闲，阑也，所以止物之出入"③。这是"设定界限，以使心灵不外驰而陷溺于物；也不使外面的东西侵扰内心"④。在朱熹这里，"闲"具有更加本体的意义，他说"三生漫说终无据，万法由来本自闲"⑤，三生本有据，万法自闲来，闲是三生、万法的根据。

朱熹在注孔子"游于艺"的时候，提出"游者，玩物适情之谓"⑥，一改"玩物丧志"的传统理解，将"游"从道德绑架中解放出来，认为它只是与个人的"情"有关，是合理的，这是中国古代旅游思想一个重要发展。在《四斋铭·游艺》中，他又解释说："俯仰自得，心安体舒，是之谓游，以游以居。"⑦进一步将"游"从情感层面的"适"，上升为哲学层面的"居"，这也是朱熹"栖居"思想的基础。

---

① （北宋）苏轼：《东坡全集》卷2，清文渊阁四库全书本，第13页b。
② （南宋）朱熹：《朱文公楚辞集注》卷2，清乾隆庚戌年听雨斋刻版影印本，第10页b。
③ （南宋）朱熹：《四书章句集注·论语集注》卷10，北京：中华书局，1983年，第190页。
④ 陆庆祥：《苏轼休闲审美思想研究》，杭州：浙江大学博士学位论文，2010年。
⑤ （南宋）朱熹：《晦庵先生朱文公集》卷8，《奉酬九日东峰道人溥公见赠之作》，上海涵芬楼藏明刊本，第7页a。
⑥ （南宋）朱熹：《四书章句集注·论语集注》卷4，北京：中华书局，1983年，第90页。
⑦ （南宋）朱熹：《晦庵先生朱文公集》卷85，上海涵芬楼藏明刊本，第1页b。

朱熹曾与朋友一起饮酒，顿时兴发，作《远游篇》诗，以表远游之志而歌之：

> 愿子驰坚车，躐险摧其刚。峨峨既不支，琐琐谁能当。朝登南极道，暮宿临太行。睥睨即万里，超忽凌八荒。无为蹩躠者，终日守空堂。①

我们看到，朱熹所希望的远游，像孤凤和神驹一样，翱翔驰骋于九州四海，不畏艰险与忧伤，不畏疠毒与寒风。这些理想追求，是朱熹山水思想、旅游思想的精神源泉和内在动力。

（二）朱熹对武夷山的倾心眷恋

朱熹在武夷山创办精舍讲学，对武夷山更是情感深厚。他多次写诗抒怀，表达对武夷山水的情有独钟和眷恋之情。他反复表示自己"夙尚本林壑"②，"殖志在丘园"③。山水之乐的根本在于自由，在于对功名利禄的排斥。他说："高人山水心，结习自无始。五亩江上园，清阴遍桃李。一堂聊自娱，三径亦可喜。"④只要放下名利的万般纠缠，有一颗山水之心，一堂三径便可以带来快乐，带来心灵的安宁。"抗志绝尘氛，何不栖空山"⑤，栖居的快乐，在于对功利的排斥。在《感春赋》中，他写道：

> 结丹霞以为绶兮，佩明月而为珰。怅佳辰之不可再兮，怀德音之不可忘。乐吾之乐兮，诚不可以终极。忧子之忧兮，孰知吾心之永伤。⑥

碧水为绶丹霞衣，明月作珰春兰佩。朱熹结庐武夷山中，潜心于著书讲

---

① （南宋）朱熹：《晦庵先生朱文公集》卷1，上海涵芬楼藏明刊本，第5页a。

② （南宋）朱熹：《晦庵先生朱文公集》卷1，《述怀》，上海涵芬楼藏明刊本，第16页a。

③ （南宋）朱熹：《晦庵先生朱文公集》卷1，《倒水坑作》，上海涵芬楼藏明刊本，第10页b。

④ （南宋）朱熹：《晦庵先生朱文公集》卷3，《秀野以喜无多屋宇幸不碍云山为韵赋诗》，上海涵芬楼藏明刊本，第4页a。

⑤ （南宋）朱熹：《晦庵先生朱文公集》卷1，《月夜述怀》，上海涵芬楼藏明刊本，第12页b。

⑥ （南宋）朱熹：《晦庵先生朱文公集》卷1，上海涵芬楼藏明刊本，第3页a。

学，但同时对这里的一山一水都倾心眷恋，他把武夷山当作可以寄托生命的东篱家园。他说自己和陶渊明是跨越千年的朋友，"予生千载后，尚友千载前……景物自清绝，优游可忘年"①。在《游武夷以相期拾瑶草分韵赋诗得瑶字》中，朱熹表达了类似的情感依恋：

> 眷焉此家山，名号列九霄。相与一来集，旷然心朗寥。②

诗中透露在武夷山建屋居住的想法，他后来也是这么做的。栖息共云屋，自此遗纷嚣，山水使人旷然寥朗，纷嚣顿无。作为一种空间，山水超越了日常的纷扰，能够使人心情爽朗，心境开阔。

（三）朱熹对武夷山的评价

经过漫长的建构，武夷山洞天福地和名山大川的空间形象深深地印在人们的头脑中。如前所述，李纲三次经游武夷，对武夷山的总体印象是仙境，把自己在武夷山的旅游体验总结为"仙赏"。而朱熹所处的南宋时代，情况已经发生了变化。南宋政府淡化了斋醮崇道活动，制约了地方道教神学思潮的扩张。随着政治、经济重心的南移，大量移民南迁，中原文化进一步扎根于福建闽北一带，区域文化得以空前发展，汇聚于此的文化巨人在哲学、思想、文学等领域的影响逐渐扩大。朱熹成名之前，武夷先生胡安国早已名满天下，尽人皆知。理学在闽北的落叶生根，使得这一带文人群体的思想主张一跃走向时代的前沿。武夷山地方文化的主体发生了变化，文人群体逐渐掌握了文化话语权。

朱熹是继刘子翚之后的新生代思想家，对武夷山的空间评价，传承和发展了前辈的脉络。朱熹在《宿武夷观妙堂》（二首）中说，"闲来生道心，妄遣慕真境"，"出门恋仙境，仰首云峰苍"。③ 在《行视武夷精舍作》中，称武夷山为"神

---

① （南宋）朱熹：《晦庵先生朱文公集》卷7，《陶公醉石归去来馆》，上海涵芬楼藏明刊本，第14页 a。

② （南宋）朱熹：《晦庵先生朱文公集》卷4，上海涵芬楼藏明刊本，第10页 a。

③ （南宋）朱熹：《晦庵先生朱文公集》卷1，上海涵芬楼藏明刊本，第8页 b。

山"①,在《春谷》中又云"武夷高处是蓬莱"②,甚至也称武夷山为"丹台紫府天中天"③。朱熹对武夷山的空间描述,有"真境""仙境""蓬莱""紫府",乃至"天中天"等。可见就文化脉络而言,朱熹对武夷山原有文化建构的态度,与他的朋友陈亮一样,是保持尊重的。我们注意到,朱熹对武夷山空间的神性给予尊重,但他与李纲还是有明显的不同。李纲对神性的向往更多一点,而朱熹则表现为对空间的依恋,而不是对神性的向往,仙境在朱熹这里是"休闲""适意"的空间,是忘却"尘虑"的地方。

虽曰仙境,但为人开。以朱熹为代表的理学家群体,逐渐淡化武夷山神仙空间的属性和形象,表现出明显的人文主义特征。他们促使了武夷山空间形象的多样化,起到了引领作用。

朱熹一生创办和参与创办,以及修复的书院共有 20 多所,在家乡创办的有寒泉精舍和武夷精舍等。武夷精舍是朱熹用心最深的书院,是其中的代表和典范,也是影响较为深远的一个。淳熙十年(1183 年)春天,朱熹尽心经营的"武夷精舍"落成,各方朋友前来祝贺,一时兴起,朱熹作《武夷精舍杂咏》十二首并序,自述"琴书四十年,几作山中客。一日茅栋成,居然我泉石"。终于能够栖居山中,成为山中的主人。其序云:

> 若夫晦明昏旦之异候,风烟草木之殊态,以至于人物之相羊,猿鸟之吟啸,则有一日之间,恍惚万变而不可穷者,同好之士,其尚有以发于予所欲言而不及者乎哉。④

文辞短小而精湛,描绘武夷山风烟气候,万变无穷之景观,徜徉其间,言有穷而意无尽矣。

(四)九曲棹歌的思想和空间导向意义

淳熙十一年(1184 年),即武夷精舍落成的第二年,朱熹与朋友泛舟九曲,

---

① (南宋)朱熹:《晦庵先生朱文公集》卷9,上海涵芬楼藏明刊本,第2页a。
② (南宋)朱熹:《晦庵先生朱文公集》卷3,上海涵芬楼藏明刊本,第2页a。
③ (南宋)朱熹:《晦庵先生朱文公集》卷4,上海涵芬楼藏明刊本,第11页a。
④ (南宋)朱熹:《晦庵先生朱文公集》卷9,上海涵芬楼藏明刊本,第3页b。

兴发而作《武夷棹歌》十首。《武夷棹歌》是武夷山旅游史上的重要文献,为研究方便,这里摘录如下:

　　淳熙甲辰中春,精舍闲居,戏作《武夷棹歌》十首,呈诸同游,相与一笑。

　　武夷山上有仙灵,山下寒流曲曲清。欲识个中奇绝处,棹歌闲听两三声。

　　一曲溪边上钓船,幔亭峰影蘸晴川。虹桥一断无消息,万壑千岩锁翠烟。

　　二曲亭亭玉女峰,插花临水为谁容。道人不复荒台梦,兴入前山翠几重。

　　三曲君看架壑船,不知停棹几何年。桑田海水今如许,泡沫风灯敢自怜。

　　四曲东西两石岩,岩花垂露碧㲯毵。[①] 金鸡叫罢无人见,月满空山水满潭。

　　五曲山高云气深,长时烟雨暗平林。林间有客无人识,欸乃声中万古心。

　　六曲苍屏绕碧湾,茅茨终日掩柴关。客来倚棹岩花落,猿鸟不惊春意闲。

　　七曲移船上碧滩,隐屏仙掌更回看。人言此处无佳景,只有石堂空翠寒。[②]

　　八曲风烟势欲开,鼓楼岩下水潆洄。莫言此处无佳景,自是游人不上来。

　　九曲将穷眼豁然,桑麻雨露见平川。渔郎更觅桃源路,除是人间

---

　　① 《晦庵先生朱文公集》写作"㲯毵",明代朱存理《赵氏铁网珊瑚》卷十一记"㲯毿",同音异形,意为"披散貌"。

　　② 董天工《武夷山志》此处后两句为"却怜昨夜峰头雨,添得飞泉几道寒"。参见(清)董天工:《武夷山志》卷4,《棹歌》,武夷山市市志编纂委员会整理,北京:方志出版社,1997年,第90页。

别有天。①

朱熹首倡九曲棹歌,从旅游的视野来看,有两个特点值得注意。

第一,这是一组旅游诗,主人公是"游者",是武夷山人文主义旅游兴起的标志。朱熹九曲棹歌以观景寓物为中心,淡化神话的色彩,虽然说武夷山上有仙灵,但山下却是曲曲碧澄的九曲溪水,落脚点始终在人间、桃源。金鸡叫罢,虹桥已断,人们体验到的是月满空山水满潭,万壑千岩锁翠烟,是万古心、春闲意,是人间别有天。显然已经完全摆脱了唐末五代以来神仙色彩的束缚,是纯粹旅游者的空间体验。朱熹《武夷棹歌》是武夷山人文主义旅游兴起的标志,为后世九曲棹歌的唱和开创了典范,此后历代唱和九曲棹歌,大多是沿着朱熹思想的基调展开的。朱熹开创的人文主义旅游基调,是明代中后期人文主义旅游复兴的基础。

第二,《武夷棹歌》是武夷山旅游空间转向的标志。无疑,《武夷棹歌》的空间主题是九曲溪,它意味着武夷山的空间主题已经从以武夷宫、大王峰为中心的神仙空间转向以九曲溪为中心的审美空间。朱熹创作的九曲棹歌,不仅是一次文学创作,也是武夷山旅游空间转向的标志,体现着"人进神退"的内涵,与中国古代史上人与空间关系的演绎过程是一致的。意味着人们越来越直接与山水发生情感关联,不再需要神的借口或衬托。从此,纯粹的旅游者,逐渐成为山水的主人。

朱熹创作《武夷棹歌》,具有重要的思想和空间转向意义,创作行为本身也影响深远,此后数百年间,唱和朱熹九曲棹歌的行为几乎没有停止过,成为武夷山旅游史上的一个独特文化景观,是朱熹对武夷山旅游做出的重要贡献。

(五)我是溪山旧主人——人文主义旅游的启蒙

如前所述,朱熹对武夷山空间的表述也常有"真境""仙境""蓬莱""紫府""天中天"等,说明朱熹对武夷山原有的文化建构还是保持尊重态度的。但他是儒家思想大师,不会受道教神仙思想的牵绊,陷入神学的泥潭。相反,朱熹

---

① 　(南宋)朱熹:《晦庵先生朱文公集》卷9,上海涵芬楼藏明刊本,第5页b。

在武夷山开创了人文主义旅游的新局面。

朱熹曾经对武夷山之名进行过探讨，他推测汉代所祀之神武夷君，可能是武夷山上古时期的避世之士，被尊为君长，"生为众所臣服，没而传以为仙也。今山之群峰最高且正者，犹以大王为号，半顶有小丘焉，岂即君之居耶？然旧记相传诡妄不经，不足考信"①。朱熹认为旧记相传的内容，大多荒诞不经，不足为信。这是一个大胆的看法，当时的武夷君身份是由国家册封的"显道真君"，在国家祀典之列，是第十六升真玄化洞天和冲佑观的主神，冲佑观还在国家宫观祠禄体制之内，武夷君自然受到当地居民的普遍崇信。直到明代中后期，有人还对朱熹的质疑耿耿于怀。如衷仲孺就认为，朱熹提出武夷君为"避世之士，众所臣服，遂得以传为仙"的说法，"不免牵于腐说"，而武夷山"灵异具存，旦莫（暮）若或遇之"。衷仲孺认为，朱熹不承认武夷有神灵存在的说法，实为"非妄"，于是他编写《仙真篇》，以纠之。② 但事实上，朱熹的观点是非常重要的转向，开辟了武夷山历史上人文主义旅游的新时代。

朱熹曾有《过武夷作》③云：

> 弄舟缘碧涧，栖集灵峰阿。夏木纷已成，流泉注惊波。云阙启苍茫，高城郁嵯峨。眷言羽衣子，俯仰日婆娑。不学飞仙术，累累丘冢多。④

根据诗的内容，可能是朱熹早期经过武夷山时，看到的道士忙于神道的场景有感而发。其中对某些"有道之士"大搞"飞仙"之术的做法，提出了规劝。

从表面上看，朱熹对武夷山空间属性的看法似乎是矛盾的，但实际上朱熹对武夷山神仙空间属性的保留，体现了他对传统的尊重，并没有一概否弃。但在朱熹这里，武夷山所谓"紫府""天中天"这样的神仙空间，不是用来供个人成

---

① （南宋）朱熹：《晦庵先生朱文公集》卷 76，《武夷图序》，上海涵芬楼藏明刊本，第 28 页 b～29 页 a。

② （明）衷仲孺：《武夷山志》卷 4，明崇祯癸未年版，哈佛大学汉和图书馆藏影印本，第 1 页 a～b。

③ 董天工《武夷山志》卷十四同诗题名《灵峰》。

④ （南宋）朱熹：《晦庵先生朱文公集》卷 1，上海涵芬楼藏明刊本，第 15 页 a。

仙升天,而是用来体验适意的人间仙境,是能够抚平宦游带来的伤痕、洗去心中尘滓的理想空间。

朱熹说,"憩此苍山曲,洗心闻涧泉"①,山水有清音,清音可洗心。在朱熹众多的诗篇中,我们感受到的是神的退场和人的进场。如"虹桥一断无消息,万壑千岩锁翠烟","金鸡叫罢无人见,月满空山水满潭","笙鹤去不还,人间自今古","仙人推卦节,炼火守金丹。一上烟霄路,千年亦不还",等等。无疑,在朱熹这里,武夷山虽是神的空间,但它的主人却是人自己。如他诗云:

> 我是溪山旧主人,归来鱼鸟便相亲。一杯与尔同生死,万事从渠
> 更故新。②

人在天地间,以山水为家,与万物为春,不再孤单,不再有限。溪山旧主人,鱼鸟自相亲,同生死,更故新,可见朱熹"直与天地万物上下同流"③的哲学境界和人文主义思想的从容与自信。

朱熹在武夷山,"琴书四十年,几作山中人"。他把武夷山作为栖息游览之地,经常邀约朋友泛舟九曲,共游武夷。他首倡棹歌,有《武夷七咏》、《武夷精舍杂咏》(十二首)、《武夷棹歌》(十首)、《武夷图序》等作,影响深远。朱熹开启了武夷山旅游史上人进神退的人文主义新时代,使得武夷山与整个中国旅游发展的基本趋势保持一致。南宋后期,随着朱子理学成为官方哲学,④武夷山逐渐成为"道南理窟"。元明之后,随着朱子理学的进一步发扬光大,武夷山逐渐形成了新的空间属性,即人文圣地,使得武夷山的影响进一步扩大,走向古代旅游史的巅峰时期。朱熹是武夷山旅游史上具有转折意义的关键先生。

---

① (南宋)朱熹:《晦庵先生朱文公集》卷1,《倒水坑作》,上海涵芬楼藏明刊本,第10页 b。

② (南宋)朱熹:《晦庵先生朱文公集》卷9,《用丘子服弟韵呈储行之明府伯玉卓丈及坐上诸友》,上海涵芬楼藏明刊本,第8页 b。

③ (南宋)朱熹:《四书章句集注·论语集注》卷6,北京:中华书局,1983年,第130页。

④ 南宋宁宗于嘉定二年(1209年),诏令学校立周子(周敦颐)祠,并诏赐朱熹遗表恩泽,尊称为"朱文公"。嘉定五年(1212年),将朱熹的《论语集注》和《孟子集注》正式定为官学生必读之书,确定了朱熹和理学的历史地位。

四、朱熹影响下的武夷山旅游现象之兴发

南宋中期的 40 年里，北方边境局势趋于缓和，经济有所复苏，地方教育逐渐兴起，武夷山地方也日渐复苏，这里先后出现胡安国父子、刘子翚、朱熹、吕祖谦等名贤大儒，使得武夷山一度成为当时中国的思想中心。尤其是朱熹在这里创办精舍，授徒讲学，传布思想，武夷山因此声名远扬。很多人慕名而来，又传美名而去。美不自美，因人而彰，武夷山走进更多人的视野，旅游现象逐渐兴发起来。

（一）朱熹朋友的武夷之游

在朱熹之前的时代，武夷山虽已闻名天下，但真正以游为目的而来的人并不多。朱熹在武夷山著书讲学，经常邀约朋友们共游武夷，约游现象开始活跃起来。朱熹朋友遍天下，大多是当代的名贤大儒，诗才名家，武夷山一时群英荟萃，名闻天下。

南宋中兴四诗人之一的杨万里[①]，对朱熹十分器重，极力向朝廷推荐朱熹。曾作《寄题朱元晦武夷精舍十二咏》，其中《精舍》诗云："忆我南溪北，千岩万壑亭。妒渠紫阳叟，诧杀一峰青。"[②]看来，杨万里对武夷山也非常熟悉。世称龙川先生的陈亮，是重视事功的"永康学派"创始人。朱熹与陈亮的思想观点完全不同，但从朱熹与陈亮的诗书往来中，可知两人的关系却十分友好。陈亮曾向朱熹表达来武夷山旅游的愿望，在《答陈同甫》中，朱熹表示欢迎陈亮来武夷山旅游，并介绍说："承欲为武夷之游，甚慰所望，但此山冬寒夏热，不可居。惟春暖秋凉，红绿纷葩，霜清木脱，此两时节为胜游耳。"[③]朱熹说春秋两季是武夷山最佳的旅游季节，可见朱熹对武夷山的旅游是非常了解的。另一

---

① 杨万里（1127—1206 年），字廷秀，号诚斋，吉水人。诚斋体的创始人，官至宝谟阁直学士，封庐陵郡开国侯。

② （南宋）杨万里：《诚斋集》卷 28，清乾隆吉安刻本校勘，第 17 页 a。

③ （南宋）朱熹：《晦庵先生朱文公集》卷 36，上海涵芬楼藏明刊本，第 33 页 b。

位年龄稍长于朱熹的浙江台州人吴芾①，则直接表达了对朱熹的仰慕："我爱朱夫子,处世无戚欣。渊明不可见,幸哉有斯人。"他把朱熹比作当世的陶渊明,充满景仰之意。"顾我景慕久,愿见亦良勤","安得缩地杖,一到建溪滨"。② 吴芾希望能够远游到武夷,与夫子为邻。可见,朱熹在当时的影响已经很大了。

抗金名将和著名词人辛弃疾③,曾出任福建提点刑狱和福建安抚使,两度主管、一度提举武夷山冲佑观。辛弃疾与朱熹是好朋友,朱熹晚年因党禁朋友日少,辛弃疾不惧危险,依然公开与朱熹往来。他曾来到武夷山旅游,并写下《幔亭峰》、《武夷》(三首)等诗,称赞朱熹是"山中帝王师",对朱熹之品学是非常了解的。朱熹去世后,辛弃疾亲自前去吊唁,可谓莫逆之交,真心朋友。

朱熹的另一位朋友袁枢④与之往来友好,多学术交流。他曾亲自到武夷精舍,并作《仁智堂》《隐求室》《观善斋》等诗9首以歌之,如其中《仁智堂》云:"此身本无累,动静随所寓。结庐在岩谷,自适山水趣。朝来挹云气,日夕沐风露。坐观天地心,讵忘仁智虑。"⑤认为朱熹结庐武夷九曲,是源于自适山水之趣。朝挹云气,夕沐风露,观天地之心,悟仁智之虑。《观善斋》写道,"出处绍前哲,典型资后生","古人不难到,功用在力行"。⑥ 袁枢看到朱熹的教育贡献继往开来,强调身体力行,学以致用。袁枢也表达了羡慕朱熹结庐武夷山中,手挥五弦、目送归鸿的高意,振衣高岗、以永朝夕的潇洒,没有尘世的艰险,没

---

① 吴芾(1104—1183年),字明可,自号湖山居士,台州仙居人。绍兴二年(1132年)进士,官至礼部侍郎,历知数郡,以龙图阁直学士致仕。

② (南宋)吴芾:《湖山集》卷1,《和陶示周续之祖企谢景夷韵寄朱元晦》,清文渊阁四库全书本,第5页a。

③ 辛弃疾(1140—1207年),原字坦夫,后改幼安,号稼轩居士,济南人。南宋著名将领、文学家,豪放派词人。

④ 袁枢(1131—1205年),字机仲,建安人。作《通鉴纪事本末》,南宋著名史学家。

⑤ (明)衷仲孺:《武夷山志》卷9,明崇祯癸未年版,哈佛大学汉和图书馆藏影印本,第2页b~3页a。董天工《武夷山志》卷十"结庐在岩谷,自适山水趣"一句,则记为"结庐在岩谷,自适山水艺",前者应该更为合适,仅供参考。

⑥ (清)董天工:《武夷山志》卷10,《五曲上》,武夷山市市志编纂委员会整理,北京:方志出版社,1997年,第316页。

有时间的压迫,希望自己也能与朱熹一样归隐此山。袁枢在《隐求室》中写道:"本是山中人,归来山中友。岂同荷蓧老,求结穷耕耤。浮云忽出岫,肤寸弥九有。此志未可量,见之千载后。"① 袁枢在组诗中不断表达他对山中之友的羡慕,渴望像朋友一样游山水、忘物累、超有限、共物我,达至天人合一之境。袁枢也已预见到朱熹的学问不可见量,影响将"见之千载后"。

同一时期,年龄稍长朱熹的词人韩元吉②,与朱熹也是好朋友。朱熹在朝中进谏受阻之后,韩元吉也曾作《送朱元晦》诗宽慰朱熹,表示与朱熹持相同的观点,并认为朱熹才干过人,遗憾生不逢时。在他的《南涧甲乙稿》卷四记载《过武夷》诗,内容显示他第二次过武夷山,也有《次棹歌韵》。韩元吉是较早和九曲棹歌的人。

值得一提的是,韩元吉作《武夷精舍》一文,认为武夷山景物奇特,草木数华,可游可居,王孙隐者当然多不愿归去。又云:"道士即溪之穷(六曲),仅为一庐,以待游者之食息。往往酌酒未半,已迫曛暮,而不可留矣。山距驿道才一二里许,逆旅遥望,不惮仆夫马足之劳,幸而至于老氏之宫宿焉,明日始能裹饭命舟。而溪之长复倍于驿道之远,促促而来,遽遽而归,前后踵相属也。"③ 这段文字大意是说,当时虽然驿站距离这个地方不远,但道路不好走,幸好有道士在六曲修建一座道观,游人可游借此食宿一宿,第二天可以乘舟再游,就省得当天要返回"逆旅"(驿站宾馆),反复路途辛苦之累。这是最早的关于武夷山旅游服务的资料记载。表明南宋中期,由于旅游者逐渐增多起来,人们已开始考虑旅游的食宿、交通便利等问题,而当时解决这一问题主要途径是道观。这也表明独立的旅游服务业尚未形成,当时旅游发展还局限在一定范围之内。韩元吉接着写道:

> 吾友朱元晦,居五夫山,在武夷一舍而近,若其后圃,暇则游焉。
> 与其门弟子挟书而诵,取古诗三百篇及楚人之词,俄而歌之,潇洒啸

---

① (清)董天工:《武夷山志》卷10,《五曲上》,武夷山市市志编纂委员会整理,北京:方志出版社,1997年,第316页。

② 韩元吉(1118—1187年),字无咎,号南涧,开封人。朱熹好友吕祖谦的岳父。

③ (南宋)祝穆:《方舆胜览》卷11,宋刻本,第12页b。

咏,留必数日,盖山中乐悉为元晦之私也,予每愧焉。①

这也是了解朱熹在武夷精舍讲学情景的资料,从中可见武夷精舍师生虽以求学为目的,但身居美景,潇洒啸咏,曾点之乐似乎为朱熹独占,栖居之美,可想而知。文中还记朱熹的武夷精舍,实际上就是在道士所建道庵的基础上修建的,可见武夷精舍也承担了之前道庵旅游服务的功能。此外,朱熹选择诗三百篇和楚辞,与诸生咏歌,数日不绝。这些武夷书院学习方式,其他书少见记载。当年朱熹在武夷精舍的教学模式,对当下形式多样的国学书院,应该有一定的启发意义。

项安世②是朱熹的另一位莫逆之交。朱熹任浙东提举,曾荐项安世为谏官。"庆元党禁"起,项安世上书请留朱熹,被弹劾为"伪党"罢职,回到江陵家居。开禧二年(1206 年)起知鄂州,迁户部员外郎、湖广总领等。他有多首关于武夷山的诗,如《精舍》:"朝登山上亭,暮宿山下宅。山鸟与山花,相逢尽相识。"《晚对亭》:"日暮歌碧云,天寒思修竹。佳人不可见,景入山更绿。"此外还有《钓矶》:"水深石可灶,水浅石可矶。多谢山中石,与子不相违。"《渔艇》:"船头一摇浆,船尾万波随。闻道山中乐,空潭无钓丝。"③作为与朱熹同时代的人,项安世与朱熹颇有一段情谊,和辛弃疾一样,都是冒着被免官治罪的风险,上书为朱熹开脱,被贬官也从不后悔。这组诗并无任何功利的文字,文虽浅显易懂,其意却高远雅致,完全是山居之快乐。描写一个读书人理想的世外桃源,山鸟与山花相识,暮歌寒思,碧云修竹,空潭无钓丝,山石不相违,此山中之乐,岂不优哉。

黄铢④是朱熹的同门好友,朱熹曾称自己的诗不如他。董天工《武夷山志》记载黄铢游武夷山而作的《铁笛亭》诗:"一声苍壁裂,再奏龙蛇悲。事往迹

---

① (明)何镗:《古今游名山记》卷 12,明嘉靖四十四年庐陵吴炳刻本,第 2 页 a。
② 项安世(1153—1208 年),字平父,括苍人。孝宗淳熙二年(1175 年)进士,绍兴府教授。
③ 项安世的三首诗,均见董天工《武夷山志》卷十。
④ 黄铢(1131—1199 年),字子厚,号谷城,建安人,后徙居崇安。

犹在，山空人不归。"①黄铢诗中尚有怀仙思想，可能是受其母亲的影响。②

同时代的还有将领丘崈③，他在《晚对亭》诗中云，"下有岸帻人，意气压空翠"，又《和精舍杂咏韵五首》中写道，"中流发清唱，千古有遗声"。这是作者对朱熹的期盼和赞扬，可见当时人们已经预感到朱熹可为千古人物。尽管当时有庆元党禁迫害朱熹，但有远见的文人学者都很清楚，朱熹的学问将千古。

（二）游学武夷的出现

朱熹在武夷精舍讲学期间，来此求学的人很多，他们研学之余，经常一起泛舟九曲，同竹筏，共吟咏，题壁留念，畅叙高情，这些都是武夷山早期的游学现象。据董天工《武夷山志》载，当时从学于朱熹的名贤学者，主要有蔡元定、黄干、欧阳光祖、方士繇、刘爚、詹体仁、熊以宁、郑可学、陈孔硕、李闳祖、叶味道、真德秀、吕胜己、潘植、翁易、张巽、王阮、廖德明、范念德、林得遇、郑昭先、杨至、詹渊、林成季、陈范、刘子寰、包君定、周明作等28人。

莆田人方士繇是朱熹的学生，在武夷精舍学习期间留下《武夷山》和《寒栖馆》两首诗歌，其中《武夷山》描绘仙人已乘紫云去，"茫茫尘世那得知，幔亭空记当年事"④，哪知道茂陵松竹，早已萧条荒废，这是人文主义思潮在武夷山的表现。

朱熹的另一位学生欧阳光祖，字庆嗣，崇安本地人。资料说他从刘子翚、朱熹学。《宋诗纪事》卷六十记载他的《和朱文公九曲棹歌》，可惜《宋诗纪事》仅存一首（二曲）。徐表然《武夷山志》也记载欧阳光祖的一首诗《天鉴池》："一曲回看天鉴池，池边草木与云齐。金龙玉简无寻处，花自春风鸟自啼。"⑤虽然

---

① （清）董天工：《武夷山志》卷10，《五曲上》，武夷山市市志编纂委员会整理，北京：方志出版社，1997年，第318页。
② 黄铢母亲孙夫人，名道绚，号冲虚居士，浦城人，能诗文。参见（清）郑方坤：《全闽诗话》卷10，清文渊阁四库全书本，第7页b。
③ 丘崈（1135—1208年），字宗卿，江阴人。隆兴元年（1163年）进士。
④ （清）厉鹗、马曰管：《宋诗纪事》卷63，清文渊阁四库全书本，第10页a。
⑤ （明）徐表然：《武夷山志》，《行集·一曲》，明万历己未年版，哈佛大学汉和图书馆藏影印本，第24页a～b。从内容上看，这首诗应该是欧阳光祖《和朱文公九曲棹歌》的第一曲。

曾有盛大投龙的仪式,但今已无处可寻,人们感受到的依然是"花自春风鸟自啼",也是人文主义思潮影响的结果。

与朱熹同时代的游九言[①],在他的一篇《送窦君入闽序》中,讲述一位窦姓的书生入闽之事。游九言说,自己年少时读太史公《史记》中云,"天下攘攘,皆为利往",心中疑惑,天下之人,怎么可能都为利而往,那么"义"该置于何方,每每觉得太史公可能心胸狭隘,"疾世之深",才有这种"偏见"。可是,待成年之后,宦游四方,耳目所接,身之所历,纷纷扰扰,归而思之,回诵太史公之言,未尝不有一种慨然之悲在其中。当今即便豪杰之士,"其有不为利而专徇义理者,则共笑以为迂阔"。游九言不禁感叹,"利之移人,至此极哉"。[②] 但现在遇到镇江一个年轻的后生窦文卿,素不相识,却向游九言咨询要入闽拜谒,心中顿生疑惑。坐下来询问窦文卿,为何要到福建去。窦君曰:

> 吾安居里门,未尝远游,且岁时腊享,有以自给。闻子闽人也,子
> 之乡有晦庵朱先生者,愿往见之,因一游武夷九曲而归,足矣。[③]

根据书生窦文卿所言,他这入闽的目的就是想拜见朱熹先生,因而一游九曲溪而归。可见,当时朱子还在武夷山讲学,而这是因朱子而游学武夷的早期案例。

（三）栖居现象的增多

如前所述,栖居武夷的现象,自北宋初年已经出现。除了前文所提及的詹先野、刘甍之外,还有北宋后期的江贽、吴迭等,也曾留下栖居的遗迹。据传北宋徽宗时期,崇安本地学者江贽被推举,但三次被朝廷征召,均辞而不赴,隐居于武夷山六曲溪边,创办叔圭精舍。今天武夷山晒布岩下的云窝平台还有其后人重建的"江贽祠"（叔圭精舍）遗址。吴迭,字公路,崇安人,北宋徽宗宣和二年（1120年）进士,官至朝奉大夫,以直秘阁知鼎州。据董天工《武夷山志》

---

① 　游九言（1142—1206年）,字诚之,建阳人。从学张栻,湖湘学派成员之一。
② 　（南宋）游九言:《默斋遗稿》卷下,清文渊阁四库全书本,第9页a。
③ 　（南宋）游九言:《默斋遗稿》卷下,清文渊阁四库全书本,第9页a～b。

"笋洲"条载，"宋吴秘阁迨，建丽泽堂于洲上"①。

入南宋之后，建阳人熊蕃（字叔茂）曾在武夷山八曲鼓楼岩下筑室，曰"独善堂"，他所著的《宣和北苑贡茶录》影响较大。与朱熹同时期，武夷山的栖居现象逐渐增多起来。崇安本地学者刘甫，字岳卿，栖隐武夷山水帘洞，朱熹和蔡元定曾到此求学于刘先生，相谈甚欢，还相约共同结庐武夷山中。

武夷先生胡安国的子侄辈，大都与朱熹一样，栖居讲学于武夷山中。籍溪先生胡宪与朱熹从游时间最长，经常约游武夷山中，并有书信往来，交流游山体会。朱熹称胡宪"美质天全""山水知音"。致堂先生胡寅则与刘衡创"夺秀亭"于五曲罗汉岩，名曰"致堂"，以为讲学。② 五峰先生胡宏与其弟胡宁，也在武夷山中讲学多年，后来成为湖湘学派的创始人。

刘子羽的长子刘珙（官资政殿大学士），曾在九曲之五曲筑仰高堂和迎绿亭，朱熹还曾经赋诗咏之。再后一段时间，朱熹的学生刘爚，由于庆元党禁，为避政争，在武夷山修建"云庄山房"，栖居于此。③ 崇安本地人詹师文，以辞赋著称于世，晚年归隐武夷山幔亭峰下。

上述栖居者大都是文人或官宦，在武夷山栖居筑室授徒讲学，空间范围以九曲溪的二曲、五曲和六曲为主，体现了九曲中心时代的到来。栖居和讲学虽不是现代意义上的旅游，但却能够促进与旅游相关的游学活动，以及约游武夷现象的发生。南宋中期，武夷山旅游的主要案例，几乎都与朱熹在武夷山中的栖居讲学有关。

（四）其他独立的旅游

南宋中期，除了上述与朱熹直接或间接有关的武夷山旅游现象之外，也有一些独立的旅游案例，如陆游、喻良能、洪迈等都曾游武夷，并留下旅游诗文。

---

① （清）董天工：《武夷山志》卷 13 下，《八曲》，武夷山市市志编纂委员会整理，北京：方志出版社，1997 年，第 447 页。

② 刘衡，字兼道，建州崇安人。建炎初（1127 年）以勤王补官，晚年弃官，归武夷。筑小隐堂于茶洞，与胡明仲相友善，为文酒之会。

③ 刘爚的孙子刘钦，擢侍御史，同知枢密院事，后称疾归隐武夷山之茶洞。

　　号称南渡诗人之冠的陆游①,他一生宦游主要发生在四川和江浙一带,但也两次短暂入闽,第二次返回时经游武夷,与武夷山结下不解之缘。② 陆游与朱熹是同时代人,两人有诗文书信和人情往来。武夷精舍落成,陆游曾作《寄题朱元晦武夷精舍》五首,陆游诗云"身闲剩觉溪山好,心静尤知日月长"③,是双方之间的友情唱和。朱熹也曾经给陆游寄过纸被,可能是地方用植物纤维做成的被子,应该是土特产。陆游还专门作《谢朱元晦寄纸被》诗两首,表示感谢。④ 但总体上看,两个人之间的关系属于较为客气的文士关系,他们的为政之道和人生哲学可谓大相径庭。朱熹"提举浙东常平茶盐公事"的时候,陆游曾作《寄朱元晦提举》,对朱熹赈济灾民的策略是否有效表示了质疑,而且态度显然不是很客气。这一方面反映了陆游为人直爽的性格,另一方面也反映了两人可能没有深层次的关注,或者说没有相互欣赏。朱熹也曾说,陆游过度热衷于接近权力,可能影响到其人格的独立性,容易被实权派所利用,并预见陆游可能会因此而受到影响。纪晓岚等在《四库全书》提要中,对此表示认同,称朱熹所言,"盖有先见之明焉"⑤。

　　是非难论,但陆游与武夷山之间还是有一段难舍的情缘。陆游第二次入闽任职,返回途中经过武夷山,早已是游情奔跃,诗意盎然,未到武夷,心向往之。他在距武夷四十余里的黄亭驿,作《黄亭夜雨》诗:

---

　　① 陆游(1125—1210年),字务观,号放翁,浙江绍兴人。赐进士出身,历福州宁德主簿、隆兴府通判等职,后投身军旅,任职于南郑幕府,与四川制置使范成大相知,在蜀任职参议官,后任礼部郎中等职,晚年受命主持编修实录,官至宝章阁侍制。

　　② 陆游一生两次短暂入闽。1158年,初仕任宁德主簿,来回皆经海路。1178年,赴建安任提举福建路常平茶事,从浦城仙霞岭入闽,任职不到一年时间,奉命返回时,经游武夷。陆游第一次入闽时,朱熹结束同安主簿的任职,正式拜延平李侗为师。第二次入闽赴建安为官时,朱熹受命赴任知南康军。从陆游在福建的诗词来看,两人在福建没有交集。

　　③ (南宋)陆游:《剑南诗稿》卷15,清文渊阁四库全书本,第19页a。

　　④ 其一:"木枕藜床席见经,卧看飘雪入窗棂。布衾纸被元相似,只欠高人为作铭。"其二:"纸被围身度雪天,白于狐腋软于绵。放翁用处君知否,绝胜蒲团夜坐禅。"参见(南宋)陆游:《剑南诗稿》卷36,清文渊阁四库全书本,第15页b~16页a。从诗中可知,纸被与布衾相似,也很柔软和保暖,可以用于过冬防寒之用,陆游对朱熹表达了感激之情。

　　⑤ (清)纪昀:《渭南文集·提要》,清文渊阁四库全书本,第3页b。

未到名山梦已新,千峰拔地玉嶙峋。黄亭一夜风吹雨,似为游人
洗俗尘。①

名山未到,游梦先新。黄亭夜雨洗俗尘,武夷千峰玉嶙峋。到达武夷山后,
陆游在道人的陪同下游览武夷宫,乘竹筏游九曲溪,作《游武夷山》和《泛舟武夷
九曲溪至六曲或云滩急难上遂回》(二首)。表达自己尽管游历半天下,经历过美
景和艰险,来到武夷山后,感觉武夷风骨,超凡脱俗,"风雨蜕玉骨,难以俗意论",
"宦游非本志,寄谢鹤与猿"。② 表示"宦游"不是自己的理想,愿与鹤猿为伴,享
受自由快乐的人生。如前所述,陆游年老之后,曾两度被朝廷赐提举冲佑观,他
一直以"武夷仙"自居,并称自己"平日气吞云梦泽,莫(暮)年缘在武夷君"③。

与陆游同时代的浙江人喻良能④,淡泊名利,以山水为至乐,为文简约而
有新意,有东坡遗风。《四库全书》提要称其文"精深简雅,读之愈久而意若
新"⑤。如他《雨后晓行(并序)》云:"晓景未炎,宿雨新霁,山容水色,如在屏障
间。喻子以巾漉酒,履不借手,竹根如意,从以樵青,携渊明、子厚诗篇,临清
流,坐白石,上荫翠樾,下数游鲦,咏南山之篇,歌清池之章,好风为我吹衣,好
云为我娱目,于是心恬形适,抵掌顿足而起舞,曰'人生为乐,亦有过于此者
乎?'。"⑥人生至乐,莫过于临清流,咏南山,风吹衣,云娱目,顿足起舞,心恬而形
适,形神寓于山水,与山水同在而共永,是人与山水之间纯粹审美关系的体现。

喻良能于隆兴元年(1163 年)任福州教授,由浙入闽。据他诗文记载,在
入闽途中,"夹道长松,黛色参天,行者均被其荫。间有为斧斤所戕者,缺而不
补,十步一叹,顾恨方为校官,非所职掌,不得以封殖(植)培壅之事"。他看到
道路两旁的树荫,黛色参天,泽被行者,但也敏锐地注意到,有人砍伐路边树
木,而没有及时补上。遗憾自己只是个教员,不能参与植培之事。入闽后,他

---

① (南宋)陆游:《剑南诗稿》卷 11,清文渊阁四库全书本,第 28 页 b。
② (南宋)陆游:《剑南诗稿》卷 11,清文渊阁四库全书本,第 29 页 a。
③ (南宋)陆游:《剑南诗稿》卷 27,《龙钟》,清文渊阁四库全书本,第 4 页 b。
④ 喻良能(1120—?),字叔奇,号锦园,浙江义乌人。绍兴二十七年(1157 年)进士,
南宋诗人,至兵部郎中、工部郎官,有《香山集》。
⑤ (清)纪昀:《香山集·提要》,清文渊阁四库全书本,第 2 页 a。
⑥ (南宋)喻良能:《香山集》卷 1,清文渊阁四库全书本,第 7 页 a~b。

将看到的情况告知相关部使,第二年听说所缺的树木已经全都补上,非常欣慰,于是又作诗曰:"郁郁千丈松,谁栽荫修路。年祀浸绵邈,斧斤时谬误。皇华重怜恻,霜根辱调护。他日比甘棠,流风继行露。"①这是早期生态意识觉醒的可贵案例。

喻良能在福建任职期间,经游武夷山,并留下《武夷山》《九曲溪》等诗多首。他的《武夷山》诗云:

> 冲佑观前水绀色,升真洞北山笋攒。群峰不断四时翠,万壑长留
> 九月寒。溪上桃花引渔子,云间仙犬逐刘安。平生饱识佳山水,直作
> 东南第一看。②

喻良能看到的冲佑观和升真洞,没有任何神的色彩,只是"水绀色""山笋攒",群峰万壑,寒翠有时,武夷山水,东南第一,这是宋代中期人文主义逐渐占据上风的表现。在《九曲溪》诗中,他也是着重于扁舟破涟漪、九曲看山奇的审美体验,并说:"自到此山寻绝境,悔看五老九华峰。"③

南宋文学家洪迈④也曾经游武夷山,并作《泛舟游武夷九曲》⑤诗。诗中称"武夷之山如图画,中有玉洞藏仙都","机岩学馆第传授,鼓楼石床知有无","神君曾孙在何许,想见幔亭空药炉"。图画与仙都,这是与朱熹同时代人对武夷山的评价。"游人""心赏""道士指说",反映了当时旅游的实际情况,心赏与仙游均衡的状态,诗中表达的基本思想是"神的在场"。这与朱熹一脉人文主义的思潮并不一致。但这也是当时的实际情况,虽然人文主义的思潮已经萌发,并在朱熹及儒家思想群体的倡导下,逐渐占据上风;但神仙思想还是存在的,在民间还有一定的影响。晚些时候,宋理宗重新对冲佑观众神的尊崇,也影响到时人的思潮。

---

① (南宋)喻良能:《香山集》卷2,清文渊阁四库全书本,第4页b~5页a。
② (南宋)喻良能:《香山集》卷9,清文渊阁四库全书本,第6页a。
③ (南宋)喻良能:《香山集》卷14,清文渊阁四库全书本,第11页b~12页a。
④ 洪迈(1123—1202年),字景庐,号容斋,江西鄱阳人。南宋著名文学家,主要作品有《容斋随笔》《夷坚志》等。
⑤ 明代黄仲昭《武夷山记》载此诗;董天工《武夷山志》卷二十二亦载,题曰《武夷山》。

同一时期，还有其他一些文人游览武夷山，并留下遗迹或诗文。如游九言因党禁罢归，筑室武夷山接笋峰下，曰"水云寮"。他的诗《题武夷毛竹洞》中，也表露出对神仙空间的关注。此外仙游人叶枢也有纪游诗留下，此不多述。

纵观南宋中期，武夷山旅游发展呈现几个新特点。第一，人文主义的思潮开始占据主导地位。第二，栖居、游居的现象显著增多，以朱熹为代表的建州本地人为主。第三，武夷山的旅游空间开始从大王峰、武夷宫中心，转向以九曲溪为中心，旅游的空间有所扩展。除了原有的幔亭峰、大王峰、九曲溪，开始向周边扩展，比如一线天风洞、三层峰、水帘洞等。第四，旅游群体空前扩大，以朱熹师生及其朋友为主。朱熹对武夷山旅游的发展，起到了关键的启蒙和引领作用。朱熹常与朋友邀约，结伴游武夷，唱和九曲棹歌，开创武夷山旅游史上独具特色的旅游文化现象。

五、山林神仙白玉蟾的游居武夷

如前所述，宋代中前期，武夷山出现人文主义旅游的新趋势，这是以朱熹为代表的思想家群体在武夷山的栖居、讲学带来的新气象，带动了地方旅游的发展。1200年朱熹去世，1210年武夷山历史上另一位重要人物出现了，即著名的道教理论家白玉蟾。白玉蟾在武夷山深度游居，对武夷山进行了新的空间建构，以此为界的南宋后期，武夷山的旅游也呈现出一些新的特点。

相对于北宋而言，南宋统治者对道教的宠信程度有所减弱，斋醮符篆道教在南宋逐渐降温，以修养性命为特征的内丹派渐趋兴盛。白玉蟾号称道教南宗五祖，是内丹派的典型代表。

白玉蟾原名葛长庚，字白叟，祖籍福建闽县，生于琼州，后父亡母嫁，改姓白，名玉蟾。白玉蟾天资聪慧，才气非凡。据史载，他"少应童子科，为文顷刻万言，善草书，足迹半天下"。游历于罗浮、武夷、龙虎、天台、九华、峨眉等名山，"后居武夷山，尝自赞曰：'千古蓬头跣足，一生服气餐霞。笑指武夷山下,白云深处吾家。'"①白玉蟾对武夷山可谓情有独钟,一生数次游居武夷山,留下大量诗赋篇章,与武夷山结下不解之缘,是南宋后期游居武夷的典型代表。

(一)关于白玉蟾生卒年的争论

白玉蟾生卒年的问题,一直是学术界的一桩公案,历来争论不休,非常复杂。但这个问题与武夷山旅游史的一些重要史实密切相关,这里不得不有所关注。参考相关研究,学界对白玉蟾卒年的看法相对一致,一般认为是1229年。争论主要是白玉蟾的"生年"。到目前为止,有以下五种说法:

第一种是"绍熙说"。其依据是白玉蟾弟子彭耜所撰《海琼玉蟾先生事实》的记载,认为白玉蟾生于宋光宗绍熙五年(1194年)三月,是为"绍熙说"。

第二种是王祖麟在《道教南五祖之一白玉蟾》②中提出的"绍兴说",认为白玉蟾生于"绍兴甲寅岁(1134年)三月十五"。③

早期关于白玉蟾"生年"的争论,主要是以上两种,争论的实质是白玉蟾的寿龄问题。如果卒年1229年没有争论的话,那么生年按"绍熙说"(1194年),白玉蟾的寿龄只有36岁,按"绍兴说"则是96岁。谢金良在《白玉蟾的生卒年月及其有关问题考辨》一文中认为,白玉蟾《云游歌》曾提及发生在绍兴十一年(1141年)的"淮西之乱","记得兵火起淮西,凄凉数里皆横尸……又记得淮西兵马起,枯骨排数里,欲餐又无食,欲渴复无水"④。说明白玉蟾此时已经云游在外了,按此则第一种"绍熙说"有明显漏洞。白玉蟾作品中也有多处称自己是老翁,甚至透漏年龄,如"年来多被红尘缚,六十四年都是错"⑤,"虽是蓬头

---

① (清)郝玉麟:《福建通志》卷60,清文渊阁四库全书本,第19页a。
② 王祖麟:《道教南五祖之一白玉蟾》,《福建侨报》1998年10月31日第4版。
③ 王祖麟先生引用资料有《影刊白真人全集》《闽书》《福建通志》《广东通志》等。
④ (南宋)白玉蟾:《修真十书上清集》卷39,《远游歌》,上海涵芬楼本,第2页b~3页a。
⑤ (南宋)白玉蟾:《修真十书上清集》卷39,《大道歌》,上海涵芬楼本,第13页b~14页a。

垢面,今已九旬来地,尚且是童颜"①。因此,谢金良先生认为"绍兴说"更为妥当。② 但如果采纳"绍兴说"的话,即白玉蟾生于1134年,那么1141年淮西之乱的时候,白玉蟾才7岁,这个年龄已经流浪在外,显然不合适。这是"绍兴说"不合理的地方。

同一时期,又有很多学者参与争论。如曾召南在《白玉蟾生卒及事迹考略》一文中,认为"绍熙说"不容置疑,因为白玉蟾大弟子彭耜不可能记载错误,"白玉蟾的活动主要集中在宁宗嘉定年间(1208—1224年),这与他生于绍熙甲寅之说是相吻合的"③。王尊旺、方宝璋等学者也持相同的观点。④

后来又有学者提出了新的看法。冯焕珍在《白玉蟾生卒年新说》一文中,根据白玉蟾本人的诗文与交游,提出了第三种观点,他推定白玉蟾生于绍兴十二年(1142年),卒于绍定二年(1229年)或以后,享年88岁或以上。⑤ 这种说法比较接近第二种"绍兴说"(1134年)。而刘守政则在冯焕珍的基础上,提出白玉蟾生于南宋绍兴十九年(1149年),我们暂且称这是第四种观点。⑥

根据最新的研究,刘亮认为,传统研究所重视的《神仙通鉴白真人事迹三条》与《海琼玉蟾先生事实》两篇材料都不可靠,判断年龄的主要依据应该是白玉蟾自己的诗文作品。基于此,他又提出了新观点,即白玉蟾出生于1153年左右,卒于1243年左右。⑦ 是为第五种观点。

综上所述,一个基本的趋势是,大部分学者越来越对"绍熙说"产生了怀疑,这种说法与文本记载存在明显的矛盾,且一个寿龄只有36岁的道人,宣称自己是天仙神人,并宣传丹道学说,在当时竟没有引起人们的质疑,这无论如何都是一个不符合逻辑的奇异事件。笔者倾向于刘守政和刘亮两位学者的研

---

① （南宋）白玉蟾:《琼琯白真人集》卷3,《水调歌头三》,明万历刻本,第45页b。

② 谢金良:《白玉蟾的生卒年月及其有关问题考辨》,《世界宗教研究》2001年第4期。

③ 曾召南:《白玉蟾生卒及事迹考略》,《宗教学研究》2001年第3期。

④ 王尊旺、方宝璋:《也谈白玉蟾生卒年代及其有关问题》,《世界宗教研究》2003年第3期。

⑤ 冯焕珍:《白玉蟾生卒年新说》,《现代哲学》2011年第5期。

⑥ 刘守政:《白玉蟾道教思想研究》,南京:南京大学博士学位论文,2012年。

⑦ 刘亮:《白玉蟾生卒年新证》,《文化遗产》2013年第3期。

究（即第四、五种观点），白玉蟾生平记载的扑朔迷离，可能跟他的人生经历和宗教信仰有关系。白玉蟾本人可能有意无意地掩盖自己的经历，力图将自己青年时期四处流亡的不堪经历掩盖掉，[①]是有可能的。有学者注意到，白玉蟾宣称自己三次被上天贬去神仙的身份，且要从头计算自己的年龄。[②] 他的弟子彭耜所记载的"绍熙"36 岁寿龄之说，可能符合这种逻辑。

基于此，本书认为，关于白玉蟾"生年"的说法，第四种（1149 年）和第五种（1153 年）说法较为合适，暂且采纳生于 1150 年左右，大致不错。而卒年，这里也兼顾各种观点，倾向于刘亮的第五种观点，采纳一个区间的看法，即白玉蟾卒于 1229 年到 1243 年之间。这样推断，白玉蟾的寿龄，应在 80 岁到 94 岁之间。

（二）白玉蟾在武夷山的时间

采信一种生卒年的说法，就意味着相应的时空轨迹。基于前文所述，及其他相关文献，这里认为白玉蟾在武夷山生活的时代，是在 1210 年到 1220 年之间。这个判断，有很多相关文献相互印证。

白玉蟾于绍兴三十二年（1162 年）左右，离开师傅陈楠，从广东出发，开始云游天下，游历罗浮、武夷、龙虎、天台、九华、峨眉等名山。他第一次经游武夷山的时候，大约是 20 岁。之后的生涯，如他本人所咏：

> 一个奇男子，万象落心胸。学书学剑，两般都没个成功。要去披缁学佛，首下一拳轻快，打破太虚空。末后生华发，再拜玉清翁。
>
> 二十年，空挫过，只飘蓬。这回归去，武夷山下第三峰。住我旧时庵子，碗水把柴升米，活火煮教浓。笑指归时路，弱水海之东。[③]

按白玉蟾自述，年轻时曾经学书、学剑，云游天下，想有一番作为。未能如愿后，试图皈依佛教，仍未成功。后来在"华发生"的年龄，显然已是人到中年，

---

① 刘亮：《白玉蟾生卒年新证》，《文化遗产》2013 年第 3 期。
② 刘守政：《白玉蟾道教思想研究》，南京：南京大学博士学位论文，2012 年。
③ （南宋）白玉蟾：《琼琯白真人集》卷 3，明万历刻本，第 50 页 a。

回到广东"再拜玉清翁"，应该是指再次拜陈楠为师。这时的白玉蟾应在 40 岁以上，时间是 1190 年左右。之后又"飘蓬"二十年，再次云游。这次的目的地是武夷山，按他自己的话说，"这回归去，武夷山下第三峰。住我旧时庵子，碗水把柴升米，活火煮教浓"。

白玉蟾第二次到武夷山，把武夷山当作故地重游，有归焉之志，在武夷山游居相当长一段时间。按照前面的时间推算，这段时间应该是 1210—1220 年。据刘亮的研究，此时的白玉蟾应该是 60 多岁，[①]这种说法与"再入武夷，痴坐九年，然后出山"的资料基本一致。同时也表明，白玉蟾再次来到武夷山，游居 9 年之久，而他关于武夷山的大部分作品，应该是这个时期完成的。根据现有的资料，白玉蟾直接关涉武夷山的作品主要有游记散文《云窝记》《棘隐庵记》《止止庵记》等 3 篇，有诗歌《武夷棹歌》（十首）、《九曲杂咏》（十首）、《武夷有感》（十首）、《题武夷》（五首）、《题丹枢先生草庐》、《冲佑观即事》、《棘隐庵》、《卧龙潭》、《仙机岩》、《升真洞》、《仙掌峰》、《修造仙掌庵疏》、《鼓楼岩》、《三杯石》、《题精舍》、《化塑朱文公遗像疏》、《朱文公像赞》等 48 篇。其中《止止庵记》有明确的时间记载，"岁在嘉定丙子之阳春，始鸠工斲梓"，很显然这是宋宁宗嘉定九年（1216 年），与上述推断白玉蟾再次来到武夷山的时间段是一致的。

此外，白玉蟾有关于朱熹的诗文，但朱熹并没有关于白玉蟾的诗文，这正好说明他们之间的先后关系。白玉蟾关于朱熹的诗文有 3 篇，其中《题精舍》写道："到此黄昏飒飒风，岩前只见药炉空。不堪花落烟飞处，又听寒猿哭晦翁。"[②]可见他来拜谒武夷精舍的时候，朱熹已经去世。又据《化塑朱文公遗像疏》《朱文公像赞》诗中，称"文公遗像"。朱熹去世后，被赐谥号曰"文"的时间是嘉定二年（1209 年），白玉蟾的这些诗歌，一定在这个时间之后创作的，这与前面的推断是一致的。

---

① 刘亮：《白玉蟾生卒年新证》，《文化遗产》2013 年第 3 期。

② （南宋）白玉蟾：《琼琯白真人集》卷 3，明万历刻本，第 11 页 a。

（三）白玉蟾对武夷山神话的改造与新建构

自唐代开始,武夷山作为第十六升真玄化洞天,是地仙之宅,早已尽人皆知。武夷君称"统领地仙者",自北宋以来一直受到极高的尊崇,北宋初期的几位皇帝,曾被传是武夷君等神的化身,冲佑观虽地处偏僻,但具有相当高的地位。

然而,白玉蟾师承的道教南宗内丹派,却另有神学理论和神仙谱系。白玉蟾在《修仙辨惑论》中,追述其师陈楠的三品成仙神学理论,"修仙有三等,炼丹有三成"。按照这一理论,神仙分为上、中、下三个品级。其中下品是"地仙之道",修成可以延年益寿,留形住世;中品为"水仙之道",修成可以"出入隐显";上品曰"天仙之道",即可达"变化飞升"之境。①

值得注意的是,在司马承祯的洞天福地神学系统中,三十六小洞天的主神虽然名曰"地仙",但却与"天仙"一样都是神仙,他们之间是没有品级差别的,只不过一个在天上的"大洞天",一个在地上的"小洞天",因而"地仙"也是人间所能接触到的最高果位的神仙。但是,在白玉蟾师徒的成仙三品理论中,"地仙"却变成了延年益寿的在世高人。换言之,在白玉蟾的神仙谱系中,武夷君由原来人间最高果位的神仙,变成了三品神仙中的"下品",仅仅是在世的高人。显然,白玉蟾的神学主张,与武夷山原有的洞天福地神仙谱系存在明显的矛盾与冲突。

这里,以白玉蟾诗歌中所涉及武夷山神话题材为对象,作以简单的统计,如表 6-2 所示。

表 6-2　白玉蟾诗歌中武夷神话题材统计

总次数	单次数	神话题材
27	5	仙子
	3	曾孙
	2	神仙、升真、魏王、仙舟、金鸡、铁笛、武夷君
	1	天孙、水神、瀛洲、白鹤、真人

资料来源:笔者自制。

---

① （南宋）白玉蟾:《琼琯白真人集》卷 5,《修仙辨惑论》,明万历刻本,第 14 页 b。

从表 6-2 可看出，白玉蟾诗文关涉武夷山的神话题材，有以下两个显著的特点：

第一，题材量少。在 48 篇诗文中，涉及神话题材仅 27 次。根据前文，100 多年前的李纲，在武夷山也曾留下 51 篇诗文，他所涉及神话题材却有 120 次之多。① 相比之下，作为道教神学理论家的白玉蟾，却大为逊色。

第二，淡化武夷山原有的神话系统。根据表 6-2 的统计，被提及最多的是更具普遍性的"仙子"（5 次）。但白玉蟾所谓的"仙子"，往往不是指神仙，而是对生活在"仙境"之人的拟称，指人而不是神，比如《武夷九曲棹歌》六曲，"仙掌峰前仙子家，客来活水煮新茶。主人遥指青烟里，瀑布悬崖剪雪花"②。再如《一曲升真洞》诗云："得得来寻仙子家，升真洞口正蜂衙。一溪春水漾寒碧，流出红桃几片花。"③这里的"仙子"，都是指居于美景的人。其他的武夷山地方神仙题材非常分散，并没有任何特别的强调，作为武夷山地方主神的武夷君，也仅只是被提及 2 次而已。

可见，白玉蟾对武夷山原有的神仙谱系，采取了有意无意的淡化态度。不仅武夷山的主神"武夷君"变成了"人"，而且在他的诗文中，"洞天""架壑悬棺""遗蜕"等传统神话的核心要素，也都消失不见了，这反映了白玉蟾所持的神学理论体系与武夷山原有的"洞天""地仙"神话体系之间是不相兼容的。

在淡化武夷山地方原有神仙的同时，白玉蟾又竭力宣扬自己的神学主张。他不断地宣称自己就是神，如"神宵玉府五雷副使"④"神宵散史"⑤等。不仅如此，白玉蟾还结合武夷山的地方特色，建构新的武夷神话体系。在他的《止止庵记》中，"新神"出现了：

---

① 参见本书第五章表 5-1。
② （清）张豫章：《御选宋金元明四朝诗》，《御选宋诗》卷 9，清文渊阁四库全书本，第 23 页 a。
③ （清）张豫章：《御选宋金元明四朝诗》，《御选宋诗》卷 74，清文渊阁四库全书本，第 31 页 a～b。
④ （南宋）白玉蟾：《武夷集·表奏法坛传度首过谢恩朱章》，《修真十书》，载《道藏》第 4 册，上海：上海书店，1988 年，第 807 页。
⑤ （南宋）白玉蟾：《玉隆集·涌翠亭记》，载《道藏》第 4 册，上海：上海书店，1988 年，第 751～752 页。

　　武夷之为山,考古秦人《列仙传》,盖篯铿于此炼丹焉。篯进雉羹于尧,尧封于彭城,故谓之彭祖,年及七百七十岁而亡。生平惟隐武夷山,茹芝饮瀑,能乘风郁气,腾身踊空,岂非仙也耶?篯有二子,一曰篯武,一曰篯夷,因此遂名武夷山。三十六峰第一峰,九曲溪头最初曲,其地也。①

　　这段文字,透露以下几个重要信息。

　　第一,白玉蟾首次提出彭祖炼丹于武夷山。据他说,彭祖虽受封于彭城,但炼丹于武夷山。这不是从其他地方听说的,而是白玉蟾自己"考古秦人《列仙传》"得出的结论,因为不太确定,所以说"盖篯铿于此炼丹焉"。实际上,《列仙传》中并没有这个记载,白玉蟾是彭祖炼丹于武夷山的最早提出者。

　　第二,武夷得名新说。不仅是彭祖在此炼丹,而且武夷山的名称,也与彭祖密不可分,他有两个儿子,"一曰篯武,一曰篯夷,因此遂名武夷山"。武夷山得名于彭祖的两个儿子彭武、彭夷,这与之前占主导地位的、武夷山因"武夷君"而得名的传统观点,发生了直接的冲突。后世关于武夷山得名的分歧,源于此。

　　第三,白玉蟾进一步阐明,彭祖炼丹和居住的地方,在"三十六峰第一峰,九曲溪头最初曲",这显然是指大王峰下。从此在大王峰、幔亭峰下,又多了彭祖和他两个儿子的神祇,也有了"彭祖居"的传说和遗址。

　　白玉蟾在武夷山,淡化了传统主神武夷君,建构了"彭祖说"的新神话,是对武夷山原有神话体系的解构,也是对武夷山的神话形象和文化形象一次新建构,是内丹养生道教取代洞天福地丹鼎道教理论的一次尝试,对武夷山产生了一定的影响。我们注意到,白玉蟾把武夷主神确定为彭祖父子,这在时间上显然要久于传说中活跃于秦汉时期的武夷君、十三仙等众神,因而似乎就有了历史更悠久的时间优势,但这也恰恰暴露了此一神学建构晚出的事实。通过

　　① (明)徐表然:《武夷山志》,《行集·二曲》,明万历己未年版,哈佛大学汉和图书馆藏影印本,第46页a。董天工《武夷山志》卷六也记此文,但文字有出入,综合考量,徐表然所记更为完整。

这次建构,白玉蟾也突出了养生之神在武夷山的地位,这与他的内丹理论是一致的。

(四)白玉蟾游居武夷山的空间审美偏好和行为特征

根据白玉蟾关于武夷山的诗文,它们所包含的具体空间指向,主要有以下17个空间单元:九曲溪、止止庵、冲佑观、升真洞、幔亭峰、玉女峰、仙机岩、卧龙潭、三杯石、金鸡岩、云窝、铁笛亭、仙掌峰、棘隐庵、石堂寺、鼓楼岩、星村。

不难发现,白玉蟾诗歌所关注的空间单元,是以九曲溪为中心的,说明他关注和活动的主要空间是九曲溪,尤其是一曲和六曲。对于九曲溪及其沿途景观,白玉蟾也不吝辞藻,反复吟唱,作《九曲棹歌》十首,又作《九曲杂咏》十首,个别吟唱的也很多。相比之下,对大王峰、换骨岩、大藏峰、更衣台等传统神仙色彩较为浓厚的空间,几乎是忽略的。众所周知,九曲溪尤其是一曲、六曲,是武夷山景观最精华、最集中的区域。从这个空间偏好,可见白玉蟾对武夷山的首要印象是山水之美,而非神仙之境。

从诗歌内容所反映的行为特征来看,白玉蟾在武夷山的主要活动是优游、访友、拜谒等。如《九曲棹歌》之六曲、八曲云:

> 仙掌峰前仙子家,客来活水煮新茶。主人遥指青烟里,瀑布悬崖剪雪花(六曲)。

> 几点沙鸥泛碧流,芦花两岸暮云愁。鼓楼岩下一声笛,惊落梧桐飞起秋(八曲)。[①]

展现在人们面前的是仙子、新茶、青烟、瀑布、几点沙鸥、两岸芦花、笛声落、梧桐起,一派人间仙境。"月移花影步窗外,风引松声到枕边"(《冲佑观即事》),"结庵卧白云,柏子烧香书"(《棘隐庵》)。白玉蟾在武夷山的游居,充满闲雅宜人的优游气象。

造仙访友。如《云窝记》《题丹枢先生草庐》《棘隐庵记》《棘隐庵》《修造仙

---

① (清)张豫章:《御选宋金元明四朝诗》,《御选宋诗》卷9,清文渊阁四库全书本,第22页a。

掌庵疏》等记、诗,反映了他造访道友陈丹枢先生的"云窝",以及女道士刘妙清的"棘隐庵"等内容。

拜谒遗迹。白玉蟾关于朱熹的诗歌 3 篇,即《题精舍》《化塑朱文公遗像疏》《朱文公像赞》,可见他曾造访武夷精舍,拜谒文公遗迹。其中,《化塑朱文公遗像疏》写道:

> 天地棺,日月葬,夫子何之。梁木坏,泰山颓,哲人萎矣。两楹之梦既往,一唯之妙不传。竹简生尘,杏坛已草。嗟文公七十一祀,玉洁冰清;空武夷三十六峰,猿啼鹤唳。管弦之声犹在耳,藻火之像赖何人。仰之弥高,赞之弥坚。听之不闻,视之不见。恍兮有像,未丧斯文。惟正心诚意者,知欲存神索至者说。[①]

并未见朱熹生前与白玉蟾交往的文字,但朱熹去世一段时间之后,前来拜谒的白玉蟾给朱熹以崇高的评价,"仰之弥高,赞之弥坚","恍兮有像,未丧斯文"。又《朱文公像赞》曰:"皇极坠地,公归于天。武夷松竹,落日鸣蝉。"[②]这在当时是罕见的,也是有远见的。

(五)白玉蟾在武夷山的山水审美体验及其审美思想

首先,与人们通常所想象的相反,作为道教神学思想家的白玉蟾,他所描绘的武夷山并不是一个神仙世界,而是充满生活气息的人间家园,一幅唯美的山水画卷。在他有关武夷山的诗文中,我们感受到的是神的远去和人的回归,如他反复阐明"一自魏王归绛阙""当年箫鼓寂无闻""当年人已乘云去""天孙归去星河畔""不见虹桥接幔亭""显达(道)真人去不回"等等,这些诗句所呈现

---

① (南宋)白玉蟾:《琼琯白真人集》卷5,《化塑朱文公遗像疏》,明万历刻本,第53页a~b。

② (南宋)白玉蟾:《琼琯白真人集》卷5,《朱文公像赞》,明万历刻本,第53页 b。

的都是神的离场。① 与此同时，他描绘了人的在场，一个纯粹的、审美的生活世界，如"垆早又生春草，玉女峰前空白云"，"无限落花春自香"，"不遇刘郎不肯还"，"客来剔出些奇胜"，"游人来此醉归去"，等等。

女道士刘妙清，结庐于九曲溪之五曲，建"棘隐庵"。白玉蟾曾造访仙友刘妙清，挥笔而作《棘隐庵记》，其中有一段文字，摘录如下：

> ……吾知其渊然如蛰龙之未雷，冥然如海鸥之正睡；湛然如春空之不云，寂然如秋潭之有月；悠然如游鱼之跃藻，萧然如寒雁之栖芦；爽然如梧桐之晚风，寥然如芭蕉之晓雨；恍然如昼梦之已醒，勃然如暑浴之方起；涣然如沉疴之脱体，了然如久讼之释囚；杳然如竹径之夕阳，的然如孤松之夜雪；冲然如耆叟之欲耄，溃然如婴儿之未孩；安然如海上之三山，洒然如江心之万顷；悄然如千林之初晓，浩然如万物之正春；泠然如泛水之点萍，渺然如浮空之一叶；快然如钢刀之破竹，逑然如寸丝之系石。其为妙不可得而形容，此则棘隐之用心也……②

白玉蟾连用 24 个"然"字排比，形容刘妙清真人的栖居之态，可谓美轮美奂，空前绝后。他所描绘的栖居之境，湛然若春空不云，秋潭之月，梧桐晚风，夕阳晓雨，寒雁孤松。哪里有什么神仙的影子，纯粹是人与山水的完美融合，人在其中，难辨物我，不可形容。白玉蟾用词之得当，造句之优美，运笔之潇洒，文萃所罕见。

---

① 白玉蟾在《题武夷五首》之四中，称武夷君为"显达真人"，应该是"显道真人"的笔误。北宋哲宗绍圣三年(1096 年)和元符元年(1098 年)，两次分别册封武夷君为"显道真人"和"显道真君"。南宋理宗端平元年(1234 年)和嘉熙元年(1237 年)，也两次分别册封武夷君为"显道普利"和"冲元显道普利"。显然，白玉蟾对武夷君的称呼，依然沿袭北宋的封号，说明他在武夷山的时间不会早于南宋理宗端平元年(1234 年)，这与前文所推理的，白玉蟾在武夷山的时间在 1210—1220 年，是一致的。白玉蟾《题武夷五首》，见(清)董天工《武夷山志》卷 24，武夷山市市志编纂委员会整理，北京：方志出版社，1997 年，第 807～808 页。

② (清)董天工：《武夷山志》卷 11，《五曲下》，武夷山市市志编纂委员会整理，北京：方志出版社，1997 年，第 355～356 页。

其次,白玉蟾透过青山,消解时间,超越生命的局限。他的诗文不仅表达了人对山水的深深依恋,也蕴含着一定的哲学和审美境界。如《九曲杂咏·十首》云:"流水光中飞落叶,白云影里噪幽禽。人间几度曾孙老,只有青山无古今。"时光易逝人易老,唯有青山无古今,只有青山能超越时间。人对青山的依恋,实际上就是对有限的超越。白玉蟾的《题丹枢先生草庐》诗,也集中体现了这一点:

> 朝朝暮暮了身心,山自开花鸟自吟。未见桑田成海水,夕阳几度锁平林。住此草庐无别术,终日凝神惟兀兀。不是十洲三岛仙,亦非浪苑(阆苑)蓬莱客。是个逍遥无事人,庐中涵蓄一壶春。窗前明月千年影,枕上清风万劫声。庐内主人那个是,古今占断清闲地。①

不是蓬莱客,不是三岛仙,只是逍遥无事人,朝朝暮暮了身心,山花自开落,飞鸟各自吟,不管桑田与海水,只看夕阳锁平林,终日兀兀凝神,正是庐内主人。

实际上,白玉蟾所观察的角度,与传统唐宋文人所关注的角度是一样的,那就是通过对时间的拒斥,体验当下的空间之美。在清风明月中,人体验到了超越"千年"、消解"万劫"的永恒感。在白玉蟾看来,当下即永恒,永恒在当下,也不必在意什么超越千年万劫,什么沧海桑田,唯有珍惜当下的朝暮之心,才能领悟花自开落、人本逍遥的世间真谛。白玉蟾的山水审美思想,在南宋后期有一定的代表性。

最后,"会得山林下事",便是神仙。白玉蟾在《修造仙掌庵疏》中写道:"一溪横绿,满林幽竹……相逢皆是神仙中人,毕竟会得山林下事。"②人若能领会林下之事,便是神仙。白玉蟾的审美思想,是人对山水、神仙的综合体验。何为山林下事,他在《云窝记》中,又进一步阐明:

---

① (明)衷仲孺:《武夷山志》卷10,明崇祯癸未年版,哈佛大学汉和图书馆藏影印本,第4页a。

② (明)徐表然:《武夷山志》,《忠集·六曲》,明万历己未年版,哈佛大学汉和图书馆藏影印本,第13页a。

  寒猿唤晓，碧烟蒙蒙。栖鸦催暮，紫霞漠漠。云飞白花，鸟放脆声。何况山之苍，水之碧，风之清，月又白，悄无人迹之地，以人间一年比洞中一日，亦不为过。噫，真乐足矣！至于人亦庐，庐亦人，与溪山相忘，与风月俱化，则有红鹭、紫蜃、青鸟、白鹤之事，丹枢先生知之。①

风清月白之夜，悄无人迹之地，人与庐已不分，与溪山相忘，与风月俱化，那么"红鹭、紫蜃、青鸟、白鹤之事"，就是神仙之事。人能领会到这些，如何不是神仙？

在著名的《止止庵记》中，白玉蟾描绘武夷山止止庵的环境为："神仙渺茫在何许"，"青草青，白鸟吟。亦可棋，亦可琴。有酒可对景，无诗自咏心"。这里，可琴可诗可咏心，可酒可醉可游神，归去来兮，琪花满地。人在其中，自然是自由止止，归心于此。什么是"止止"，白玉蟾写道：

  盖止止者，止其所止也……必有得止止之深者，宅其庵焉，则青山白云，无非止止也。落花流水，亦止止也，啼鸟哀猿，荒苔断鲜，尽是止止意思。若未能止止者，参之已有止止。所得者，知行住坐卧自有不止之止，非徒滞枯木死灰也，予特止止之辈也。今记此庵，非谓止之止止，实谓止其止之止而已矣。②

青山白云，即止止；落花流水，亦是止止。就是把自己的心放下，心亦境，境亦心，于境无心，于心无境，达到无心也无境，心境合一，融为一体，是为止止。③ 止止是白玉蟾重要的山水审美思想。

青山无古今，流水能越年。与溪山相忘，与风月俱化，会得山林下事，便真

---

  ① （清）董天工：《武夷山志》卷11，《五曲下》，武夷山市市志编纂委员会整理，北京：方志出版社，1997年，第347页。

  ② （明）徐表然：《武夷山志》，《行集·二曲》，明万历己未年版，哈佛大学汉和图书馆藏影印本，第48页b～49页a。

  ③ 白玉蟾说："夫山中之人，其所乐不在乎山之乐，盖其心之乐，而乐乎山者，心境一如也。对境无心，对心无境，斯则隐山之善乐者欤？"转引自卿希泰：《中国道教史》第3卷，成都：四川人民出版社，1996年，第159页。

足乐，便是神仙。与山水处，无拘无束；于泉石间，疏瀹而心，澡雪精神。与其说白玉蟾是一位神仙道士，一位丹道神学家，倒不如说他是一位美学家，一位文学家，一个旅游者。如果我们将白玉蟾与他之前100年的李纲相比的话，会发现作为文人官宦的李纲，更渴望某个由山水建构的神仙世界，而作为重要道教神学家的白玉蟾，则更加依恋富有山水美感的人间家园。这种反差，与南宋逐渐兴起的人文主义思潮有关。

总之，白玉蟾学通三教，造化极高，有一定的美学和哲学境界，非一般意义上的道士者流。白玉蟾对武夷山水充满依恋之情，其诗文更多地体现了人文气息，具有浓厚的人文情怀，也反映了他的山水审美思想。白玉蟾对武夷山神学系统的新建构，对武夷山旅游史产生了一定的影响。

六、人文主义旅游的扩大和继续

白玉蟾云游天下名山，却以武夷山为归宿，称"白云深处是吾家"。虽然白玉蟾是南宋道教的代表人物，他的武夷山水诗文却表现出浓厚的人文主义色彩。他试图以彭祖取代武夷君为武夷山之主神，反映他以个人修炼为主的道教主张。他又不热衷于神仙之事，反而提出"相逢皆是神仙中人，毕竟会得山林下事"。白玉蟾唱和九曲棹歌，表达了对朱熹的缅怀和景仰。如前文，白玉蟾拜谒武夷精舍，"不堪花落烟飞处，又听寒猿哭晦翁"。在《化塑朱文公遗像疏》中称，朱子之逝，天地为棺，日月同葬，皇极坠地，天惊地动。朱子之人，玉洁冰清，"仰之弥高，赞之弥坚"，"恍兮有像，未丧斯文"。

"白云遮眼不知处，谁道神仙在武夷"。白玉蟾在武夷山活动，实际上也是一种栖居，也是对山水的依恋。从整体上看，南宋后期的武夷山旅游，人文主义占主导地位，但也呈现多样化的色彩。

（一）栖居的继续和扩大

继朱熹之后，栖居武夷的现象越来越多，逐渐呈现多样化的色彩。有文人儒士，有道士者流，他们也类似于朱熹、白玉蟾，迷恋武夷山水，畅游其间，在此筑室居住，交友、讲学、布道，此类现象在南宋后期逐渐多了起来。

据记载，与白玉蟾同时代的詹琰夫①，于宁宗嘉定九年(1216年)重修一曲止止庵，并邀请白玉蟾前来主持。徐表然《武夷山志》记载詹琰夫的《止止庵》诗一首，其中云"岁月不堪频把玩，山水偏称小婆娑"②。山水不仅是一个独立的空间，而且是与人的生命密切相关的世界，"岁月"是生命的有限形态，而山水却可以成为与有限相对应的、具有超越意义的婆娑世界，表明中国人对山水的依恋，其中包含着超越有限存在的救赎意蕴。

稍晚些时候，儒家学者蔡沈③也栖居武夷，授徒讲学。他在一曲溪南建南山书堂，授徒讲学，影响较大。蔡沈自言酷爱山水，"性本爱岑寂"，"幽隐遂成癖"。他优游山水间，在武夷山留下《天柱峰》、《游武夷山》、《题诗岩》、《大隐屏》(组诗四首)等诗多首。其中《大隐屏》(组诗四首)，最能反映作者对栖居武夷的看法。摘录其四：

> 昔余隐屏北，飘然度岩侧。谁知神仙居，自与尘世隔。瑶草霜更青，琪花雪争白。横玉吹寒空，万里天一色。④

这是一组以隐屏峰为主题的诗歌，作者以此为中心，表达了自己的栖居体验，清梦月华时，悠然度岩侧，可闲卧幽岩上，可闭门曲水边，可浩歌碧云间。野马啼，金鸡鸣，瑶草冬青，琪花雪白，万壑生清风，夕照寒岩金芙蓉。这里是生动鲜活的生活世界，没有神仙，而人就是神仙，完全是一个审美生存、优游其中的世外桃源，也表达了传统中国人与山水之间的精神关联。

据董天工《武夷山志》载，真德秀⑤也"尝筑室武夷山中"。刘子翚的孙子刘学箕，崇安本地人，在九曲溪南筑室曰"方是闲"。刘学箕自己造舟一艇，以

---

① 詹琰夫，字美中，崇安人。为道家之学。

② (明)徐表然：《武夷山志》，《行集·二曲》，明万历己未年版，哈佛大学汉和图书馆藏影印本，第42页a。

③ 蔡沈(1167—1230年)，字仲默，号九峰，建阳人，蔡元定次子。

④ (清)董天工：《武夷山志》卷11，《五曲下》，武夷山市市志编纂委员会整理，北京：方志出版社，1997年，第334页。

⑤ 真德秀(1178—1235年)，字景元，后改为希元，号西山，浦城人。宁宗庆元五年(1199年)进士，历户部尚书、翰林学士、参知政事。

备往来九曲之用,经常饮酒啸咏于山水间。有人劝他,应该像先辈那样出去做官,他不作回答。徐表然《武夷山志》记载他的一首七言诗:

　　三十六峰高插天,云深何处觅飞仙。幔亭旧事随水流,空自溪头唤钓船。①

可以感觉到作者寻觅"飞仙"的自由追求,早已看淡功名利禄的心态,不同于其他儒家归隐人士的特点,更像是一个道人的特征。

崇安本地人徐几②,于宋理宗景定五年(1264 年)与好朋友詹琦等筑静可书堂于九曲,并撰记云"余爱武夷佳山水,且有佳友,晚岁徙居焉"③。有《灵岩一线天》《狮子峰》《天壶》等诗留世,其中《天壶》云"天然物外清修地,岩头残月沈丹井"④,反映了作者平淡的内心世界。需要注意的是,徐几的这些诗歌,也反映了南宋后期人们游览空间的扩大,比如对狮子峰、天壶峰的关注,是之前所罕见的。

曾任宰相的叶梦鼎⑤,浙江宁海人,据董天工《武夷山志》载,他任建宁知府的时候,于九曲溪之八曲修建石鼓书堂。后来重游武夷,写《武夷纪游》诗两首:

　　重来幞被叩云扉,清梦先从九曲飞。三十日前坚有约,半千里外较迟归。⑥

---

　　①　(明)徐表然:《武夷山志》,《文集·七言绝句》,明万历己未年版,哈佛大学汉和图书馆藏影印本,第 19 页 b。《方是闲居士小稿》卷上载这首诗题名《游九曲》,第二句为"来游谁不慕真仙";董天工《武夷山志》卷二十四亦载此诗,题名《咏武夷》,最后一句为"空向溪头唤钓船"。

　　②　徐几,字子与,号进斋,崇安人。南宋后期本地著名学者。

　　③　(清)董天工:《武夷山志》卷 14,《九曲》,武夷山市市志编纂委员会整理,北京:方志出版社,1997 年,第 465 页。

　　④　(清)董天工:《武夷山志》卷 13,《七曲》,武夷山市市志编纂委员会整理,北京:方志出版社,1997 年,第 427 页。

　　⑤　叶梦鼎(1200—1279年),字镇之,号西涧,台州宁海人。历兵部尚书、右丞相兼枢密使。

　　⑥　(清)董天工:《武夷山志》卷 23,《艺文》,武夷山市市志编纂委员会整理,北京:方志出版社,1997 年,第 768 页。

一别武夷二十秋，鱼符解了得重游。溪山一笑非生客，老稚相呼
看故侯。[①]

千里有约，故地重游，九曲飞清梦，溪山笑相迎，老幼争相看故侯，一派轻
松愉快的场景。据《赵氏铁网珊瑚》卷十一载他《武夷九曲棹歌图》之九曲云，
"留取洞中无尽意，桃花水暖鳜鱼天"[②]，这也是继刘子翚、朱熹之后，把武夷山
当作桃花源的早期资料。

著名理学家熊禾[③]，是南宋后期又一个栖居武夷山的典型。他大力推广
朱子理学，在武夷精舍对面，筑洪源书堂，授徒讲学，成一代宗师，一直延续至
元代。由于他入元不仕，这里视为宋代的继续。熊禾在武夷山讲学多年，对武
夷山颇为了解，也有很多朋友和学生慕名而来，对武夷山做出很大的贡献。他
的《升真观记》反映了当时人们对武夷山历史和现状的认知，有许多有价值的
信息。

升真观，在冲佑观之后，是当时一位游姓道士主持修建的。本来在大王峰
顶有一个升真洞，也有一个升真观，但由于峰高路险，"洞室阻邃，坛宇勿修"，
于是在山下修建新的升真观。[④] 游道人请熊禾写记，推辞不得，于是记焉。[⑤]

熊禾《升真观记》首先称"武夷山，闽之镇也"，对武夷山的地位给予评定，
对武夷山受册封的历史简要回顾，其中提到武夷君乃此地主神，"宋三朝圣君
贤佐，皆神瑞世之应"，可见北宋时期对武夷君的建构，影响很大。"洞天在一
曲天柱峰绝顶，乃十三仙遗蜕之地"，表明在南宋后期，"大王峰"仍然被称为
"天柱峰"。对于武夷山诸神的来源，熊禾记载当时有两种传说，按照旧记，初

---

① （明）徐表然：《武夷山志》，《文集·七言律诗》，明万历己未年版，哈佛大学汉和图
书馆藏影印本，第 15 页 b。

② （明）朱存理：《赵氏铁网珊瑚》卷 11，清文渊阁四库全书本，第 63 页 b。

③ 熊禾（1247—1312 年），字去非，建阳人。入元不仕，讲学武夷山中，筑洪源书堂。

④ 据熊禾所记，升真观的建设时间是"经始己巳之夏，告成己卯之冬"，即 1269—
1279 年。

⑤ 建成之后，游、江二道士先后去世，新管辖的韩妙润再次请熊禾写观记，于是不辞
而就。从中可见，大王峰顶，开发于北宋时皇家派道使者登顶的投金龙玉简活动，南宋时
修建升真观。朱熹《升真观》诗云"绝壁上千寻，隐约岩栖处。笙鹤去不还，人间自古今"，
说明朱熹时代已经有升真观。

有神曰"圣姆","母子二人,始居此山",又称"武夷君"神居于此山。熊禾认为三代以前的福建,位在要服,"荒远难证",可能是一方生民的祖先,有才德者,"众皆臣服之",故谓之君。接着又记魏王子骞、张湛、刘景等十三仙,以及武夷君幔亭招宴、汉武帝祭祀武夷君等神话传说,熊禾认为,至汉武帝,武夷山"列在望秩,史称祀以干鱼,始筑坛壝厥,后历代封表,增立祠观"①。武夷山在汉代位列望祀,虽不符合事实,但熊禾认为,武夷君有功于世,德业显著,字里行间可见儒家大师对道家神学建构的尊重和宽容。但熊禾毕竟是理学家,受到南宋人文主义思潮的影响,对神仙之说保持一定的距离。如他在《游武夷山》中说:

> 我来武夷山,远意超千古……神仙何渺茫,虹桥想虚语。桃源亦其类,好事自夸诩……至今此名山,号为神仙府……图书尽在是,斯地俨邹鲁……长松期岁寒,修竹依日暮。我自爱此山,踌躇不能去。②

这里,熊禾明确对神仙思想不以为然,提出武夷山可比于邹鲁,理学精神可以发扬光大。这是朱熹之后,人们对武夷山形象感知的新变化,也是朱熹带给武夷山最大的文化遗产。

南宋后期,宋朝宗室赵必涟曾栖居于武夷山中,他是宋太宗十世孙,曾筑室武夷山黄柏里,名曰"梅花庄"③。赵必涟《自题梅花庄》诗曰:"一间茅屋傍溪斜,三径荒于靖节家。但得鹤粮随分足,更需锄月种梅花。"④他的弟弟赵若櫄,也徜徉武夷山水间,并有《梅花庄即事》诗留世,对武夷山的体验类似于陶渊明归田园的情景。

总之,我们看到南宋后期,栖居武夷山的现象明显多起来了,有了新的发

---

① (清)董天工:《武夷山志》卷6,《一曲中》,武夷山市市志编纂委员会整理,北京:方志出版社,1997年,第168~170页。

② (明)衷仲孺:《武夷山志》卷9,明崇祯癸未年版,哈佛大学汉和图书馆藏影印本,第9页a~10页a。

③ 董天工《武夷山志》卷十五记在"白崖麓"。

④ (清)董天工:《武夷山志》卷15,《山北》,武夷山市市志编纂委员会整理,北京:方志出版社,1997年,第504页。

展。比如栖居的人有道士，有文人，有官员，还有宗室成员，身份开始多样化。他们有崇安本地人，也有来自建阳、浦城等周边区域的，甚至还有外地人士（如浙江等地）在本地任职，对这里产生依恋而筑室隐居于此。栖居的空间也在逐渐变化，原来集中于九曲溪之五曲和六曲，开始向更远的地方延伸，如八曲的鼓楼岩，相对于之前，已经是比较偏僻了。也有以九曲至黄柏里等地为隐居之地，栖居的空间进一步扩展。这些都表明，武夷山的空间吸引力在增强，影响力在扩大。此时也出现纯粹的栖居，没有任何的功利可言，如刘学箕的"方足闲"，是一个值得注意的新现象。

（二）唱和九曲棹歌的开始

自从朱熹首倡九曲棹歌，唱和棹歌就成为武夷山旅游史上独特的旅游文化现象。据现有资料，南宋时期唱和九曲棹歌的有白玉蟾、方岳[1]和刘元刚[2]，以及前文提到朱熹的朋友韩元吉和学生欧阳光祖等。

白玉蟾是早期唱和朱熹九曲棹歌的人，他的棹歌对武夷山的神话元素虽有关注，但审美色彩却十分突出。如他的三曲诗云："仙舟停棹架岩头，黄鹤中天几度秋。满树桃花人不见，一溪春水为谁流。"虽然关注"架壑仙舟""黄鹤"，但桃花人不见，春水自东流，更关注桃花与春水，更关注人间美景，提醒人们珍惜当下时光。

朱熹棹歌四曲诗云"金鸡叫罢无人见，月满空山水满潭"，关注的焦点是"金鸡"与"月"的交替，背后隐含的是神与人一往一来的交替关系。而白玉蟾棹歌四曲则云："万顷秋光漾碧空，满潭秋木莹青铜。金鸡叫落山头月，漠漠寒烟飒飒风。""金鸡叫落山头月"，虽十分形象，是纯粹的自然描写，但它所隐含的依然是人神共在的空间意蕴。这大约是人文主义大师朱熹与丹道大师白玉蟾之间的微妙区别。但整体而言，作为道教重要代表人物的白玉蟾，在他的九

---

① 方岳（1199—1262 年），字巨山，号秋崖，祁门人。南宋诗人、词人，绍定五年（1232年）进士，知南康军等，有《秋崖集》。

② 刘元刚（1187—1268 年），字南夫，号容斋，吉水人。宁宗嘉定十六年（1223 年）进士，累官知韶州。

曲棹歌中,对武夷山的体验和领悟,也较多地表现为山水情怀和山水体验,没有太多的神仙思想,这是宋代人文主义思潮兴起和影响的结果。

另一位唱和九曲棹歌的是方岳,他游武夷山,留下《游九曲》(三首)和《棹歌和韵》(九首),《游九曲》有一首题刻于小九曲石壁。其九曲棹歌《棹歌和韵》的基调与朱熹基本一样,"老仙一去无消息,只有飞泉落佩声"①。仙去人来,景观为主。方岳九曲棹歌里有纪游的内容,旅游者的内涵有所增加。

据《赵氏铁网珊瑚》卷十一载《武夷九曲棹歌图》,刘元刚也有唱和九曲之作。目前保留下来的只有7首,从内容上看,与朱熹《武夷棹歌》的意韵比较接近。

(三)人文主义旅游的扩大和深化

南宋时期,武夷山神仙空间建构有新的发展,神仙空间对人们依然有一定的吸引力。与此同时,朱熹等大儒先贤在武夷山的栖居、讲学与旅游活动,也极大地带动了武夷山旅游的发展。由于朱熹是理学集大成者,随着朱子理学影响的进一步扩大,带动了武夷山人文主义形象的建构,武夷山逐渐形成新的空间形象,即人文圣地。朱熹在武夷山旅游史上是人文主义旅游的启蒙者,在他的带动和影响下,南宋后期武夷山人文主义旅游进一步扩大和深化。

崇安本地人李仲光②,曾任广东地方教谕。《万姓统谱》卷七十二中说,他因才高见忌,仕途颠簸,辞职归隐武夷山中,精于老庄韩柳之文,"放情山水,寓意花木"。他留下《仙蜕岩》诗两首,其一云:

> 昼夜本循环,天地均此理。人生出入机,昼夜差可拟。仙家学蝉蜕,脱然如腐殠。白骨尚珍藏,似未忘生死。③

他看到仙家提倡蝉蜕,珍藏白骨,认为这是不懂得生死循环之理。李仲光

---

① (清)董天工:《武夷山志》卷4,《棹歌》,武夷山市市志编纂委员会整理,北京:方志出版社,1997年,第90页。

② 李仲光,字景温,号肯堂,崇安人。开禧元年(1205年)进士,授汀州、雷州教授。

③ (明)徐表然:《武夷山志》,《行集·一曲》,明万历己未年版,哈佛大学汉和图书馆藏影印本,第13页a。

属于文人仕宦中的独立思考者,他的观点与庄子生死观颇有几分相似,反映了南宋人文主义兴起之后,人们对神仙思潮的反思。

另一位地方教谕陈梦庚①,对武夷山原有的神学体系也表示了一定的质疑。如陈梦庚《汉祀坛》诗云:"苔老坛荒扫不开,汉皇多欲岂仙才。乘龙人去真灵失,万里空劳一使来。"②陈梦庚认为,汉武帝本人是多欲之人,不是什么仙才,万里遣使前来朝拜武夷君,也只是空梦一场。这实际上是南宋人文主义思潮兴起之后,在文人阶层产生影响的体现。又如陈梦庚的《题仙浴塘》,也体现了他的人文主义思想倾向:

> 神仙无垢骨犹香,底事山间有浴塘。我欲从之三洗髓,骑鲸散发水云乡。③

神仙本无垢,何须开浴塘。颇有"本来无一物,何处惹尘埃"的禅宗意味,能够从内在逻辑上判定神话传说的矛盾之处。在《鼓楼岩》诗中,他又直接批评说:

> 求仙曾误几英雄,只为沉迷利欲中。安得楼头一声鼓,顿教凡世醒盲聋。④

陈梦庚认为,沉迷求仙耽误多少英雄,呼吁凡世之人从盲聋中醒来,这是理性的文化反思。在当时,陈梦庚的这些理性反思,还是令人振聋发聩的。

值得一提的是,陈梦庚也继承了刘子翚、朱熹对武夷山桃花源的建构思想,他的《幔亭峰》云:

> 山中别是一桃源,彩屋虹桥影不存。山下人痴犹自说,排檐元是

---

① 陈梦庚(1190—1267年),字景长,号竹溪,闽县人。宁宗嘉定十六年(1223年)进士,授潮州教授。

② (清)董天工:《武夷山志》卷7,《一曲下》,武夷山市市志编纂委员会整理,北京:方志出版社,1997年,第201~202页。

③ (清)董天工:《武夷山志》卷11,《五曲下》,武夷山市市志编纂委员会整理,北京:方志出版社,1997年,第364页。

④ (明)徐表然:《武夷山志》,《忠集·八曲》,明万历己未年版,哈佛大学汉和图书馆藏影印本,第5页 b。

希夷孙。①

陈梦庚在这里提出"山中别是一桃源",不屑于洞天之说,他用人间的桃花源置换神仙的洞天。实际上,"桃花源"是元明清时期士大夫心中武夷山非常重要的文化形象,也是武夷山空间属性的新建构。在《大隐屏》诗中,他赞道"深深五曲东流水,合作千年洙泗看"②,认为朱子之学,应与千年一遇的洙泗文明相提并论,这在当时也是令人振聋发聩的。足见陈梦庚对武夷山了解之深刻,预见之高远。朱熹去世后不久,武夷山作为人文主义圣地的文化形象,就已经开始建构,并逐渐得到人们的认同。③

蔡元定的子孙辈与武夷山也结下不解之缘。他的次子蔡沈在溪南创九峰书院,授徒讲学,栖居武夷。但蔡沈的儿子蔡杭④,与其前辈有全然不同的看法,他的《同友人过大隐屏即事赋别》诗,发出"南阳岂终卧,东山谅同忧"的感叹。他看到的隐屏峰乃中流砥柱,敢于逆流而上,表现出入世的情怀和理想。虽然良朋好友在这里聚会可以脱离尘虑,可以谈心事,悲新秋,浩歌而饮酒,但南阳卧龙并非终生龙卧南阳,东山先生终究要走出东山,斟酌自有定数,西方暝色已起,时间不早,"归袂不可留"⑤,后会有期。同样的空间,蔡杭则表现出不同的情感态度。

人文主义潮流一直延续至宋元交替之际,这里不一一赘述,仅举几例。温州人林天瑞,景定二年(1261年)知崇安,表露出要像陶令那样"皈心"武夷的愿望,把山水当作对抗世俗的寄托。他的《谒朱夫子祠》曰,"万树秋风老,先生

---

① (清)郝玉麟:《福建通志》卷78,清文渊阁四库全书本,第24页a。

② (清)董天工:《武夷山志》卷11,《五曲下》,武夷山市市志编纂委员会整理,北京:方志出版社,1997年,第334页。

③ 陈梦庚还留有《仙茶灶》《唐刻石》等诗,徐表然《武夷山志》有记载。

④ 蔡杭(1193—1259年),字仲节,蔡元定之孙。理宗绍定二年(1229年)进士,授丽水主簿。

⑤ (清)董天工:《武夷山志》卷11,《五曲下》,武夷山市市志编纂委员会整理,北京:方志出版社,1997年,第334页。

道自尊"①，盛赞朱子理学的光辉。此外还有福清人林希逸，被称为南宋最后一位理学家，他的《武夷》诗云，"傍晚拿舟入，身知在画图"，"竹间人指点，俱识有先儒"。② 浙江仙居人赵时栗《武夷》诗云，"千古武夷山，来寻九转丹"，本来打算寻找仙迹，但游武夷却发现"白玉何劳煮，丹霞自可餐。未穷溪九曲，赖有画图看"。③ 从神仙境界回到了人间。还有崇安本地人郑德普、蔡公亮、林汉宗，江西弋阳人谢枋得等，在他们的诗文中都表现出人文主义的时代特征。这些资料也显示，到武夷山旅游的人越来越多，已经远远超过了前代。

（四）武夷山空间属性的多元化趋势

南宋时期，随着旅游者范围的不断扩大，对武夷山空间的评价越来越多样，武夷山的空间属性也多样起来。除了前文提及的人文圣地，审美胜地之外，还有三种空间属性，值得注意。

第一，桃花源。最早明确将武夷山比作桃花源是刘子翚，南宋中后期，这一建构被朱熹、叶梦鼎、陈梦庚等人传承和发展，成为武夷山空间形象在南宋时期的新建构，对后世武夷山的旅游产生很大影响，尤其是明代中期以后，武夷山"桃源"的形象又进一步扩大，形成了新的空间属性。崇安本地人詹复，宋理宗景定三年（1262 年）进士，曾知金华，后辞归故里，也作《小桃源》诗云："远寻瑶草到仙家，冲破云间一片霞。道士不知兴废事，又来溪上种桃花。"④詹复的武夷山"小桃源"，景点越来越具体化。

第二，姑射神山。建阳人刘清夫⑤，常常携酒吟咏武夷山中，这是另一个

① （清）董天工：《武夷山志》卷 10，《五曲上》，武夷山市市志编纂委员会整理，北京：方志出版社，1997 年，第 322 页。

② （明）袁仲孺：《武夷山志》卷 11，明崇祯癸未年版，哈佛大学汉和图书馆藏影印本，第 1 页 b。董天工《武夷山志》卷二十三同诗题名《泛舟武夷》，更合适，但内容有出入，这里选前者。

③ （清）董天工：《武夷山志》卷 23，《艺文》，武夷山市市志编纂委员会整理，北京：方志出版社，1997 年，第 755 页。

④ （清）董天工：《武夷山志》卷 12，《六曲》，武夷山市市志编纂委员会整理，北京：方志出版社，1997 年，第 406 页。

⑤ 刘清夫，1224 年左右在世，董天工《武夷山志》记，其诗学与刘子寰齐名。

纯粹"游居"武夷山的案例。他有《念奴娇·咏梅》一阙云：

> 乱山深处，见寒梅，一树皎然如雪。的砾妍姿，羞半吐，斜映小窗幽绝。玉染香腮，酥凝冷艳，容态天然别。故人虽远，对花谁肯轻折？
>
> 疑是姑射神仙，慢亭宴罢，迤逦停瑶节。爱此溪山供啸咏，饱玩洞天风月。万石丛中，百花头上，谁与争高洁？粗桃俗李，不须连夜催发。①

作者在武夷山看到皎然如雪的一剪寒梅，联想到"肌肤若冰雪，绰约若处子"的"姑射神仙"②，这是把武夷山比作姑射神山。表达自己爱溪山、尚高洁的精神追求。文辞优美恰确，意味隽永。将武夷山比作传说中的神山"姑射山"，是十分独特的创建和发现。

第三，仙府。作为第十六升真玄化洞天之武夷山，神仙府第的空间形象是必然的。当时诗人朱大卿在《纪游》中，反映了他矛盾的内在心理，诗云："神仙得非幻，遗蜕在岩窍。行往求其从，恐为识者笑。"③确实有神仙的遗蜕，想跟随神仙而去，又恐被"识者"嘲笑。这种矛盾的心理，从一个侧面表明当时人文主义思潮确实已经占据主导地位，但武夷山原有的福地洞天的文化形象也并没有因此而坍塌，依然有很强的吸引力。很多文人的诗文中，都反映了这一点。

浙江金华人王埜④，在长诗《武夷歌》中有"十六洞天天下奇，三十六峰名武夷"⑤，十分关注武夷山的洞天属性，这也是较早出现"三十六峰"这种空间概念的资料。同时出现类似概念的，还有江西南昌人谢章⑥，他在《武夷》诗中

---

① （清）董天工：《武夷山志》卷 22，《艺文》，武夷山市市志编纂委员会整理，北京：方志出版社，1997 年，第 750 页。

② （战国）庄周：《庄子·逍遥游》，方勇译注，北京：中华书局，2010 年，第 10 页。

③ （清）董天工：《武夷山志》卷 22，《艺文》，武夷山市市志编纂委员会整理，北京：方志出版社，1997 年，第 705 页。

④ 王埜，字子文，号潜斋，金华人。宁宗嘉定十二年（1219 年）进士，守建宁，理宗宝祐二年（1254 年）拜端明殿学士。

⑤ （清）董天工：《武夷山志》卷 22，《艺文》，武夷山市市志编纂委员会整理，北京：方志出版社，1997 年，第 725 页。

⑥ 谢章，江西建昌人，南宋理宗淳祐七年（1247 年）进士。

云"武夷甲天下,清绝多奇趣。名峰三十六,一一拱天柱""此境非人寰,蔚为神仙所",①神仙空间属性给作者留下深刻的印象,十分明显。②

广东番禺人李昂英③,也曾到过武夷山,他作《武夷观》诗云"回向初心地,皈依古洞天"④,直接表达了回归初心、皈依洞天的愿望。朱熹的好友、著名理学家叶适的孙子叶采⑤,其《游武夷》诗云"但恐尘劳添白发,正须高举访丹丘"⑥。崇安本地人翁合⑦,其《常庵》诗云:"我是曾孙孙又孙,今朝始谒武夷君。"⑧除此之,还有李端的《冲佑万年宫》、刘序的《天柱峰》、詹子清的《天壶峰》、孟晋的《游武夷》、赵时秉的《武夷》、张清子的《灵岩一线天》,以及浦城人徐荣叟、徐清叟兄弟的诗,都反映了"仙凡混合"的空间感知特征,武夷山的仙境、玄都的空间形象,给旅游者留下深刻的印象。

（五）南宋摩崖题刻与旅游者行为的新特征

从旅游题刻来看,南宋的武夷山旅游者也表现出一些新特征。据文献记载,武夷山最早的摩崖题刻是北宋时期的。换骨岩上有北宋政和年间的题刻,"政和丁酉,古鄞李景来贰府事,瓜期俯仰,因过武夷,游换骨岩,瞻礼圣迹久

---

① (清)董天工:《武夷山志》卷23,《艺文》,武夷山市市志编纂委员会整理,北京:方志出版社,1997年,第704～705页。

② 徐表然《武夷山志》中,还记载宋人詹义的一首《大小廪石》诗,诗云:"石廪岩前系小舟,娟娟明月照清秋。仙人一夜吹长笛,三十六峰云尽收。"其中也提及"三十六峰",但作者詹义的具体生卒年不详,估计与王埜、谢章的时间差不多,约为宋理宗时人。"三十六峰"的空间概念是一种新建构,与宋理宗时期的道教发展有关。同一首诗,《宋诗纪事》记载题名为《游武夷》,董天工《武夷山志》则记为《廪江夜泊》。

③ 李昂英(1201—1257年),字俊明,号文溪,广东番禺人。南宋宝庆二年(1226年)进士,曾任福建汀州推官。

④ (南宋)李昂英:《文溪集》卷14,清文渊阁四库全书本,第1页b。

⑤ 叶采,字仲圭,号平岩,建阳人。董天工《武夷山志》记,"尝居武夷八曲之鼓子书堂"。

⑥ (清)董天工:《武夷山志》卷23,《艺文》,武夷山市市志编纂委员会整理,北京:方志出版社,1997年,第769页。

⑦ 翁合,字与可,或字叔备,号丹山,崇安人。嘉熙二年(1238年)进士。浙西提刑,知赣州兼江西提刑,又曾官侍郎、兼直学士院。

⑧ (清)董天工:《武夷山志》卷7,《一曲下》,武夷山市市志编纂委员会整理,北京:方志出版社,1997年,第213页。

之。漫书一绝，以纪其实……"①这里的"政和丁酉"，即北宋 1117 年。但宋代武夷山的大部分题刻都是南宋时期的，这里作以简要总结。

从空间上看，南宋时期旅游题刻有如下的演变特征。朱熹之前集中在幔亭峰一带，即换骨岩出现两则较早期的石刻。②与朱熹同时期，题刻现象开始多了起来，主要分布在六曲响声岩和水帘洞。这个空间特征反映从朱熹时代开始，人们对武夷山空间的关注逐渐向九曲溪转移，水帘洞题刻的出现，与当时栖居现象的增多有一定的关系。南宋后期，一线天的题刻明显增加，大藏峰也开始出现题刻。这说明九曲沿岸游览空间扩大，向武夷山景区的纵深地带延伸，武夷山悬棺遗存，作为空间神秘性的标志，还是颇受关注的。

从旅游者行为特征来看，有些摩崖题刻简单地记载了旅游者的时间、空间特征，也有的清晰地记录了游览过程，反映当时人们的旅游兴趣和核心关注。如留元纲"试剑石刻"：

> 留元纲，嘉定丙子二月望日，同蒋应衡、周光□泛舟溯九曲，谒精舍，憩天游，赓文公之棹歌，访武夷之旧事。暮路冲佑，过观化堂，同宿于渡口。厥明，再至试剑石下，摩崖纪胜，缅怀玉虚三洞，一时诸友惜不共此游。女子潇侍行。③

宋宁宗嘉定丙子年，即 1216 年，留元纲赴温州上任途中，与朋友蒋应衡等共游武夷山，他们泛舟九曲，拜谒武夷精舍，唱和九曲棹歌，憩于天游峰。后来这几乎成了武夷之游的常规模式。值得一提的是，此题刻点明"天游"，这是最早见到的"天游"名称。题刻记录留元纲的女儿留子潇的名字，也是武夷山摩崖石刻中唯一留名的女性游客。从记载来看，这些旅游者在武夷山的游览行为，有观光，有拜谒，有作诗（赓文公之棹歌），访旧事，怀玉虚，自然与文化同

---

① （清）董天工：《武夷山志》卷 7，《一曲下》，武夷山市市志编纂委员会整理，北京：方志出版社，1997 年，第 220 页。

② 除了北宋政和年间的题刻之外，还有南宋绍兴年间的一则："建宁太守、无畏居士胡师文敬造武夷换骨岩。绍兴乙亥十二月，张净、王华国同来，幕宾王行可、邑宰王当、石景充后至。"绍兴乙亥年，即 1156 年。

③ 武夷山市地方志编委会：《武夷山摩崖石刻》，北京：大众文艺出版社，2007 年，第 29 页。这里的内容，与董天工《武夷山志》卷九下稍有不同，以《武夷山摩崖石刻》为准。

体,身体与精神并举,旅游体验是非常丰富的,古代旅游体验的质量也可见一斑。

南宋时期,除了朱熹的九曲棹歌题刻之外,还有 19 方摩崖题刻,其中"茶灶""升真元化之洞""逝者如斯""橘隐"4 方属于题字和题名石刻,剩余 15 方题刻都是"纪游"题刻,这从一个侧面说明,南宋中期以后,武夷山的旅游已蔚然兴起的事实。

小　结

南宋时期是武夷山旅游向纵深发展的重要阶段。随着国家政治、经济、文化重心的南移,武夷山作为新兴的名山与国家中心的距离更近了。武夷山出现一批知识分子,呈现群英荟萃的局面,他们在武夷山研讨学问,授徒讲学,同时也登山临水,赋诗吟唱,为武夷山的旅游发展起到极大的引领和促进作用。以朱熹为代表的思想大师,在武夷山创办精舍,长期栖居于此,眷恋山水,吟唱九曲,使得武夷山人文主义旅游的潮流逐渐兴盛并占据主导地位,以九曲溪为中心的审美空间格局基本形成。道教理论家白玉蟾栖居武夷,对武夷山的神话进行了新建构,但他本人也深受人文主义思潮的影响,他的游居武夷和神学建构,开拓了武夷山的空间属性。在朱熹等的引领之下,武夷山旅游呈现新现象,栖居游学现象开始兴盛,空间属性呈多样化趋势,旅游者也空前地多起来了,摩崖题刻及其数量都反映了这一点。

第七章
仙凡并举的元代旅游

南宋后期,自朱熹首倡的人文主义传统在武夷山已初步扎根,并产生了一定的影响,武夷山人文主义圣地的空间形象也开始呈现。统一之后,元政府非常重视维护儒家思想的正统地位,朱子理学得以在全国广泛传播,其影响远远超过了南宋。[①]

同时,元初统治者施行宗教宽容的政策,成吉思汗召见道教全真派掌门人丘处机,诏免道门的差役赋税。元代的道教教派中,北方以全真道为主,南方符箓各派逐渐汇合到龙虎宗的周围,形成正一道。所以,元代武夷山的道教,与江南道教一样,与龙虎宗有密切的关系。元天历二年(1329 年),诏令武夷山冲佑观改“观”为“宫”,并加赐“万年”二字,名曰“冲佑万年宫”,由观改宫,地位比前代有所提升。当时著名的道教宗师吴全节专门作诗《冲佑万年宫》祝贺,以纪念此一盛事,赞曰“武夷天赐万年宫,云隔蓬莱梦已通”[②]。由此,武夷山道教在元代又有所复兴。

由于上述两种因素,在元代从 1279 年到 1368 年约 90 年的时间里,武夷山旅游的发展,呈现儒道并举、仙凡混合的局面。元代国家统一,来往武夷山

---

① 蒙培元:《理学的演变》,北京:方志出版社,2007 年,第 129 页。

② (元)吴全节:《冲佑万年宫》,载(清)顾嗣立:《元诗选》二集卷 25,清文渊阁四库全书本,第 21 页 b。

旅游者的范围明显扩大了，武夷山旅游在元代有进一步的发展。[①]

一、仙游思潮的回归

元代武夷山的旅游，有一个新动向，即南宋后期逐渐受到质疑的神仙思潮又重新抬头，而且大有回归主流之势。而这一趋势的倡导者，大多是文人仕宦阶层。

浙江鄞县人陈观，是陈著[②]的弟弟，宋咸淳十年（1274 年）进士。据衷仲孺《武夷山志》记载，他入元后不仕，徜徉于山水间。[③] 陈观曾游武夷，作一首长篇纪游诗《武夷纪游》，清晰地描述了他的游踪。他首先沿九曲溪逆流而上，从九曲至灵峰一线天，在玄都观宿一休。对九曲两岸景物的描写非常生动，灵草萌瑞，繁花妩媚。第二天，登天游峰顶，危栏下视，群峰参差欲动，令人恍惚眸眩。陈观诗云"我本羽衣人，憩迹升真地"，明确自称"羽衣人"，视武夷山为"升真地"，可见神仙思潮的回归。[④]

曹休斋，生平不详，宋末元初人。[⑤] 董天工《武夷山志》也记载他的一首长篇五言纪游诗《题武夷》，记其在武夷山中的"十日留"。这是一篇上乘的纪游诗，对武夷山景物有生动的描写。如诗中描绘武夷山的形状，或圆，或锐，或平，或俯，或散，或攲等的千姿百态；形容武夷山的色彩，如莹玉明，如丹霞赤，

---

① 元代初年，浙江行省平章高兴于至元十六年（1279 年）经过武夷山，将茶农制作的"石乳"茶叶进献元朝皇室。至元十九年（1282 年），元朝廷诏令崇安地方官员每年贡茶 20斤。大德五年（1301 年），高兴的儿子邵武路总管久住，亲临武夷山督造贡茶。第二年（1302 年），朝廷专门在武夷山四曲溪南创办焙局，称御茶园，开始设置专职人员，负责贡茶，后来规模不断扩大。从此，武夷茶正式取代北苑贡茶，独霸天下，武夷山的影响也随之进一步扩大。

② 陈著（1214—1297 年），浙江鄞县人。曾任白鹭书院山长，擢太学博士，宋末元初文学家。其弟陈观，生卒年不详，宋末元初人。

③ 董天工《武夷山志》卷二十二把陈观列为明代人，有误。

④ （明）衷仲孺：《武夷山志》卷 9，明崇祯癸未年版，哈佛大学汉和图书馆藏影印本，第 12 页 b～13 页 b。

⑤ 《全宋词》有其作品，但其词中有元人刘近道，又有诗《曹休斋题熊退斋熊源书堂诗》，可见曹休斋可能是与熊禾同时代的宋末元初人。

如点涂黑，如翠滴青等的绚烂多彩。诗中涉及的景点有大王峰、幔亭峰、换骨岩、九曲溪、玉女峰、大小藏峰、仙鸡岩、大隐屏、伏羲洞、接笋峰、虎啸岩、一线天、水帘洞等。这是至此在武夷山旅游时间最长的纪游文献，也是旅游空间最大的案例。诗中还提及"膝石遗飞踪，骨岩坐枯蜡"，这也是关于蜡身遗蜕的最早记载。[①] 作者虽然以旅游者的角度观察和体验，描绘武夷风景如秋潭深沉，沙月曚明，但其中也涉及很多武夷山的神话传说，基本上是仙凡各半，神在作者的游览过程中，一直都是在场的，这是一次仙凡混合的旅游。

另一位宋末元初进士南城人车束[②]，在他的《入武夷》诗中透露，"一望升真开野烟，此行端是结仙缘……飘然便作乘风想，不待丹成到九天"[③]，此行的目的就是"结仙缘"，游于洞天之中，人早已飘飘然成仙了，不必等丹成才可以到九天。

同一时期，两位本地学者范师孔和林锡翁在神仙空间体验方面，也表现突出。范师孔是崇安本地人，曾读书武夷书院，宋亡后屏迹山林，优游而终。他有《再入武夷》，诗云：

> 几与溪山绝世缘，重来猿鸟只依然。悬崖野瀑飘成雪，近午岚霏暗尽天。水向未疏须识禹，山如深入定逢仙。洞中石鼎烹云处，此夜还来借榻眠。[④]

诗歌描绘武夷山为隔离尘世的猿鹤世界，洞中石鼎可烹云，半山雪瀑奏知音。作者相信"山如深入定逢仙"，表达了期遇仙人的愿望，一派仙游气象。

---

① （清）董天工：《武夷山志》卷22，《艺文》，武夷山市市志编纂委员会整理，北京：方志出版社，1997年，第708～709页。

② 车束，南城人。宋理宗淳祐七年(1247年)进士。

③ （清）董天工：《武夷山志》卷23，《艺文》，武夷山市市志编纂委员会整理，北京：方志出版社，1997年，第773页。

④ （明）衷仲孺：《武夷山志》卷12，明崇祯癸未年版，哈佛大学汉和图书馆藏影印本，第6页a～b。董天工《武夷山志》卷二十三中，同一首诗题名《夏入武夷》，可能是抄误。《宋诗纪事》和《御选宋诗》都题名《武夷山》。根据诗歌内容，衷仲孺《武夷山志》所记《再入武夷》，更为合适。

林锡翁①是元初本地学者,现存4本《武夷山志》中,记载很多他关于武夷山的诗,如《接笋岩》《金鸡岩》《猫儿峰》《题天游观壁》《隐求斋》《大王峰》《仙掌峰》《游武夷》等纪游诗多篇。几乎每首诗都离不开神的影子,诗中多次提及"修真""仙家""琳宫""长生""丹砂""白鹤""仙踪""仙蜕"等关键词,可见元初乃至整个元代,体验神的回归,已成为武夷山旅游现象的重要特征。

林锡翁纪游诗反映的空间比较完整,有很多重要的信息。在《游武夷》诗中,林锡翁说:"琴剑来游冲佑宫,道人指引看仙踪。"一个文人书生来游武夷宫,导游的道人引导他看仙踪。"仙蜕有函丹灶冷,洞天无锁白云封。寻真更觅桃源路,回首云山几万重。"②但他看到的是丹灶已冷,洞天云封。"寻真"的同时,也不忘寻找心中的桃花源。另一首《大王峰》诗云:

> 突兀奇峰耸汉间,危梯万丈可跻攀。天然一片石上石,日落几重山外山。九转丹砂多变化,千年白鹤复飞还。我来欲作烟霞伴,蜗角蝇头未放闲。③

据诗文可见,林锡翁当时应该登上了大王峰,但一直在寻觅仙踪的他,并未提及明代甚为流行的"张垓仙蜕"和"徐仙仙蜕"之事,这从一个侧面说明,在元代初年的大王峰,"仙蜕"之事尚未出现。④

林锡翁还有一首《题天游观壁》诗:

> 览遍溪山最上头,琳宫贝阙更清幽。虽然未得长生诀,也道曾从天上游。⑤

---

① 有资料称,林锡翁为宋代南平人,董天工《武夷山志》将他安排在元代,更为恰当。因为他的诗有题"天游观"名,而天游观创建于元代初年。
② (清)董天工:《武夷山志》卷23,《艺文》,武夷山市市志编纂委员会整理,北京:方志出版社,1997年,第770页。
③ (清)董天工:《武夷山志》卷6,《一曲中》,武夷山市市志编纂委员会整理,北京:方志出版社,1997年,第162页。
④ 同一时期,林芳的《登升真观》,表明作者登上大王峰,但也未提及任何蜡身仙蜕之事。
⑤ (清)董天工:《武夷山志》卷12,《六曲》,武夷山市市志编纂委员会整理,北京:方志出版社,1997年,第386页。

　　这是第一次明确提及"天游观"的诗。又据宋末元初任士林①的《武夷山天游道院记》记载,武夷山天游道院,"创始丁酉岁,以癸卯既",即1297—1303年修建,它的创办者为"郡人刘时中父子,松溪潘佼、成希征、张德懋,实开山承规以翼者"。可见,天游观实名"天游道院",最早建成于元代1303年。据任士林记载:"天游道院,在武夷溪第六曲仙掌岩之巅。屋若干楹,中以为堂,周以为序,密以为室,廊以为亭,列楯游空,下瞰物状。堂之中,图以太极,修真之士处焉。"②可见林锡翁的《题天游观壁》诗,应该作于天游道院建成之后。

　　从南宋时期的1216年,留元纲"试剑石刻"首次提及"天游"之后,宋末元初建阳人刘边的《天游峰》诗,是第一首关于天游峰的诗。前文提到陈观的《武夷纪游》也提及登天游峰顶,一览群峰,参差奔涌。这些题刻、诗歌,标志着南宋中后期至元代初期,武夷山的旅游空间已经扩大至天游峰区域。③

　　按照林锡翁的诗,站在天游峰顶,人们能够"览遍溪山最上头","虽然未得长生诀,也道曾从天上游"。虽然得不到什么长生的秘诀,但也总算曾到"天上"一游。"天游"的意义,有超越自我有限存在的精神内涵在其中。

　　所谓的"仙游",从体验的角度看,这类旅游的目的或多或少都会受到神仙意象的引导或影响,自然就会对空间里的神性建构有一定的关注,甚至在心理上可能怀有某种神仙的想象。由于仙游常常是被神仙空间所吸引,即便是审美的元素,也常常与空间预设的"神仙"意象密切相关,因此它不同于受纯粹空

---

①　任士林(1253—1309年),字叔实,号松乡,奉化人。

②　(元)任士林:《松乡集》卷1,清文渊阁四库全书本,第13页b～14页a。另据劳堪《武夷山志》有关天游观的专门记载,与这里的记载有所不同,摘录如下:"天游观——在六曲天游峰顶,元道士刘碧云、张希微肇基,法师张虚一栖真于此,奏请敕额。年久几废,嘉靖丙戌道士詹本初重建。至丁未岁,方士杨高辉改移门径,嗣汉四十八代天师张彦頨为书扁(匾)曰'天游仙观'。"参见(明)劳堪:《武夷山志》卷3,《云构篇》,明万历辛巳年版,国家图书馆藏本,第8页a。董天工《武夷山志》卷十二记载更加简略,但把道士刘碧云和张希微记为宋代。这里根据上述记载,结合其他诗文记载,综合考量,认为天游观建于元代初年是可靠的。至于天游观创始人记载的差异,因任士林为当时人,所以他的《武夷山天游道院记》应该更为可靠。

③　同一时期,陈元英也有《天游观》诗云:"夜入琼宫锦袖冷,始知身在白云中。"可见宋末元初的时候,天游峰开始成为人们游览过程的必要环节,天游观还提供了住宿的便利。

间元素吸引的审美体验。但不能否认，神仙空间也体现着空间的吸引力，其中也渗透着人们超越自我有限的精神需求。因此，仙游也是人与外在空间之间的一种情感交换关系，一种精神体验。

董天工《武夷山志》记载元代廉公允的《游武夷》诗一首，诗记作者来到武夷山，"下马引方竹，缓步穿衡冈"，感受到洞天深处，时闻风露香，猿清山昼长，与当时山外"大地几荒落，野马奔尘光"的战乱局面形成了鲜明对比。主人公想象紫云房，珊瑚床，仙人碧眼双眸，散发参差。在神仙意象中，作者早已"便欲谢世人，乘云归帝乡"。[①] 从内容上看，作者受到武夷山神仙空间的影响十分明显。动乱中的人们，需要精神的抚慰，这可能是元代初年神仙思潮回归的重要原因。

元诗四大家之一的范梈[②]，人称文白先生。他在《建安馆夜坐听流水》中说："平生慕爱武夷君，及此名山阻白云。九曲水声流过郡，夜深犹得世人闻。"[③]身居下游，夜里听闻九曲溪水流过身边，心中仰慕武夷君，希望能一瞻其真容。范梈与理学家、诗人杜本是朋友，在与他的书信往来中，甚至把杜本也列入仙班，可见受武夷山神仙空间意象的影响较大。听闻树间鸟雀声，联想到"树间乌鹊声频好，天上麒麟格自高。独有武夷看未了，野人寄语压香醪"[④]。在作者看来，武夷山乃天上麒麟，神格自高，春去秋来看未了。

元末诗人蔡廷秀[⑤]，《御选元诗》有他《武夷山》长诗一首。诗称自己"早年南北几去来，太行祝融穷天台。石门雁荡今回首，风斯在下生尘埃"。今年从广东罗浮山来到武夷山，感叹"平生足迹山水窟，二山冠绝天下奇"。武夷山果然是神仙之景，"何须世外寻蓬瀛，斫藤缚屐昆仑岭"。诗中很多仙子、天孙、子

---

① （清）董天工：《武夷山志》卷22，《艺文》，武夷山市市志编纂委员会整理，北京：方志出版社，1997年，第710页。

② 范梈（1272—1330年），字德机，清江人。元代诗人。

③ （元）范梈：《范德机诗集》卷6，清文渊阁四库全书本，第2页b。

④ （元）范梈：《风止闻鹤》，载（清）顾嗣立：《元诗选》初集卷29，清文渊阁四库全书本，第16页a。

⑤ 蔡廷秀，字君美，松江人。《江南通志》说他官江西行省。董天工记为明人，《御选元诗》则记为元代人。从后者。

乔、麻姑、王母、轩皇等神仙形象,萦绕其中。想象幔亭峰上,招宴重演,最后"天仙笑骑白鹤去","我亦醉下山之冈"。① 作者已沉醉于人神共游的仙游想象之中。蔡廷秀的这首诗,反映了武夷山游仙思潮的继续和扩大,也是武夷山游仙诗中的上品之作。②

此外,元代著名文学家萨都剌③和贡师泰④的武夷之行,也都充满了仙游的色彩。至元二年(1336 年),任闽海福建道肃政廉访司(福州)的萨都剌,期满出闽,途中经游武夷。在武夷山,萨都剌拜会寓居武夷的杜本,应邀为武夷宫住持张一村辑录的《武夷山诗集》作序。他宿武夷宫,周览竟日,留下纪游诗文多篇,如他诗集《雁门集》卷一中有《度岭與至崇安命棹建溪》(《过岭至崇安命棹之建溪》)、《宿武夷》(《会真观》)、《望武夷》(《舟中口号》)、《会杜清碧》(二首)、《武夷馆方池》等⑤,以及董天工《武夷山志》辑录的《武夷山》、《武夷漫题》(二首)等。萨都剌"借宿武夷宫","传语武夷君"(《宿武夷》),感受到"武夷之境多神仙",希望能"便从此地觅真隐"(《武夷馆方池》)。又如他《武夷山》诗云,"神仙曾到有遗迹,天地已来无此山","天宫借得宁王笛,骑取萧郎赤凤还"。⑥ 从萨都剌的每一首武夷纪游诗中,都能体会到神仙的在场,以及对人神共游的渴望。散文家贡师泰,也曾游武夷。他有《游武夷》一首,诗中提及架壑、玉女,想象仙鹤翩翩起舞,"幔亭箫管会真仙"的人神相会场面。⑦ 同样也是神的在场,有浓厚的仙游气氛。

---

① (清)张豫章:《御选宋金元明四朝诗》,《御选元诗》卷 32,清文渊阁四库全书本,第 39 页 b～40 页 b。

② 蔡廷秀另有一首诗《一览台》,诗云:"天游峰顶看溪山,万壑千岩一览间。夜半道人朝斗罢,坐听飞瀑响潺潺。"参见(清)张豫章:《御选宋金元明四朝诗》,《御选元诗》卷 75,清文渊阁四库全书本,第 36 页 b。这是最早的"一览台"诗。

③ 萨都剌(1272/1300—1355),字天锡,号直斋,雁门人。元代著名诗人、画家,至元三年丁丑(1337 年)迁官出闽,过武夷。

④ 贡师泰(1298—1362),字泰甫,号玩斋,宣城人。元代著名散文家,元泰定四年(1327 年)进士,历吏部侍郎、礼部尚书,至户部尚书。尝游武夷。

⑤ 括号内为同一首诗的董天工《武夷山志》题名。

⑥ 董天工《武夷山志》卷二十三题名萨天赐,萨都剌字天赐。

⑦ (清)董天工:《武夷山志》卷 23,《艺文》,武夷山市市志编纂委员会整理,北京:方志出版社,1997 年,第 772～773 页。

类似的还有王都中的武夷之行。他在《武夷山》诗中描绘武夷山层崖叠翠，台阁倚云，又有"灵函锁仙蜕，神物护蓬莱"，表达"何当结茅屋，时与神仙过"的愿望。[①] 陈显曾到武夷山，感受到这里似乎是与世相隔的神仙幻境，"初疑公孙氏，问道趋崆峒。又疑安期生，息驾玄圃中"，幻想自己能够"绵绵葆真素，接佩从群公"。[②] 陈君从游武夷山留诗多首，其《金鸡洞》诗云"啄余丹颗亦成仙"，也产生了成仙升天的幻想。神仙的影子，一直与旅游者相伴。像这样偏重神仙空间体验的旅游者还有很多，如孟惟诚、吴借借、王翰、雅勒呼、马皋、邓生、王逸、陈显会、刘仁本以及僧斯文等。在他们的武夷纪游诗文中，较多地渲染武夷山的仙境氛围，希望能够与武夷君等群仙相会，以及主观的"寻真""访仙"等目的，都是仙游体验的特征。

曾任监察御史的何守谦，游武夷山，作词《临江仙·游武夷》两首，其一云：

梦寐武夷仙岛上，一来欲浣羁愁。山灵何事厌人游，白云封洞口，微雨暗溪头。

顾我平生非俗客，豸冠此日清流。好将仙籍姓名收，他年勋业了，准拟卜菟裘。[③]

武夷是仙岛，山灵是在场的，与人有内在的精神沟通。我非一般的俗客，好将姓名收仙籍。满满的成仙幻想，是典型的仙游体验。

上述资料表明，元代武夷山的仙游并非个案，甚至一度形成潮流，也可以说是南宋中期以来人文主义潮流的一种逆行。产生这种现象的原因主要有三个：其一，武夷山根深蒂固的洞天建构在全国影响的扩大。其二，元朝政府实行宗教宽容，道教在当时有进一步的发展，武夷山处在南方道教发展中心区域（龙虎山），宗教影响力进一步扩大。其三，朝代交替的社会动荡，加剧了人们

① （清）张豫章：《御选宋金元明四朝诗》，《御选元诗》卷66，清文渊阁四库全书本，第37页b。

② （清）张豫章：《御选宋金元明四朝诗》，《御选元诗》卷21，《武夷山》，清文渊阁四库全书本，第14页a。

③ （清）董天工：《武夷山志》卷23，《艺文》，武夷山市市志编纂委员会整理，北京：方志出版社，1997年，第751页。

的精神痛苦。宗教神学思潮的回归,有深刻的社会根源。

二、人文主义的继续

宋末元初,词人覃怀高和罗庆分别写有《水调歌头·游武夷》①,是以"游武夷"为题作词的开始。两首《水调歌头》均表现出清晰的人文主义色彩。不妨先看覃怀高的《水调歌头·游武夷》:

> 翠蕤插云表,初意隔仙凡。临风据案一见,邂逅似开颜。几欲拏舟九曲,便拟扪参绝顶,直下俯尘寰。聊此税吾驾,赢得片时闲。
>
> 问仙人,缘底事,去不还。长风浩浩何许,清梦杳难攀。只有苍烟古木,好在清湍白石,依旧画图间。回首武夷路,窈霭没云鬟。②

上阕描绘人在山中,体验到身隔仙凡的感觉,想泛舟九曲,登绝顶,俯瞰尘寰下界,似乎是天上一游。下阕直接问仙人何事去不还,只留下长风浩浩,古木苍烟,好在还有清流急湍,周旋在画图间。我们感觉到,虽有问仙之语,但仙人已经离开了这个世界,一去不复返,只留下青山自青山、白云自白云的自在世界。人在画图中,审美地存在。如果说覃怀高还比较偏重景观描绘的话,罗庆的《水调歌头·游武夷》,则更多地表达人的感觉体验:

> 雨晴山泼翠,溪净水拖蓝。闲来共陪杖屦,邂逅已成三。齿齿清泉白石,步步碧桃翠竹,是处恣幽探。行到钓台下,怪树荫空潭。
>
> 踏芳洲,寻别馆,履巉岩。壶天日月长在,云气满东南。沽得一尊浊酒,唤取山花溪鸟,听我醉中谈。异日再过此,端为解征骖。③

山晴,溪净,泉清,"踏芳洲,寻别馆,履巉岩",沽浊酒,唤山鸟,醉里闲谈。

---

① 覃怀高《水调歌头·游武夷》是早期关于武夷山的词,但无作者具体信息。《福建通志》和朱彝尊《词综》都把这首词安排在宋代,袁仲孺则将它安排在元代。罗庆《水调歌头·游武夷》,也无作者具体信息。《福建通志》安排在宋代,朱彝尊《词综》则安排在元代,袁仲孺也安排在元代。这里统一认为,他们大约是宋末元初人。

② (清)朱彝尊:《词综》卷22,清文渊阁四库全书本,第10页b。

③ (清)朱彝尊:《词综》卷30,清文渊阁四库全书本,第12页b。

人在山水中的审美，看似简单，却体验着不老的壶天，摆脱人间的有限，但并不是渴望饮丹成仙，而是人在壶天的当下经验。

同样是宋末元初诗人的刘说道①，游武夷山，并作《宿武夷观》《玉女峰》《大王峰》《升真洞》《大隐屏》《伏羲洞》《御茶园》《更衣台》《文公书院》等10余首纪游诗。从这些诗歌表达的内容和情感体验上来看，其基调是自然的，情怀是人文的，是游人的视野和审美的范式。如《宿武夷观》，虽在冲佑观，不见任何洞天地仙，却说"扁舟计已具，清晓泛春绿"，只是期待明日清晨，泛舟九曲。② 他的《玉女峰》诗，清晰表明了这一点：

> 嘉名实世想，奇态明天造。亭亭照绿水，独立为谁好。日日看游人，游人还自老。③

所有的神都不存在了，只有亭亭独立水边人，日日看"游人"，游人自老，玉女常春。这是朱熹所开辟的亭亭玉女、插花临水、不复荒台、几重山翠的人文主义审美意象的继续。刘说道《大王峰》诗，更是如此：

> 高标凌苍穹，卓尔信奇绝。雄镇东南维，万古终不折。我欲借虹桥，峰头玩秋月。④

大王峰头的悬棺遗迹，作者只字未提，表达的却是借虹桥，到峰头，弄秋月的意愿，是纯粹的人文体验。⑤ 整体而言，刘说道诗歌所反映的思想和情感倾

---

① 《福建通志》和《宋诗纪事》都将他列在宋代，袁仲孺《武夷山志》将他安排在明代。因他有《御茶园》诗，所以宋代不可能，这里认为元初较为合适。

② （清）厉鹗、马曰管：《宋诗纪事》卷83，清文渊阁四库全书本，第19页b。董天工《武夷山志》卷五同诗题名《会真庙》，从内容上看，前者更合适。

③ （清）厉鹗、马曰管：《宋诗纪事》卷83，清文渊阁四库全书本，第19页b～20页a。

④ （清）董天工：《武夷山志》卷6，《一曲中》，武夷山市市志编纂委员会整理，北京：方志出版社，1997年，第162页。

⑤ 刘说道与林锡翁都有题名《大王峰》的诗，它们是最早以"大王峰"为题名的大王峰诗，在此之前的宋代，人们更多地以"天柱峰"称现在的大王峰。也就是说，今天的大王峰，最早在魏晋南北朝时期，名"武夷山"，这也是"武夷山"之名的最初含义。唐宋时期，人们称大王峰为"天柱峰"。元朝至今，它才被更为普遍地称为大王峰。董天工《武夷山志》卷六载宋代李纲题名为《大王峰》的诗，《梁溪集》则题名《天柱峰》，《梁溪集》所载更为准确。

向,其人文主义特征非常明显。这是南宋之后,朱熹在武夷山"人文日已开"的延续和发展。[①] 同一时期,还有吕伯起、杜春圻、王仲敬、胡一中等,在他们纪游诗中,都表现出明显的人文主义色彩和特征。

至正间(1341—1368 年),儒生王申伯[②]作《重游武夷》诗,表明他曾两次或多次到武夷山旅游。作者是浙江义乌人,在古代条件下到武夷山也算是远距离的重游,是很难得的。诗中称人在武夷山,"溪声洗净是非耳,山色挽回名利心","隐屏仙子开皇极,欸乃清歌好重寻"。[③] 这里将山水与名利对立,认为山色溪声能使人摆脱功利的缠绕,获得心灵的安宁和清静,这是旅游充满吸引力的主要动力之一。

董天工记载,元天历间(1328—1330 年)进士林泉生[④]有《武夷怀古》五言长诗一首。诗中虽曰千山武夷,神仙所居,但却对所居的神仙产生了怀疑。他质问既然神仙的精神已升天,为何却留下蜕骨在这里。既然幔亭宴会,曾孙与神共舞,"何不与之俱",为何不与神仙相随,只留下丹鼎冷灰。再者,"当时烧白石,黄金满烘炉",据说仙人当初炼丹的时候,黄金满炉,但"黄金果何用,亦为仙所需"? 既然是神仙,黄金亦何用。因此可知,"安期不可见,此事知有无"。安期生并不可见,神仙并不存在。[⑤] 这哪里是怀古,简直是怀疑。但林泉生真正缅怀的是朱子,"吾将搴束茅,来依紫阳庐","邀游青山间,心朗气亦舒"。[⑥] 愿依紫阳庐,畅游青山间,心朗气舒,优游永昼。这是宋元之际人文主义思潮对神仙空间建构冲击的继续。从中还可以看到,朱子的光芒已经开始

①　(清)董天工:《武夷山志》卷 11,《五曲下》,《伏羲洞》,武夷山市市志编纂委员会整理,北京:方志出版社,1997 年,第 337 页。

②　王申伯,浙江义乌人。元代"儒林四杰"之一的黄溍曾说,自己与王申伯是同乡,而黄溍是浙江义乌人。

③　(清)董天工:《武夷山志》卷 23,《艺文》,武夷山市市志编纂委员会整理,北京:方志出版社,1997 年,第 772 页。

④　林泉生,字清源,永福人。元天历中进士,福清同知。尝游武夷。

⑤　指汉武帝听从李少君的建议,派人赴东海神山,寻找神人安期生,求赐仙药,但无果而终。见前文。

⑥　(清)董天工:《武夷山志》卷 22,《艺文》,武夷山市市志编纂委员会整理,北京:方志出版社,1997 年,第 707～708 页。

显露,逐渐成为武夷山新的吸引力因素,武夷山作为人文圣地的空间属性和文化形象正在形成。

元末人常允恭游武夷山,作《成皋岩小酌》诗云:

> 溪上春深花乱开,山中无处着纤埃。历将王霸从头数,几见神仙换骨来。石涌白波惊滟滪,云开丹壁即蓬莱。道人酒熟能招饮,野褐重来更莫猜。①

山中与尘世形成了对立,历史上长江后浪推前浪,霸王一个接一个,却从未见一个神仙来到人间。这是冷静客观的态度,完全的人文色彩。常允恭又进一步提出"云开丹壁即蓬莱",哪有什么洞天神仙,云开雾散,丹壁自见,即蓬莱仙境,应珍惜当下的生活世界,珍惜与人共在的山水瞬间。

人文主义发展的必然,是纯粹的山水审美时代的到来。元代武夷山旅游者山水审美体验的时代特征,也非常明显。

三、山水审美时代的到来

"地老天荒几变迁,武夷尤是旧山川",这是元初诗人李光璧《灵岩一线天》的诗句。② 九曲东流,曾孙易代,无论世界如何变幻,武夷依旧是山川。不论如何建构,人终究要面对的依然是山和水,依然是蓝天和白云。当所有的神仙都远去,所有的光环都褪去的时候,就只剩下人与山水之间的直观照面。我们发现,元代武夷山旅游者的纪游诗文中,越来越多地呈现出人与山水之间纯粹的审美关系,这意味着武夷山旅游一个新的时代,即审美时代的到来。

号称西岩老人的元初词人张之翰③,平生爱山水,曾游武夷,对武夷山十

---

① (清)董天工:《武夷山志》卷13,《七曲》,武夷山市市志编纂委员会整理,北京:方志出版社,1997年,第434页。

② (清)董天工:《武夷山志》卷8,《二曲》,武夷山市市志编纂委员会整理,北京:方志出版社,1997年,第248页。刘克庄和魏了翁两人都曾提及李光璧,可能是宋末元初人。

③ 张之翰(1243—1296年),字周卿,晚号西岩老人,邯郸人。历御史台掾、翰林侍讲学士,知松江府事。元代词人,有《西岩集》。

分痴恋,并题诗三首。他的《纪游》诗简约而清澈:"去年入闽峤,今年游武夷。平明一叶舟,径入九曲溪。"①没有一丝黏滞,没有任何纠缠,只有简单到不能再简单的游程,扁舟一叶,径入九曲。他在《题许道宁着色山水图》诗云:"平生谈癖不可医,每逢山水须娱嬉。黄尘千丈眯人眼,偶堕此境有一奇。初见舟一叶恍如,仰看天柱游武夷……"②接着便是他对游武夷的回忆,泛舟九曲,谒紫阳书院,渡星渚,依修竹,乘月而归。据诗文,作者所见山水奇绝,惊心骇目,不可言说,体验到的是万象清新,沁人心脾。诗中全然不见任何神的影子,但见紫阳先生的光芒已现,只剩纯粹的人,纯粹的人与山水之间的情感交换。

又有张之翰《题林丹山诗轴因以饯之》诗云:

> 武夷丹山最巉屼,蒲阳壶山亦屏颜。林居兴化翁建安,不取壶山取丹山。③

"不取壶山取丹山",这是一种明确的态度,是人文主义发展的必然结果,不需要神性的纠缠,只剩下人与山水之间纯粹的审美关系。张之翰的这句话,可以作为元代武夷山山水审美时代开启的标志。

邵武人黄清老④,是元泰定四年(1327年)进士,李清馥在《闽中理学渊源考》称他有"盛唐之风"。黄清老曾游武夷,留下纪游诗两首。其中,《入武夷霁色可喜》云:

> 积雨多浮云,百川合为一。新晴落花深,草径没行迹。溪风淡和柔,天宇浩澄碧。诸峰出云间,净若露初拭。迟迟策驽马,稍稍度翠壁。从人不知疲,佳境恣所历。松间古仙人,燕坐松下石。羽化今几

---

　　① (清)董天工:《武夷山志》卷22,《艺文》,武夷山市市志编纂委员会整理,北京:方志出版社,1997年,第709页。

　　② (元)张之翰:《西岩集》卷4,清文渊阁四库全书本,第8页b。

　　③ (元)张之翰:《西岩集》卷4,清文渊阁四库全书本,第2页a。

　　④ 黄清老(1290—1348年),字子肃,邵武人。

年,苍苔满双屐。乾坤妙无言,小大自有得。为我谢群芳,春风各努力。①

这里,只有纯粹的百川、新晴、草径、溪风,以及诸峰、佳境和苍苔,闲坐松下石,只见苍苔满满。这里体验到的只是乾坤之妙不可言,小大无分各自得。乾坤无言,小大自得,是从哲学上考虑人的寿夭自有天定,再说小大各自为适即为天,不必追求长生不老。在黄清老看来,没有洞天,也没有神仙,只有人与山水之间纯粹的情感交换。黄清老的《武夷道中》诗,确实有透彻玲珑、不可凑泊的盛唐之风,是元代武夷山审美旅游的典型代表作。

同一时期,人称"邵庵先生"的虞集②,有短篇《清微太和宫记》云:"武夷之山,其水九曲。层林叠巘,攒奇累秀。跬步转移,万态亿状。引舟濯缨,清澈心骨。精神之聚,特在十余里之间。"③这不仅是对武夷山水的又一个精确评价,认为武夷山水精华在九曲,而且认为山水能够对人产生清澈心骨的精神塑造作用,反映了元代部分文人"不取壶山取丹山"的文化和心理取向。

御史解之昂经游武夷,作《游武夷》诗:

……一身系官囚,半刻怡神难。临风长呼啸,白首空悲叹。扁舟适然过渡口,武夷闽越为名山。仙灵应喜远客至,寒泉弄玉峰垂寰。猿啼鹤唳山月白,坛高石润天风寒。人间百年如一瞬,山中长夜何漫漫。琼津漱罢万虑绝,飘飘思入秋云间。浮世之乐分不足恃,虚名渐逼头生斑。劝君归去来,自有延年丹。长生未可期,聊复居尘寰……④

---

① (清)董天工:《武夷山志》卷22,《艺文》,武夷山市市志编纂委员会整理,北京:方志出版社,1997年,第706页。《元诗选》二集卷十五,同诗题名《武夷道中》。根据内容,董天工《武夷山志》更为合适。

② 虞集(1272—1348年),字伯生,号道园,临川人。元代著名学者和诗人,历翰林待制、奎章阁侍书学士等。

③ (清)董天工:《武夷山志》卷14,《九曲》,武夷山市市志编纂委员会整理,北京:方志出版社,1997年,第461页。

④ (清)董天工:《武夷山志》卷22,《艺文》,武夷山市市志编纂委员会整理,北京:方志出版社,1997年,第726页。

作者认为,一旦为"官"即为囚,半刻的怡神都很难,空悲切,白了少年头。扁舟适然过渡口,来到武夷山,仙灵喜远客,寒泉弄玉,万峰垂寞,人间百年如一瞬,山中长夜何漫漫,全然没有时间的紧迫。在自由自在中获得无时间的体验,是旅游审美的核心。经过美的洗涤,尘虑皆断,思飘云端,虚名和浮世都不可靠,劝君归来兮,不为长生延年,但居尘寰画中闲。山水审美的对立面是现实生活的压抑,置身山水间,纯粹简单的流连,是日常生活所无法领会的审美经验,这正是旅游的魅力所在。

元末明初人周草庭①,曾游武夷山,留下《咏武夷》一首。他首先从武夷山风景的变化多端入手,以恰当的形容和描绘武夷山,色似"金芙蓉",形似"万马奔",狮子献奇瑞,幔亭宴罢虹桥断,晴川曾孙舟可渡。置身这样的空间之中,"顿觉人世隔一派",遥想"晋贤曾引兰亭杯,渔翁笑指桃源路"。自言从仙窟雁荡、天台而来,匡庐、衡岳也曾便览,可说是足迹半天下,但还是"为爱此山还驻马","盘桓半日神骨清,回视浮名如土苴"。实际上是作者描绘了一个超越惯常环境的精神体验,其中有超越日常的空间体验,又有山水审美的精神享受。他从描绘武夷形态入手,然后对比兰亭与桃源,以及自己曾游的雁荡、天台与衡岳,表达自己特别爱此山,盘桓于此令人神骨清爽,顿觉浮名如土。"寻真未了忽思凡,始悟九曲成三三"。② 本是寻仙而来,但游览武夷山水之后,却更加依恋奇美无比的人间。恍然如梦的武夷之行,可以说让人间战胜了仙境。周草庭《咏武夷》所反映的旅游审美体验,具有一定代表性和转折意义。

元末名臣李惟馨在《拙庵看山图序》中说:"山水佳丽,武夷为最,次则太行。"③这是元代人对武夷山的最高评价。需要注意的是,这里评价标准不再是"洞天",也不是"名山",而是"佳丽",即以"审美"的范式看武夷山,也具有极高的品位。李惟馨还进一步用白居易的山水理论评说道:"大凡地有胜境,得人而后发。人有心匠,得物而后开。境心相遇,固有时耶。"④

---

① 周草庭,驸马都尉,云南巡检。
② (清)董天工:《武夷山志》卷22,《艺文》,武夷山市市志编纂委员会整理,北京:方志出版社,1997年,第728～729页。
③ (明)何镗:《古今游名山记》卷8,明嘉靖四十四年庐陵吴炳刻本,第25页a。
④ (明)何镗:《古今游名山记》卷8,明嘉靖四十四年庐陵吴炳刻本,第25页b。

胜境"得人"而后可发。自宋代朱子人文主义兴起至此,将近200年的时间,武夷山已经逐渐从洞天福地,向人文圣地、山水胜地转化,这一转化,离不开包括朱子在内大量栖居者和旅游者的发现、表达和呈现。

严格地说,仙境与人文,人文与审美,并没有什么绝对的界限,人们体验到的往往是三者的合一,对山水空间的体验也总是综合的,无法绝对区分。所以从某种程度上说,旅游空间是一个被建构的空间,它的吸引力属性,可能来自多个方面。高品质的旅游目的地,往往是一个综合的空间。

这里,以林方的《苍屏岩》为例。作者并不知名,生卒年不详,但他的小诗却意味深长。"天下名山无此景,人间何地更寻仙",这是对武夷山很高的评价。这里有"古洞"和"丹室",还有仙家种玉田,一边是神仙洞府,一边是生活的场景。那么这样的空间会对人产生什么样的情感,是成仙升天,还是漫游其间,作者自云"我欲携书来此隐,苍屏峰下弄云泉"。[①] 读书其间,栖居其中,拨弄云泉。可见作为仙境的空间,对应的不一定都是神仙幻想,可以栖居,可以读书,也可以游观,正如郭熙"可行、可望、可居、可游"之谓。类似这样的游览活动,有资料记载的还有裴守中、黄庭美、刘明叟、吴彦博、雷枫等,这里不一一列举。

四、棹歌唱和的新格调

自从南宋朱熹首倡九曲棹歌之后,很多文人来到武夷山,畅游九曲溪的时候,总是一边赏玩山水,一边唱咏棹歌,还不断有人唱和,创作新的九曲棹歌。唱和九曲棹歌,是武夷山旅游史上独特的旅游文化现象。元代的棹歌唱和,出现了新的格调。

宋末元初人蒲寿宬[②],祖籍阿拉伯,在广东梅县做官,两次来到武夷山。

---

① (清)董天工:《武夷山志》卷12,《六曲》,武夷山市市志编纂委员会整理,北京:方志出版社,1997年,第405页。

② 蒲寿宬,生卒年不详,字镜泉,号心泉,先祖为阿拉伯人,居泉州。南宋末年,曾知梅州。有《心泉学诗稿》六卷,《四库全书·提要》考为宋元之际人。

作《游武夷九曲》《题武夷》《玉女峰》等诗。还有《重游武夷偶成棹歌一首》云：
"一派弯环九曲溪，溪深溪浅净无泥。鹭鸶不作窥鱼计，飞入屏风也似迷。"①
蒲心泉的武夷山纪游诗，表现出山水审美的清新闲雅之致。他重游武夷的棹
歌，虽不是和朱熹棹歌，但毕竟受到武夷山棹歌文化的影响。

元末明初的余嘉宾②，有《武夷九曲棹歌》九首，但这个棹歌与其说是唱
和，倒不如说是创作。棹歌开始就创设了武夷君威武降临的场景，"羽节来时
鹤一群"，幔亭招宴之后，不是虹桥一断无消息，而是听到"虚皇环佩响"，手攀
寄彤云，一派神仙气象。接下来"鸡犬住烟霞"，"玉皇金案前"的空间场景，神
仙并没有离开人间，而是始终都在场。③ 从一曲到九曲，几乎所有空间都是神
仙之境，神一直是这个空间的主人，明月瑶台去，玉皇宴归来，身披九霞衣，步
虚声歌里，全是神仙空间的想象和演绎。

这显然不是朱熹棹歌的意韵，而是神的格调，表明神仙思潮在武夷山的重
新回归。这反映了元明之际，道教神学思想在武夷山的复兴。直到明中后期，
乃至明清之际，人文主义再次兴起，人们从根源上否弃了神仙思想，人文主义最
终占据主导地位。余嘉宾的这组九曲棹歌，反映了元代棹歌创作的新格调。④

当然，元朝时期还有蔡哲的棹歌十首和蓝容的《棹歌九首次文公韵》，两者
均依朱子思想和格调，关注的核心是人而不是神，如蔡哲棹歌八曲云"匆匆多
少游山者，得道源头有几人"⑤，与朱子一样表达了类似的关注。他们呈现出
共同的人文主义思潮和特征。这里不再一一详述。

值得一提的是，朱熹九曲棹歌在元代早已走出武夷，传布四方。元末画家

　　① （元）蒲寿宬：《心泉学诗稿》卷6，清文渊阁四库全书本，第6页b。
　　② 余嘉宾，岳州平江人。至正七年（1347年）乡荐，历监察御史，明初与刘基也有往
来。董天工《武夷山志》卷四明确他是元人，所以这里按元末明初。
　　③ （清）董天工：《武夷山志》卷4，《棹歌》，武夷山市市志编纂委员会整理，北京：方志
出版社，1997年，第107～108页。
　　④ 与他格调类似的，还有余昌会的《九曲棹歌次文公韵》。
　　⑤ （清）董天工：《武夷山志》卷4，《棹歌》，武夷山市市志编纂委员会整理，北京：方志
出版社，1997年，第106～107页。

倪瓒①，虽然没有到过武夷山，但他在《送张炼师游七闽》中写道：

> 高士不羁如野鹤，忽思闽海重经过。舟前春水他乡远，雪后晴山
>
> 何处多。鹬鰊卧云芳草细，钩辀啼树野烟和。武陵九曲最清绝，落日
>
> 采苹闻棹歌。②

这里的"武陵九曲"实指武夷山九曲溪，因为他的朋友要入闽，显然倪瓒对武夷山、九曲溪和九曲棹歌，早有所闻。与此同时，也开始出现文人效仿朱熹武夷九曲棹歌，吟唱其他地方棹歌的现象。又据《御选元诗》记载，天台人曹文晦也作《九曲樵歌十首》，其序言云："昔考亭朱夫子作《武夷九曲棹歌》，余少小爱之，诵甚习。近登桐柏岭，路盘回亦有九折，因仿之，赋《桐柏九曲樵歌》，固不敢较先贤之万一，是亦效颦而忘其丑也。"③九曲棹歌的旅游文化现象，因朱子走出武夷，传布天下，这也是元代唱和棹歌的新动向。

五、文人的栖居

据董天工《武夷山志》载，宋末元初理学名士陈普，宁德人，倡朱子理学，尝"隐居武夷之陷石堂"，"四方来学者数百人"。④ 陈普所隐居的地方，被人们称作"小桃源"，即今天武夷山的"桃源洞"景观。⑤ 这是武夷山"桃源"空间建构由抽象到具象的开始。桃花源是中国人心中理想的栖居之所，元代武夷山的栖居现象，虽然没有宋代那样集中和频繁，但从元代开始，文人纯粹的栖居比较突出，武夷山的"桃源"角色逐渐落到了实处。如前所述，这是武夷山空间建构的一部分。明代中后期，其影响逐渐扩大。

---

① 倪瓒（1301—1374 年），字泰宇，别字符镇，号云林子，江苏无锡人。元末明初画家、诗人。

② （清）顾嗣立：《元诗选》初集卷 58，清文渊阁四库全书本，第 22 页 b～23 页 a。

③ （清）张豫章：《御选宋金元明四朝诗》，《御选元诗》卷 8，清文渊阁四库全书本，第 21 页 b～22 页 a。

④ （清）董天工：《武夷山志》卷 16，《名贤上》，武夷山市市志编纂委员会整理，北京：方志出版社，1997 年，第 526 页。

⑤ 建安人雷机，元延祐间进士，授古田丞。游武夷山，曾作《小桃源》诗。

元末，崇安本地人詹天麟①与当时著名的理学家、文学家杜本②友善，职满归故里后，他邀请杜本一起归隐于武夷山，"与本泛舟九曲，散步诸峰，赓唱迭和，晏如也"③。他们在武夷山中，九曲两岸，啸咏唱和，审美生存。据董天工《武夷山志》记，詹天麟又"筑'万卷书楼'于九曲之平川"④。詹天麟的朋友杜本是元代栖居武夷的典型案例。

据杜本自言："予少时，喜游名山川，闻武夷最胜而最远。"⑤1310 年左右，受朋友詹天麟之邀，来到武夷山，在当时崇安县黄村附近构筑思学斋，栖居武夷山数十年。

杜本游览武夷山的诗文，目前留下来的主要有《春日携客游武夷》《题武夷》《灵岩一线天》《碧云桥》等。这里以《题武夷》为例，看杜本对武夷山印象最深的关键词：

> 天下名山此最奇，溪潭澄澈路逶迤。尘埃滚滚终难到，楼阁重重
> 未易窥。况是高人能阅世，尽多胜处可题诗。十年来往追寻遍，似与
> 山灵有夙期。⑥

杜本在这首诗中，反映他对武夷山关注的客观因素有"名山""溪潭""尘埃""楼阁""胜处""山灵"等，所关注的状态是"最奇""澄澈""终难到""未易窥""能阅世""可题诗""有夙期"。从中可以看出，吸引杜本在这里栖居的主要因素是名山之奇和溪潭的澄碧，加之远离尘世，高人隐居，既能阅世，又可题诗，

---

① 詹天麟，字景仁，以文学辟举，历浙江宪幕，迁抚州总管。关于詹天麟的名字，徐表然和衷仲孺的《武夷山志》都作"詹景仁，字天麟"，董天工《武夷山志》则记"詹天麟，字景仁"。后者与地方詹氏家谱所记相同，所以这里取董天工所记。

② 杜本（1276—1350 年），字伯原，号清碧，清江人，人称清碧先生。

③ （明）徐表然：《武夷山志》，《信集·贤寓》，明万历己未年版，哈佛大学汉和图书馆藏影印本，第 20 页 a。

④ （清）董天工：《武夷山志》卷 17，《名贤下》，武夷山市市志编纂委员会整理，北京：方志出版社，1997 年，第 573 页。

⑤ （清）董天工：《武夷山志》卷 14，《九曲》，武夷山市市志编纂委员会整理，北京：方志出版社，1997 年，第 467 页。

⑥ （清）董天工：《武夷山志》卷 23，《艺文》，武夷山市市志编纂委员会整理，北京：方志出版社，1997 年，第 769 页。

即审美生存。与山灵有夙期，是作者对自己栖居于此地的肯定。名山的建构，山水的纯净，远离尘世的纷嚣，审美自在的生存，符合名士栖居的心理需求。杜本因诗才和理学思想名闻天下，与很多诗人有书信往来，也有很多朋友慕名而来，拜会游学。

此外，元代题刻较少。一则位于大藏峰，是李良杰的纪游题刻，时间在元泰定三年(1326年)春。另外两则题刻在响声岩，一是纪事题刻，主要是关于每逢辰督修武夷书院的题刻。另一则是武夷书院教授詹光祖与师友泛舟九曲同游的纪游题刻，时间是至元二十七年(1290年)。这里不再单独论述。

小 结

明代景泰年间的少詹事柯潜[①]，在经游武夷山的时候，作《武夷》诗一首，诗中有两句云："瓦棺蜕骨传秦汉，苔笔题诗尽宋元。"[②]柯潜对武夷山文化发展的脉络还是比较了解的，在他看来，武夷山的诗题多出现在宋元。这表明正是宋元时期，武夷山开始真正走进人们的旅游视野，旅游开始发展起来。

如前所述，元代武夷山旅游的一个显著特点是神的回归。从空间建构和演化的角度，我们认为，这不是历史的倒退，而是山水空间属性具有生命力的表现。元代另一个值得关注的特点，是武夷山作为审美空间的属性也开始逐渐凸显。这个方向的进一步发展，正是现当代旅游的主流样态。

多样化的空间属性，能够产生多样的空间体验，它们又从不同侧面增强了旅游吸引力。元代很多文化名人来到武夷山，开始将武夷山与其他天下名山作比较，多重属性的武夷山，具有明显的优势。一个具有吸引力的空间，它的属性可能是综合的，人们漫步其中，往往分不清是人文的，还是神仙的，还是审美的。可以是洞天，也可以是桃花源，这正是古代中国人空间审美的重要特点。此后武夷山的旅游，也是沿着这几个方向继续发展。

---

① 柯潜(1423—1472年)，字孟时，号竹岩，莆田人。景泰二年(1451年)状元，历少詹事，有《岩遗稿》等。

② (清)董天工：《武夷山志》卷23，《艺文》，武夷山市市志编纂委员会整理，北京：方志出版社，1997年，第777页。

第八章
明代前期旅游的重启

　　为研究和叙述的方便,这里在明代通史分期的基础上,结合中国旅游史和武夷山地方旅游发展的实际情况,对明代武夷山旅游史的分期,首先进行一个界定。

　　一般而言,通史往往习惯于把具有重要转折意义的政治或经济事件,作为历史分期的关键依据,如把1449年明英宗朱祁镇的"土木堡之变",作为明代前、中期的分界点。[①] 同时,又把万历九年(1581年)的张居正改革,作为明代中、后期的分界点。通史的这种分期范式是没有问题的,旅游史的研究,也应首先从大方向上考量通史分期的关键因素,因为旅游发展的进程必然受到政治或经济转折性事件的影响。但由于旅游的发展,属于综合的社会、经济、文化现象,它与具体的转折性政治或经济事件的直接关联往往不太明显,如果统一采纳通史的分期,反而不便于研究资料的收集和整理。因此,这里以明代通史的重大转折性事件发生的时间为参考,又取事件发生皇帝在位的时间为界,作为武夷山旅游史分期的依据,这样既不失大历史的重要方向转折,又便于展开资料的整理和研究工作。

　　鉴于此,这里把明代从1368年到1644年的277年时间,分为前、中、后三个时期。以"土木堡之变"时朱祁镇的第二次执政结束的1464年,作为明代前、中期的分界点,又把张居正改革发生时的万历皇帝即位的1573年,作为明代中、后期的分界点。这样,从1368年明朝建立到明英宗朱祁镇第二次执政

---

　　① 　南炳文、汤纲:《明史(上)》,上海:上海人民出版社,2003年,第205页。

结束的 1464 年,大约 100 年间为武夷山旅游史的明代前期;从明宪宗成化元年(1465 年)开始,至明穆宗隆庆六年(1572 年)结束,108 年的时间为明代中期;从明神宗万历元年(1573 年)开始,至明思宗崇祯十七年(1644 年)结束,约 70 年时间则为明后期。这样的分期,既与明代通史分期保持大方向的一致性,也比较符合武夷山旅游史的实际情况。

明代前期,是从元末农民战争的战乱局面,逐渐走上休养生息和生产恢复的时期。明太祖朱元璋建立明朝之后,为稳定统治,巩固和扩大君主专制,采取一系列政治、经济措施,通过律法强化对社会各阶层的控制,希望使天下生民能够各安其分,以达到长治久安的目的。洪武三年(1370 年),下令推行严格的户帖制度,以加强户籍管理的方式,控制社会人口的流动。洪武十四年(1381 年)以后,实行更为详细的"黄册"和"里甲"制度,在保证赋税的同时,更加强化了对人身的控制。洪武二十四年(1391 年),又下令"若有不务耕种,专事末作者,是为游民,则逮捕之"[①]。所谓"游民",指那些不事耕作,从事其他末业的人。这项政策实际上是试图将农民固定于土地上,恢复和发展农业生产。短期内有利于明初经济的恢复和发展,但长期不利于商品经济的发展。洪武朝禁游政策的推行,产生了很大的社会影响,它限制了社会人群的正常流动,旅游也因此受到很大的影响。所以明朝前期的旅游不够活跃,武夷山的旅游也是如此。不过,经过近百年的发展,明代禁游政策逐渐松弛,武夷山旅游也逐渐重启,并在明朝中后期,与全国旅游同步发展,达至古代旅游的巅峰。

一、明代前期的游居与宦游现象

明初洪武时期,禁游的人口管理制度刚刚出台,执行比较严格,人口流动现象较少,整个中国的旅游,进入一个停滞或缓慢发展的时期。从现有的资料来看,洪武时期的武夷山,作为一个传统的名山,还是有一些游居现象的。这一时期与旅游相关的现象,主要表现在三个方面,即栖居者的真游,地方官吏

---

① (明)朱国桢:《皇明史概》卷 9,明崇祯间刻本,第 21 页 a。

的憩游，以及流动官员的宦游。

（一）栖居者的真游

蓝仁、蓝智是明初武夷山地方文人栖居的典型，他们从学于元朝末年的理学家、诗人杜本，学有所成，是地方文士中的佼佼者。

蓝仁，字静之，崇安人，曾经被辟为武夷书院的山长，后来被召邵武尉，但不就，隐居于家乡崇安，有《蓝山集》六卷。蒋易为《蓝山集》作序，称蓝仁"语不雕镂，气无脂粉"，"浮湛里闬，傲睨林泉，有达士之襟怀，无骚人之哀怨"，其作品当"治世之音也"。① 纪晓岚在《蓝山集·提要》中认为，这种说法"虽推之稍过，实亦近之。闽中诗派，明一代皆祖十子，而不知仁兄弟为之开先，遂没其创始之功，非公论也"②。过去对蓝仁、蓝智兄弟的文思贡献重视不够，今天考察其诗文，蒋易和纪晓岚的评价都是有道理的。参照蓝仁文集《蓝山集》，他与朋友经常游览武夷山中，留下明初武夷山可贵的旅游诗篇。

蓝仁长期居住于武夷山，对武夷山充满依恋之情，也有很高的评价。蓝仁诗云，"壮游曾来拾瑶草，梦里武夷清未了"③，"武夷山水天下无，层峦叠嶂皆画图"，武夷山层峦叠嶂，美如图画，天下所无。自秦汉以来，这里一直是"仙都"，"神游不计海天遥，梦觉长怀山月白"。④ 虽名曰"壮游""神游"，但并不寄望长生成仙，而是梦醒之后，山清月白的凡人体验。蓝仁外出游宦，远走他乡，对家乡的仙掌之露、幔亭之秋，充满思念之情，"归心似江水，千里向东流"。⑤

蓝仁常常把家乡武夷山当作"仙境"，不过蓝仁的"仙境"体验不是成仙，而是每个生活在这里的人，都如仙人一般，"云中武夷仙，一一颜如玉"⑥。在这样空间的栖居，可居亦可游，"放怀山水，一觞一咏，其乐不可复也"。"清溪九

---

① （清）郑方坤：《全闽诗话》卷6，清文渊阁四库全书本，第3页b。

② （清）纪昀：《蓝山集·提要》，清文渊阁四库全书本，第2页a。

③ （明）蓝仁：《蓝山集》卷1，《余复婴近以方壶所写大王峰转惠暇日展玩殊有幽趣因题》，清文渊阁四库全书本，第7页b。

④ （明）蓝仁：《蓝山集》卷1，《赠武夷魏士达》，清文渊阁四库全书本，第18页a。

⑤ （明）蓝仁：《蓝山集》卷2，《秋夕怀武夷旧业》，清文渊阁四库全书本，第13页a。

⑥ （明）蓝仁：《蓝山集》卷1，《宿田家望武夷山》，清文渊阁四库全书本，第3页b。

曲逐真游"，"此日虚名不自由"。① 畅游山水，抱琴九曲，这才是"真游"。名利虚荣带给人的是物累，而游是自由的。可见人们对山水的依恋，有一种因素是基于人的不自由，而山水空间带给人的正是那一份放下物累的自由，也许这就是他所谓的"知津"。蓝仁说："杖藜或可共避世，拂衣谁许是知津。"②

在文人的视野里，山水作为一种空间，与人的精神世界是有关联的。也可以说，山水是一个由人建构的，具有精神属性的特殊空间，是中国人与外在空间展开情感交换的独特文化空间。如果说蓝仁是以人的栖居为视野而依恋山水，那么他的弟弟蓝智，则是以"天地"为视野看待山水的。

蓝智，字明之，同样从学于理学家杜本，曾被推荐出任广西按察司事。蓝智诗才颇高，现代文史评论家郑振铎认为，蓝智"老成熔炼，似在十才子③之上"。蓝智对家乡山水同样充满依恋之情，他说"在山愿远游，出山愿早归"④。我们也注意到，蓝智所描绘的武夷山常常是一个"无尘"的世界，"武夷山水净无尘"⑤，他把武夷山水的特点归结为一个"静"字。在这个"无尘"的世界里，蓝智"目送远山云，心游天地初"，"物当天地春，人在羲皇世"。⑥ "我本山泽人"，"缅想方外游"。⑦ 可见，蓝智是从天地的视野看待人生的。在天地的视野中，人生是短暂的，是有限的。而有限的人有两种选择：一种是追求神仙，走长生之路；另一种是把这个世界看作亦仙亦世的"桃花源"，也可以像仙人一样优游其中。苍茫外，浩荡中，花香入户，草色连阶，载酒可高歌，积翠在东南。

① （明）蓝仁：《蓝山集》卷3，《甲寅仲冬予摄官星渚本邑判薄李公以催租入山忽游武夷》，清文渊阁四库全书本，第9页b。

② （明）蓝仁：《蓝山集》卷1，《又次国学生朱士坚游武夷韵》，清文渊阁四库全书本，第19页a。

③ "十才子"，指明朝初年福建十位著名诗人，号称闽中"十才子"。纪晓岚在林鸿《鸣盛集·提要》中说："明初闽中善诗者，有长乐陈亮、高廷礼，闽县王恭、唐泰、郑定、王褒、周元（玄），永福王偁，侯官黄元（玄），而鸿为之冠，号十才子。"

④ （明）蓝智：《蓝涧集》卷1，《客建上将归山中留别镏典签》，清文渊阁四库全书本，第5页a。

⑤ （明）蓝智：《蓝涧集》卷4，《寄镏典签》，清文渊阁四库全书本，第3页a。

⑥ （明）蓝智：《蓝涧集》卷1，《书怀十首寄示小儿泽》，清文渊阁四库全书本，第19页a。

⑦ （明）蓝智：《蓝涧集》卷4，《奉酬一上人病中见寄》，清文渊阁四库全书本，第4页b，第5页a。

蓝智选择了桃花源,因而他不断表达武夷山就是桃花源的空间构想,"扁舟白发弄清波","九曲桃花入梦多",[①]"九曲桃花今烂漫,扁舟好访武夷君"[②],"九曲桃花春水绿,白鸥还许共清溪"[③],"仙舟自来往,清景似桃源"[④]。蓝智既有儒家入世功名的愿望,又有道家方外自由的态度,所以他缅想方外,但尘缘未了,宦游他乡又心怀桃源。无论如何,蓝智在其诗文中,表达了愿作一个"山泽人",与天地为春,长游于世的自由理想。

蓝仁、蓝智作为栖居武夷的代表,他们对武夷山水的依恋,主要是纯粹的空间审美,较少神仙色彩,这是栖居山水的共同特征。从他们的诗文中,亦可见向往自由的趋向。

(二)地方官吏的憩游

明代初期,严格的户籍管理制度,使得真正外出旅游的人并不多见,但地方官员在工作闲暇外出游憩还是常见的。洪武时期,崇安及其周边地方官吏游憩于武夷,并留下诗篇的,主要有唐桂芳、徐左达、冯回和偶桓等。

唐桂芳[⑤],入明后曾担任紫阳书院山长。紫阳书院即朱熹武夷精舍,这个时候书院已经设官方专职教授,唐桂芳曾担任山长。他称自己是"买砚忽辞朱子里,抱琴又入武夷山"[⑥]。隐屏峰下,五曲之滨,在工作之余,经常与朋友泛舟九曲,畅游武夷山水。唐桂芳认为,东南山水,以瑰奇甲天下,其中最佳者,"天台、匡庐、三茅、武夷,予尝游焉"[⑦]。作为紫阳书院的山长,唐桂芳传承了

①　(明)蓝智:《蓝涧集》卷2,《题程芳远所得方方壶写大王峰》,清文渊阁四库全书本,第1页b。

②　(明)蓝智:《蓝涧集》卷4,《寿南山邑长》,清文渊阁四库全书本,第8页b。

③　(明)蓝智:《蓝涧集》卷4,《暮春雨中偶成》,清文渊阁四库全书本,第14页b。

④　(明)徐表然:《武夷山志》,《忠集·六曲》,明万历己未年版,哈佛大学汉和图书馆藏影印本,第10页b。

⑤　唐桂芳(1308—1380年),字仲实,号白云,歙县人。元代曾任南雄路学正,入明朝后,摄紫阳书院山长,元末明初文学家,有《武夷小稿》(已失)和《白云集》(七卷)。

⑥　(明)唐桂芳:《白云集》卷3,《载效唐律二解兼寄弘甫夏君》,清文渊阁四库全书本,第38页a。

⑦　(明)唐桂芳:《白云集》卷2,清文渊阁四库全书本,第9页b。

朱子人文主义的传统，认为道人迷恋于神仙之术是荒唐的。如他在《水调歌头·和罗庆游武夷》中说，"笑神仙，留蜕骨，阅空岩"，神仙不可学，也不必"事空谈"，在这个世界上优游地生活，就是"暂憩桃花下，白马税飞骖"。[①] 暂将白马停下，憩息于桃花源。

建宁县训导徐左达[②]于洪武二十二年(1389 年)游武夷山，并作《游武夷九曲记》，这是武夷山旅游史上较早的游记。他说天下"洞天"虽曰三十六，但"武夷九曲为之首"。我们注意到，在文人士宦这里，天下三十六洞天评价的标准已经发生变化，不再是道教的神学秩序，而是审美视角的"秀而清奇者"。徐左达以此来评价山水，武夷山是"天下之奇观，世间之绝景，宜神仙、隐者之所居"。于是人们泛舟九曲，浊酒棹歌，啸咏遨游，这也是朱熹、蔡元定等大儒钟爱武夷的原因。徐左达从一曲写到九曲，认为这里曲曲环抱，态状不一，文末又赋曰："彼神仙之美景，予试游兮幽寻，与仙流兮同醉，乐世外之闲心。"[③]本篇不像游记，更像是一篇赋文。其中也透露一些重要的信息，虽说是仙家(道士)为向导，但作者并不关注什么神仙遗迹和神话传说，倒是对自然和人文景观更感兴趣。徐左达的《游武夷九曲记》，是武夷山旅游史上早期的游记，还有些赋文体裁的痕迹。

明初地方官吏对武夷山的评价，能够以东南乃至天下为视野，评价的标准也正在向"秀""清""奇""真"等审美标准转化，预示着武夷山人文主义思潮的回流和新时代的先声。

(三)流动官员的宦游

古代官员在升迁任职的途中，经过名山大川，往往会驻足游览，这是一种伴随旅游现象，类似于今天公务出差的顺便旅游，旅游学界习称这种形式的旅

---

① （清）董天工：《武夷山志》卷 22，《艺文》，武夷山市市志编纂委员会整理，北京：方志出版社，1997 年，第 751 页。

② 徐左达，字良夫，号松云道人，别号渔耕子，平江人。明初藏书家、书画家，洪武初为建宁县训导。

③ （明）朱存理：《赵氏铁网珊瑚》卷 11，清文渊阁四库全书本，第 66 页 a～b。

游为宦游。明代初期,虽然限制社会人员流动,但官吏的差役升迁并未受到影响,各地的宦游现象依然很多,武夷山也是如此。

　　刘基①是明初著名的政治家、文学家,他曾过武夷,并作《望武夷山作》诗以纪游。刘基是公务行军途中顺便游览武夷山的,他称这次旅游为"薄游",游览的空间主要是九曲溪。用刘基自己的话说,"饮马九曲溪,遥望武夷峰",但是由于坐务所限,只能聊以匆匆"薄游","薄游限坐务,促景泥奇踪"。对眼前长林缭绕、丹岩空蒙的武夷奇景,只能发出良辰与佳期、时不可以掩的遗憾。值得一提的是,刘基在诗中提及朱熹,"缅怀紫阳子,千载谁与同"②,认为紫阳先生功在千秋,与日月同辉。从整体上看,刘基的经游武夷,属于人文主义旅游范畴,基本上不受神仙思潮的影响。

　　"十年三过武夷山"的林弼③,也表达了类似的看法。他在《泛舟入武夷至平林渡》中,认为虹桥仙人未得秦王赏识,驾鹤仙人也随汉武帝的使者回神京去了,神仙终究是靠不住的,"惟有溪源通泗水,一泓千古对孱颜"。④

　　只有朱子,才能千古不朽,万代留存。这实际上涉及武夷山历史发展的文化脉络和文化建构等问题,林弼认为只有与朱熹相关的文化建构,才是千秋永存的。这一点对于今天的武夷山文化旅游和文化旅游产品的开发与服务来说,也是很有启发意义的。同时,林弼在《送杜明之入京师·序》中,表达了对武夷山水的赞美:

　　　　武夷山水,秀绝天下,游者去,犹不能忘,矧居而得其趣之深者
　　　乎。盖其幽胜万状,奇怪百出,使人应接不暇。至于烟岩云壑,穷深

---

　　①　刘基(1311—1375年),字伯温,青田人。与宋濂、高启并称"明初诗文三大家"。
　　②　(清)董天工:《武夷山志》卷22,《艺文》,武夷山市市志编纂委员会整理,北京:方志出版社,1997年,第711页。
　　③　林弼,字符凯,初名唐臣,尤溪人。元末为漳州路知事,明初官登州太守。
　　④　(清)董天工:《武夷山志》卷23,《艺文》,武夷山市市志编纂委员会整理,北京:方志出版社,1997年,第776页。《林登州集》卷五也载同一首诗,但题名为《武夷万年宫》,且最后两句换成了"曾是隐屏峰下客,谩教啼鸟笑诗悭"。作者在这里写的是武夷精舍,与"万年宫"无关,因而董天工所记当正确。

索隐,随所寓而可乐必也。①

武夷山水,秀绝天下,给林弼留下深刻印象,久久不能忘怀。他对武夷山的评价是"幽胜万状,奇怪百出,使人应接不暇",将《世说新语》"应接不暇"的典故用于武夷之九曲,是非常恰当的。烟岩云壑,可游可居,人与山水之间,是纯粹的审美体验关系。

当然,每个时代总是复杂的,不可能完全按照一种思路、一个模式思考问题。同一时期,闽中十才子之一的林鸿②,就表达了不同的倾向。林鸿曾经游武夷,作《泛九曲》,诗中首先表明自己酷爱武夷山水,秋风摇棹,九曲流月,但也有真仙、蜕骨,夜鸣弦,醉天坛。③ 这里有神仙回归且在场的意味,是与明初人文主义并存的一股思潮。

明初重臣夏元吉④也曾游武夷,他的《游武夷》诗也表达了仙游倾向。他说偶然机会,观风入武夷,但见随处可登山临水,可感物缘情,顿时遥想武夷最高处,产生"相寻仙子学长生"的想法。⑤ 可见,夏元吉的武夷之行有一定的游仙倾向。

还有其他一些经游武夷山的官员,也表达了类似的倾向。如王钝⑥在《过武夷山》中写道,看到武夷山清江碧嶂,丹井生晖,这才是他平生爱慕的山水,开始相信神仙"真窟宅",猿鹤"有乡关",那就是武夷山,"却笑蓝舆远游客,偷寻泉石慰衰颜"。⑦ 嘲笑那些远游的人,试图借助泉石,宽慰衰老的容颜。可见,王钝的神仙思绪更为清晰和明显。另一位地方官吏张达的《仙船岩》诗中,

① (明)林弼:《林登州集》卷8,清文渊阁四库全书本,第11页a～b。

② 林鸿,字子羽,福清人。洪武初,官膳部员外郎,人称闽中"十才子"之冠。

③ (清)董天工:《武夷山志》卷22,《艺文》,武夷山市市志编纂委员会整理,北京:方志出版社,1997年,第711页。《福建通志》卷七十六题名《武夷山》。根据内容,取董天工所记。

④ 夏元(原)吉(1366—1430年),字维喆,长沙府人。洪武时入禁中书省制诰,为明太祖所重。

⑤ (清)董天工:《武夷山志》卷23,《艺文》,武夷山市市志编纂委员会整理,北京:方志出版社,1997年,第776页。

⑥ 王钝(1334—1404年),字士鲁,河南太康人。洪武中,拜礼部主事,迁福建参政。

⑦ (明)曹学佺:《石仓历代诗选》卷380,清文渊阁四库全书本,第8页b。

则云:"神仙不显朝真迹,安得停舟在半天。"①相信半空中的架壑船,正是神仙所显的真迹。

可见,除了所谓迷信的因素之外,人们对空间的感知和情感,往往也会受到人的主观文化模式和空间文化形象等因素的影响。这是一个重要的思路,对于丰富当今人们所谓"景观"概念,也许是有帮助的。

二、旅游的重启

从明成祖永乐年开始,到明英宗天顺年结束,在这五六十年的时间里,经济逐渐复苏,社会趋于稳定,禁游政策也逐步放松,全国范围内的旅游也开始重启。武夷山的旅游也是如此,比如重现"约游"现象,有摩崖题刻记录游赏活动,表明地方旅游也正在重启。这一时期人们在武夷山的旅游,仍然有两种明显的倾向:一是人文主义的"清游",二是仙游倾向的"玄赏"。

(一)看到武夷方是山——人文主义的清游

建安本地人苏伯厚②,常游武夷山,留下《泛舟漫兴》(二首)、《游武夷》、《玉女峰》、《幔亭峰》、《仙钓台》、《谒文公书院》(二首)等诗文 11 篇,这在明代前期还是比较突出的。从这些诗篇中,我们看到虽然苏伯厚也关注武夷山诸多仙迹,但总的倾向是人文主义思潮的延续。他写道,"笑入松门鹤氅迎,山灵好客更多情"③,在苏伯厚的视野里,山灵不仅好客,而且是多情的,这是很有趣的情感态度,反映重情的人文新动向。苏伯厚首先提出武夷山是"真山水",

---

① (清)董天工:《武夷山志》卷 9,《三曲》,武夷山市市志编纂委员会整理,北京:方志出版社,1997 年,第 262 页。据《福建通志》,张达,有和平县学、龙岩地方教谕等同名官吏,但不能确定是否为同一人,存疑。

② 苏伯厚,名坤,建安人。精书法与诗画,永乐初翰林侍郎,参编《太祖实录》和《永乐大典》。

③ (清)董天工:《武夷山志》卷 24,《艺文》,武夷山市市志编纂委员会整理,北京:方志出版社,1997 年,第 816 页。

他诗云："生平酷爱真山水，老去清游入武夷。托迹云厓元有约，重来猿鹤莫相疑。"①在"真山水"中"清游"，这是明代初期武夷山人文主义思潮与旅游结合的恰当表述。"清游"的意识，渗透在苏伯厚的诗文之中，又如《玉女峰》诗曰，"爱尔玉京春色好，白云头上着人家"②，玉女是一个鲜活的云中佳人。《幔亭峰》《仙船岩》等都不着于神而归于人，这是他本人秉持人文主义思想范式的结果。他的侄子苏钲③的《武夷行》描绘了一个重游武夷的情景，诗中所记的游览空间有幔亭、金鸡岩、天柱峰、九曲溪、一线天等，"兰舟穿破水中云，金鸡叫起山头月"。④ 观察、感受的生发点和落脚点是"水中云""山头月"，也体现了人文主义的基调。

永乐年间，任崇安知县的赵麟，也作《登武夷山》诗，他描绘的武夷三十六峰，清新可人，环佩有声，人在山中游，白云天半行，"神仙有约不可到，更拟重来话此生"。⑤ 神仙或许是存在的，但可约不可见，可望不可游。地方教谕聂大年⑥则更加鲜明地表达了人文主义倾向，他作《武夷泛游》七言律诗二首，轻舟走在云水间，丹崖镶在图画里，九曲溪让人体验到岁月的悠闲，万年宫里人们看到的是烟霞与竹纱。游武夷山，聂大年感叹："不宗朱子元非学，看到武夷方是山。"⑦这是作者对武夷山的整体印象和评价，也成了武夷山旅游的典范

---

① 编辑者并未注明诗名，只注"建安苏垆伯厚"，参见(明)朱存理：《赵氏铁网珊瑚》卷11，清文渊阁四库全书本，第68页a。清康熙四十年(1701年)，建州太守庞垲游武夷，其幕僚林翰也曾书写"真山水"三字，题写在四曲摩崖石壁，共同反映了明清时期审美主义的时代潮流。
② (明)衷仲孺：《武夷山志》卷13，明崇祯癸未年版，哈佛大学汉和图书馆藏影印本，第16页b～17页a。
③ 苏钲，字良声，别号竹坡，建安人。
④ (明)衷仲孺：《武夷山志》卷10，明崇祯癸未年版，哈佛大学汉和图书馆藏影印本，第9页b～10页a。
⑤ (清)董天工：《武夷山志》卷23，《艺文》，武夷山市市志编纂委员会整理，北京：方志出版社，1997年，第776页。
⑥ 聂大年(1402—1455年)，字寿卿，号东轩，江西临川人。景泰中，由教谕征翰林，文学家。
⑦ (清)董天工：《武夷山志》卷23，《艺文》，武夷山市市志编纂委员会整理，北京：方志出版社，1997年，第777页。

语言之一。明朝初年,历仕六朝的另一位重臣胡濙①,也到过武夷山。他在《望武夷》诗序中写道:"因文公精舍在此,不胜慨慕。"②他认为武夷山九曲溪,文脉与洙泗相通,也是清晰的人文主义思潮。

(二)玄赏之游

同一时期,闽中十才子之一的王恭③,却表达了与前述不同的思想和情感。在《赋得幔亭峰送人之建上》诗中,他对武夷山空间的基本印象是神仙之府,"鹤岑戛然开洞门,仙翁骑龙宴曾孙","胡麻作饭与君尝,待君骑鱼还故乡"。④ 在《送人游武夷》诗中,"闽州山水独清晖,九曲仙源世所稀"⑤,视九曲溪为"仙源",是充满神仙色彩的空间。在长诗《梦游武夷吴十董大客上》中,王恭更为清晰地表达了神仙思潮,诗云"夕发紫霞想,神游紫霞峰",作者想象梦游武夷,武夷山充满了神的色彩,紫霞、武夷君、羽士、真人、神女、天鸡、长生、仙源等神仙元素,共同构成了武夷山在作者心中的形象,流露出满满的向往之情。⑥ 王恭自己游武夷山,作五言诗,题名《武夷山访道》,也有浓厚的仙游色彩,"投簪寻羽客,山水慢(幔)亭清","还丹飞九转,仙箧受长生"。⑦ 在武夷山,所寻者羽客,所慕者长生,这是元代仙游思潮的延续。

十年三过武夷但未游的王偁⑧,因慕武夷仙境,作赋表达向往之情。他在《过武夷约游不果》序中说,传说蓬莱方丈距人间不远,不是仙风道骨之人,不

① 胡濙(董天工《武夷山志》记"滢",1375—1463 年),字源洁,号洁庵,武进人。明初重臣,文学家、医学家。

② (清)董天工:《武夷山志》卷 10,《五曲上》,武夷山市市志编纂委员会整理,北京:方志出版社,1997 年,第 323 页。

③ 王恭,字安中,号皆山樵者,闽县人。授翰林典籍不就,闽中"十才子"之一。有《草泽狂歌》《白云樵唱集》等。

④ (明)王恭:《白云樵唱集》卷 2,清文渊阁四库全书本,第 28 页 a。同一首诗,董天工《武夷山志》卷二十二则题名《游武夷》,题名不恰,内容也有疏漏。

⑤ (明)王恭:《草泽狂歌》卷 4,清文渊阁四库全书本,第 17 页 a。

⑥ (明)王恭:《白云樵唱集》卷 1,清文渊阁四库全书本,第 16 页 b。

⑦ (明)王恭:《草泽狂歌》卷 3,清文渊阁四库全书本,第 9 页 a。

⑧ 王偁(1370—1415 年),字孟扬,寓居永福。《永乐大典》副总裁,有《虚舟集》5 卷。

能达至。自己虽然十年三过武夷，都因事而不能畅游，因此深感遗憾，于是作赋以表达自己对天宫紫府的仰慕，借以表露自己的沧溟之心，只能遥想幔亭君，笙鹤音，苍溟心，仙风和瑶琴。"岂伊真仙源，避我岩迹侵"，看来武夷山真的是仙源，所以我这个凡世之人三过而不能游，遥望溪影中渐渐远去的武夷山，"回桡发长啸，起坐鸣吾琴"。① 颇有"目送归鸿，手挥五弦"的意味。

王偁宦游他乡，有朋友归闽，他以《赋得幔亭峰送张员外还闽中》为题，再次表达了对武夷山的眷恋之情：

> 秋色照海甸，百里青嶙峋。众山如游龙，一峰高出云。昔传武夷君，于兹宴曾孙。鸾飙载河车，来往何缤纷。羽盖云已久，玄赏今尚存。夜深天籁寒，犹疑鹤笙闻。而我昔游览，望之隔尘氛……兹山不可见，梦寐怀清芬……玉女或可讯，为余谢天真。②

王偁对武夷山印象深刻的是武夷君、玉女，主要的印象空间是幔亭峰。他提出"玄赏"武夷，类似于仙游，也类似于宋代李纲提出的"仙赏"。可见，主观审美态度与审美对象的文化建构之间有很大的关系。

总而言之，根据现有的资料来看，明朝前期，人文主义倾向逐渐占上风，这可能与当时的政治环境有关。但由于元代仙游思潮在武夷山的盛行，到明朝初年依然有很大的影响力。至此我们认为，就武夷山地方而言，一个名山的建构，要经过很长的历史时期，人们对名山的向往，也总是受到多重思潮的影响和诱导。如果两种思潮因相互矛盾和冲突而不能融合，那么这两种思潮总是要摇摆相当长的一段时期，经过一反一复、一涨一落的过程。但从过程上看，人们对空间的依恋，是不变的。

---

① （明）王偁：《虚舟集》卷3，清文渊阁四库全书本，第6页b。董天工《武夷山志》卷二同诗题名《泛舟》，不能表达过而不能游的情景，不恰。

② （明）王偁：《虚舟集》卷3，清文渊阁四库全书本，第1页a～b。

小　结

　　尽管明初实行禁游的政策,但文人仕宦的游居和宦游现象还是存在的。随着禁游政策的松弛和社会经济的发展,旅游在明代早期逐步重启。这一时期,武夷山的旅游现象主要表现为文人的游居和地方官吏的宦游,部分经游武夷的文人仕宦传承人文主义传统,留下"不宗朱子元非学,看到武夷方是山"的人文印象,但也有文人发出"夕发紫霞想,神游紫霞峰"的幻想,还有文人表达"梦里武夷清未了""清溪九曲逐真游"的审美意象。武夷山的多样化空间属性正逐步显现,旅游也在逐步重启。

第九章
明代中期空间多样性的充分发展

　　明朝中期,之前实行的禁游政策逐渐缓和下来,社会商品经济也有了前所未有的发展,促进了全国大交通局面的形成。宋应星在《天工开物》序言中说:"滇南车马,纵贯辽阳。岭徽宦商,衡游蓟北。"①南方工商业城镇经济发展迅速,城市居民不断增多。随着社会经济的发展和市民休闲形式的多样化,旅游现象也逐渐增多,出现前所未有的新局面。这一时期文人阶层也逐步扩大,"读万卷书,行万里路",越来越成为文人士大夫阶层的理想。

　　由于统治者的扶持,道教在明中前期也得到进一步的发展。尤其是嘉靖皇帝渴望成仙,迷信道教方术。谷应泰曾评说嘉靖皇帝"因寿考而慕长生,缘长生而冀翀举。惟备福于箕畴,乃希心于方外也。爱考初政,即设斋宫。及其末年,尤饵丹药。盖游仙之志,久而弥笃,未有若斯之甚者也"②。由于皇帝迷恋长生之术,天下仙道之风顿起,"而一时方士如陶仲文、邵元节、蓝道行之辈,纷然并进玉杯、牛帛,诈妄滋兴,凡此诸人,口衔天宪,威福在手。天下士大夫靡然从风"③。不仅方士们跃跃欲试,连士大夫也靡然从风,一时间全国上下崇道之风蔚然勃兴,"内外臣工","争相进香","天桃天药,相率表贺",④神仙道教一度达至顶峰。嘉靖在位期间,道士地位之高,权势之重,也为历代所罕见。⑤

---

① （明）宋应星:《天工开物·序》,明崇祯十一年刻本,第 1 页 b。
② （清）谷应泰:《明史纪事本末》卷 52,北京:中华书局,1977 年,第 798 页。
③ （清）张廷玉:《明史》卷 307,载《二十五史》,上海:上海古籍出版社,1986 年,第 860 页。
④ （清）谷应泰:《明史纪事本末》卷 52,北京:中华书局,1977 年,第 796 页。
⑤ 卿希泰:《中国道教史》第 3 卷,成都:四川人民出版社,1996 年,第 383 页。

从根本上讲,所谓旅游是人与外在空间之间展开的一场情感和信息的交换。人作为情感需要的一方,空间作为能够满足人的情感和精神需要的一方,双方在一定的时空中照面,实现情感和信息的交换,也就是我们通常所谓的满足。不同的空间,能满足人们不同的情感需要,能够帮助人们实现不同类型的情感交换。

在武夷山旅游史研究的过程中,我们发现空间的属性往往是被建构的,而且不同时期总有不同的建构。随着时代的发展,不同的建构之间也会相互影响,此消彼长。在长期的建构和消长过程中,可能会出现同一时期、同一个空间多重属性共存的局面。在中国古代史上,武夷山就是这样一个典型的案例。经过魏晋以来,尤其是唐宋时期的建构,武夷山的空间属性在明代中后期呈现多重属性共存的局面。因其属性的多样性往往能够满足人们多样化的情感需要,武夷山得以在这一时期超越众多名山,成为人们向往的焦点之一,成为中国古代山水名山的典型代表。

概而言之,武夷山空间属性的多样性,主要包括洞天福地、人文圣地、桃花源、审美胜地等四种类型。这四种类型空间的建构,在明代中期都得到不同程度的发展和认同。本章将结合这一时期旅游者留下的文献资料,以这四种空间为类别,对不同属性视野下,人们的情感体验进行简析,以期进一步探讨此一时期武夷山旅游的发展。

一、洞天福地的旅游与葬蜕事件

如前所述,作为道教第十六升真玄化洞天,武夷山神仙空间的建构,开始于唐代中期。经五代、两宋发展,福地洞天的武夷山,在人们心目中形成了稳定的文化空间印象。虽然受到南宋后期人文主义思潮的冲击,神仙空间的影响力已大为减弱,但元代神仙思潮的回归,以及明代嘉靖年间崇道之风的再次兴起,使明代中期武夷山的地方道教迎来一个发展的小高峰,武夷山作为神仙空间的形象再度活跃起来。这对武夷山的旅游,也产生了一定的影响。

（一）仙凡混合的旅游体验

明代中期,作为神仙空间的武夷山,依然具有很强的吸引力,从文人仕宦的诗文中,可以明显地感受到这一点。

这一时期,很多文人依然把武夷山比作蓬莱、十洲等神仙空间。比如瓯宁人范嵩①两度经游武夷山,有《再过武夷》诗一首,开篇即云:"再访神居结地幽,武夷真境拟蓬丘。"②看来,武夷山给作者带来的第一空间印象,就是恰似蓬莱的神仙之境。曾任福建布政使的常州人杭济③,在《过武夷次罗一峰韵》诗中称"断合溪流去复回,此中灵秘是仙胎"④。不断突出武夷山的架壑船、蜕穴仙骨等遗存,认定武夷灵境,必有仙胎。长乐人林廷选⑤,在《宿武夷宫》(道士李常春同邑人也)诗中云,"身在十洲遣世累,梦游九曲挟仙飞"⑥,直接将武夷山比作"十洲"仙境,把泛舟九曲拟作"挟仙飞"的仙游体验。当时的戏剧家长洲人陆采⑦,好远游,曾游武夷山,作《武夷纪游》一首。诗中表示自己早已心向丹壑,寤寐九曲,而今终于有机会解脱尘务纷扰,访武夷仙迹,于是神情奔跃,放浪恣意。作者在武夷山感受到神仙空间带来的身心体验,诗云"岩岩武夷宫,受司佐南岳","爰升众峰巅,宛若蓬莱宅","遂宿九华居,凡思顿销烁"。身在蓬莱,居于九华,一切凡间杂思,顿时消失殆尽,诗人产生"永绝区中想,洗心上寥廓"⑧的超越体验。这是武夷山的神仙空间带给旅游者情感体验的典型案例。上述这些资料表明,明代中期,武夷山的旅游受当时国内崇道气氛和神仙思潮的影响还是很大的。

---

① 范嵩,字邦秀,号衢村,瓯宁人。弘治十五年(1502年)进士,官御史。

② (明)曹学佺:《石仓历代诗选》卷462,清文渊阁四库全书本,第36页a。

③ 杭济(1452—1534年),字世卿,号泽西,常州宜兴人。弘治六年(1493年)进士,至福建布政使。

④ (明)曹学佺:《石仓历代诗选》卷368,清文渊阁四库全书本,第6页a。

⑤ 林廷选,生卒年不详,字舜举,号竹田,长乐人。成化十七年(1481年)进士。

⑥ (明)曹学佺:《石仓历代诗选》卷422,清文渊阁四库全书本,第15页a。

⑦ 陆采(1497—1537年),字子玄,号天池,长洲人。戏曲家。

⑧ (清)董天工:《武夷山志》卷22,《艺文》,武夷山市市志编纂委员会整理,北京:方志出版社,1997年,第715页。

嘉靖间，侯官人魏文烗^①游武夷，作《游武夷》诗：

　　蹑步上升真，长揖紫霞客。兹山多灵异，想象银台辟。瑶草吐金光，慧泉注丹液。仙翁挟茅龙，弃世如遗迹。回首谢所亲，尚留赤玉舄。我欲往从之，茫茫水云白。误与轩冕期，学道恐无益。^②

作者登上大王峰，看到的是紫霞客、银台阁、灵异、瑶草、丹液等，瞻仰仙人遗迹，顿生随仙而去的想法，认为此生误入轩冕，耽误了学道、学仙愿望的实现。

对于大多数人来说，武夷山神仙空间带来的旅游体验，常常是似凡似仙、亦凡亦仙、仙凡难分的"仙凡混合"，武夷山就有两处"仙凡混合"的摩崖石刻，^③表明这是当时人们真实的身心体验。任福建左辖的湖广人刘侃^④，曾游武夷，有《谒万年宫》《峡口回望幔亭诸峰》《七曲》等诗。其中《谒万年宫》诗，描绘武夷山的紫气丹霞，还有汉祀坛、秦仙境，幔亭树影，云际钟声，让作者产生"灵风傥可借，我欲驾苍龙"的仙游体验。乘舟离开武夷山时，回望幔亭，遥想虹桥，明明这里就是蓬莱仙境，"何事秦皇使，遥从海外求"。^⑤天人合一、仙凡混合的意味十分明显。

这样的案例还有很多。福州才子郑启谟^⑥，游武夷山，作《白云深处》诗云"高人曾得长生诀，玉蕊琪花满树林"，^⑦表达了"长生"的愿望，符合嘉靖时期

---

　　①　魏文烗，字德章，号南台，侯官人。嘉靖二十三年（1544 年）进士，官广西臬司，有《石室私抄》。

　　②　（明）张豫章：《御选宋金元明四朝诗》，《御选明诗》卷 27，清文渊阁四库全书本，第 36 页 a～b。

　　③　一方在天游峰胡麻涧岩壁，另一方在一曲水光岩靠近止止庵一侧岩壁。

　　④　刘侃，字正言，号乐闲，湖广京山人。嘉靖进士，历官福建左辖。《福建通志》记载，刘侃为嘉善人，成化间任延平府知府。估计是两个人，这里从董天工《武夷山志》，取前者。

　　⑤　（清）董天工：《武夷山志》卷 23，《艺文》，武夷山市市志编纂委员会整理，北京：方志出版社，1997 年，第 756 页。

　　⑥　郑启谟，《福建通志》载其为嘉靖十九年（1540 年）状元，芜湖知县。

　　⑦　（明）徐表然：《武夷山志》，《行集·一曲》，明万历己未年版，哈佛大学汉和图书馆藏影印本，第 12 页 a。

的社会时尚。少詹事江汝璧①，游武夷山，产生"直上仙人太乙居"的想法。②明代著名诗文家、思想家章衮③曾游武夷，作《武夷》二首，其中多是白浪、清风、道人、羽客、王子骞、张仙、鹿门、紫芝等神仙空间元素，把武夷山之游称作"林馆经年梦，蓬莱次日游"，在蓬莱仙境，自然诗意盎然，作者甚至想象与诗人王维在武夷山"共仙舟"，有浓厚的仙游意味。④ 画家沈仕⑤游武夷，有《九曲泛舟》《马月岩》《投龙洞》《铁板嶂》《天游观》等诗文多篇，他描绘了武夷山黄霞倒飞、峻壁生辉的山水美景，同时也产生了"地疑开五岳，身似出三天"的仙游体验。⑥ 仙游是一种超越日常时空的精神体验。番禺人冯继科⑦游武夷，作《妆镜台》诗云："乘槎拟觅灵源去，醉度虹桥跨鹤回。"⑧曾经"代巡福建"的兵部右侍郎简霄⑨，游武夷作《仙船岩》，趣问"天河此去几千里，我欲乘风肯借不？"⑩曾任永春知县的黄灏，以 80 多岁的高龄重游武夷山，并作《重入武夷》诗云："悠悠清兴满丹山，八十余龄几度攀。"⑪诗中表露天河探月、阙礼仙班的神仙

---

① 江汝璧(1486—1558 年)，字懋毅，号真斋，江西贵溪人。明正德十六年(1521 年)进士，至少詹事兼翰林院学士。

② (明)徐表然：《武夷山志》，《文集·律诗》，明万历己未年版，哈佛大学汉和图书馆藏影印本，第 22 页 a。

③ 章衮(1489—1550 年)，字汝明，号介庵，临川人。明中期诗文家、学者、思想家。

④ (清)董天工：《武夷山志》卷 23，《艺文》，武夷山市市志编纂委员会整理，北京：方志出版社，1997 年，第 760～761 页。

⑤ 沈仕(1488—1565 年)，字懋学，号青门山人，杭州人。明代画家，工山水画，气韵风流。

⑥ (清)董天工：《武夷山志》卷 12，《六曲》，武夷山市市志编纂委员会整理，北京：方志出版社，1997 年，第 388 页。

⑦ 冯继科，字斗山，广东番禺人。曾任建阳知县。

⑧ (清)董天工：《武夷山志》卷 8，《二曲》，武夷山市市志编纂委员会整理，北京：方志出版社，1997 年，第 230 页。

⑨ 简霄(1481—1560 年)，字腾芳，号一溪，又号蓉泉，江西新余人。明正德九年(1514 年)进士，历大理丞、兵部右侍郎。

⑩ (清)董天工：《武夷山志》卷 9，《三曲》，武夷山市市志编纂委员会整理，北京：方志出版社，1997 年，第 262 页。

⑪ (清)董天工：《武夷山志》卷 23，《艺文》，武夷山市市志编纂委员会整理，北京：方志出版社，1997 年，第 781 页。黄灏，生卒年不详，按董天工记载，可能是明中前期人。《福建通志》有记地方官吏黄灏，曾任兴化教谕，永春知县。但不能确定两者是否为同一个人，存疑。

想象,满满的仙游兴致。弃官而作汗漫之游的莆田才子佘翔,多次经游武夷,留下《武夷纪游》(八首)、《题武夷》(六首)、《游九曲》、《武夷逢钟明府》、《武夷山歌赠金公子鲁》、《同杜子贤、陈观甫、游宗振宿天游庵》、《重入武夷》等纪游诗。在佘翔看来,武夷山既是烟霞别有之天,又是仙子栖真之处,人在其中,"忽听云间吹玉笛,鸾舆飞度彩虹桥","山中道士如相识,骑鹤招余到十洲","烟霞五色幻仙台,瑶草千年碧洞开。一自仙人分石髓,乘风万里去还来"。①佘翔在武夷山中,体验到的始终是神的在场,神仙空间的体验占据主导地位。

明代中期,经游武夷山的很多文人仕宦的确有神仙思潮回归的趋势,他们的纪游诗文反映出显著的"仙凡混合"的旅游体验特征。

(二)崇道者流的建构与体验

明代中期,曾游居武夷山的道家者流,比较著名的有汪丽阳、刘端阳、郑善夫和江一源等,他们中有神仙道士,有阴阳学者,是以武夷山为神仙空间的践履者。

汪丽阳是明代中期游居武夷山的著名道士,他是江西铅山人,号痴颐子。嘉靖初年居武夷山,与道士刘端阳在武夷山接笋峰顶建玄元道院,隐居以终,遗蜕葬于峰之石壁,曰"南溟靖"②。《明史》记载汪丽阳《野怀散稿》一卷,惜已不传。董天工《武夷山志》载有他《谒止止庵白真人祠》诗一首,"紫府""丹灶""玄谷"是道士们对山的信仰。③《御选明诗》也记载他关于武夷山的《绝句二

---

① (明)佘翔:《薛荔园诗集》卷3,《题武夷》(六首),清文渊阁四库全书本,第18页b~19页b。

② 因"南溟靖"为汪丽阳遗蜕所藏之处,民间又称"丽阳洞"。又因读音相似,曾经有人将它附会为"丽娘洞",编造朱熹与狐狸娘的故事。据明代人的游记载,汪丽阳、刘端阳所修建的玄元道院,是第一次登上隐屏峰顶,说明宋代时人们还没有登上过此山。民间关于"丽娘洞"的传说,造成很多的不良后果,损害武夷山世界文化与自然遗产的基本内涵。武夷文化博大精深,江南少有名山有如此厚重的文化底蕴,这里作为人文圣地,受人尊重。从历史上看,毫无疑问主要得益于朱子的成就和影响。朱子对武夷山乃至整个中华文明做出了巨大贡献,以后的历史也将证明这一点。

③ (清)董天工:《武夷山志》卷6,《一曲中》,武夷山市市志编纂委员会整理,北京:方志出版社,1997年,第188页。

首》，其一云"幔亭峰下寒云外，流水飞花送小舠"①，也富有山水审美的人文气息。但总的来说，汪丽阳与刘端阳是这一时期武夷山仙居模式的典型，仙居模式的目的是成仙，所居住的空间往往是当时所能达到的最远离尘世的地方，如接笋峰、鼓楼岩、吴公洞、杜葛岩、更衣台等，而道人的这些空间开拓，又从另一个侧面促使武夷山旅游空间的扩大。与他们类似的，还有道士江一源，他与傅汝舟结为"方外之友"，结庐于止止庵，自称"庵名止止谁知止，我亦庵中悟止人"。②

郑善夫③是这一时期眷恋武夷的一个典范。据黄绾《少谷子传》，郑善夫"器度温厚"，天资近道，超迈清介，其外貌"潇洒清旷，碧须莲目，若神仙中人"。④郑善夫潜心于道，善阴阳之学，重视修道、元气、养生之术。他曾自比"开元李居士"，往往将洞天仙府的空间神性与个人的抱负和审美情趣结合起来，形成特殊的"仙游"现象。又据其《谒九峰书院》诗中对理学的探讨，可见他学问深厚，非一般道士所能比。武夷山作为一个具有神性的空间，又是清净的方外之地，郑善夫对这里也充满了眷恋之情。

郑善夫在自传中说，由于自己"持论迂阔，不切时务"，年近三十，一无所成，但最近患得"丘壑痼疾，药不能疗"，于是"行将解脱束缚，着道履短衣，登岱宗，望东海，历江淮，浮震泽，访石桥，穷会稽、雁荡诸山，而后归庐于武夷"。⑤"读万卷书，行万里路"正在成为明代中期以后士大夫的理想，游遍天下名山胜水，最终"归庐于武夷"，可见郑善夫对武夷山的情有独钟。他曾多次经游武夷山，在与朋友的书信中说，"武夷甚可久居"⑥，"慨然有卜居之志，实非为山水

① （明）张豫章：《御选宋金元明四朝诗》，《御选明诗》卷114，清文渊阁四库全书本，第13页b。
② （明）徐表然：《武夷山志》，《行集·二曲》，明万历己未年版，哈佛大学汉和图书馆藏影印本，第41页b。
③ 郑善夫（1485—1523年），字继之，号少谷子，闽县人。弘治十八年（1505年）进士，历礼部主事、南京吏部郎中等。阳明学家，有《少谷集》。
④ （明）郑善夫：《少谷集》卷23，清文渊阁四库全书本，第8页a。
⑤ （明）郑善夫：《少谷集》卷11，《少谷子传》，清文渊阁四库全书本，第11页b。
⑥ （明）郑善夫：《少谷集》卷18，清文渊阁四库全书本，第29页b。

濡滞也……但人处淡泊,内视平平耳"①。居于武夷,并不是一味沉溺于山水,而是在这个远离尘世的山水间,能使人淡泊宁静,气和心平。作为道学家的郑善夫,有自己鲜明的主张。他在《武夷曲次晦翁棹歌十首》中写道:

> 藏里黄棺塈上船,春风秋雨自年年。觉来天地终归尽,炼得丹成亦可怜。②

郑善夫否定炼丹成仙之术,并不追求人的终极存在。他认为,天地也有时间,也终将归于穷尽,即便炼成了仙丹,又有何用?郑善夫虽钟情于道,但无意于仙,试图寻找一个类似于陶弘景的出世和入世之间的平衡。③ 出世重养生修心,但不忘入世情怀,就像他自比"开元李居士"。他对炼丹行为的不屑一顾,也是对嘉靖朝盛行炼丹之术的一种反思。

郑善夫游居武夷山期间,留下很多诗文,如《武夷曲次晦翁棹歌十首》《泛舟五曲谒武夷精舍》《游武夷》《望武夷时与黄元质同赋》《雨后登天游观》《虹桥》《山人》《伏羲洞》《谒九峰书院》《赠武夷道士二首》等。其中《游武夷》诗云,"奇游历四穷,兹山负灵胜",表达了他外悟气机、内照真性、修身俟命的道家主张。同时,郑善夫也认为,幔亭招宴的人神相会都是传说,与武陵源的居民是一样的,为避秦而居此地,所以人们不应迷恋于神仙长生之惑,而应听从哲士的告诫,修身而依从天命。④ 在《雨后登天游观》中,所用的范式不是神仙、天上,而是玄冥、元气。可见,郑善夫属于主张修炼内在元气的道家流派,与白玉蟾有类似之处。但他的这些主张,与当朝皇帝仰慕翀举、热衷炼丹的需求不相符合。不合时宜,郑善夫并没有得到重用。

总之,郑善夫对武夷山充满眷恋之情,多次经游武夷山,朝拜文公祠,泛游

---

① (明)郑善夫:《少谷集》卷 20,清文渊阁四库全书本,第 5 页 a。

② (明)郑善夫:《少谷集》卷 8,清文渊阁四库全书本,第 7 页 a。

③ 《少谷集》卷七有《亭上》诗云:"平生最爱陶弘景,青山百年怡白云。"可见,他的理想是像陶弘景那样做"山中宰相"。

④ (清)董天工:《武夷山志》卷 22,《艺文》,武夷山市市志编纂委员会整理,北京:方志出版社,1997 年,第 713 页。同一首诗,《少谷集》卷二题名《谒紫阳精舍》。从内容上看,董天工所记更为准确。

九曲溪,唱和武夷棹歌,曾自云要游览天下名山,终归于武夷。但不幸的是,嘉靖初年,经游武夷,值雪风寒,加之医生误用药,病情加剧,归家二日而卒。英年早逝,实为遗憾。[①] 郑善夫在当时虽不是主流,但其道学思想影响很大,同情、同游者甚众。

(三)仙蜕朝拜与葬蜕事件

明代中期由于嘉靖皇帝迷信成仙之述,神仙思潮在全国再次盛行起来,掀起一个炼仙丹、呈祥瑞、升天成仙的热潮。武夷山也不例外,出现了"仙蜕"朝拜的现象。

所谓仙蜕,据说是在大王峰升真洞"张垓"真人的蜡身像。可以确定地说,之前的纪游文献,未见此类记载,这是明代嘉靖年间地方仙道人士搞出来的新花样。[②] 传云,"张垓"(也有说魏王子骞)修真成仙后,遗蜕于大王峰的升真洞而成蜡身,引起人们的好奇。因大王峰高,难以攀登,于是地方道士有时便将"仙蜕"置于山下的"常庵",供人们前来拜谒瞻观。据说能看到仙蜕身后有红光的人,会带来吉祥,因而引来很多人的围观朝拜。目前见到最早记载张真人仙蜕的文献,是黄仲昭[③]大约作于成化弘治时期的《武夷山记》,其中有关于大王峰的一段:"大王峰,一名天柱峰,昔有张真人坐逝于此,亦号仙蜕。"[④]这是最早记载张真人"坐逝于此"的资料,但只是传说,并未提到遗蜕蜡像的实物。

---

① 黄绾《少谷子传》:"医误用药,遂病革。速舆归家,至家二日而卒,卒年三十有九。"

② 邱云霄《止山集·山中集》卷四中有《酬刘白云五月登大王峰绝顶得仙橘数十颗见遗歌其事异之》诗一首,邱云霄的朋友刘白云在当年五月登上大王峰绝顶,发现橘子数十颗,并带回与作者品尝。邱云霄认为,大王峰顶居然有橘子,一定是仙橘,这是令人奇异的事,于是作诗记载此事。我们注意到,登上大王峰绝顶的刘白云并未提及什么张仙遗蜕,试想如果真有"仙蜕"的话,应该比橘子更加令人惊奇,邱云霄和刘白云不可能不会提及。因此,所谓秦代"仙蜕",实际上不会早于这次登顶活动,应该出现在嘉靖时期。另,据前文所述,北宋刘斧《武夷山记》也曾记载登上大王峰,峰顶有天鉴池、投龙洞等,还有仙橘等属,但并未提及什么真仙遗蜕。

③ 黄仲昭(1435—1508年),名潜,以字行,号退岩居士,莆田人。方志学家,有《八闽通志》87卷。

④ (明)何镗:《名山胜概记》卷40,明崇祯六年刊本,哈佛大学燕京图书馆藏影印本,第1页b。

最早明确记载大王峰"张垓"遗蜕蜡像实物的,是嘉靖十七年(1538 年)的李元阳和与之同游的江以达。李元阳在《登武夷大王峰记》中说,几人登上大王峰后,瞻仰拜谒张垓像。其中记载遗蜕"两手据(骨卑),卷其一足,如真武坐,首略右顾,非土、非肉、非漆、癯然有威"①。江以达的《张仙岩记》也载:"有张仙玉体在,趺坐而回其首。或谓,张仙将解去,其母追至山下,呼之,张仙以首答之,遂解。"②

同一时期,有关"张仙人"蜡身像实物记载的,还有徐表然的《张仙岩》诗:

> 白日焱飞升,丹书曾历著。落落张金蟾,坐化一何踞。骨既蜕岩阿,谷神何处去。一去不复还,仙事恐无据。本来真面目,转为泥涂污。拂袖下云梯,临发重犹豫。③

诗中表明,徐表然曾登上大王峰,见到坐化于岩阿的张金蟾。但徐表然对仙蜕一事却不以为然,认为仙人既已升仙,一去不复还,为何不露真面目,反而却涂上污泥?认为"仙事恐无据",于是"拂袖下云梯"。同一时期,还有地方官吏黄英在《仙蜕岩》诗中,发出了同样的质疑:

> 刘安鸡犬飞升去,底事仙成仍有尸。遗蜕土花重绣碧,璃(琼)芝瑶草总堪疑。④

既然都已经成仙而去,为何还留下尸体,这些被锦绣包装的遗蜕,总是令人怀疑。他的这些想法,道出了当时部分文人的疑虑。

嘉靖后期,福建巡按樊献科⑤经游武夷。他对武夷山水十分留恋,有《水

---

① (明)何镗:《名山胜概记》卷 40,明崇祯六年刊本,哈佛大学燕京图书馆藏影印本,第 2 页 a~b。

② (清)董天工:《武夷山志》卷 6,《一曲中》,武夷山市市志编纂委员会整理,北京:方志出版社,1997 年,第 165 页。

③ (明)徐表然:《武夷山志》,《行集·一曲》,明万历己未年版,哈佛大学汉和图书馆藏影印本,第 13 页 b~14 页 a。

④ (明)徐表然:《武夷山志》,《行集·一曲》,明万历己未年版,哈佛大学汉和图书馆藏影印本,第 13 页 b。

⑤ 樊献科(1517—1578 年),字文叔,号斗山,缙云人。嘉靖二十六年(1547 年)进士,官侍御,嘉靖时巡按福建,曾在武夷山天游峰建三友堂。

帘洞》诗云：

> 绝壁飞泉挂白龙，一帘风送玉玲珑。声传空谷晴疑雨，势转丹崖
> 淡复浓。喷月垂垂摇碧汉，沉云冉冉散芙蓉。尊前谁作高山调，拂袖
> 吾从问赤松。①

前半部分是纯粹的空间审美描述，是形象比喻或空间对比描绘，后半部分涉及人的问题，实际上是阐述人与空间的关系问题，即人与外在空间的情感和精神关联问题。诗中由眼前的白龙挂眼前，空谷传声，转入高山流水调，拂袖问赤松，前者是千古不变的山水，后者是不同时代人们特殊的情感和精神感受。

这里要阐述的是，樊献科以福建巡按的身份经游武夷山，当他看到当时盛行的朝拜仙蜕现象时，认为这是假托仙蜕，"欺罔世人"。仙蜕不语，为何还要向他询问人间名利之事？况且"魏王子骞"成仙与否，尚不得知，而且当下又不能证明该仙蜕究竟是否是真人、仙人。樊献科又进一步质疑，这里的仙蜕既然已经成仙，为何"竟以遗体暴人间，俾得数数玩弄之，不亦亵乎？"怎么会将自己的遗体弃留在世间，供人玩弄？连自己的遗蜕都不能照看的"神仙"，人们朝拜它又有何用？于是，他饬令地方官员，"为石函秘藏焉"。② 根据董天工《武夷山志》记载，崇安地方官员把这个仙蜕葬于二曲溪西仙馆岩半壁天然石窦中。③ 这就是所谓的"葬蜕事件"。

"葬蜕事件"是对神仙道教的一次打击，也是人文主义实学兴起，与神仙道教之间矛盾发展到一定阶段的产物，它标志着以大王峰为中心的神仙空间建构开始坍塌，是武夷山神学建构衰落的标志性事件。由此我们发现，每一种空间建构，都会经过一个渐进的过程，而这种空间属性可能是由多种空间元素构

---

① （清）董天工：《武夷山志》卷15，《山北》，武夷山市市志编纂委员会整理，北京：方志出版社，1997年，第493页。

② （明）樊献科：《藏仙蜕说》，载（清）董天工：《武夷山志》卷8，《二曲》，武夷山市市志编纂委员会整理，北京：方志出版社，1997年，第232页。

③ （清）董天工：《武夷山志》卷8，《二曲》，武夷山市市志编纂委员会整理，北京：方志出版社，1997年，第231页。

成的，如仙蜕事件其实仅只是武夷山作为神仙空间属性的一个庸俗化表现元素，而武夷山作为神仙空间属性的福地洞天建构依然有一定的合理之处，就如宋代理学家朱熹和陈亮所指出的那样，它们的存在也有其应有之理。但随着同一属性的空间元素开始受到质疑和解构的时候，就会危及整体空间属性的建构本身，乃至最终坍塌。仙蜕朝拜现象是武夷山神仙空间演化过程中的一次负面建构，它短暂的兴废，加速了武夷山神仙空间光环的褪色，加速了"人进神退"的历史进程。其实，之后的历史表明，不仅神仙空间的建构与解构是如此，人文圣地、桃花源的建构与解构也是如此。我们需要探讨和反思的，首先是从建构到解构的历史演绎中，能够得到最重要的启示是什么。其次是一种空间解构之后，什么样的新元素可以代替它，如何建构新的空间属性。

弘治间进士周宣[①]，曾经多次经游武夷山，作《重游武夷》诗云："玉笙不写人间谱，元（玄）鹤能传云外心。"[②]虽然玉笙不能书写人间的谱子，但人们眼中的云鹤却能传递人间的那颗渴望云外之心。这里就告诉我们，人在旅游的过程中，不仅是身体上的娱乐，也不仅是心理上的快感、愉悦或自由，也许还涉及精神上的终极关怀问题。

二、人文圣地的文化旅游

明代中期，武夷山神仙空间属性在延续中逐渐解构的同时，作为人文圣地的武夷山，却随着时代的发展，其光环不断凸显，成为当时盛行全国的文化旅游版图中不可或缺的重要一环。

人们常说，"山不在高，有仙则灵"，又说"人杰而地灵"。但"有仙"可以人为"建构"，而"人杰"却可遇而不可求。正德十二年（1517年）的状元舒芬[③]，在

[①]　周宣（1478—1532年），字彦通，号秋斋，莆田人。弘治十八年（1505年）进士，至广东右布政使，有《秋斋集》。
[②]　（清）董天工：《武夷山志》卷23，《艺文》，武夷山市市志编纂委员会整理，北京：方志出版社，1997年，第779页。董天工《武夷山志》避讳"玄"为"元"。
[③]　舒芬，字国裳，南昌人。明正德十二年（1517年）状元，以谏言谪闽，游武夷，有《梓溪集》。

《武夷山志·序》中说："地灵人固杰出，人杰地益胜。"①他认为武夷山因地灵而人杰，也因人杰而地益胜。同是正德年间的进士季本②，怀着崇仙的梦想来到武夷山，但在武夷山却完成了他人生的一次转变。据他《游武夷》诗云：

> 武夷夙所闻，梦想见佳境。今日上溪船，悠悠隔尘境。岩石振鸣泉，碧潭照清影。屈曲更诡奇，宏奥复幽静。到此遗世纷，万虑俱一屏。未遇武夷君，醉梦已先醒。况昔贤哲流，结庐此修省。宫墙千载余，入门发深警。神仙亦渺茫，吾道有要领。所思良在兹，平林坐来暝。③

武夷山的幽奇佳境，与尘世的喧嚣大为不同，让人放下万般尘虑。这里又是一个神仙窟宅，不免让人产生神仙幻想。但是看到昔日大儒贤哲修身于此，方觉"神仙亦渺茫"，于是"醉梦已先醒"，决心要像先哲那样，学问得其要领。半梦半醒的士大夫，经过这次朝圣般的旅游，受到先哲圣贤的启发，突然觉悟而转变观念。季本的这个案例，表明当时的武夷山已经具备人文圣地的空间属性。一时间，武夷山成为文人仕宦文化朝圣和"壮游"天下的必游之地。

（一）文化朝圣的热潮

明代中期的武夷山，的确以人文圣地的空间形象在文人仕宦中产生了广泛的影响，很多人慕名而来，朝圣武夷的现象一时兴盛起来，其中不乏当代的大儒贤者，出现"高轩频过武夷山"的局面。他们的来到，又进一步促使武夷山人文圣地声名远布，为武夷山增添了新的光环，即舒芬所谓的"人杰地益胜"。

弘治、正德间的名宦林俊④，曾多次经游武夷，他的《见素集》中有多篇关

---

① （明）劳堪：《武夷山志·序》，明万历辛巳年版，国家图书馆藏本，第1页b。

② 季本（1485—1563年），字明德，号彭山，会稽人。正德十二年（1517年）进士，授建宁府推官，后入御史。

③ （清）董天工：《武夷山志》卷22，《艺文》，武夷山市市志编纂委员会整理，北京：方志出版社，1997年，第712～713页。

④ 林俊（1452—1527年），字待用，号见素、云庄，莆田人。成化十四年（1478年）进士，历工部尚书，刑部尚书等，嘉靖元年（1522年）加太子太保，有《游武夷题咏》，文集《见素集》。

于武夷山的纪游诗文,徐表然《武夷山志》也载有他的《仙钓台》《题诗岩》等诗。据他的《寿日》诗记载,"嘉靖纪元二月十日宿武夷"①,这一年是嘉靖元年(1522年),他被加太子太保,71岁生日这天在武夷山。他在《武夷精舍》诗中称"中兴元有象,龙起大河清"②,认为朱子的思想为中兴做出了贡献。在《见素集》卷八的《君子堂记》中,林俊说:

> 齐之泰,秦之华,晋之恒,楚之衡,皆镇也。武夷、峨眉、匡庐,则元夫巨人所生与旅寄而名耳。③

林俊认为,五岳是天下之镇山,因此而名闻天下。而武夷、峨眉、匡庐这样的名山,则因"巨人所生与旅寄"而闻名天下。无疑,武夷山所生和所长的巨人,非朱熹莫属。可见明代中后期,朱熹作为圣人,武夷山作为人文圣地,已经在文人士大夫阶层中形成普遍的印象,并产生圣地朝拜的现象。除了因"巨人"之外,林俊还提出,成就武夷、峨眉、匡庐等新兴名山的另一个因素是"旅寄",这也恰好说明,此时武夷、峨眉、匡庐等名山的旅游,已经有了相当的发展。明代中期,是武夷山人文圣地与审美胜地的双建构期。

正德年间的进士方豪④,曾任福建按察司副使,他在《五曲书院晚眺》中说,"千载游人忆紫阳"⑤,表达了对人文圣地的朝圣之意。嘉靖五年(1526年)的状元龚用卿⑥,也曾游武夷,并"多咏题,又勒字于二曲楼阁岩"⑦。他在游武夷山期间,留下《登啸台》《武夷第五曲谒紫阳精舍》诗两首,"我来谒紫阳,维舟杨柳岸","行当息尘网,永作青山伴"。⑧ 圣地怀贤,顿时产生挣脱名利的尘

---

① (明)林俊:《见素集》续集卷2,清文渊阁四库全书本,第2页b。

② (明)林俊:《见素集》续集卷2,清文渊阁四库全书本,第2页a~b。

③ (明)林俊:《见素集》续集卷8,清文渊阁四库全书本,第15页a。

④ 方豪(1482—1530年),字思道,号棠陵,开化人。正德三年(1508年)进士,历沙河知县、刑部主事、福建按察司副使等。

⑤ (清)董天工:《武夷山志》卷10,《五曲上》,武夷山市市志编纂委员会整理,北京:方志出版社,1997年,第325页。

⑥ 龚用卿,字明治,号凤岗,怀安人。明嘉靖五年状元,授翰林院修撰。

⑦ (清)董天工:《武夷山志》卷17,《名贤下》,武夷山市市志编纂委员会整理,北京:方志出版社,1997年,第558页。

⑧ (清)朱彝尊:《明诗综》卷45,清文渊阁四库全书本,第1页b。

网,栖居于此,与青山作伴的想法。

成化二年(1466 年)状元、著名理学家罗伦曾"流寓武夷",[1]在此授徒讲学。对武夷风光,罗伦不吝赞美之辞:"紫云初曙彩云飞,碧水丹山面面奇。一棹烟霞看不尽,扁舟何用五湖归。"[2]在《谒文公书院》中说,"汉祀坛荒鹤不回","丹灶烟消劫火灰",汉坛已荒丹灶冷,仙人一去不复回。天鉴有池,幔亭无路。"空余五曲渊源派,万古朝宗碧海来"。[3] 神仙已远去,人们来到武夷山,就像洄游的鱼,寻找思想和精神的渊源,这是武夷山人文圣地的最好说明。一棹烟霞,万古朝宗,罗伦精准地找到了武夷文脉之所在。同一时期,另一位理学大师陈献章[4],在《次韵罗明仲先生见寄》中说:"高轩频过武夷山,曾听仙歌九曲间。"[5]"高轩频过武夷山",是明代中期武夷山频受文人朝圣的形象描绘和经典表达。

明代杰出的心学大师王阳明[6],也来到武夷山,并作《游武夷》诗云,"山中又遇武夷君","精舍十年始及门"。[7] 王阳明心学在明中后期逐渐成为东南理学的主流,他来到武夷山的行为本身,也产生了新的影响。在明末清初,很多王阳明的弟子在福建或闽北为官,他们在武夷山修建阳明祠堂,以纪念这位心

---

① (清)董天工:《武夷山志》卷 16,《名贤上》,武夷山市市志编纂委员会整理,北京:方志出版社,1997 年,第 527 页。罗伦(1431—1478 年),字应魁,号一峰,吉安人。成化二年状元,明代理学家。

② (清)董天工:《武夷山志》卷 24,《艺文》,武夷山市市志编纂委员会整理,北京:方志出版社,1997 年,第 817 页。

③ (明)衷仲孺:《武夷山志》卷 12,明崇祯癸未年版,哈佛大学汉和图书馆藏影印本,第 14 页 b。

④ 陈献章(1428—1500 年),字公甫,广东新会人。明代中期著名哲学家、思想家、教育家,明代心学奠基人之一。

⑤ (明)陈献章:《白沙子》卷 6,东莞莫氏五十万卷楼藏嘉靖刊本,第 16 页 a。

⑥ 王守仁(1472—1529 年),字伯安,号阳明,浙江余姚人。弘治十二年(1499 年)进士,历刑部主事、南赣巡抚、两广总督等,明代杰出的思想家、理学家、教育家、军事家等,明代心学的代表人物。

⑦ (清)董天工:《武夷山志》卷 23,《艺文》,武夷山市市志编纂委员会整理,北京:方志出版社,1997 年,第 778 页。

学大师,使武夷山的人文圣地又增添了新的光辉。[1] 此外,这一时期还有心学家湛若水、邹东廓等都曾游武夷山,或在此授徒讲学,这些也是武夷山人文圣地的新建构,这里不一一赘述。

(二)文化旅游版图中的武夷山

明中期以后,随着社会经济和思想文化的不断发展,在全国范围内出现以游为进学之资的思潮,"读万卷书,行万里路"的文化旅游已成为文人士大夫的理想。自元代以来,朱子理学一尊地位的确立,武夷山逐渐成为文人仕宦心中向往的朝圣之地。如前所述,明代中期开始出现"万古朝宗碧海来""高轩频过武夷山"的盛况,武夷山已成为新的人文圣地,是当时全国范围内士大夫文化旅游版图中不可或缺的重要一环。

被纪晓岚称为"才雄气逸,更足以笼罩一时"的状元吴宽[2],在送朋友赴闽北任职的诗中写道:"千载宋儒真可学,一时秦吏谩为师。公余为我寻遗迹,应踏扁舟入武夷。"[3]吴宽表达了到武夷山朝圣朱子遗迹的愿望,可见朱子理学的文化影响力,是武夷山成为人文圣地不可替代的核心要素。与吴宽同一时期的另一位理学家蔡清[4],经游武夷,也留下《见武夷二首》:

日日问山水,今日见武夷。点头一段意,山灵知不知。

泰山孔子登,武夷朱子寓。吾想万山灵,亦羡二山遇。[5]

诗文简约,但语意清新,蕴含了对武夷山的一段爱慕之意,这也是第一篇将武夷山与泰山并称的纪游诗,可见因朱子而著称于世的武夷山,作为文化名山在当时文人士大夫心中的地位。

---

① 清朝初年,王阳明的后裔王复礼栖居武夷山,为武夷山的文化复兴和旅游发展也做出了很大的贡献,后文另述。

② 吴宽(1435—1504年),字原博,号匏庵,长洲人。成化八年(1472年)状元,历翰林修撰、詹事府事、礼部尚书等。明代名宦,诗人、散文家、书法家。

③ (明)吴宽:《家藏集》卷4,《送项崇仁知建阳》,清文渊阁四库全书本,第6页b。

④ 蔡清(1453—1508年),字介夫,晋江人。成化二十年(1484年)进士,官至南京文选郎中、江西提举副使,著名理学家。

⑤ (明)蔡清:《虚斋集》卷1,清文渊阁四库全书本,第1页a~b。

　　嘉靖朝礼部尚书孙承恩[①]，记载他的朋友富春山曾游览泰山、峨眉山、西湖、金陵、太湖等天下名胜，当下又谢事赋闲，无所拘系，因而更加肆情登陟，令他羡慕不已。据孙承恩所记，富春山的旅游计划是"又将北登泰华，谒孔林。溯河洛，览秦汉故都。东游天台、雁荡，以及武夷，拜紫阳精舍而后归"[②]。可见，这是一次独立的旅游，而且是偏重文化考察的旅游，用今天的话说，就是文化研学旅游，而武夷山正是这个旅游版图中不可或缺的重要一环。

　　同为明代名宦的王鏊[③]，其旅游计划则更加宏大。他说：

　　　　吾少也有四方之志，思欲如司马子长，纵游天下，以大吾观。……然吾与玄敬约，如天之福，假我以年，吾方与子北溯长江，观庐山瀑布；浮沅湘，上岳阳楼，望衡岳，窥瞿塘三峡；历剑阁，岷峨；入关中，览秦汉故都。还登泰岱，慨想七十二君之遗封；南出武林，观浙江潮，上会稽，探禹穴，仁子陵钓台；历天台、雁荡，至武夷，款罗浮，上韶石，望苍梧、九疑而还。子肯从吾游乎？虽然太湖有山焉，是为洞天福地，愿子先之。[④]

　　可见，王鏊的理想是能够像太史公那样纵游天下，以开阔视野。与朋友都穆相约，从长江中游，沿江而上，入四川，经秦川，至山东、河南，再南下至江浙、福建、广东而还。显然，这也是一个纯粹的旅游计划，没有政务的羁绊，也是一个偏重文化考察的旅游计划。一方面反映明代中期文人"读万卷书，行万里路"的理想，另一方面这个包括武夷山在内的文化旅游版图，也成为后来期王士性、徐霞客等地理学家、旅行家周游天下的先导图。

　　前文提到的方志学家黄仲昭，在给朋友《山海奇观为崇安司训屠景赋》诗

---

　　① 孙承恩（1481—1561年），字贞父，华亭人。正德六年（1511年）进士，官至礼部尚书，兼翰林学士，掌詹事府。

　　② （明）孙承恩：《文简集》卷34，《春山游览记小引》，清文渊阁四库全书本，第17页 b。

　　③ 王鏊（1450—1524年），字济之，号守溪，吴县人。成化十一年（1475年）进士，历侍讲学士、吏部右侍郎等，拜户部尚书、文渊阁大学士。

　　④ （明）王鏊：《震泽集》卷13，《游名山记引》，清文渊阁四库全书本，第10页 a。王鏊同乡好友都穆，字玄敬，工部主事。

中说:"武夷之山天所辟,三十六峰炫丹碧。中有精庐祀紫阳,万古斯文赖昭晰……武夷正在崇安境,千古奇观君已稔。高山仰止长不忘,进德之功岂容寝。"①黄仲昭认为,紫阳精庐的光芒,昭明万古,武夷山高山仰止的进德之功,也不能埋没。他在另一篇序文中写道:"则凡天下之物,触于耳目而感于心思者,皆可为进修之资也。"②以山水景观作为进德之资,是明代中期旅游思想的突出表现之一。黄仲昭又进一步提出,"游"不仅能够使人"收天下之见闻",而且能够使人"发舒其志气,恢宏其文章也","昔之壮于游者,无如司马子长",太史公"所以奇于文者,以游故也"。③黄仲昭解释道:

> 古之君子,有以游而进其学者,有以游而工于文者,岂有他哉?亦以万物之理,反之于身而已,祖龄能因是而求之。接夫山,则取其厚重不迁者,以辅吾之仁;接夫水,则取其周流无滞者,以辅吾之智;见江湖之大,则吾心之狭小,可以因之而廓;见烟云之清,则吾心之尘俗,可以因之而去。④

游不仅能进其学,而且能工其文,这是因为以万物之理,反之于身。观山而得仁,观水而辅智,观江湖以扩胸怀,观清云以洗尘心。这是理学兴起之后,人们对游之理的新诠释。黄仲昭也表达了自己的"壮游"图谱:

> 溯闽溪,访武夷。历鹅湖,走江浙。观胥江之怒涛,登凤凰山,吊宋之故宫。载酒西湖,酹岳武穆之墓。北道姑苏,慨想泰伯、虞仲之至德,延陵季子之高风。遂出孟渎,济维扬,以抵兴化,咏池塘之春草,挹荆树之清芬,犹以为未也。复泛高邮,浮大江以探金陵之胜,访六朝之遗踪。入都城,仰观宗庙宫阙之壮且丽,历览廪藏苑囿之富且大,接其缙绅文物之盛,其豪杰议论之伟。凡天下之奇闻壮观,皆得

---

① (明)黄仲昭:《未轩文集》卷9,清文渊阁四库全书本,第15页 b～16页 a。

② (明)黄仲昭:《未轩文集》卷2,《栗桥八景诗序》,清文渊阁四库全书本,第37页 b。

③ (明)黄仲昭:《未轩文集》卷2,《壮游诗序》,清文渊阁四库全书本,第54页 b。

④ (明)黄仲昭:《未轩文集》卷2,《南都壮游诗序》,清文渊阁四库全书本,第28页 a～b。祖龄,指他的朋友张祖龄。

之于此矣。①

这里所谓的"壮游"，其实就是今天人们所称的"文化旅游"。黄仲昭的旅游计划，武夷山当然是第一站，接着是访鹅湖书院，吊浙江宋都，谒西湖武穆，至姑苏、维扬、高邮、金陵，都是访六朝之遗踪。最后入京城，仰观宗庙宫阙之壮丽，历览缙绅文物之盛况。这是一个全国范围内由南向北的文化朝圣之旅，武夷山是这个"壮游"的起点。可见，明代中期，武夷山已经是重要的人文圣地，是中国文化旅游版图中不可或缺的重要一环。

（三）唱和棹歌的继续

明代中期，随着旅游者的增多，唱和九曲棹歌的现象也愈加突出。据现有的资料，当时至少有 9 人唱和朱熹九曲棹歌。唱和棹歌的旅游文化现象，继元朝之后，再度复兴。

黄仲昭游武夷期间，曾作《游武夷九曲僭用文公先生韵赋棹歌十首》。其棹歌有云："旧日虹桥无觅处，依然山色与溪声。""个中何物尤清绝，云影天光共一潭。""古今游客知多少，谁识先生一片心。"②黄仲昭棹歌的内涵，与朱熹棹歌的意韵是最接近的。同一时期的福建按察金事萧显③，也曾经作《游武夷九曲和朱公先正韵》，但保留下来的只有三首。成化间巡按御史刘信④，也作《和文公棹歌十首》，其内容与朱熹九曲棹歌也比较接近，基本沿袭朱熹的人文主义思想基调。"宴罢宾云无觅处，幔亭依旧枕溪声"，"先生道在羲皇上，谁识悠然太古心"（五曲），"升真不必骑黄鹤，三十六峰皆洞天"（九曲）。⑤武夷山三十六峰即洞天，这里可以升真，但不必骑鹤成仙，反映了清晰的人文主义基调。

---

① （明）黄仲昭：《未轩文集》卷 2，《壮游诗序》，清文渊阁四库全书本，第 53 页 b。

② （明）黄仲昭：《未轩文集》卷 10，清文渊阁四库全书本，第 14 页 a～b。

③ 萧显（1431—1506 年），字文明，号履庵，更号海钓，山海卫人。累官福建按察金事。

④ 《福建通志》载："刘信，字明节，南溪人，成化间巡按御史。"但《福建通志》还载多人同名，不能确定与该棹歌作者是否为同一人，存疑。参见（清）郝玉麟：《福建通志》卷 29，清文渊阁四库全书本，第 37 页 b。

⑤ （清）董天工：《武夷山志》卷 4，《棹歌》，武夷山市市志编纂委员会整理，北京：方志出版社，1997 年，第 91～92 页。

　　但嘉靖时期,文人仕宦唱和九曲棹歌的意韵也发生了一些转向。曾经任"闽参政"的顾梦圭①,他的《武夷九曲歌》语言艰涩难懂,很不流畅,但其中透露出一定的神仙意向,如"游人不得闻金鸡,但见暮车出林表"②,虽未闻金鸡,但似乎又有神仙出没,可见蕴含人神共在的意境,有一定的转向意味,可能是受到当朝皇帝信奉神仙道教的影响。

　　稍晚些时候的浙江金华人程珪③,携家谪居福建,经游武夷,作诗多篇以纪游。他的《大王峰》诗云,"我生赤松乡,遥想武夷迹","秋风忽乘兴,携儿谪居客",④表达了对武夷山水的向往之情。但也有仙游的倾向,如《会仙岩》诗云"水落石出天地宽,仙子群然日来会"⑤,可见在程珪的视野里,神是在场的,是天地、山水、人、神共在的仙凡混合体验。程珪也作《和文公九曲棹歌》云,"海内名山此最灵,奇峰六六九溪清",对武夷山给以较高的评价,其基调沿袭朱熹棹歌,但也有仙子在场的意蕴,如"时有仙人驾鹤来"。⑥ 总之,程珪的棹歌算上乘的作品,可惜不够完整。武夷山本地人邱云霄也曾作《和棹歌》十首,从内涵上看,在邱云霄这里,神与人再次分离,"幔亭舞罢秋台宴,野月溪云空汉坛","一从听罢金鸡晓,花落空潭春自闲"。⑦ 神早已升天,而人间依然是花落空潭春自闲,与朱熹棹歌的思想是一致的。

　　嘉靖十七年(1538年),前文提及的御史李元阳、参政张时彻、提学江以达三位福建要员,同游武夷。他们都是当时的文学天才,喜欢旅游,善于游记,在武夷山留下大量的纪游诗文,反映明代中期嘉靖年间武夷山旅游很多真实情况。其中,张时彻和江以达都曾和九曲棹歌。

---

　　① 顾梦圭,约1538年前后在世,字武祥,号雍里,昆山人。嘉靖二年(1523年)进士,曾为"闽参政"。

　　② (清)董天工:《武夷山志》卷4,《棹歌》,武夷山市市志编纂委员会整理,北京:方志出版社,1997年,第112页。

　　③ 程珪(1469—1537年),字瑞卿,号方岩,又号十峰,浙江金华人。

　　④ (明)曹学佺:《石仓历代诗选》卷477,清文渊阁四库全书本,第13页b。

　　⑤ (明)曹学佺:《石仓历代诗选》卷477,清文渊阁四库全书本,第14页a。

　　⑥ (明)曹学佺:《石仓历代诗选》卷477,清文渊阁四库全书本,第14页b～15页a。

　　⑦ (清)董天工:《武夷山志》卷4,《棹歌》,武夷山市市志编纂委员会整理,北京:方志出版社,1997年,第108～109页。

张时彻①在游武夷期间，留下诗文多篇。有《一线天》《天游峰》等，表露平生最好幽胜之地，到了武夷"情更牵"。他也作《和文公九曲棹歌》，不言"山灵"而言山水，"碧水丹山秀且灵，九霄风露玉华清。游人笑问天源路，试听渔郎欸乃声"。与山水对应的空间意象是"桃花源"，如五曲"石门茶灶依然在，流水桃花自有心"②等，都体现了这一点。明代中期，武夷山作为桃花源精神空间的建构，在文人士大夫中产生了广泛的影响。张时彻的这个九曲棹歌，比较接近朱熹棹歌，用"虎溪"故事，将九曲比作桃花源。棹歌有仙，但不迷恋。

同游的江以达③，也作《和文公棹歌十首》。江以达的九曲棹歌虽谈不上以神仙思潮为主题，但却总是离不开仙灵、太清、仙翁、羽客、紫芝、洞箫、灵龟等的神性空间意象，如"瑶台璚馆阆仙灵，漠漠仙居俯太清。一曲紫芝人不见，云间吹落洞箫声"④。

此外，还有白悦、陈尧典都唱和棹歌，但保存不够完整。从他们创作的其他诗歌内容来看，或多或少都有神仙回归的意味。如白悦在《李仙岩》诗中自问，"李仙在何处，在昔隐岩中"，"我欲从之去，仙源杳难通"⑤。追问仙人隐处，欲从之而去。这种现象，可能与嘉靖年间的政治环境有一定的关系。

三、桃花源空间意象与旅游

众所周知，晋陶渊明所建构的桃花源是古代中国文人士大夫的精神家园，

---

① 张时彻(1500—1577年)，字维静，号东沙，又号九一，鄞县人。曾为明代福建参政，官至兵部尚书。

② (清)董天工：《武夷山志》卷4，《棹歌》，武夷山市市志编纂委员会整理，北京：方志出版社，1997年，第92～93页。

③ 江以达(1502—1550年)，《福建通志》载："字于顺，贵溪人。嘉靖初，以刑部郎典试福建，寻转金事督闽学，一时人士造就甚众。"江以达又号"午坡"，他与李元阳等的这次武夷之行，应该是故地重游。参见(清)郝玉麟：《福建通志》卷29，清文渊阁四库全书本，第43页b。

④ (清)董天工：《武夷山志》卷4，《棹歌》，武夷山市市志编纂委员会整理，北京：方志出版社，1997年，第97～98页。

⑤ (清)董天工：《武夷山志》卷9下，《四曲》，武夷山市市志编纂委员会整理，北京：方志出版社，1997年，第281页。徐表然《武夷山志》同诗则云，"李仙去已远，在昔隐岩中"，"我欲问真诀，仙源杳难通"。董天工所记语意更为通顺。

它在武陵源,武陵源就是桃花源的代称。但从武夷山旅游史的研究中发现,自南宋刘子翚、朱熹等人开始,很多文人在武夷山游居的过程中,常常把它视为桃花源,元代时期这种现象明显多了起来。明代中期开始,文人仕宦干脆称武夷山为"桃花源"。这可能与九曲溪固有的沿溪而上、变幻万千的奇景有关,尤其是六、七曲交汇处,沿小溪而上至天壶峰下的一段,自北宋仁宗天圣年间山石陷落形成的地形构造,确实与陶渊明《桃花源记》中所描绘的场景特别相似。与此同时,传统中国人心中总有一个桃花源情结,对超越世俗喧闹的桃花源心向往之,而明代中后期到武夷山旅游的文人仕宦越来越多,武夷山桃花源空间意象,引起很多文人的共鸣,这是武夷山旅游史上的又一个突出现象。

闽县人王应槐[①],游武夷,作《百花庄放歌》曰:

> 桃花红,梨花白,春到般般斗颜色。洞中仙主宴群仙,管领东风吹不得。三十六峰何处村,武夷便是武陵源。欲寻渔夫无舟路,惟见桃花开满园。忆昔洛阳卖花人,姚黄魏紫总皆春。车马纷纷争富贵,何如栖隐曲溪滨。曲溪传说多仙子,不爱繁花植桃李。罗浮擎得一枝来,种向仙家白云里。先春压倒百花庄,笑杀人间红与紫。[②]

王应槐来到武夷山,看到这里百花伴白云,仙子栖溪滨,无人间红紫,无车马纷争,因此断言"武夷便是武陵源"。人生在世,富贵名利,人人爱求。但在追求富贵的同时,又容易使人陷入尘世的纠缠,负重一世,难以自拔,甚至导致人性的扭曲,付出沉重代价。尘世的网,就像一块大石头,压在每一个觉醒者的身上,他们会产生逃离尘网的精神需求。"误入尘网中,一去三十年",于是桃花源便应运而生。桃花源作为与尘网相对立的理想空间,适应了人们的精神需要,是具有精神抚慰性质的精神家园。实际上,这个精神家园也需要文化上的建构与心理上的认同。比如取名"桃花源",取意"桃者,逃也",即通过远离世俗和尘世,获得心灵的放松与自由。还有其他一些符号,如黄发垂髫,意

---

① 王应槐,字汝旦,闽县人。嘉靖七年(1528年)乡荐,授高唐州学正。

② (清)董天工:《武夷山志》卷13上,《七曲》,武夷山市市志编纂委员会整理,北京:方志出版社,1997年,第432页。

指人们安居乐业的幸福生活，没有俗务的纠缠。还有一点也很重要，在桃花源，人们并不知道世间的秩序变化，不知道秦朝已经灭亡了，"不知有汉，无论魏晋"，远离现实的缠绕。这正是一种超越，是对尘世的超越，是对时间的超越。不受时间的驱使，是获得精神自由的前提。

明代中期，将武夷山称作桃花源的大有人在。建安人林命①，有《一曲棹歌》云"一曲风光引客船，遥看碧流泻前川。却随洞口渔郎入，两岸桃花映紫烟"②，用桃花源来寓意武夷山。再如邓迁《桃源洞》诗云，"仙翁已去桃源洞，十里桃花春自开"，"仙翁只在人间世，一剑周游去复来"。③ 桃源仙翁就在这人间世，就在武夷山小桃源。崇安本地诗人邱云霄的《陷石堂》诗亦云："五月山游兴每迟，桃花开尽武陵溪。"④他的《和棹歌》（十首）中，亦云："九曲逶迤引市廛，人间天上别风烟。青蓑黄犊归来晚，疑是桃源学种田。"⑤桃花源，已成为武夷山一个重要的空间文化内涵。

桃花源式的超越，超越了时间，但没有超越空间。桃花源依然与人们在同一个世界，尽管难寻难觅，但终究与我们同在。桃花源驱使人们不断地寻找那个与我同在的精神家园，从而对这个世界充满精神依恋。这是中国人精神空间最重要的特点，也是我们这个文化对山水空间充满依恋之情的根源。相比之下，上帝天国式的超越，是对空间的绝对超越，所谓的天国、天堂、极乐世界，与人们并不在同一个世界，而是在沿时间逻辑的另一个世界。西方式超越的特点，是超越空间而不能超越时间。在生命时间之内，永远无法达到天国、天堂和极乐世界，这些精神空间，都存在于人们的生命之间之外。而中国人的精神家园，则可以摆脱时间的纠缠，天堂就在人间，西方就在目前，这就是能够超

---

① 林命，字子顺，建安人。嘉靖三十二年（1553 年）进士，广东按察司副使。

② （明）衷仲孺：《武夷山志》卷 14，明崇祯癸未年版，哈佛大学汉和图书馆藏影印本，第 16 页 b。

③ （明）徐表然：《武夷山志》，《忠集·七曲》，明万历己未年版，哈佛大学汉和图书馆藏影印本，第 3 页 b。邓迁，字世侨，闽县人。嘉靖七年（1528 年）举人，官嘉兴通判。

④ （明）徐表然：《武夷山志》，《忠集·六曲》，明万历己未年版，哈佛大学汉和图书馆藏影印本，第 10 页 b～11 页 a。

⑤ （明）邱云霄：《止山集·山中集》卷 2，清文渊阁四库全书本，第 6 页 a。

越时间,但不能超越空间的中国式精神空间的特点。不同的超越方式,产生了不同的精神文化现象。西方式超越,让人们对时间之外的彼岸世界产生了终极依恋;而中国式超越,则让人们终极地依恋着此岸的生活世界。因此,中国人在这个生活世界里找到了能够满足人们超越有限存在精神需要的桃花源,即我们的精神家园。从这个意义上讲,作为能够满足人们精神需要的武夷山桃花源,不仅是人们精神需要的必然,而且是当时武夷山文化空间的重要建构。桃花源空间的属性,丰富了武夷山的空间类型,增强了它的吸引力。

四、审美胜地的旅游体验

无疑,一个空间之所以产生吸引力,必然有它能够使人产生审美感受的因素。所有对空间的依恋,都源自人们对空间的基本美感。只是产生美感的根源究竟是什么,需要进一步探讨和研究。以"碧水丹山"著称的武夷山,就是将它作为审美的空间,纳入人们的视野。明代中期,武夷山已逐渐凸显它作为审美胜地的空间属性,承载着人们的审美体验和对空间的依恋,逐渐向深层次拓展,出现一些新的特征。

（一）审美体验

"明四家"之一的沈周[①],是吴门画派的创始人。他有一首《题武夷图》诗云:

> 碧水丹山映杖藜,夕阳犹在小桥西。微吟不道惊溪鸟,飞入慢亭深处啼。[②]

沈周不一定到过武夷山,但题诗可见沈周对武夷山是非常了解的。作为

---

① 沈周(1427—1509 年),字启南,号石田等,长洲人。吴门画派创始人,"明四家"之一。

② (清)董天工:《武夷山志》卷 24,《艺文》,武夷山市市志编纂委员会整理,北京:方志出版社,1997 年,第 817 页。

艺术大师的沈周，他眼中的武夷山是碧水丹山，夕阳小桥西，幔亭飞鸟啼，是纯粹的审美空间，不见任何的洞天，也没有任何的圣贤，是人与山水的直观照面，是人对山水空间的感性体验。我们把这种关系，称为纯粹的审美关系。在这种关系中，武夷山是作为纯粹游赏和审美的空间而存在的。我们发现，纯粹审美的现象，在明朝中后期的武夷山，开始凸显起来。这是人文主义旅游不断发展，旅游逐渐向现代发展的必然结果。这里，我们以明代中期人们对武夷山的品评为研究资料，来考察当时人们对这个空间的审美体验。

喜欢遨游名山的孙一元①，与朋友约游武夷山，作《约鹅湖费阁老明年同游武夷山因作短歌二首赠别》诗，虽称"他日移居溪水上，道衣同拜武夷君"，但诗中几乎不见任何神的影子，他所描绘的是"青壁无人沿月上，踏船放歌溪水长"。②这里山高气迥，水长音清，人在这样纯粹的山水之中，绽放的是自我的野性，人的内在精神与外在的空间之间发生了某种程度的契合，即所谓的"无目的的合目的性"，导致人对这个空间的情感依恋。武夷山给孙一元留下了深刻的印象，很多年后有朋友自武夷归来，他仍作《林侍御过访留坐竹下问武夷山水》诗云：

> 清泉长日漱潺湲，豸史峨冠访竹关。自笑道人迂野性，相逢先问
> 武夷山。③

一朝相遇，终生结缘，多年以后，依然"相逢先问武夷山"。此中真意，欲辨忘言，堪称经典。

再看"一路看山到武夷"的弘治进士陆深④。陆深与朋友游武夷山，留下诗文多篇，其中有很多旅游的信息。从他的诗歌中，可以明显地感受到审美的气息。虽然有时也语涉"仙人""桃源"，但整体来看，陆深的视野属于纯粹的山

---

① 孙一元（1484—1520 年），字太初，自称关中人。游历华衡泰岱，正德中，与吴琉等隐士号称"苕溪五隐"。

② （明）孙一元：《太白山人漫稿》卷 8，清文渊阁四库全书本，第 9 页 b。

③ （明）孙一元：《太白山人漫稿》卷 8，清文渊阁四库全书本，第 8 页 b～9 页 a。

④ 陆深，字子渊，号俨山，上海人。弘治十八年（1505 年）进士，至詹事府詹事，兼翰林院学士。

水审美,是无建构的空间体验。陆深对武夷山是充满情感的,对自己的武夷之游倍感荣幸。他说自己"十年忧国鬓如丝,一路看山到武夷"①。来到武夷山后,看到这里风烟袅袅,芳草萋萋,"山川如画人如玉","好峰多在夕阳西"。②陆深在《与朱子文》的书信中,写道:"入闽,游武夷诸峰,徘徊归宗岩,皆满向来山水之愿,宿疴老态,颇恨此行太晚也。"③游武夷诸峰,终于满足多年山水之愿,大有相见恨晚之感。从陆深的诗文资料来看,他在十年之间,两次经游武夷。第二次来到武夷山的时候,故园依旧,但世事已迁,在他的《游武夷》《秋晓泛九曲》等诗中,有"向晚天风堕仙乐,月明知是武夷宫""合有仙灵藏蜕骨,宁无富贵等浮云"等句,对武夷山的神仙空间产生了一定程度的关注,与第一次旅游的体验已有所不同,用他自己的话说,"清游妙得此山中,一度来过一不同"。④旅游审美,与其他审美现象一样,与审美者的主观审美态度密切相关。

(二)审美评判

明代中后期,文人仕宦遍游大江南北的趋势已经形成,随着人们旅游视野越来越开阔,审美评判名山大川的现象也越来越多。随之,人们对武夷山的审美品评也多了起来,这是此一时期武夷山旅游向纵深发展的一个重要表现。能够对山水进行横向比较,首先说明人们旅游的空间范围扩大了,其次表明人们已经能够站在更具普遍性的角度,思考山水审美现象了。人们开始超越某山、某地的区域局限,寻找山水审美的普遍性,即审美的规律,甚至开始探讨旅游之道,乃至旅游的本质。这些都是明代中后期,武夷山旅游乃至中国旅游发展的新现象。

郑纪⑤是较早品评武夷山水的人。他的《东园文集》中,载有《寒栖馆记》

---

① (明)陆深:《俨山集》卷17,《绝句》,清文渊阁四库全书本,第4页b。

② (明)陆深:《俨山集》卷13,《游武夷》(二首),清文渊阁四库全书本,第3页a。

③ (明)陆深:《俨山集》卷12,清文渊阁四库全书本,第12页a。归宗岩,在今建瓯市,号称小武夷。

④ (明)陆深:《俨山集》卷5,《绝句》,清文渊阁四库全书本,第11页b。

⑤ 郑纪(1438—1513年),字廷纲,号东园,仙游人。明天顺四年(1460年)进士,历国子祭酒、浙江按察副使、户部侍郎、户部尚书等。

《游武夷山序》等诗文。董天工《武夷山志》还保存有他的《谒九峰书院》，可知他于成化十九年（1483 年）五月游武夷山。郑纪注重对山水的品评，其两篇纪游诗文都反映了这个特点。如《寒栖馆记》云：

> 武夷之山，环转九曲，溪流因之而曲，或三峰四峰，或五峰九峰，
> 曲中为峰三十有六，皆奇秀险怪，峭拔碗礐，不类人间境。天下山川
> 不可尽知，在闽中此其第一也。[1]

郑纪在这里注意从地理特征去评判，山水环绕而成九曲之折，评判的标准是"奇、秀、险、怪"。在这一标准之下，其他暂不可知，在闽中武夷山当属第一。接着，他又在《游武夷山序》中用很长的篇幅记录武夷之游。其中，他描述自己看到的武夷山水，是澄澈的，无渲染的，纯粹的山水空间。以一曲为例：

> 自一曲而上，历历指点相告。如羽宫之后，屹然倚空者，天柱峰
> 也。峰之西崖石上，有霜翎朱顶如画者，仙鹤岩也。峰之绝顶为龙
> 洞，其后为兜鍪。[2]

我们看到，与之前文士诗文所记的大王峰相比，在郑纪这里，没有任何神的痕迹，只是纯粹的空间体验。这样一直至六曲，众人"游洽尽兴，返棹而归"。应朋友之邀，写文以纪游。于是，他又写道：

> 予以天下未尝无山，然不皆石也，不石则不奇。间有石焉，又不
> 皆草与木也，不草不木则不秀。间有石而草木也，然又不皆水，不水
> 则不清。间有水焉，又皆不如是之转曲也，不曲则不幽。[3]

郑纪认为，武夷山水，间有石而有草木，间有水且婉转。这是对武夷山水特征很好的总结，完全从空间审美的角度展开的。接着，他又评论道：

> 夫奇、秀、清、幽，山水之四德。天下山水，多不能全，而武夷独全

---

① （明）郑纪：《东园文集》卷 5，清文渊阁四库全书本，第 1 页 a。
② （明）郑纪：《东园文集》卷 9，清文渊阁四库全书本，第 15 页 a。
③ （明）郑纪：《东园文集》卷 9，清文渊阁四库全书本，第 16 页 b。

之，是宜骚人韵士，恋恋不能释于怀也。①

这里，郑纪又提出"奇、秀、清、幽"为山水之四德，实际上这是郑纪提出的带有普遍性的山水审美标准。有了标准，天下山水就可以进行比较了。郑纪认为，"天下山水，多不能全，而武夷独全之"，这也许是骚人韵士对武夷山恋恋不能释怀的原因。郑纪提出自己独特的山水审美理论，且用来解释武夷山水审美，这在当时是难能可贵的，他的理论也是中国古代旅游思想和审美理论的一部分。我们看到，郑纪是从纯粹山水审美的角度评价的，与后来徐霞客评价天游峰为"第一山"，有类似的地方。在明代中后期，武夷山旅游正在从传统的从神学范式向纯粹的审美范式转化。审美范式，实际上是中国古代的旅游范式，与现代旅游并无二致。

这一时期，还有其他一些人对武夷山水提出自己的审美评判。名宦王鏊在《洞庭两山赋》中，盛推太湖东、西二山，评其兼有洞庭、鄱阳两湖"浩渺之荣"，又论天台、武夷，认为其"巍峨之气""广且大""高且丽"，故应称"人间之福地，物外之灵峰"。② "高""丽""广""大"，是王鏊山水审美的评判标准。

山水审美品评现象在明后期和清初，随着旅游的兴盛和性灵说的崛起，逐渐盛行起来，也标志着审美范式逐渐占据主导地位。

（三）综合审美体验

需要指出的，所谓神仙空间、人文圣地、桃花源以及审美胜地的区分，都是在一定程度上而言的，是人们在空间审美体验的过程中，表现出的不同倾向。或者说，是研究者通过旅游者纪游文本的分析研究，得出旅游者审美偏好的结论。而作为旅游者，在实际旅游的过程中，他们的体验往往是综合的，难以绝对区分的。我们不妨把这种现象称为综合审美体验。

徐表然《武夷山志》记载胡宗明③的一首五言诗，题曰《游武夷》：

① （明）郑纪：《东园文集》卷9，清文渊阁四库全书本，第17页a。
② （明）王鏊：《震泽集》卷1，清文渊阁四库全书本，第10页a。
③ 胡宗明，字汝诚，绩溪人。正德十二年（1517年）进士，嘉靖间右参政。参见（清）郝玉麟：《福建通志》卷29，清文渊阁四库全书本，第45页a。

萍梗偕仙侣，乾坤此壮游。奇峰丹耀日，曲水碧澄秋。洞古云长湿，林深霭不收。棹歌今在耳，静听意悠悠。①

我们看到，胡宗明把自己的武夷之旅，称为"壮游"，而他所谓的"壮游"，既有"仙侣"、"洞古"与"乾坤"，也有"奇峰"、"曲水"与"林深"，也有棹歌在耳，其意悠悠。显然这里既有洞天之超凡，也有山水之清晖，还有人文之光芒。胡宗明作为一个旅游者，他的诗文表达了一个综合的审美体验。

心学家王阳明的学生闻人诠②，在《九曲泛舟》中也云："山色独怜溪上好，风光真觉洞中闲……返照入江樽欲馨，不知九曲是人间。"③这是一个综合的审美体验，既怜山色好，又觉洞中闲；既似天上，又在人间。身与心的难分，感性与理性的合一，是旅游审美综合性特征的体现。又《石门岩》诗云：

泛尽清溪意未厌，万松深处蹑云根。携筇渐入层霄去，始信通天有一门。④

万松深处，通天有门，这是作者对武夷山空间感知的直观表达，一个仙凡混合之地，隔尘世，可通天，这也是它具有吸引力的根源。

王阳明另一位学生万虞恺⑤也曾游武夷，作《武夷秋泛》诗，表现了同样的特点：

何处名山惬胜游，武夷烟景足相留。金鸡报罢千岩晓，铁笛吹散九曲秋。神女插花云拂镜，仙翁倚棹墼悬舟。紫阳晚照澄潭静，欲向

---

① （明）徐表然：《武夷山志》，《文集·律诗》，明万历己未年版，哈佛大学汉和图书馆藏影印本，第 14 页 a。

② 闻人诠，又闻人铨，字邦正，余姚人。嘉靖五年（1526 年）进士，历官湖广按察副使，有《芷兰集》。

③ （明）徐表然：《武夷山志》，《文集·律诗》，明万历己未年版，哈佛大学汉和图书馆藏影印本，第 22 页 b～23 页 a。

④ （清）董天工：《武夷山志》卷 12，《六曲》，武夷山市市志编纂委员会整理，北京：方志出版社，1997 年，第 403 页。徐表然《武夷山志》亦载此诗，题名《天游观》，从内容上看，董天工《武夷山志》更为合适。

⑤ 万虞恺，字懋卿，号枫潭，南昌人。受业于王守仁，嘉靖十七年（1538 年）进士。

沧浪理钓钩。[①]

　　金鸡、铁笛、神女、仙翁、名山、烟景、紫阳、沧浪，这是一个人神共在的世界，是对武夷山空间形象的综合审美体验。这样的例子还有很多，这里不一一列举。

五、武夷山旅游新现象

　　从现有的资料看，明代中期武夷山的旅游，呈现以下几个新现象。

（一）游记的增多

　　一般认为，游记作为一种文体，发端于唐代柳宗元《永州八记》的问世。作为以记述旅游者游踪为主要内容的旅游文学体裁，它的出现和兴盛，既是旅游发展的必然结果，又是旅游发展的标志。

　　明代中期之前，武夷山也有一些纪游之文，但多以诗歌、诗序、题刻等形式表现出来，单独成文的游记并不多见。在研究过程中，我们发现，武夷山独立成文的游记，从明中期开始成为武夷山旅游纪文中常见的体裁。由于游记是专门记录旅游者游踪的文体，它的大量出现，意味着此时武夷山旅游的兴盛，并且游记往往真实记录了旅游者的所见所闻，包含大量的旅游信息。

　　前文提到明初洪武时期，建宁县训导徐左达作《游武夷九曲记》，我们说它是武夷山早期的游记，但实际上它更像是一篇赋作。我们也注意到，号称"未轩先生"的方志学家、莆田人黄仲昭有《武夷山记》一篇，但这仍不能算真正的游记，偏于地志一类。此外，早期的游记还有郑善夫的《游武夷山》等。

　　崇安本地人邱云霄[②]，曾在止止庵附近构止山草堂，修著《止山集》二十卷，还编《武夷山志》一部，在武夷山旅游史上有很大的贡献。朱彝尊的《明诗

---

　　①　（明）徐表然：《武夷山志》，《文集·律诗》，明万历己未年版，哈佛大学汉和图书馆藏影印本，第23页 a。

　　②　邱云霄，字凌汉，号止山，崇安人。嘉靖十七年（1538年）贡士，选南京国子典簿，迁柳城知县，有《止山集》，结庐于止止庵。曾编《武夷山志》。

综》引徐梦阳论评，称其诗"'雅淡劲古，景真情得'，今读之信然。要之，不肯蹈袭前人，异乎七子之派者也"①。这个评价并不为过，邱云霄的诗，既充满人文情怀，反映人间冷暖，也常有高卧云端的大块气象。他不仅才思敏捷，诗风超然，而且有独特的山水审美思想。首先，他认为"性无他，求其适耳"②。虽然人生于天地之间，不可避免要有所图虑，但"求适"才是人的本性。其次，他敏锐地发现孔子"知者乐水，仁者乐山"审美思想中，"山水异形"、仁智分离的局限，提出"仁知兼体"的山水审美思想。③ 最后，他将山水审美与进学之资完美地结合起来，这一点体现在他的《游武夷记》之中。

《游武夷记》一文中，邱云霄借"张子"之口，将当时武夷山主要景点的文化内涵之美完整地诠释出来。如文中写道：

观大王峰曰："美哉，壮乎，严而纾，镇而毅，矫而不回，可以观德矣。"

观玉女峰曰："美哉，溶溶乎肃而不厉，婉而不褻，峻而不危，正而不倚，丽而不饰，其圣德之至乎！诗曰'云谁之思，西方美人'，文王之谓也，有余慕矣。"

过金鸡岩，闻洞声相应曰："二三子听之，夫虚则通，通则应，天下之道，感与应而已矣，可以观学也。"

谒紫阳书院，登高明楼，望大隐屏曰："美哉，浑浑乎郁而不乱，廓而不荡，区而不涣，涵而不隘，回而通，夷而辨，非大儒之居，其谁能收之，有遗刑矣。"

观仙掌峰曰："君子贵平也。"观天柱峰曰："君子贵玄也。"观题诗岩曰："君子贵艺也，不贵名也。"

穷溪而后返曰："曲而通，利而恒，循度而趋，可以观知矣。"④

---

① （清）纪昀：《止山集·提要》，清文渊阁四库全书本，第 2 页 a。
② （明）邱云霄：《止山集·山中集》卷 5，《适赋》，清文渊阁四库全书本，第 2 页 b。
③ （明）邱云霄：《止山集·山中集》卷 5，《罗峰记》，清文渊阁四库全书本，第 7 页 a。
④ （明）邱云霄：《止山集·山中集》卷 7，《游武夷山记》，清文渊阁四库全书本，第 4 页 a～6 页 a。

　　明代中期,出现一股将山水审美与进学之资相结合的儒家游学思潮,认为观山水可以观德、观知、观学、观道等,邱云霄的《游武夷记》充分地挖掘武夷山水的文化之美,是其中的典型代表之一。需要指出的是,这也是武夷山早期的游记。从整体上看,全篇观山水以德,以游览山水作为进学之资,是将游学与武夷山水结合最完美的一部作品。邱云霄才思敏捷,儒道兼备,对武夷山情有独钟,又深谙武夷历史文脉,心得体悟,往往恰到好处。《止山集》中有很多涉及武夷山旅游的内容,几乎都代表了武夷山旅游发展的新趋势。如前所提及,邱云霄视武夷山为桃花源,他的诗篇涉及"虎啸岩""三仰峰""鼓子峰"等,在当时都具有开拓旅游空间的意义。

　　前文提及的,嘉靖十七年(1538 年),巡察御史李元阳[①]在福建的公务结束之后,在张时彻、江以达、汪佃等人的陪同下,游览武夷山。之后,李元阳和江以达都写了游记。它们是具有典范意义的武夷山游记。李元阳的游记是《登武夷大王峰记》,其中写道:

　　　　天下山水至武夷诸峰,奇诡极矣。

　　　　十里之近,九曲之内,变幻四出,姿态横生。

　　　　入幽壑而得耕稼之场,度石罅而有藏修之地。布列尽乎天巧,体制疑于人为,游观至此,将谓造物者之独有所私矣。[②]

　　李元阳这段话,道出了武夷山水的独特之处,九曲之内,天成奇巧,姿态万变,且有耕稼之场,又含藏修之地,真可谓"可行、可望",又"可游、可居"。在文化心理上,它满足了人们摆脱日常束缚的精神需要,是从纯粹审美的角度对武夷山水特点的评价。李元阳对景观评判的内在尺度是古今不变的,是具有普遍性的,这正是我们品读古代文字的意义和价值所在。今天的旅游发展在哪些方面偏离这个尺度,如何修正才能使它变得永恒和长久,这是我们对旅游史

　　① 李元阳(1497—1580 年),字仁甫,号中溪,大理人。著名文学家、理学家。嘉靖五年(1526 年)进士,历户部主事、江西道御史等。

　　② (明)何镗:《名山胜概记》卷 40,明崇祯六年刊本,哈佛大学燕京图书馆藏影印本,第 1 页 a～b。

研究的最终目的所在。

据董天工《武夷山志》记载，江以达也作《张仙岩记》一篇游记，纪同登大王峰之游，内容更为详细，这里不再详述。游记最后，江以达写道：

> 二三人者，雄据俯视，玩弄宇宙，盖在股掌中矣。[①]

登高俯视，可"玩弄宇宙"，这是极典型的中国词语。"玩弄"一词，反映了传统中国人与世界之间的一种极其特殊的微妙关系。在可感知的空间中，人们能够体验到超越的、无限的宇宙，而无限宇宙的背后是超越的"道"，甚至是造物主。但中国文化并没有对"宇宙""道"，乃至"造物主"产生至高无上的崇拜，反而是"玩弄宇宙"，与宇宙"游戏"，甚至视造化为"小儿"，这是真正人文主义的文化传统，背后蕴含的是人的理性自觉，是充分的文化自信。

此外，还有高薱的《游武夷山记》（1542 年）[②]，其中对行程记录较少，主要是对景点的密集记录。最早提出"闽学"的杨天游[③]，于嘉靖三十四年（1555年）游武夷山，作《游武夷山天游峰记》《武夷游水帘洞记》两篇，载何镗《古今游名山记》及章潢《图书编》中，游记载录详细，也很有价值。

慎蒙[④]于嘉靖三十七年（1558 年）第二次来到武夷山，作《游武夷山记》。万历三年（1575 年）春，他又第三次游武夷，作《接笋峰记》，其中保存大量旅游信息资料。据慎蒙的《游武夷山记》，他曾经读到孙山人（指孙一元）的诗"自笑道人迂野性，相逢先问武夷山"，自言有山水之癖，一定要到武夷山去。来到武夷山之后，果然看到"三十六峰奇伟秀拔，九曲清流，映带左右"，当为名山第一。由道士导游，安排"一舟载童子五六人，奏乐先导"，而慎蒙则另乘一舟，其后尾行。旅游舟行，由乐队先导，这种旅游气派，还是比较少见的。可能由于

---

① （清）董天工：《武夷山志》卷 6，《一曲中》，武夷山市市志编纂委员会整理，北京：方志出版社，1997 年，第 165～166 页。

② （明）何镗：《名山胜概记》卷 40，明崇祯六年刊本，哈佛大学燕京图书馆藏影印本，第 9 页 a～10 页 b。

③ 即杨应诏，生卒年不详，号天游，建安本地人。嘉靖十年（1531 年）中举，最早提出"闽学"。

④ 慎蒙（1510—1581 年），字山泉，归安人。嘉靖三十二年（1553 年）进士，至监察御史。他第一次游武夷山是在嘉靖三十二年。

他是上级官员,地方官吏有意安排的。游记写到"天游峰"时,慎蒙写道:

> 昔人谓"山不在高,有仙则灵",信哉。遐想群仙交集之时,猿随羽客,鹤唳芝田,铁笛一声,林谷响应,其仙风道气,尚可想见,所谓仙家第一关者,是欤? 非欤?

> 快哉,斯游山水之极观也![①]

在天游峰顶,作为一个旅游者,看到眼前诸多空间元素的时候,可以做各种想象。但他做什么想象,取决于空间已有的建构和人的审美态度,而空间的建构又受历史、文化等综合因素的影响。我们看到,慎蒙在这里的体验是复杂的、综合的,一半是神仙,一半是人间。这就表明,景观审美体验的结果,与文化建构和人的审美态度有很大的关系,无论是洞天福地、人文圣地,还是亦人、亦仙的桃花源,都是建构而来的,旅游者信仰之,并受到这种文化空间模式的感染,在此基础上,产生了属于该文化空间的心理现实和精神体验。我们认为,这是旅游过程中非常重要的空间精神现象,亦可以称之为旅游精神现象。[②]

著名医家江瓘[③],于嘉靖三十九年(1560 年)初夏到武夷山旅游,也作《武夷游记》。这是一篇较长的以游踪为主的游记,对他所游览的武夷山各个景点都有详细的记述,武夷宫和九曲溪尤为详细,还记在接笋峰道院见到道人"丽阳子"(汪丽阳)的内容,当时汪丽阳说他在接笋峰已经居住 10 年左右,两人还一同探讨人生和旅游之道。江瓘在武夷山的旅游空间很大,包括天游峰和水帘洞,已经涵盖当时武夷山最大的旅游空间范围。最后作者写道,这次武夷山

---

① (明)慎蒙:《游名山记》卷 8,明万历丙子刻本,哈佛大学汉和图书馆藏影印本,第 31 页 a~34 页 a。

② 按慎蒙的《接笋峰记》,他第三次游览武夷,时间是万历三年(1575 年),也是他第一次登览接笋峰(即隐屏峰顶)。据他记载,40 年前,应该是嘉靖初年的 1535 年,武夷山接笋峰无路可上,是汪丽阳首先开发,并在峰顶建立修炼之所。这说明,在此之前的接笋峰,根本没人能上得去。

③ 江瓘(1503—1565 年),字民莹,号篁南子,歙县人。弘治、嘉靖年间著名医家。

之游，"洗尽五十年尘土肠胃"①。可见，旅游能够带给人心灵的澄净，不是一般所谓愉悦和体验所能表达的，这是值得研究和讨论的重要学术问题。

（二）山志的撰写

明代中期，武夷山出现山志撰写的热潮。据记载，这一时期的武夷山志，主要有邱云霄的《武夷山志》(二卷，已不传)，汪佃②的《武夷山志》(二卷，已不传)，劳堪的《武夷山志》(四卷，现存国家图书馆)，徐表然的《武夷山志》(四卷)等。这些山志的作者，都曾在武夷山地方任职或栖居多年，对武夷山有深入的了解。上述山志的集中出现，充分表明当时武夷山旅游的深度发展，以往的诗歌和游记等，已经不能满足旅游发展的需要，人们还需要更加深入、全面地了解武夷山。同时，也标志着地方旅游文化积累和发展到了一个新的阶段。

徐表然于嘉靖中，结漱艺山房于九曲溪之第三曲，修撰《武夷山志》。他在山志中也收录了多篇自己的纪游诗，其中《仙浴池》写道："我今亦来浴，洗却心中疵。"③《武夷杂咏》六言一首云："曲水溪头宜钓，白云深处可家。试问功名富贵，何如泉石烟霞。"④山水可以洗却心头的尘垢，泉石烟霞，总是站在功名利禄的对立面，可以使人摆脱名利的纠缠，获得心灵的安顿，这也许是徐表然眷恋山水的根源。⑤

（三）旅游空间的扩大

明朝中期的100多年里，同时出现撰写武夷山游记和武夷山志的热潮，意

---

① （明）何镗：《名山胜概记》卷40，明崇祯六年刊本，哈佛大学燕京图书馆藏影印本，第8页b。

② 汪佃(1471—1540年)，字有之，号东麓，弋阳人。正德十二年(1517年)进士，历经筵讲官、南京太常寺少卿。

③ （明）徐表然：《武夷山志》，《忠集·六曲》，明万历己未年版，哈佛大学汉和图书馆藏影印本，第9页a～b。

④ （明）徐表然：《武夷山志》，《文集·绝句》，明万历己未年版，哈佛大学汉和图书馆藏影印本，第13页b。

⑤ 徐表然《武夷山志》中，还有一些后来者的作品进入，可能是后来出版人添加的内容。

味着武夷山的旅游正在走向兴盛,向深度延伸。同时,根据当时人们的纪游诗文,我们看到,这一时期武夷山的旅游空间也在逐渐扩大,试举几例。

郑钥①游武夷山,作《三层峰》《鼓楼岩》诗两首。三层峰(今又名三仰峰)、鼓楼岩都是武夷山的纵深地带,郑钥能到此游览,表明此时武夷山的旅游空间正在向纵深发展。此外陈暹②提及"铁板嶂",马森③则有《升日峰》诗,这些都是史无前例的。据董天工《武夷山志》记载,陈暹与马森"两公于六曲勒字,以纪同游"。可见这是两位喜欢深度游的人士,他们游览的空间已经从南宋以来的九曲溪中心,开始向九曲两岸的山地景观扩展。

闽县人傅汝舟④,有《登三仰峰》和《宿山心永乐庵》诗,这是到此为止见到的第一个登上三仰峰的旅游者,"武夷多奇峰,高者是三仰"⑤。《宿山心永乐庵》云,"朝登三仰峰,暮宿山心庵","始知九曲外,复有南山南",⑥确实反映当时人们的旅游空间已经从九曲溪转向九曲两岸的山地景观。"枕中有鸿宾,何必问老聃"⑦,也表明这个时候的山心永乐庵,可能是一座道庵,至少在嘉靖年间的时候,这里还是一座道观。

(四)对旅游之道的探讨

探索旅游之道,是整个明代中后期中国古代旅游发展到巅峰的一个重要标志。我们发现在武夷山旅游史上,这个特征也十分明显,表明武夷山的旅游发展,与中国古代旅游发展的历史是同步的,是中国古代旅游发展史的一部分。在散见的资料中,探索旅游之道的内容很多。这里以宋仪望为例,作初步

---

① 郑钥,字道启,闽县人。嘉靖二十五年(1546年)进士,御史。

② 陈暹,字得辉,闽县人。嘉靖十四年(1535年)进士,历广东方伯,官游30余年,囊无余金。

③ 马森(1506—1580年),字孔养,怀安人。嘉靖十四年(1535年)进士,户部主事、户部尚书。

④ 傅汝舟(1476—1557年),字远度,号丁戊山人,闽县人。嘉靖间入武夷,寓居止止庵,与道士江一源为烟霞交,著有《诗文集》。

⑤ (明)曹学佺:《石仓历代诗选》卷497,清文渊阁四库全书本,第4页a。

⑥ (明)曹学佺:《石仓历代诗选》卷497,清文渊阁四库全书本,第4页b。

⑦ (明)曹学佺:《石仓历代诗选》卷497,清文渊阁四库全书本,第4页b～5页a。

的探究。

宋仪望[①]是明代中后期的理学家,曾任福建学政。他经游武夷,留下很多诗篇。其中《武夷歌》云"昔年梦入桃花源",称赞武夷山翠壁丹梯,炯霞明灭,天风拂拂,感叹"人世流光疾如电,富贵声名何足羡",武夷君"邀我游鸿蒙","下视浊世,何异蚁虱处裈中"[②]。宋仪望将山水置于人世间富贵名利的对立面,山水与人生的终极目的联系在一起。在《游武夷诗叙》中,宋仪望云,隆庆二年(1568年)仲春游武夷：

> 予肮脏无所投于世,顾好游名山,尝陟西华,上中岳,徘徊瞻眺,飘飘然有凌云之思。其后游匡庐,览白鹿、天池诸胜,亟欲卜居其中,而尘坌羁鞅,每多向平之叹。今年春,从闽中解官归,乃得穷览武夷仙岩道室,绝岭幽涧,扁舟沿洄,肩舆飞度,一丘一壑,尽归品题,即古称善游者,自谓莫予若也。

本来好游名山,曾经游览华山、嵩岳、匡庐以及白鹿、天池诸胜,早有飘然凌云之志,可惜都似向平之叹,未能如愿。1568年,从福建解官回家途中,经游武夷,得以穷览仙岩道室,一丘一壑,尽付笔端。自谓古来"善游者","莫予若也",看来宋仪望对自己善游还是充满自信的。他接着说：

> 嗟乎！溪山如旧,往来何常要之,兴缘时遘,情随境迁。探元理者,得幽寂之致;好奇观者,极登临之美;遭拂郁者,发感遇之思。古今人情,谅同斯旨。乃若撄情好爵,托迹林泉,斯终南因之见诮,阮生所为恸哭者也。

兴与时相遇,情随境而迁,人的游览审美情感会随着时空的变化而变化。不同的人,其内心的需求也是不一样的,看到的风景也是不一样的。他们都能在同样的溪山里得到审美的领悟,得到心灵的慰藉。宋仪望还对旅游之道进

---

① 宋仪望(1514—1578年),字望之,吉安人。嘉靖二十六年(1547年)进士,历御史、福建学政等,理学家。

② (清)董天工:《武夷山志》卷23,《艺文》,武夷山市市志编纂委员会整理,北京:方志出版社,1997年,第736页。

行了总结,他认为古今旅游者,大抵有三种:一是探索元理的人,他们会从山水中获得幽寂的感受。二是爱好奇观的人,他们会极尽登临之美。三是胸中郁闷不得志的人,他们会与山水有知遇之思。当然,至于那些撄情好爵,假托林泉、实则终南的捷径之徒,则另当别论。宋仪望对旅游之道的探索,不仅深刻透彻,而且颇具现代旅游心理学的味道。他又接着写道:

> 维予兹游,非元非史,若默若遇,仰止高山,俯濯清流,究仙蜕,探遗迹,徜徉啸咏,尚友怀人,情兴所至,若振衣千仞而流神八极也,庶几庄生所谓天游乎?[①]

唯有我这个旅游,没有任何前提,没有任何目的,纯粹的仰止高山,俯濯清流,访仙探遗,没有目的,只是与山水的偶然相遇,这才是真正的振衣千仞、流神八极之游,正是庄生所谓的"天游"。意思就是人与天游,排除任何目的性,纯粹的人在天中,天人合一。这是高级的旅游审美,是至深的游。宋仪望对旅游之道的探讨,对现代旅游心理学、旅游本质等的研究,有一定的启发意义。

(五)旅游题刻的增多

明代中后期,旅游题刻的增多,也是武夷山旅游发展的一个突出表现。旅游题刻集中反映了明代旅游者的旅游行为、旅游审美等方面的新特征。

据统计,明代武夷山的摩崖石刻共有 142 方,它们产生的具体时代如表 9-1 所示。

表 9-1 明代武夷山摩崖石刻统计

时代	石刻方数	占比/%
初期	1	0.7
中期	65	45.8
后期	70	49.3
无考	6	4.2

资料来源:武夷山地方志编委会:《武夷山摩崖石刻》,北京:大众文艺出版社,2007 年。

---

① (清)董天工:《武夷山志》卷 21,《艺文》,武夷山市市志编纂委员会整理,北京:方志出版社,1997 年,第 682 页。

可见，明代中期和后期是武夷山摩崖石刻集中出现的时间，与这一时期武夷山旅游达至巅峰的判断是一致的。又据学者对明代摩崖石刻的分类研究显示，上述 142 方摩崖石刻，只有 5 方是非旅游石刻（宗教 2 方、纪事 3 方），剩余 137 方石刻全都属于赞景、景名、纪游等旅游类石刻，①充分说明绝大多数题刻人的旅游者身份。摩崖石刻是研究旅游史的珍贵历史材料，它们真实地反映了历史上旅游者的行为特征、审美倾向和旅游体验等。武夷山明代中期的一些摩崖石刻，也清晰地记录着当时旅游者的上述特征。

一曲溪北岸有题刻："嘉靖七年十一月廿七日，福建按察副使、堂陵方高初入武夷，宜穷九曲，明年贺三月十三日入重游。"石刻记录了方高本人两次来到武夷山旅游事实。四曲溪北题诗岩上，也有石刻题曰："乙丑九月，重游武夷，遇朱海阳同造九曲，暮归次韵……"这里记录了福建按察使郭持平于嘉靖八年（1529 年）重游武夷山，并且在此偶遇好友朱海阳。可见，明代中期的武夷山旅游，已经非常普遍，且重游现象也已很常见了。

六曲溪南的响声岩，是古代旅游者泛舟九曲的一个重要停靠点，因而也是武夷山摩崖石刻比较集中的地方之一，其中一方题刻云：

> 嘉靖庚子八月三日，甘泉翁若水来访，门人节榷、周倚主之，秋官
> 洗桂侍，乡进士谭潜，儒者黄云淡、谢显、王元德从。

这是一方纪游石刻，记述的是嘉靖庚子年（1540 年）八月，著名理学家湛若水到访武夷山，由门人接待，地方进士、儒者随从而游之事。

响声岩还有两方纪游摩崖石刻，也十分特别。一方记述的是嘉靖二十一年（1542 年），广东布政使陈暹和户部主事马森等人的武夷纪游之事，题云：

> 明嘉靖壬寅端午日，陈暹、马森、柯尚德来游，时李廷臣、蓝谍、范
> 炫、黄源、蓝坊同集。

29 年之后，即隆庆五年（1571 年），马森的儿子马荧也来到武夷山，看到当

---

① 黄丽娟：《从武夷山摩崖石刻看明代旅游现象及其特征》，《安徽农业大学学报》
2014 年第 6 期。

年父亲在此留下的摩崖石刻。于是,他在旁边又题一方云:

> 隆庆庚午冬,余自京来,蓝君坊邀游九曲,步家君题处,廿有九
> 年矣。

相同的空间,不同的时间,两代人的情感,交响于武夷山响声岩,自然令人感慨万千。不能不说这是另一种形式的奇遇,也是当时武夷山旅游发展的一个表现。

小　结

明代中期是武夷山旅游蓬勃发展的时期,无论是传统作为洞天福地的神仙空间,还是作为道南理窟的人文圣地,在旅游发展过程中都有新的表现。作为精神空间的桃花源和审美空间的审美胜地,在这一时期,它们的建构都有新的发展。武夷山的多重空间属性,此时正集中展现,精彩纷呈。

这一时期,随着旅游者的增多,旅游的兴盛,关于武夷山的游记、摩崖石刻空前增多,出现撰写武夷山志的热潮,武夷山的旅游空间也逐渐由九曲溪中心,向九曲溪周边的山地景观纵深扩展,甚至达到三仰峰、升日峰等纵深的空间,这些都预示着武夷山旅游史上巅峰时代即将到来。

第十章
明代后期古代旅游的巅峰

如前所述，我们把从明万历元年（1573年）至崇祯十七年（1644年）的70余年时间视为明代后期，这一时期历经了万历、天启、崇祯三位皇帝。从现有的资料来看，这个时候的武夷山，走上了古代旅游史的巅峰时刻。

武夷山古代旅游的巅峰主要表现在以下几个方面：第一，一批自觉的超级旅游者涌现。之前的旅游，大都是文人仕宦公务途中的伴随旅游，而这一时期则出现很多以武夷山为目的的旅游，这是一种专门的、自觉的旅游，而且旅游者的群体也不断扩大。第二，旅游时空的空前扩大。这个时期，旅游的时间在延长，空间在扩展，旅游者几乎走遍了今天武夷山风景名胜区的所有空间，这是前所未有的深度旅游现象。第三，纯粹的栖居也大量出现。如前所述，之前在武夷山也有很多栖居现象。但大多数都伴随着讲学授徒等目的性，而这一时期出现以山水空间为目的的纯粹栖居现象，且比较典型。第四，审美主导时代的到来。无论如何，武夷山经过长期的发展和建构，首先作为神仙空间，对天下的旅游者产生了深刻的印象和巨大的吸引力，但这一时期，神仙空间的属性逐渐退居次要地位，审美胜地开始占据主导地位，呈现"人进神退"的必然趋势，这与中国古代旅游史的趋势是一致的。

当然，这一时期武夷山旅游发展走向巅峰的表现还有很多，比如旅游的文体已经发生变化，游记已成为重要的纪游文体，旅游服务出现新的发展，旅游开发中原真性意识、生态意识的觉醒等，都是中国古代旅游向现代旅游发展的萌芽。

一、自觉的超级旅游者

如绪论所述,现代旅游学关于旅游的定义,曾展开过长期的讨论,近 10 年来的研究取得了一定的进展。学术界逐渐认识到,"旅游"概念的定义,实际上存在中西文化的差异。英文"tourism"的内涵是多方面的,它可以指人的移动,也可以指由于人的这种移动而引起的一系列综合现象,如服务、设施、产业、学术等等。即便是"人的移动","tourism"也是泛指"人的圆周运动",而这个圆周运动是忽略目的性的泛圆周运动,不仅包括观光、度假,而且包括商务、参会、探亲、就医、比赛等事务性圆周运动。实际上,将"tourism"翻译为"旅游"是不恰当的,与它对应的汉语词语应该是"旅行"。而且英文的"tourism"与"tourist"之间,不存在逻辑必然关系。

相比之下,汉语的"旅游"一词,则具有明确的目的指向性,即"以游为目的的旅"。如果将商务、探亲、会议乃至医疗等事务性旅行,都当作"旅游"的话,那么与它相关的专业,就应该去研究社会上几乎所有的人员流动现象,因为它们都是"旅游"。这不仅是荒谬的,而且在汉语社团看来,也是难以理解的。概言之,"tourism"的内涵,不仅包含汉语的"旅游",而且包括上述诸多的事务性旅行。在汉语的语境中,"旅游"和"旅游者"之间,显然存在必然的逻辑关系,我们很难把一个赴外地看病的人,以及他们的陪护亲人(或其他事务性旅行的人),都当作"旅游者"来看待。

如果以空间为视野,从人与空间之间的关系模式来看,也能够窥知"旅游"与"非旅游"之间的差异。我们发现,在所有事务性的圆周旅行运动中,人与"异空间"之间的关系,都是"一对一"的必然关系,也就是人们所要达到的异空间是唯一的,是必须的。而旅游活动中,人与"异空间"之间的关系,则是"一对多"的或然关系。也就是说,就"旅游"而言,人们要达到的"异空间",不是唯一的,而是可选择、可替代的。换言之,事务性的旅行,是由于人们日常生活的必须而出行的,而旅游则刚好相反,是由于"非日常生活必须"的原因而出行。因此,旅游的出行,往往需要人们对异空间的"自觉",而不是出于日常生活的原因而被迫出行。我们认为，这是旅游不同于其他同类旅行的关键特征。如前文，我们将旅游定义为："旅游是指人们自觉地到非惯常环境做短暂停留的行为过程。"①

所谓的"自觉性"，是指惯常生活的人们对"非惯常空间"的自觉，即在没有任何目的性的前提下，人们受到异空间的吸引，主动离开自己的惯常环境，寻求异空间的审美体验，之后又回到自己的惯常环境，这就是我们今天所谓的"旅游"。无疑，非惯常空间是能够对人产生吸引力的，否则就不会有旅游现象。因此，这里又把非惯常空间对人的吸引现象，称为"旅游吸引现象"。旅游吸引现象是一切旅游现象的出发点，是旅游现象的元现象，也是旅游产生的根本动因。从更大的范围看，旅游吸引是一种带有人类普遍性的人文现象，是旅游学要研究的基本现象，一切旅游现象的生发和扩大，都是由此基本现象而引起的。但由于宇宙观、世界观、价值观的不同，不同民族对异空间的建构又有很大的不同，因此不同文化形态的人们，与异空间之间的交往关系，往往呈现出不同的类型。人与外在空间之间的情感交换，也会呈现不同的形态。因此，旅游的发展，也会呈现不同的形态和阶段。

传统中国人与外在空间的关系模式有很多，它们都表现出共同的特征，即人对空间的深刻依恋，这就使得中国古代的旅游现象尤为发达，并不像过去很多人认为的那样，旅游产生于西方工业革命之后。经过我们的研究，中国古代旅游现象之繁盛、之发达、之深广，远非目前我们看到的西方世界所能比拟的。中国传统的旅游，经过长期的孕育、发展和扩大，有高度繁荣的旅游文化现象，值得学术界进一步深入地研究和探讨。

明代后期，中国历史上掀起了一个旅游的热潮，"读万卷书，行万里路"逐渐成为文人士大夫的共同信仰和追求的目标，他们开始在人生年轻的时候就选择走出家门，漫游天下，一边增广见闻，一边广交朋友，一边又周览山水，曲会风骚，放浪形骸，领略人生。此一时期，中国出现一大批旅行家、文学家，他们杖履天下，书写游记，探索旅游之道，留下大量珍贵的旅游资料。

---

① 王中华：《旅游定义研究的逻辑反思及其内涵的再认识》，《旅游论坛》2014 年第 5 期。

王士性①是当时一位著名的文学家和旅行家,他广游天下,创作大量的纪游诗文,对旅游有深入的探讨。在《广游志》中,他认为武夷山和雁荡山的特点是"工巧","天下名山,太华险绝,峨嵋神奇,武当伟丽,天台幽邃,雁宕、武夷工巧,桂林空洞……"②王士性还探讨旅游之道,认为游有三个层次,即"太上天游,其次神游,又次人游,无之而非也"。他还进一步列举当时中国旅游的理想目的地,从五岳齐鲁、大河南北,到三吴都会、江陵白帝、阮湘楚粤、桂林苍洱等。王士性最后写道,他的目的地是"披图九曲,是为武夷","将以闽游终焉"。③

大旅行家王士性,把武夷山作为他漫游全国计划的最终归宿。但遗憾的是,他没有能够完成这个庞大的旅游计划而归宿武夷。但这个旅游计划本身就再次表明,武夷山在明代中后期,已经成为中国旅游版图中不可或缺的重要一环。

武夷山古代旅游的发展,是中国古代旅游的一个组成部分。它的发展脉络,也反映了中国古代旅游发展的基本脉络。对武夷山古代旅游史的研究和叙述,我们能够更加清晰地了解中国古代旅游的发展。明代后期,武夷山的旅游走上了巅峰时刻。其中一个重要的表现,就是这一时期出现了一批自觉的超级旅游者。

(一)一生的游者——徐霞客④

徐霞客是明代后期著名的旅行家、地理学家和文学家。从《徐霞客游记》中,我们看到,他北至燕京、五台、恒山,西至华山,南游天台、黄山、武夷,西南至云南大理。徐霞客所游览的地方,就是明代中后期文人所向往的地方,反映了当时中国旅游的基本空间格局。最重要的是,他不事科举,而致力于旅游,

---

① 王士性(1547—1598),字恒叔,号太初,临海人。万历五年(1577年)进士,历四川参议等,有《广志绎》《五岳游草》《广游志》等,明末著名的文学家、旅行家。

② (明)王士性:《广志绎》卷6,清文渊阁四库全书本,第13页a。

③ (明)王士性:《五岳游草·广志绎》,《自序》,北京:中华书局,2006年,第25页。

④ 徐霞客(1587—1641年),名弘祖,字振之,号霞客,江阴人。

可谓一生的游者。这在明代中后期的中国，已经成为一种社会现象，也是中国古代旅游走向巅峰的表现之一。

徐霞客于万历四十四年（1616年），经齐云山、黄山抵达武夷山，在武夷山进行了三天的旅游，他游览的线路显示了当时武夷山旅游空间的扩大。像常规一样，他从崇安县城出发，沿崇阳溪南下至与九曲溪交汇处，上岸游览武夷宫，之后乘舟筏沿九曲溪，从一曲上游至六曲，登陆至茶洞，登隐屏峰、天游峰。第二天，又登天壶峰、鼓楼岩，至吴公洞。后又沿九曲而下，至一曲止止庵，登大王峰。第三天，又游换骨岩、水帘洞、杜葛岩，之后乘舟而归崇安县城。①

徐霞客在武夷山的旅游空间，是当时较大的空间范围。尤其是他第二天游览的天壶峰、鼓子峰、吴公洞以及第三天的杜葛岩，这些都是深度旅游者才可能到达的地方。从徐霞客的游记中，我们看到他的游记文字，基本是客观记录，一般不做评价，属于我们所谓纯粹审美的范畴。所以徐霞客从旅游者的视野出发，他看到武夷山最美的地方是天游峰，"其不临溪而能尽九溪之胜，此峰固应第一也"。② 徐霞客以审美为标准，把天游峰视为"第一峰"，是理所当然的。

这也标志着武夷山的旅游空间已经从以九曲溪为中心，向九曲两岸山地景观的腹地转向，这是武夷山旅游史上的第二次空间转向。空间转向的背后，隐含的是人们空间价值观念的变迁。对武夷山而言，这是由神向人、由浅到深的转换，既是价值观的变迁，也是旅游范式的转换。

（二）山水之精神——钟惺③

竟陵人钟惺，是晚明著名的文学家，竟陵派代表人物。钟惺酷爱山水，历名山必游，提出山水不能自胜，人事、诗文为山水之眼，今人要"与古人之精神，

---

① （明）徐弘祖：《徐霞客游记》卷1上，上海：上海古籍出版社，2016年，第7～12页。

② （明）徐弘祖：《徐霞客游记》卷1上，上海：上海古籍出版社，2016年，第10页。天游峰顶胡麻涧有"第一山"的摩崖石刻，是清代道光年间武显将军、闽浙路总兵徐庆超（1776—1834年）所题，取意于徐霞客的"第一山"之说。

③ 钟惺（1574—1624年），字伯敬，号退谷，竟陵人。至福建提学佥事。

俱化为山水之精神,使山水、文字不作两事"①。天启三年(1623 年),钟惺由福建辞官归家,经游武夷,写下很多纪游诗文。有《月宿天游观》《过溪至万年宫历舟上天游》(二首)、《水帘洞》《云窝》《宿虎啸岩》等诗,还有《游武夷山记》游记一篇。②钟惺此次游览是纯粹的审美体验,有精妙的山水体验描绘,如"草树与溪山,共此烟霜晚"③,"戴实或履虚,置身有无际"④,"置身星月上,濯魄水烟中"⑤。

　　钟惺主张要将山水、人事、诗文俱化为山水之精神,他游山水,习惯独立思考,常常有独到的旅游体验,如他在《水帘洞》诗中说,"各自成思理,耻为武夷隶"。人与山水面对的时候,他思考的是虚与实、有与无、形与神等的哲学问题。草树溪山共烟霞,戴实履虚泯有无。不难看出,钟惺所谓的山水之精神,其实一直都在思考人与山水的关系。这不仅是钟惺的山水之精神,也是传统中国人与山水之间展开的情感和精神交换。山水,已经不再是简单的山水,而是或虚或实的地方,是星月之上,那么人在山水之中,就要体验虚实、有无、形神等的根本问题。因此,他说"置身星月上,濯魄水烟中",最重要的是澄澈灵魂的问题。实际上,是人的存在问题。

　　钟惺的《游武夷山记》,详细地记载了他在武夷山四宿五日游的经历。钟惺首先对武夷山水的特点给予总体评价,他认为:"山之情候在溪,溪九曲,山

　　①　(明)钟惺:《钟惺散文选》,《〈蜀中名胜记〉序》,徐柏容、郑法清编,陈少松注,天津:百花文艺出版社,1997 年,第 33～34 页。

　　②　钟惺于这次武夷之行后,在写给好友徐波的信中说:"历览佳山水,惟武夷可携家而居。今一别不能忘情,作三日之游,得记一首、诗廿六首。先寄稿于兄,并望速招工精刻之。"可见,钟惺认为他游历的佳山水中,唯有武夷可携家而居,在这里作游记一篇,诗二十六首,并将这些稿件寄给朋友,请人尽快精刻成集,可惜现在已不存。

　　③　(清)董天工:《武夷山志》卷 12,《二曲》《月宿天游观》,武夷山市市志编纂委员会整理,北京:方志出版社,1997 年,第 392 页。

　　④　(清)董天工:《武夷山志》卷 15,《山北》,武夷山市市志编纂委员会整理,北京:方志出版社,1997 年,第 496 页。

　　⑤　(清)董天工:《武夷山志》卷 8,《二曲》,武夷山市市志编纂委员会整理,北京:方志出版社,1997 年,第 237 页。

或应或违，而无所不相关。"①按他所记的游踪，当日晚上宿武夷宫，规划旅游日程。钟惺注意到，武夷宫"在山为邮舍，在他处已作深山"。武夷宫还兼具旅行驿站、旅游接待的功能。第二天，乘竹筏沿一曲而上，舟行水中，看到玉女、观音、狮子三峰屡迁多姿，时有出没，钟惺写道："三峰不以出没为有无也。"可见钟惺在旅游过程中，善于从哲学角度思考存在的问题。登天游峰，当晚宿天游观，钟惺又注意到："天游观之月，居高及远，当为溪山之鉴，宿无良于此者。"月夜从天游俯瞰武夷，"地高天近，云水烟霜，俱化为月，一光所往，未见其止。始知身在山中，与商子亭中坐立相对，惟恐其旦"。语言简约，纯粹的人与山光水月之间的情感交换。第三天，下天游，穿梭于接笋、苍屏、城高诸峰之间，回望天游，钟惺借用谢灵运"空翠难强名"之句形容当时的感受。又渡溪向小桃源，钟惺写道：

既进，乃有田园、庐舍、桑麻、鸡犬，不知其为山中也。幽险之极，得坦旷者反以为异。武夷可居，无过此者。

钟惺体验到这里世外桃源的意味，并认为这里是武夷山最"可居"的地方。同一时期，到武夷山的很多文人仕宦都有类似的看法。又舟行返回，宿武夷宫。第四天，游灵岩一线天，至虎啸岩，夜宿禅院。钟惺写道："月光如水，使人欲泛。"作诗《宿虎啸岩》："置身星月上，濯魄水烟中。""濯魄"一词，显示钟惺所关注的不仅是身体经验，而是心灵的安顿。第五天，访止止庵，游水帘洞。仰观水帘，钟惺又写道：

滴沥如丝，东西游移，不能自主，恒听于风。洞以水名，峰势雄整，而水之思理反细，声光微处，最宜静者，非浮气听睹所及也。

很多人来到水帘洞，总是寻找宏大的视觉、听觉冲击力，如不然，则悻悻而归。而钟惺则认为，水之理在细，于声光微处，静观滴沥如丝，随风摇移，这才是旅游的真趣。可见，钟惺所谓的山水心眼，其实也正是中国美学的核心所

① （清）董天工：《武夷山志》卷20，《艺文》，武夷山市市志编纂委员会整理，北京：方志出版社，1997年，第633～636页。

在,强调"大美而不言",这种不言之美是不可分析的、不可量化的,是当下的、体验的,是触及心灵的。所以他说:"声光微处,最宜静者,非浮气听睹所及也。"

钟惺作为明代中后期的文学家、思想家,他写武夷山的旅游诗文,简约清新,如潺潺溪水,娓娓道来,属上佳之作。钟惺又不受他人影响,直面山水,于细微处见其山水心眼,颇多独到见解。

（三）双屐问仙踪——谢肇淛[①]

谢肇淛是晚明闽派诗人的代表,他与当时的闽派作家曹学佺[②]、徐㷆兄弟等为朋友,经常约游武夷山中,题咏甚多。他关于武夷山的纪游诗文,有《登天游峰》《马头岩石室怀张炼师》《杜辖岩》《雨中登武夷冲佑观因感旧游》《一水草庐》《茶洞》等诗,还有《游武夷山记》游记一篇。

先看谢肇淛的《登天游峰》诗:

　　玉蕊丹砂不可逢,且凭双屐问仙踪。悬萝绝蹬无飞鸟,乱竹空山有断钟。壑底云阴奔似马,洞前松树老于龙。月明夜半吹笙罢,人在蓬莱第一峰。[③]

我们注意到,谢肇淛在天游峰所关注的空间元素,表露出明显的仙游思绪。如"玉蕊丹砂""夜半吹笙""蓬莱第一峰"等,既然玉蕊丹砂不可逢,那么就凭借双屐登上天游,寻找仙踪。绝蹬无飞鸟,空山有断钟。丹壑似奔马,夜半闻笛声。此情此景,就如"人在蓬莱第一峰"。与其他闽派诗人鲜明的人文主义态度相比,如曹学佺、徐㷆兄弟等（后文有述）,谢肇淛却表达了对武夷山神

---

① 谢肇淛(1567—1624年),字在杭,号武林、小草斋主人,晚号山水劳人,长乐人。万历二十年(1592年)进士,累官至粤西方伯,晚明博物学家、诗人。

② 曹学佺(1574—1647年),字能始,号雁泽,又号石仓居士、西峰居士,侯官人。万历二十三年(1595年)进士,官至广西参议副使。

③ (清)董天工:《武夷山志》卷12,《六曲》,武夷山市市志编纂委员会整理,北京:方志出版社,1997年,第388～389页。徐表然《武夷山志》同诗题名《天游观》,从内容看,董天工所记更合适。

仙空间一定程度理解和尊重，甚至是向往。在另外几篇诗文中，谢肇淛也表达了类似的倾向。如《雨中登宿武夷冲佑观，因感旧游》中，"随水有花来洞口，宾云无曲奏人间"，"山樵剃草惊猿卧，道士操舟载鹤还"。① 宾云奏仙曲，道士载鹤还，这里还是一个人神共在的空间意象。又《一水草庐》诗云："避地远尘踪，投簪问赤松。却寻彭祖宅，斜傍大王峰。"② 问赤松，寻彭祖，与前诗所谓"寻仙踪"的思路是一致的。

比较典型的是谢肇淛的《游武夷山记》③。从游记的内容看，他曾经两次游览武夷山，而且有详细的游踪记载，反映了他两次旅游空间的变化。谢肇淛第一次武夷之旅是二日游，包括武夷年宫、九曲溪、紫阳祠、云窝和天游观等。第二次入武夷宫，焚香拜谒，观游人题墨及石刻，于汉祀亭观瞻金龙玉简文物，玉皇阁观道藏，拜宗子相、徐子与祠，观幔亭，会真观观徐仙蜕，云龙道院彭祖居址，王司马祠。次日，沿溪流而上，至六曲，舍舟登岸，至悬梯前登半而返，观天游瀑布，入茶洞啜茗，还至小桃源，感叹"此为第一绝幽所也"。此后，又登城高岩、虎啸岩、风洞一线天，返至虎啸岩麓，宿王道人丹房。次日，归万年宫，游三姑石，换骨岩，至马头岩，天心庵。在天心庵，谢肇淛记载，"庵至敝陋，香火零落，黄冠色如菜，其创置不可考"。④ 之后，复越一峰而至杜葛岩。经火焰山，至水帘洞（升真殿，瞻广仙遗蜕）。最后，归赤石街，观龙舟竞渡。"天柱、鼓

---

① （清）董天工：《武夷山志》卷5，《一曲上》，武夷山市市志编纂委员会整理，北京：方志出版社，1997年，第132页。

② （清）董天工：《武夷山志》卷7，《一曲下》，武夷山市市志编纂委员会整理，北京：方志出版社，1997年，第203页。

③ （清）董天工：《武夷山志》卷20，《艺文》，武夷山市市志编纂委员会整理，北京：方志出版社，1997年，第629～632页。同一篇内容，《福建通志》为《王大泾游武夷山记》，从游记内容上看，这是明显的错误。

④ 据谢肇淛记载，此时的天心庵仍是道观（"黄冠"），且破落不堪，创置不可考。另劳堪《武夷山志》有"天心庵"条："天心庵——在火焰峰右，马头岩左，懷武夷诸峰之中，其地幽邃旷夷，人迹罕到，旧名'山心'。永乐间，庵已废。嘉靖戊子，徽人韩洞虚垦荒构屋。嗣汉天师张天覯扁（匾）曰'天心'。今为道士江元海住管。"参见（明）劳堪：《武夷山志》卷3，《云构篇》，明万历辛巳年版，国家图书馆藏本，第25页b～26页a。这里所记内容，与明中后期的相关游记所载基本相符，因而应该是可靠的。

子、天壶诸峰之游,以俟他日"。① 谢肇淛第二次在武夷山的三日游,其游览空间甚至比今天大多数游客的游览空间都大很多,其中提及的"天心庵""火焰山"等,是之前少见的。

（四）别署"情痴"——张童子

张于垒,字凯甫,福建龙溪人,张夑之子。张于垒虽然年少,但才华横溢,志存高远。郑方坤在《全闽诗话》中,说他"遍游吴越三楚,所至皆有诗,年二十二而殁",钱谦益称他为"张童子"。② 张于垒是明代中后期武夷山的超级旅游者,也是武夷山旅游达至巅峰阶段的重要代表人物。

按张于垒自己所说,他曾经"三至兹山"。在第三次游览武夷山之后,张于垒将自己游览武夷的作品合成一册,重录一通,交给武夷宫的道人,希望能"置武夷君香案前,而以此本自随,遇有客好游如余者,出此示之"。③ 把自己旅游诗文,合订成册,置于神殿,希望能够在遇到好游知音的时候,出示相阅,神交于文,这本身就是痴情于游的行为艺术。可惜的是,这个册子已不存。

所幸的是,在衷仲孺和董天工两本《武夷山志》中,尚存有张于垒的作品,有诗13首、《武夷游记》1篇、《武夷杂记》1篇。从他的诗文中,我们明显地感到,张于垒对武夷山充满依恋之情。他的依恋是纯粹的山水审美,是对这个空间的留恋。张于垒用词新颖,诗情高旷,寓意非凡。比如《水帘洞》诗云,"似喜游人来,蹁跹而欲舞"④,语意颇新,同类诗作所不多见。《换骨岩》诗云,"语余

---

① （清）董天工:《武夷山志》卷20,《艺文》,武夷山市市志编纂委员会整理,北京:方志出版社,1997年,第629～633页。

② （清）郑方坤:《全闽诗话》卷8,清文渊阁四库全书本,第45页b。据陈庆元考证,张于垒生于万历三十八年(1610年),卒于天启七年(1627年),年仅十八。参见陈庆元:《龙溪张于垒年谱》,《漳州师范学院学报》2014年第4期。

③ （清）董天工:《武夷山志》卷21,《艺文·武夷杂记》,武夷山市市志编纂委员会整理,北京:方志出版社,1997年,第678～680页。

④ （清）董天工:《武夷山志》卷15,《北山》,武夷山市市志编纂委员会整理,北京:方志出版社,1997年,第495页。

莫换骨，先换尘凡心"①，诗意和空间，结合得完美无缺，颇有初唐风骨。张于
垒虽然英年早逝，但他可谓晚明游武夷山旅游之佼佼者，当在众多文人之上。
现在保存下来张于垒的两篇最重要文献，是他的游记一篇和杂记一篇，均保存
在衷仲孺和董天工的《武夷山志》中。

根据张于垒《武夷游记》所录，他在天启四年（1624 年）秋出闽，此时张于
垒应该只有 15 岁，正是年少风华正茂时。经过武夷山，泛舟九曲，登天游而
止。第二年，即天启五年（1625 年）从外地回来，再次经游武夷山，遂"始得穷
九曲，探桃源，问一线天，盖十得其一矣"。他在游记的开头，对武夷山形象定
位是常规的，即"升真玄化洞天"，但他对神仙空间并不感兴趣，在张于垒看来，
"山之胜，遂冠瑶峦矣"。② 就山之胜而言，武夷山是冠绝瑶峦的。接着写道：

> 峰则乱簪于溪之中，最著者三十有六。山势溪声，每并驱以争
> 道；水光岚影，亦相视而莫逆。山缩其趾以予溪，而峭拔孤削，故峰峰
> 离立；溪纡其脉以就山，而回环容与，故曲曲关生。③

> 是夕，天无纤翳，岚光映树为月。已而，有云缕缕自东南来，驰逐
> 峰腰，初望如锦上弄梭，复如镜中鸾舞，稍弥漫，则又若匹练之绕丛花
> 也。小酌亭中，宵不暇寐。④

如上，张于垒以赋写记，文辞卓越，才情高旷，把这里山与水勾连斗角的特
点，描述为"峰峰离立""曲曲生关"，可谓绘声绘色，把握准确，极富天才。"簪
于溪之中"，创造性极强，是他文所不见者，当为武夷山游记中的上佳之作。

张于垒的游记，也反映出很多当时的旅游信息，如他记乘坐蓝舆，大约一
天能行走百十里，这也是非常重要的古代旅游交通资料。此外，他认为大王峰

---

① （清）董天工：《武夷山志》卷 7，《一曲下》，武夷山市市志编纂委员会整理，北京：方
志出版社，1997 年，第 204 页。

② （清）董天工：《武夷山志》卷 20，《艺文》，武夷山市市志编纂委员会整理，北京：方
志出版社，1997 年，第 636 页。

③ （清）董天工：《武夷山志》卷 20，《艺文》，武夷山市市志编纂委员会整理，北京：方
志出版社，1997 年，第 636 页。

④ （清）董天工：《武夷山志》卷 20，《艺文》，武夷山市市志编纂委员会整理，北京：方
志出版社，1997 年，第 637 页。

以王者威仪而名之,也是一种比较合理的新颖说法。

接着,记录游踪。宿万年宫(徐仙楼,徐仙遗蜕,会真庙)。次日,从大王峰为游事之始。游汉祀坛、云龙道院(彭祖故居),从止止庵后登大王峰,瞻张仙遗蜕①,绝顶有投龙洞、礼斗坛,梯毁未登,至铁板嶂吴文学山房。再次日,游幔亭峰、三姑石、马头岩、天心庵、杜葛岩。

至水帘洞,在很多人看来,可能是很普通的景观,但张于垒写道:

> 余谓观瀑布者,如饱膏粱;观水帘者,如啖江瑶柱。其韵特甚,非
> 躁人所易领会也。②

观山水瀑布,"非躁人所易领会",道理很深。张于垒在这里的观点,与前文钟惺的体悟有共鸣之处。再次日,游三仰峰、碧霄洞,但是"误入山深,遂忘故道,至此不但人声绝,则蝉声亦少,惟涧水潺潺"。由于他游览空间扩大,非常规线路,因而出现登山迷路现象,这在其他时代的游记均未见到,表明此时武夷山的旅游空间空前扩大。在天游观夜宿,张于垒感慨道:

> 不知千叶芙蓉,瓣瓣殊状,则一瓣之中,亦复包裹不测,安得引首
> 市傍,便诧尽壶中天地乎?③

欣赏千叶芙蓉,要慢慢剥离,一叶一叶才能欣赏完整的芙蓉,怎么能见一叶而知全美?登山游览也是如此。张于垒的这种形容及其所蕴含的道理,是非常恰当的,即便是今天的旅游审美,也并无二致。可见他所体会的旅游,并非无病呻吟,故为做作,而是真实的旅游体验,是真实感悟的结果。再次日,从仙掌峰林径,下天游至陈司马(陈省)所营的云窝。又登接笋峰,谒玄元道院。

---

① 前文已述,嘉靖末年,福建巡按樊献科饬令崇安地方官员将仙蜕埋葬于二曲仙馆岩,是为"葬蜕事件"。这里根据张于垒的游记,明朝末年,大王峰又重新出现张仙、徐仙遗蜕。有两种可能:一是地方道士将原来埋葬的仙蜕重新取出来,恢复供人瞻仰的神道活动。二是新造仙蜕,仍以张仙、徐仙称之。说明神仙信仰在民间的根基还是很深的。

② (清)董天工:《武夷山志》卷20,《艺文》,武夷山市市志编纂委员会整理,北京:方志出版社,1997年,第639页。

③ (清)董天工:《武夷山志》卷20,《艺文》,武夷山市市志编纂委员会整理,北京:方志出版社,1997年,第640页。

再登舟自六曲至七曲，游小桃源：

> "林尽水源，便得一山。山有小口，从口入，初极狭，才通人；复行数十步，豁然开朗，土地平旷，屋舍俨然。有良田美池桑竹之属。"——如元亮记中语。夫武夷人间也，然至此则疑其仙矣；疑其仙矣，而桑麻村落，又宛然人间也。……余前日之游，曾造其里，此中人欲留，竟辞去；比再问津，遂迷故道，始信仙源元以不可再至为奇，怅然久之。①

张于垒两次造访武夷桃花源，相信这里是仙境，更是人间，是仙凡混合的体验。在旅游的过程中，这种含有某种精神价值的文化建构，会对人产生一定影响。又从九曲乘舟而下，至四曲，登更衣台，宿更衣台。再次日，下山至御茶园，登虎啸岩，至一线天，循故道至二曲玉女峰。值此，张于垒对武夷之山，给予总体评价：

> 余谓山中之山，莫迥于天游……莫高于三仰……莫险于接笋……莫深于小桃源……山中之石，莫丽于大王峰……莫媚于玉女峰……山中之洞，莫巧于一线天……山中之迹，莫幻于架壑船……山中之水，莫奇于水帘。②

张于垒对武夷山的评价，都是基于审美的评价，是以旅游者审美体验的范式展开的，没有任何其他的附加属性。这也是张于垒在武夷山旅游体验的主要特点，表明这个时期的武夷山旅游，对相当一部分旅游者来说，已完全摆脱神仙空间、人文圣地等因素的影响，而直接面对山水本身。需要思考的是，当人与山水直接面对的时候，是什么吸引了人，人为什么仍然会对山水充满依恋。从张于垒的这些评价标准中，以及其他人的评价标准中，也许能找到一些答案。

---

① （清）董天工：《武夷山志》卷20，《艺文》，武夷山市市志编纂委员会整理，北京：方志出版社，1997年，第641页。

② （清）董天工：《武夷山志》卷20，《艺文》，武夷山市市志编纂委员会整理，北京：方志出版社，1997年，第644页。

最后,张于垒根据他所见武夷山志的记载,发现自己已经遍览武夷山,只剩一个地方还没去,就是换骨岩。于是,决定前去一攀。张于垒便策杖孤往,以结束在武夷山的游程。接下来,产生了一段极为生动的登山描写:

庵左数转,则悬崖如削刮,入数寸为蹬。接蹬者梯,梯已朽,梯绝则崖如故。然凿蹬已湮,仅石孔如柱,大可容拇,合梯、蹬可三百级。骑岭抽身,岁(略)得寸尽,毛竖股栗,不复顾手足之为谁有矣。……余每踞一处,辄翩翩欲仙,又乌问夫骨之换与否也?若区中想,则蜕之素矣。岩在山为最佳,而路为最险,游人所最罕至。故余决策一登,以终游局。①

登之已仙,何用换骨。张于垒关于换骨岩的描写,文辞一新,极为生动,读之令人身临其境,毛骨随之一悚。第二天,他乘舟而下,正准备离开武夷山,这时候回望武夷,顿时心生感慨,他写道:

次早登舟,顺滩而下,回视大王渐没,遂出山界,盖望日也。向余之未遍历也,则无夜不梦。乃今所历,又仿佛然梦也。既别去,则梦又在也。寄语桃花,谨护洞口,不出数年,当以青蓑绿笠,来作溪畔渔郎,寒衣岚光,饥啖山色,虽不得仙,亦足以豪矣。武夷君,其许我否?②

没来武夷的时候,天天梦游,现在终于梦圆。但真正要离开的时候,却又感觉昨日如梦,当下似乎又要回到梦中去,只能希望他年溪畔作渔郎,表达了对武夷山魂牵梦绕、回味悠长的情感依恋。

作为游记,这是一篇长篇游记,记录张于垒游览武夷山的九天游踪(第十天离开),也是当时旅游者在武夷山纪游的时空之最。另外,张于垒游记的记述最详细,游历充满曲折探险情节,语言清新可人,不落俗套,反映的思想情

----

①　(清)董天工:《武夷山志》卷20,《艺文》,武夷山市市志编纂委员会整理,北京:方志出版社,1997年,第645页。

②　(清)董天工:《武夷山志》卷20,《艺文》,武夷山市市志编纂委员会整理,北京:方志出版社,1997年,第645页。

感、身体经验最为真实，没有任何浮夸渲染。张于垒的《武夷游记》，不仅是一篇上佳的游记，而且是一个山水依恋的典范案例。

除了这篇游记之外，他又作《武夷杂记》，是在游览过程，偶尔所成的片段，也是对武夷山的理解和评价，有些评论非常准确、恰当。如他写道"三十六峰，或气宇如王，或骨相似仙"①，说武夷山有王者气宇，"骨相似仙"，这是十分准确的。又曰：

> 山中之峰大都英挺森立，若戢龙鳞，其骨最奇，敷润可餐，如堆翠羽。其肤最媚……其势最雄……其色最妍……其神最活……其态最幻……都非凡品。②

张于垒用奇、媚、雄、妍、活、幻等为标准，对武夷山的美学特点，给予全面的评价。另外他还认为，很多天下名山，都是山与水各自为区，"情意不关，景象自别"，而山与水相结合最完美的就是武夷山，认为武夷山水使得西子惭愧，能够与之伯仲之间者，唯有"十洲三岛"，那就只能是人们想象中的神山了。

对于武夷山旅游空间的问题，张于垒也提出了自己的看法：

> 今人游武夷，只一曲至六曲之溪耳。譬如行长安市上者，瞻望汉天子宫阙，巍峨巨丽，临云耀日，则大诧称快。然问其中孰为正殿，孰为离宫，孰为芳苑，孰为露台，而彼茫然矣。故非舍舟而杖，离溪而山，仰摩绝顶，俯探元栖，如余记中所述者，恐不免屠门大嚼之诮。③

这是关于当时武夷山旅游空间的重要信息。他的这些说法，也正好说明随着旅游的发展，原来以九曲溪为中心的旅游空间，已经不能满足旅游的需要，要向九曲溪周边的山地景观拓展，不断探索新的旅游空间，以满足新时代深度旅游的需要。就像他在这里表达的，只有深度的游览才能体验到武夷山

---

① （清）董天工:《武夷山志》卷21,《艺文》,武夷山市市志编纂委员会整理,北京:方志出版社,1997年,第678页。
② （清）董天工:《武夷山志》卷21,《艺文》,武夷山市市志编纂委员会整理,北京:方志出版社,1997年,第678页。
③ （清）董天工:《武夷山志》卷21,《艺文》,武夷山市市志编纂委员会整理,北京:方志出版社,1997年,第679页。

水的真韵。这是武夷山旅游空间扩大,也是旅游逐步深入的表现。旅游时空的空前扩大,意味着武夷山旅游的鼎盛。

对于武夷山的整体形状,张于垒还给以独特的想象。他说:

> 山之形如一人仰卧,以大王为首,天游为腹,星村为趾,折而下虎啸诸山为山之左臂,折而上三仰诸峰为山之右臂,而水帘杜辖诸处则山之背也。其中,群峰桀竖,或为肤,为骨,为发,为爪,而九曲之溪,萦之未筋理脉络之属,合之为一身。①

将整个九曲溪看作一个仰卧的人,看作一个鲜活的生命体,这几乎是一个从空中俯瞰的视野,也是一种新颖的、富有创造性的说法。

张于垒也展开对旅游之道的探索。他说:"登陟绝是遣闲之具,而我辈每用忙法。"②他认为登陟为休闲的必要手段,主张一边游览,一边领略,寓情于景。否则,虽然游览十日,游遍所有景点,也不得其要领,不能神情两畅。他给自己的册子署名"情痴"③,表明张于垒所重视的,正是旅游之"情"。只有有情感的人,才能懂得旅游的意义。而人对山水的依恋,实际上就是一场人与山水之间的情感交换。张于垒的旅游之道,是明代中后期中国旅游休闲思想进一步发展的又一个典型。

(五)以世间百年,易此山中一日——吴拭④

吴拭,一位对武夷山水有深刻依恋的游者。根据游记可知,吴拭曾多次到武夷山旅游。第一次是万历四十八年(1620 年)冬,作《武夷记》(游记)1 篇、诗歌 7 篇。他游记中所记的旅游空间,也是空前的拓展。常规的路线,如冲佑

---

① (明)袁仲孺:《武夷山志》卷 18,明崇祯癸未年版,哈佛大学汉和图书馆藏影印本,第 7 页 a。这段文字,董天工《武夷山志》中没有记载。

② (明)袁仲孺:《武夷山志》卷 18,明崇祯癸未年版,哈佛大学汉和图书馆藏影印本,第 7 页 b。

③ 自号"情痴"者,非《红楼梦》曹公之先,张童子创于武夷之游。参见(清)董天工:《武夷山志》卷 21,《艺文》,武夷山市市志编纂委员会整理,北京:方志出版社,1997 年,第 679~680 页。

④ 吴拭,字去尘,号逍道人,休宁人。好游名山水,曾从曹学佺自楚至黔。

宫、九曲溪、隐屏峰、玄元道院、天游峰、胡麻涧、天心庵、杜葛岩等都是明代中后期常见的旅游线路。但吴拭的旅游空间，又有他人所不及者，如经九井岩、水帘洞，绕刘官寨，折过紫岭峰。武夷山的旅游空间再次空前扩展。

哈佛燕京中文特藏馆藏有吴拭的《武夷杂记》一卷，该藏本与董天工《武夷山志》所载的内容有多处不同，可以互相参证。从这篇杂记内容来看，这可能是吴拭第二次来武夷山，并在武夷山栖居一年多的时间，对武夷山做了一个最深度、最彻底的"旅游"。这里以这篇杂记为本，简要分析其所蕴含的旅游信息。吴拭的《武夷杂记》采用散记的形式，分类逐条对武夷山及相关问题展开精练的叙述。值得注意的是，它的叙述是从旅游者的角度展开的，类似于文本导游词录，因此其中蕴含丰富的旅游信息。

吴拭首先对武夷山的特点进行了概括。他说："武夷，骨山也。"[1]"骨山"是他对武夷山自然地理面貌的一个总体把握和描述，也包含着审美的意蕴。他还认为，武夷山的风景以"小桃源"为最佳，带有超越世俗的精神审美意味，与徐霞客的审美评判有所不同。如前所述，徐霞客认为天游峰是武夷山的"第一峰"，而吴拭则认为武夷山"小桃源"为最佳。这是由于徐霞客是短期旅游者，类似于今天的观光旅游者，而吴拭则在武夷山游居一年多，属于深度旅游者，即便在现代也是罕见的，他更加注重精神层面的需求，而徐霞客则更加注重视觉的美感体验。相比之下，吴拭对武夷山依恋的程度更为强烈。

有人请他题写匾额，吴拭题以"愿易"二字。他解释道，愿"以世间百年，易此山中一日"。[2] 山居之情深，可见一斑。吴拭自己解释了为什么对武夷山情有独钟。他说：

> 余他山尝寓焉，独武夷为佳，何也？凡山，不峻不怪，而武夷峻；
> 不断不奇，而武夷断；多连则庸，多平则腐，而武夷无庸腐态。是以

---

① （清）董天工：《武夷山志》卷21，《艺文》，武夷山市市志编纂委员会整理，北京：方志出版社，1997年，第674页。

② （清）董天工：《武夷山志》卷21，《艺文》，武夷山市市志编纂委员会整理，北京：方志出版社，1997年，第679页。

"千螺万髻含晓日,皆带金束碧以待"云来。①

　　他先是对山水审美有一个标准,然后用它对武夷山美学价值进行评判。前面提出武夷山是"骨山",吴拭在这里又提出,凡山应该峻而怪,断而奇,少连少平为美,多连多平则多为庸腐态,以此判断武夷山之形态美,当然是上佳。值得注意的是,与前述几位游者一样,吴拭对武夷山的评判,同样也悬搁了所有的空间建构,是人与山水之间的直观照面,是纯粹的山水审美评判,这是明代中后期旅游审美的一个新特点。

　　吴拭曾与朋友约定,准备把未曾登过的武夷山峰,全部攀登一遍。他们用20天时间,登上了剩余的12座山峰。这是我们看到的古代武夷山最深度的旅游,也是武夷山有史以来,有记载的最大旅游空间。②

　　吴拭在杂记中,还提到当时武夷山的山泉之好,其中有南山之语儿泉、三敲泉、喊泉,北山之高泉、仙掌露、丹泉、寒岩泉、九星泉、雪花泉,以及冲佑观之二龙井。只可惜有些珍泉,今已不见。

　　吴拭与武夷山情感甚笃。有人问他,在山中居住一年,有没有感到武夷山的不足之处。吴拭答曰,有"三厄二恼"。他所谓的"三厄"是:

　　　　自国朝来,未辱封登,故斧斤日寻,剥肤削发,迄今未已,而无厉禁,厄一。

　　　　游人勒诗题壁,水光岩至凿"修身为本"四大字,黥剿青山,酷至于此,厄二。

　　　　黄冠惜于探讨,而又复悒于指引,游人每至天游,一览而返,诸胜处多未及焉,厄三。③

<hr>

　　① (清)董天工:《武夷山志》卷21,《艺文》,武夷山市市志编纂委员会整理,北京:方志出版社,1997年,第676页。

　　② 这里的"武夷山",是指今天九曲溪两岸的丹霞地貌区域,也即今天的武夷山风景名胜区,这也是本书"武夷山"的空间概念所指。如前文所述,最早的"武夷山"是指今天的"大王峰"这座山峰。唐代司马承祯将武夷山确定为"第十六升真玄化洞天"之后,"武夷山"的空间概念,扩展至相当于今天整个风景名胜区的范围。

　　③ (清)董天工:《武夷山志》卷21,《艺文》,武夷山市市志编纂委员会整理,北京:方志出版社,1997年,第677页。

我们看到，吴拭首先关注的是武夷山的生态保护问题。他认为自本朝（明代）以来，武夷山没有受到册封，导致山林破坏严重，又没有严令禁止，这应该是明末30年间的事。吴拭对当时山林生态遭到破坏的现象极为痛心，提出为政者应该保护山林，使得山川钟灵能够及物及人，是为善政。他呼吁尽快采取措施保护，立刻停止破坏山林行为。吴拭的这些见解和主张，在古代社会是极有远见的，也是极其可贵的，反映了武夷山地方早期旅游生态意识的觉醒。

其次，吴拭反对摩崖题刻。他认为日益盛行的摩崖题刻行为，对山体本身造成伤害，"黥劓青山，酷至于此"，因此反对在山体上随意题刻文字。他的这一思想，已经触及自然地理和生态环境"原真性"保护的问题，也极具前瞻性和现代意识。

最后是关于导游服务。武夷山自北宋以来的导游服务，主要是由道人完成的，武夷宫和后来的天游观、天心庵等道观，实际上都在为游客提供食宿。尤其是武夷宫，为来往地方官员的旅游，提供类似驿站的服务。但吴拭认为，当时的道人没有认真探讨如何导游，也不愿引导游客。吴拭举例说，比如在天游峰，大部分游人都是"一览而返"，由于无人引导，很多美景都没有看到。不难发现，古代和今天的旅游，都面临同样的问题。而吴拭发现的问题，是直接对旅游服务的关注，这表明随着古代旅游的发展，人们对旅游服务已经提出了更高的要求，长期以来沿袭下来的单靠道士导游的传统模式，已经不能适应旅游发展的需要了，新的导游服务系统、旅游服务的新业态已提上日程。这表明，明代后期的中国旅游，正处于近代旅游业诞生的前夜，此一时期武夷山的旅游发展，也处于中国古代旅游发展的前沿。吴拭作《武夷杂记》，本身就有丰富武夷山导游内容的目的在其中。它是武夷山旅游史，乃至中国旅游史上非常重要的旅游专业文献。

总之，吴拭对武夷山感到扼腕叹息的三个方面，都是人的问题，也是可以改变的，但山本身是没有问题的，反而衬托出作者对武夷山既有深刻的关爱，又保持着清醒的头脑,愿它能有千万年之好。①

关于人与山水之间的关系问题,吴拭是这样表达的:

> 初入山时,目力心神皆为山诸胜所压,若惝恍有神,每不能起首。
> 久则差敌之,又久则胜,久甚则胜负俱释,直造于恬莫之境,而复人与
> 山莫逆而两忘矣。忘生于久,愈久愈忘,忘至如父子、兄弟、朋友,时
> 见则忘,别则思,忘甚思亦甚。然余与山称忘甚矣,不识作何相思,穷
> 天极地,无有已时。(古德云,学道人,心要大。余不能大,藏须弥,藏
> 武夷必矣。)②

好一番人与山水情感关系的大论。吴拭认为,人在山中,最初可能会惊叹
于山的美景,恍若有神,仰而观之,容易使人感到卑微,似乎被山的精神所折
服。与山相处时间久了,被动的折服感会逐渐消失,进入恬淡的境界,人与山
之间开始形成一种类似好友之间的相知关系,或如君子之交的恬淡。再次是
"莫逆"境界,人与山身心俱顺畅,乃至两忘,即人完全融入山中,达至山人合一
的境界。吴拭认为,这一境界类似于父子、兄弟之间,天天见面则容易两忘,若
分别则容易思念,忘愈甚而思愈甚。作者自云,他与武夷山之间已达至"莫逆"
两忘的境界,不知作何相思,但穷天极地,不能忘矣。

仰观、恬淡、莫逆,是吴拭的人与山水关系的三段论。始终把山当作一个
有生命的主体,人与山水之间,不是当今流行的主体与客体之间的关系,不是
主体对客体的审美,而是主体与主体之间关系。可以说,对主客体对立范式的
超越,是中国传统人与山水情感关系的哲学前提。正如我们所看到的,吴拭的
上述三段论,不是人对山水的分析、审美与评判,而是一个生命与另一个生命

---

① 关于"二恼",实际为吴拭在山中朋友圈的两个遗憾,他说:"游公去山而无为山灵
留者,恼一。林道人称三教先生,扣之无所得,恼二。虽然不足者,皆人也,山则无不可。"
这些都是人的问题,与山无关。

② (清)董天工:《武夷山志》卷21,《艺文》,武夷山市市志编纂委员会整理,北京:方
志出版社,1997年,第678页。部分原文断句有误,已修正。个别董志引文也有类似现象,
不一一注明。但相较哈佛藏本《武夷杂记》,董天工所记没有"古德云,学道人,心要大。余
不能大,藏须弥,藏武夷必矣"句。

之间的情感交换，是对中国传统文化中，人与山水情感关系的继承和发展，进一步完善了明清之际的中国旅游审美思想。

通观吴拭《武夷杂记》全篇，文成于明末，全文均以旅游者的视野考量武夷山，神学色彩已荡然无存，其景观描写，风格一新。其中关注当时武夷山的三大问题，切中要害，颇具现代意识。人与山关系的三段论，进一步发展了传统的"知己"论①，是明清之际人们探讨旅游之道的前沿之思。文虽短小，其意颇深，在中国旅游思想史上，当有一定的地位。

这一段，我们用自觉的超级旅游者，来阐明此一时期武夷山古代旅游巅峰时刻的到来。无论是作为一生游者的徐霞客，还是双屐问仙踪的谢肇淛；无论是痴情山水的少年天才张童子，还是颇具现代理性的吴去尘，他们都不再是宦游途中的经游武夷，而是专门为武夷而来的、自觉的超级旅游者。在旅游体验过程中，他们几乎同时悬隔了前代的建构，人与山水直观照面，表现为纯粹的山水审美体验。他们分别从某些方面，代表着这个时代武夷山旅游的广度与深度，前所未有。

二、旅游时空的扩大与转向

从上文超级旅游者的案例中，我们可以看到，这一时期武夷山的旅游出现一些新现象。就旅游者而言，表现为更加直接的"自觉性"，即对武夷山这个空间本身的自觉。这个时候的旅游者，大多是直接慕名而来的旅游者，有的在这里停留相当长的时间，作长时间的深度游居。有些是约游，大家相约而来一起

---

① 《水经注》记载，东晋吴郡太守袁崧发现三峡之美，有一段名言："山松言：常闻峡中水疾，书记及口传，悉以临惧相戒，曾无称有山水之美也。及余来践跻此境，既至欣然，始信耳目之不如亲见矣。其叠崿秀峰，奇构异形，固难以辞叙，林木萧森，离离蔚蔚，乃霞气之表，仰瞩俯映，弥习弥佳，流连信宿，不觉忘返，目所履历，未尝有也。既自欣得此奇观，山水有灵，亦当惊知己于千古也。"参见赵望秦：《水经注选译》，成都：巴蜀书社，1990年，第248～249页。袁崧（？—401年），字桥孙，东晋大臣，文学家。袁崧的这段山水感受的直接白描，在表明审美者个人对山水之美感受的同时，也代表着欣赏山峡山水之美的开始。并且他还认为，"山水有灵"，当与人"知己于千古"，这是一种新的山水情怀与审美态度，山水不仅是美的，而且有灵，可以与人成为知己，这是在生命范式内，人与山水展开情感交换的"知己论"的开始。

旅游。还有像徐霞客那样全国范围的旅游，把武夷山当作其中的一个目的地，规划旅游而来。与之前的旅游者相比，已经有了很大的不同。武夷山也日益成为当时全国范围内独立的旅游目的地，这一现象在明末清初的这段时期，表现得十分突出。

与此同时，作为旅游目的地的武夷山，其旅游空间也在不断拓展，正在走向古代旅游史上前所未有的深度和广度。

万历年间，曾任福建按察使的陈邦瞻①，游武夷，并作《武夷歌》一首。诗中写道，"劝君兹游勿草草，人生只合名山老"②，认为旅游不要太匆忙，要静下心来，品味名山，在名山中老去，与名山一起慢慢变老。万历、天启时期的名宦董应举③，三次游武夷，晚年辞官后，栖居于"武夷之八曲涵翠洞"④。他也曾经作《出山游武夷》(三首)，其一云：

> 此山已三游，初入不相识。不是境难穷，匆匆无所得。⑤

董应举和陈邦瞻的意思是一样的，不是一个旅游目的地的空间难以穷尽，而是旅游者太匆匆，因而游山常常"无所得"。他们认为，游山要慢下来，人要静下来，才能有所领会，有所收获。这不仅是武夷山古代旅游向深度发展的标志，即便对于当今的旅游者，同样也有启发意义。

明代中后期持上述观点的人并不在少数，这也是此时我国古代旅游进入鼎盛时期的表现之一。既然要深度游，要慢慢游，那么随之而来的必然是旅游时空的空前拓展。前文两个突出的案例，张于垒游遍了武夷山地方志中标注的所

①　陈邦瞻，字德远，江西高安人。万历二十六年(1598 年)进士，授南京大理寺评事，福建按察使等。

②　(清)董天工：《武夷山志》卷 22，《艺文》，武夷山市市志编纂委员会整理，北京：方志出版社，1997 年，第 734 页。

③　董应举(1557—1639 年)，字见龙，号崇相，福建连江人。万历二十六年(1598 年)进士，历礼部主事、大理寺丞、太仆寺卿及河南道御史等。

④　(清)董天工：《武夷山志》卷 16，《名贤上》，武夷山市市志编纂委员会整理，北京：方志出版社，1997 年，第 528 页。

⑤　(清)董天工：《武夷山志》卷 24，《艺文》，武夷山市市志编纂委员会整理，北京：方志出版社，1997 年，第 680 页。

有景点,并在武夷山中连续旅游 10 天,创造武夷山旅游的时空新纪录。而吴拭则在武夷山游居一年多的时间,且登上了武夷山所有的山峰,即便在今天,对于大多数人来说,也是望尘莫及的。这些旅游时空的空前扩展,都是这一时期旅游达至巅峰的重要标志。这里,以明末著名藏书家徐㶿①、徐𤊽②兄弟,以及他们的朋友在武夷山的旅游为案例,进一步说明这一点。

徐㶿学识渊博,专心于学,不求闻达。在《述游篇》中,曾感叹说:

> 闽溪山水何太恶,水似瞿塘山剑阁。仙霞岭上气不平,黯淡滩头胆将落……北方景物更荒凉,满目黄沙古战场……人生得志在丘园,何必飘零寄湖海。行路难,空悲酸,世情反复同波澜。有璞莫向王庭献,有铗莫向侯门弹。笑杀刘蒉空不第,且将高卧学袁安。③

可能是由于遭遇一次并不得意的宦游,徐㶿深感道路艰难,认为不要盲目介入官场,人生真正得意之处,在于栖于丘园,享受自在的快乐。于是他既潜心于学,又寓意山水,放浪形骸。正如他在《听陈振狂弹琴因怀刘道子》所言:"悠然山水心,怀人向天末。"④又说"我生性爱游名山"⑤,"幔亭佳宴不重开,浮生只爱红尘老"⑥。徐㶿诗情高旷,重视真情表露,诗文成就很高。又酷爱山水,游放山水间,是明代中后期文人仕宦山水依恋的代表人物之一。

根据现有的资料,徐㶿有关武夷山的诗文,有诗 27 首、游记 5 则,分别记载在他的《幔亭集》、衷仲孺《武夷山志》和董天工《武夷山志》里。其诗文寓意深刻,对武夷山了解至深,用情甚笃。他曾宦游在外,即将返回的前夜,作《月夜》诗云:"千里家乡几日还","梦魂先到武夷山"。⑦足见其对武夷山的深刻依恋。

---

① 徐㶿(1561—1599 年),字惟和,闽县人。万历十六年(1588 年)举孝廉,尝游武夷,以诗名,有《幔亭集》15 卷。

② 徐𤊽(1563—1639 年),字惟起,号兴公,闽县人。徐㶿弟,藏书家、文学家,修撰《雪峰志》《鼓山志》《武夷志》《榕城三山志》等。以诗名,尝游武夷。

③ (明)徐㶿:《幔亭集》卷 3,清文渊阁四库全书本,第 15 页 b～16 页 a。

④ (明)徐㶿:《幔亭集》卷 2,清文渊阁四库全书本,第 11 页 a。

⑤ (明)徐㶿:《幔亭集》卷 3,《西湖飞来峰歌》,清文渊阁四库全书本,第 25 页 b。

⑥ (明)徐㶿:《幔亭集》卷 3,《送闵寿卿隐武夷》,清文渊阁四库全书本,第 31 页 a～b。

⑦ (明)徐㶿:《幔亭集》卷 13,清文渊阁四库全书本,第 16 页 a。

徐𤊹常和朋友们约游武夷山。一次他与弟弟徐兴公(熥)一起游览武夷山的时候,他说"往日游都倦,兹行心独闲"①。在《天游观》诗中,他把武夷山九曲环绕三十六峰的景观,描绘为"九环衣带束芙蓉"②,语意简约而清新,形象恰当而生动,这是对武夷山水整体美的完美表达,堪称经典。在《武夷十咏·换骨岩》中,徐𤊹写道:

可怜人世似蜉蝣,谁识真还借假脩。不学换心求换骨,青山依旧葬骷髅。③

人生在世就似蜉蝣,重在识真而不是假借什么修炼之术,只求换骨而不换心,纵然青山葬骷髅,也算不上通达真修。这是心学兴起之后,文人士大夫更加注重内在心灵的真实和当下的感受,不屑于追求外在虚妄的反映。又《武夷十咏·金鸡洞》诗云:

红尘容易使人迷,流水无情日又西。大梦纷纷谁自觉,空劳仙洞报金鸡。④

人们容易迷恋红尘,总是在重复金鸡鸣叫的故事,希望能够探得仙气,哪知流水无情,光阴西去,梦醒者谁。徐𤊹说"大梦纷纷谁自觉",这里用"自觉"一词,一语警醒梦中人。它反映明末文人士大夫自我价值意识的回归,是人文主义理性发展的必然结果。在《武夷十咏·投龙洞》,徐𤊹又写道:

空有辉煌玉简书,莫疑云气不重嘘。神龙本是飞腾物,肯向千年洞里居。⑤

既然是神龙,就应该像大鹏那样,抟扶摇直上九万里,怎么会困居在这千年幽洞里。流光溢彩的金龙玉简,昭显着被迷惑的人心。可谓一语中的,石破

---

①　(明)徐𤊹:《幔亭集》卷6,《溪夜时与惟秦兴公游武夷》,清文渊阁四库全书本,第11页a。
②　(明)徐𤊹:《幔亭集》卷8,清文渊阁四库全书本,第28页b。
③　(明)徐𤊹:《幔亭集》卷14,清文渊阁四库全书本,第11页a。
④　(明)徐𤊹:《幔亭集》卷14,清文渊阁四库全书本,第11页b。
⑤　(明)徐𤊹:《幔亭集》卷14,清文渊阁四库全书本,第11页b~12页a。

天惊,反映了清晰的人文主义倾向。

根据衷仲孺《武夷山志》记载,徐熥作《游武夷山记》四则,实际上就是一整篇的武夷山游记。万历二十三年(1595年)九月,他和弟弟徐燉回闽途中,在武夷山停留旅游。四则山记分别是《万年宫至茶洞》《由接笋峰至小桃源》《由天游观至鼓子峰》《由水帘洞至大王峰》,也是徐氏兄弟一行本次在武夷山的旅游线路图。

根据徐燉《游武夷山记》,他们一行游冲佑观、九曲、接笋峰、小桃源、天游峰。又取道鼓子峰、三教峰、猫儿石、毛竹洞、丘公洞,仍返回云窝。最后至水帘洞,又由水帘洞返回大王峰。这是一个深度旅游的空间,不难发现这个空间的特点,已经改变过去以九曲溪为中心舟游武夷的模式,而是以"天游—桃源洞—三仰峰—鼓子峰",又到"水帘洞—天心庵—大王峰",这样一个陆地中心的旅游线路,这个线路也是以审美体验为中心的。

这是武夷山旅游史上的第二次空间转向。第一次转向是从以武夷宫、大王峰为中心的神仙空间,向以九曲溪为中心的溪游空间转换,发生在南宋中期之后,它是以朱熹九曲棹歌的出现和流行为标志的。第二次转向是从以溪游为中心,向溪游与陆游并重的旅游空间转向,发生在明末清初,它的标志是张于垒、吴拭、徐燉等超级旅游者的出现,他们已不再满足于泛舟九曲的传统游览模式,而向武夷山陆地纵深地带探索新的旅游空间。这次转向是探索性的,还出现迷路现象,也是武夷山古代旅游史巅峰时刻的突出表现之一。

以徐燉等为代表的武夷山旅游的探索者和先行者,他们不仅对新的空间表现出浓厚的兴趣,而且根据地理和文化特点,对新的旅游景观给予恰当的题名,有些景名流传至今,传为美谈。如徐燉《游武夷山记·由水帘洞至大王峰》记:

> 诸客复谋为水帘洞之游,仍寻天游旧路,至半岭,转山谷而行数里,至山当庵,[①]羽流数人居之。庵在三仰峰之后,过此皆行山峡中,景似小桃源而幽邃过之,杂树交荫,稀见曦景,洞水淙淙有声,余名之曰"流香洞"。

---

① 这一段是桃源洞到天游峰半路,朝向大红袍的一段山路。

涧蜿蜒数里，两岩削壁，高数十丈，划然中开，仅同一线。涧流其下，而清风扬扬，山壑俱响，余名之曰"清凉峡"。[1]

"流香涧""清凉峡"，这些充满审美色彩的名字，一直沿用至今，它们来自明末清初、武夷山旅游巅峰时期的超级旅游者。

最后，徐熥记曰："在武夷山中者，十日。"可见他们这次游览的时间是10天，与张于垒的游览时间是一样的，空间也有类似之处。这样深度旅游的现象，即便在旅游发达的今天，也并不多见。他们所探索的旅游空间，正逐渐被新的旅游者所接受，并付诸旅游体验。

稍晚些时候，松江人叶有声[2]经游武夷山，在武夷山也留下26首诗，并未记载他停留的时间，但从他诗文的题名和内容看，他对当时武夷山主要的人文和自然景观都有较清晰的刻画。可以看出，武夷山的旅游空间已经发生了变化，逐渐从"武夷宫"转向"九曲溪—天游峰"，并向"三仰峰"等纵深空间延伸。这一转向的背景是国内旅游的蓬勃发展，旅游者的审美和需要逐渐多样化，加之人文主义思潮逐渐占据主导地位，具有美学和旅游体验价值的空间，越来越有吸引力，更加受到人们青睐和关注。[3]

三、桃花源里的栖居

(一)一方星聚[4]话桃源——武夷山桃花源空间的新建构

继王应槐提出的"武夷便是武陵源"之后，明代后期这一空间建构思想被

---

① (清)董天工:《武夷山志》卷20,《艺文》,武夷山市市志编纂委员会整理,北京:方志出版社,1997年,第652～653页。

② 叶有声(1583—1661年),字君实,号震隐,南直隶松江府人。万历四十七年(1619年)进士,官至左副都御史。

③ 叶有声的诗文中,有一定的仙游之风。

④ 《福建通志》"吴国伦"条,形容明中后期众多才子如宗臣、徐中行等,"先后宦闽,人以为一方星聚"。这里借"一方星聚"来形容晚明时期群英荟萃、畅游武夷的旅游盛况。参见(清)郝玉麟:《福建通志》卷32,清文渊阁四库全书本,第15页b。

更多的人接纳和发挥,并在旅游过程中,不断释放桃源情结,逐渐形成武夷山旅游史上新的空间建构现象。

号称"后七子"之一的吴国伦①,在建宁府任知州期间,与朋友相约一起游览武夷山,因作《将至武夷以诗促季狂并约沈郭二子》,诗曰：

> 武夷明日是中秋,迟尔还携二客游。薜荔岩悬千古月,桃花洞入五溪舟。②

约游是中国古代特殊的旅游现象。这是一首吴国伦与朋友约游武夷的诗,相约的时间是中秋节。未到武夷,先闻武夷之桃源可访,因此与朋友相约问津九曲溪。来到武夷山后,作诗《泛九曲溪》(二首)云,"林端日已歇,心赏未云足","似得武陵津,不浅濠梁乐"。③ 不仅与武陵源相似,而且不减濠梁之乐。

同一时期,艺术大师、文学家徐渭④来到武夷山,也表达了同样的感受。他的《泛舟九曲》诗云："扁舟若不寻归路,便是武陵深处人。"⑤如前文所述,竟陵派代表人物钟惺《小九曲》中也说："小桃源……武夷可居,无过此者。"桃花源,在武夷是可望的,可游的,也是可以栖居的。

以徐熥、徐㶿、曹学佺、林宏衍与谢肇淛等为代表的晚明鼓山诸文学巨匠,对武夷山桃花源的空间建构,做出了突出的贡献。徐熥称武夷山天壶峰下的"陷石堂","渐觉非人境,风光近武陵"⑥。谢肇淛则在《游武夷山记》中,认为武夷山"小桃源"的地方,"此为山中第一幽绝所也"。林宏衍的《游小桃源》诗云：

---

① 吴国伦(1524—1593 年),字明卿,武昌人。嘉靖、万历间著名文学家,与李攀龙、王世贞、谢榛、宗臣、梁有誉、徐中行等被称为"后七子"。董天工《武夷山志》卷十六称他"与徐中行、宗臣宦游武夷"。

② (清)张豫章:《御选宋金元明四朝诗》,《御选明诗》卷 83,清文渊阁四库全书本,第 38 页 b。

③ (清)董天工:《武夷山志》卷 22,《艺文》,武夷山市市志编纂委员会整理,北京:方志出版社,1997 年,第 715 页。

④ 徐渭(1521—1593 年),字文长,号青藤老人,自称"南腔北调人",绍兴人。明后期杰出的艺术家、文学家。

⑤ (清)郝玉麟:《福建通志》卷 77,清文渊阁四库全书本,第 26 页 a。

⑥ (明)徐熥:《幔亭集》卷 6,清文渊阁四库全书本,第 12 页 b。

……桃源昔何似，此中疑与同。……于兹长日月，尘世羞樊笼。①

这里是与尘世樊笼相对应的，是不受时间驱使的世外桃源。民乐，日长，隔世樊笼，桃源理想，大致如此，古今无异。同一时期的茅山隐士，徐熥的好友闵龄②，到武夷山也有《小桃源》诗，"曲涧密通津，桃花夹岸新"，"孤村人代异，仿佛武陵春"。③ 叶廷秀④游武夷，作《武夷十咏》，其中《七曲百花庄城高岩小桃源》云："深秋何处见花明，风扫空岩鸟一声。总是桃源人不识，老君重署武陵名。"⑤在作者看来，老君已经重新署名武陵源，那就是武夷山。可见，武夷山桃花源空间形象的建构，不是一个偶然现象，是很多文人仕宦经过长期的旅游体验、文化积累的结果，是一个值得注意的旅游文化现象。

空间的建构，总是建立在人们精神需要基础之上的，如前文，我们也可以称之为精神空间的建构。研究发现，在明朝后期，桃花源空间的建构，已成为一种普遍的精神空间现象，这是武夷山小桃源景观的历史文化渊源。

（二）栖居的案例

对桃花源的向往，一直是中国传统文人的精神理想。武夷山被视为桃花源，说明它在某些方面具备人们心目中理想空间的要素。我们发现，明代后期栖居武夷山的人明显多起来了，并且呈现不同于以往的新特点。

陈省⑥是明后期栖居武夷的典型代表之一，是万历年间内阁首辅张居正

① （清）董天工：《武夷山志》卷12，《六曲》，武夷山市市志编纂委员会整理，北京：方志出版社，1997年，第409页。
② 闵龄（1545—1608年），字寿卿，徽州歙县人。万历间诗人。
③ （清）董天工：《武夷山志》卷12，《六曲》，武夷山市市志编纂委员会整理，北京：方志出版社，1997年，第408页。
④ 叶廷秀（1599—1651年），字谦斋，号润山，濮州人。天启五年（1625年）进士，历知南乐、衡水，累至兵部右侍郎。
⑤ （明）衷仲孺：《武夷山志》卷18，明崇祯癸未年版，哈佛大学汉和图书馆藏影印本，第11页b。
⑥ 陈省（1529—1612年），字孔震，号幼溪，长乐人。嘉靖三十八年（1559年）进士，历大理寺少卿、兵部右侍郎。

的门生。张居正当政期间，陈省在京任兵部右侍郎，人称陈司马。万历十年（1582 年），张居正死后不久，遭到万历皇帝的清算。有人趁机攻击陈省为张居正所用，遂罢官归家。万历十一年（1583 年），陈省归家途中经过武夷山，流连风景，于是在接笋峰下筑室栖居，达 10 余年之久。陈省在武夷山的栖居，是桃花源精神空间建构的外化表现，是士大夫桃源情结的实现。据董天工《武夷山志》记载，陈省将武夷山的上、下云窝合构，形成一个可游可居的空间，栖居于云窝。主要建筑有宾云堂、栖云阁、巢云楼、研易台、生云台、嘘云洞、聚乐洞、栖真阁、迟云亭、寒绿亭、红叶亭、碧漪亭、竹坞、问樵台、青莲石沼、停云亭等 16 处，[①]还有很多相应的摩崖石刻。

一方面，陈省所建的云窝草庐，一个典型的特征是与"云"密切相关，亭台楼阁，很多都以云为名，可见陈省喜欢云，与云结下不解之缘。也许在陈省看来，云是有生命的，是自由的，所以要栖，要巢，要停停歇歇，自由自在。人在云窝，与云一道起落升还，聚乐悠闲。另一方面，这个居住环境是综合的、多层面的。有青莲池沼、竹坞、问樵台，也有各种亭台楼阁，如读书研习的研易台、高朋满座的聚乐洞、修心养性的栖真阁等等，从身体经验，到审美体验，再到精神超越，各个层面的理想追求，都体现在它的建构之中。总而言之，这里的各种建构之名，反映了主人公内心理想空间的建构模型。陈省的这个模型，正是大多数士大夫心中桃花源理想空间的建构。据他自题的《幼溪草庐》诗，其中所描绘的理想生活场景，与云月溪竹和谐共在，蓬径生野竹，溪光上草堂，云随步展，月近眠床，一派闲闲之景，悠悠之情，本无所事，薜荔剪衣裳。[②] 又陈省《停云亭记》云：

> 停云者，取陶靖节先生诗，为思友作也……余相与坐亭上，闻鸟鸣之声，聆伐木之响，漱泉枕石，接膝谈心，和平之趣，协于神听。以

---

① （清）董天工：《武夷山志》卷 11，《五曲下》，武夷山市市志编纂委员会整理，北京：方志出版社，1997 年，第 349 页。

② （清）董天工：《武夷山志》卷 11，《五曲下》，武夷山市市志编纂委员会整理，北京：方志出版社，1997 年，第 351 页。

其来也,停此而留之;去也,停此而思之。①

在这个理想的生活空间,朋友交往,亦呈现不同意趣,相与坐亭上,闻鸟鸣、伐木之声响,漱泉枕石,接膝谈心。因此,筑此停云亭,以供友来探幽寻奇,友去思友于此,与渊明先生之意相和。总之,在理想的空间,"平和之趣,协于神听"。

另一位栖居于武夷山的文人是吴中立②。他官至浦城县司丞,后结庐武夷山杜辖岩③17年,书题"景阳洞天"。他在武夷山栖居的时间,和陈省差不多。董天工《武夷山志》有他的《养恬庵记》云:"予夙耽于山水,栖迟九曲之滨,思支片茅以终隐。"④爱山水,是栖居的原因。

董天工《武夷山志》中的"函翠岩、活水洞"条,记曰:

> 在鼓楼岩右,半崖有三石洞。万历间,山人谢智辟而居之,董少司空应举有《谢洞记》勒石,李中丞材为题"函翠岩"三字勒壁。智号活水,人因称其洞曰"活水洞",后为董司空别业。明末,支刺史永昌亦栖遁于此。⑤

鼓楼岩右半崖的三石洞,先后有多人栖居于此。首先是建安人谢智,他字活水,因此这里又称"活水洞"。还有董司空,就是前文提及的董应举。支永昌是北平人,字绍先,曾任蜀中刺史,可能是明亡之后,栖居于此。

我们注意到,董天工在这里使用了"栖遁"一词,类似于本书所谓的"栖居"。南宋周文璞的《过凤山有感二首》诗最早提出"栖居"一词,诗云:

---

① （清）董天工:《武夷山志》卷11,《五曲下》,武夷山市市志编纂委员会整理,北京:方志出版社,1997年,第350页。

② 吴中立,字公度,号景山,浦城人。隆庆五年(1571年)进士,绝意仕进,结庐武夷山中,以著述为事。

③ 即杜葛岩,相传因有杜氏、葛氏隐于此而名。吴中立居于此,更名为杜辖岩,"谓路径幽曲,杜绝车辖也"。参见（清）董天工:《武夷山志》卷15,《北山》,武夷山市市志编纂委员会整理,北京:方志出版社,1997年,第485~486页。

④ （清）董天工:《武夷山志》卷15,《山北》,武夷山市市志编纂委员会整理,北京:方志出版社,1997年,第486~487页。

⑤ （清）董天工:《武夷山志》卷13,《八曲》,武夷山市市志编纂委员会整理,北京:方志出版社,1997年,第444页。

当年准拟作家林,溪墅栖居意已深。隐者自应寻别业,风兮何肯负初心。①

栖居是远离城市的喧嚣,不受拘束的自在。这种理想可追溯陶渊明之归园田,谢灵运之山居,实际上就是中国文人精神文化生活的一部分,他们追求的是审美地活着。董天工使用"栖遁"一词,也带有逃离尘网束缚、追求个人自由的意蕴。

明清之际,在武夷山栖居的人非常多。除了上面这些人之外,还有学者如黄道周、李钟鼎、李时兴、李鞿、吴正理、江腾鲲等,以及道人周千秋、张虫虫等,他们都在武夷山留下很多诗篇和典故,这里不一一详述。

无论如何,明代后期,以陈省为代表的武夷山栖居现象,还是越来越多了起来。其一,他们大多选择风景奇特优美之地,建构屋宇,定居于此。其二,他们大部分都是从宦场中来,对人生、社会都有深刻的体悟。其三,栖居生活往往伴随艺术创作,饮酒休闲,交友作诗等。不同于之前各个时期的栖居活动,常常伴有办学授徒等现实目的,而此时的栖居,完全是自由而居的游居状态。

四、审美主导的时代

(一)重洗仙颜,回归人文

万历四十八年(1620 年),著名学者方孔炤②来到武夷山,并作《武夷》诗云:

武夷三十六支笔,大峰泼墨小峰出。许我一叶寻支砚,半示游人半秘密。峰表铿翁二子能,曾孙有术多凭陵。鸡犬白云何缥缈,应是元(玄)黄怪未了。独有考亭数字存,其间重洗五百仙人颜。③

---

① (南宋)陈起:《江湖小集》卷 58,清文渊阁四库全书本,第 13 页 a。
② 方孔炤(1590—1655 年),字潜夫,号仁植,桐城人。万历四十四年(1616 年)进士,授嘉定州知州,累官至湖广巡抚。
③ (清)董天工:《武夷山志》卷 22,《艺文》,武夷山市市志编纂委员会整理,北京:方志出版社,1997 年,第 739 页。

294

方孔炤看到武夷三十六峰，层峦叠嶂，丹墨相宜，但也注意到这里似乎鸡犬缥缈，玄怪未了，依然有浓厚的神仙气氛。但幸而这里还是朱子之学的发源地，独有朱子之学，能够"重洗五百仙人颜"，回归人文主义的本位。为此，他还题写"重洗仙颜"四字镌刻于武夷山云窝入口处的路边岩壁上。"重洗仙颜"是明代早期"不宗朱子元非学，看到武夷方是山"的人文主义思潮的继续，反映了人进神退的基本趋势。

明代后期，随着人文主义的进一步发展，质疑神仙思想的人越来越多。以徐熥、徐𤍠、曹学佺等兴公诗派为代表，对嘉靖年间在武夷山盛极一时的神仙思潮表示了更加明确的质疑，甚至是彻底的否定。

徐𤍠是徐熥的弟弟，是兴公诗派的代表人物。与其他几位鼓山诸贤一样，徐𤍠也同样多次结伴游览武夷山，留下大量的纪游诗文。他在多篇诗文中，明确否定神仙之说。如《大王峰观仙蜕》诗，认为东海神山和西方昆仑皆枉然，众人莫叹人神相隔不能通，也不要相信什么朱砂、神丹和运气调息，唯有此山可升仙，妄想虚空玄化之后，能够成为第十四仙。他否定传统神仙思想，认为徐福寻真不复返，方知不在神山里；西方王母的青鸟降传书，但集灵台上，依然千年无消息，因而"始信仙真非在兹，世人莫叹仙凡隔"[1]。《换骨岩》又说："若使当年不学仙，依然孤冢比邙山。"[2]《金鸡洞》诗云："怪来只报仙家晓，多少人间梦未醒。"[3]徐𤍠呼吁人们从仙真、学仙的梦中醒来，回到人间本有的真实。

明中后期，确实存在否定神仙空间建构的趋势。每一次文化空间的建构和坍塌，都会带来重大的变革。打破神仙空间模式之后，取而代之的是人和山水之间纯粹的审美关系。徐𤍠的《再宿冲佑观》诗云：

　　自与灵山有夙因，清溪九曲往来频。听残松籁山中雨，问遍桃花

---

① （清）董天工：《武夷山志》卷6，《一曲中》，武夷山市市志编纂委员会整理，北京：方志出版社，1997年，第172～173页。与曹学佺同题吟诗，应是两人同游武夷，登大王峰所作。

② （明）袁仲骐：《武夷山志》卷14，明崇祯癸未年版，哈佛大学汉和图书馆藏影印本，第19页b。

③ （清）董天工：《武夷山志》卷9下，《四曲》，武夷山市市志编纂委员会整理，北京：方志出版社，1997年，第277页。

洞口津。石榻又眠前渡客,铁冠难觅旧时人。朱颜漫逐红尘老,能几
浮生二十春。①

灵山有夙因,九曲往来频。经常来武夷山游览,在九曲两岸体验到的是溪
声、雨色、元宫、金丹,游人易老,花自开落,寻遍桃花津,难觅旧时人。朱颜渐
老去,浮生难再来。神仙不可学,九曲奏清音。把眼光转移到对人间生命时间
的感性体验,是山水空间带给人们的另一种超越时空的审美体验。

兴公诗派的其他人物,大多也持同样的看法。与他们同游武夷山的陈鸣
鹤②,一起观仙蜕之后,作同名诗《大王峰观仙蜕》云:"一朝天地有归尽,金檷
玉函奈尔何。"③他们对仙蜕现象已经不感兴趣了,而是以人的范式思考问题,
思考人的存在问题。思想一旦解放,就无法回到过去。

还有其他的一些文人,也表达了类似的态度。周世臣④在《登天游观》中
说:"置身早弭霄汉中,何用寻仙乞灵药。"⑤《和朱文公棹歌十首·六曲》中又
说:"世人若问丹砂诀,只在猿林月影间。"⑥所谓的长生神仙,其实就是生活在
山水林泉之间。金玉赞⑦的《天游观》诗,则直接提出:"逍遥即是神仙宅,徐福
空求海上山。"⑧周之玙⑨《天游观》诗亦云:"莫向升真问仙蜕,人间原自有蓬
丘。"⑩正如这里看到的,人文主义思潮要解构的是,庸俗的仙蜕鬼神伎俩,但

---

① (清)董天工:《武夷山志》卷5,《一曲上》,武夷山市市志编纂委员会整理,北京:方
志出版社,1997年,第133页。

② 陈鸣鹤(1550—1628年),字汝翔,侯官人。与徐熥、徐𤊹、曹学佺等游,以诗名。

③ (清)董天工:《武夷山志》卷6,《一曲中》,武夷山市市志编纂委员会整理,北京:方
志出版社,1997年,第173页。

④ 周世臣,字颖侯,宜兴人。明崇祯十三年(1640年)进士,福建兴化司理。

⑤ (清)董天工:《武夷山志》卷12,《六曲》,武夷山市市志编纂委员会整理,北京:方
志出版社,1997年,第392~393页。

⑥ (明)袁仲孺:《武夷山志》卷19,明崇祯癸未年版,哈佛大学汉和图书馆藏影印本,
第10页a。

⑦ 金玉赞,董天工将其安排在邱云霄之后、徐熥之前,应该是明代中后期的地方文人。

⑧ (清)董天工:《武夷山志》卷12,《六曲》,武夷山市市志编纂委员会整理,北京:方
志出版社,1997年,第388页。

⑨ 周之玙,字玉兔,长洲人。崇祯七年(1634年)进士,历礼部员外郎。

⑩ (清)董天工:《武夷山志》卷12,《六曲》,武夷山市市志编纂委员会整理,北京:方
志出版社,1997年,第391页。

并不否定人们心中超越有限的精神追求,比如这里虽然否定了神仙宅、仙蜕与仙药,但他们却引导人们把关注的目光从天上拉回到人间,从蓬莱、洞天回到人间、林泉,甚至人间、林泉就是蓬莱与洞天。这是传统中国人审美和精神世界的一次范式转变,明代后期的武夷山,正在经历这种转变。人文主义的山水体验,意味着人与山水的直观照面,意味着不同的情感交换,但同样是超越了有限的审美体验。

(二)审美体验的主导地位

曾任邵武知府的常熟人瞿汝稷①,万历二十八年(1600 年)春,归家途中经游武夷山,作《武夷山赋》以歌之。以赋文的形式来纪游的很少,作者采用赋的文体集中表达自己的情感体验。宋代李纲的《武夷山赋》基本沿袭了传统汉赋的结构模式,而瞿汝稷的《武夷山赋》则有所不同,形式比较自由,类似于诗歌,且夹叙夹议。从整篇内容来看,瞿赋已经完全没有神的影子,只剩下人与山水之关系。

瞿汝稷在文中首先描述武夷山水之奇美,"行弥进而眺弥新,境愈移而赏愈深","万变而万美",绘莫能图,文莫能拟。"溯寒流之澹澹兮,觉嚣纷之尽祛"。随着九曲山水空间的流转,万变万美,弥进弥新,顿觉嚣纷尽祛。美的山水,使人摆脱尘世的烦嚣,回归内心的宁静。他称这样的旅游为"浮游",并认为自己有幸能够浮游于此。除了纯粹的游览体验之外,瞿汝稷还提出,如果"缠缴于外物",则"对清晖而弗察"。可见在他看来,体验山水清晖的前提,是超越功利的主观境界。瞿汝稷在文中唯一提到的武夷人物是朱熹,"禽留好音,蹬觉尘迹。是藏紫阳之精庐,实奠兹山之正中,亦首兹山之幽寂焉"。② 可见至明朝末年,人文主义已经基本占据主导地位,所有的神,几乎都已经退场,而朱子人文主义的光辉,依然星光闪耀。

---

① 瞿汝稷(1548—1610 年),字符立,幻寄道人等,常熟人。曾任邵武府知府。
② (明)黄宗羲:《明文海》卷18,清文渊阁四库全书本,第 2 页 b～3 页 b。

被称为"七才子"之一的康彦登①，屡游武夷，每至必久方去，留有诗。董天工《武夷山志》记载他的一首长歌《泛舟九曲放歌》。诗中表达武夷山是福地洞天，东南镇山，是何等的"崔巍""濛洞"，霍童、大姥、鲤湖、石鼓难与伯仲，"桃源花逐渔郎去，莲石峰裁仙掌平"。世人只知道按图游乐，哪知道这种仙窟宅的神奇。"游人若个是仙才"就会明白"浮生局促同蜗角""红日西驰挽不回"，人生有限，几人能够"仰天朗咏游山曲"。② 康彦登在这里要表达的并非对神仙窟宅的朝圣和回归，而是提醒游客，不要仅仅沉迷于"乐"这个层次的游，而是要像"仙才"那样，能够超越人生时空的局限和尘世功名的纠缠，摆脱世俗的束缚，仰天朗咏游山曲，自由徜徉云水间，这才是作者所谓的"仙才"。

曹学佺是鼓山学派的代表人物，他自言："游山泽，观鱼鸟，至乐事也，比之游仙焉。"③董天工《武夷山志》记载，他"平生于名山胜迹，靡不登陟，尤爱武夷，每流连眺咏"④。

曹学佺与徐𤊳兄弟等诸位好友一样，在武夷山留下很多重要的诗篇。这些作品反映了他的思想和主张。如他在《大王峰观仙蜕》中云，"君不见华堂饮宴乐未央，明朝送人清丘傍"，"又不见壮士志气凌封侯，长城骸骨无人收"，"人生沉迷悟不早，碌碌安能闻至道"。⑤ 与徐𤊳一样，对仙蜕现象和神仙思想表达了理性的看法，没有宋代初年和明中期的那种拜谒情怀，更加冷静思考人生的短暂与神仙的幻象，晚明思潮是南宋人文主义思想的继续和发展。曹学佺

---

① 康彦登，字符龙，闽县人。有《朔方游稿》。《全闽诗话》卷八载："万历间称七才子，彦登其一也。"

② （清）董天工：《武夷山志》卷22，《艺文》，武夷山市市志编纂委员会整理，北京：方志出版社，1997年，第738～739页。

③ （明）曹学佺：《石仓文稿》卷1，《〈洪崖游稿〉序》，载《续修四库全书》第1367册，上海：上海古籍出版社，2002年，第852页。

④ （清）董天工：《武夷山志》卷17，《名贤下》，武夷山市市志编纂委员会整理，北京：方志出版社，1997年，第563页。

⑤ （清）董天工：《武夷山志》卷6，《一曲中》，武夷山市市志编纂委员会整理，北京：方志出版社，1997年，第172页。

在《春暮游武夷（三）》中说，"天游已自乐，何必慕飞仙"①，人文主义审美的态度，是用"天游"代替了"飞仙"。曹学佺的很多诗文都表达了同样的态度，即把在人和山水之间的"神"彻底推开，让人直接面对山水，获得直观的审美感受。又《登接笋峰》诗云：

> 接笋削危石，众山围苍屏。木梯悬百级，突与人面横。运趾遵矩
> 度，坚志防颠倾。曲脉路径寸，当崖俯深坑。铁缆竭攀援，染汗成晶
> 莹。绝巘度龙脊，蹬浅步复萦。累险既云逾，聊憩仙奕亭。喘息甫安
> 定，道心还复生。野鸟奏深韵，虚谷偕远声。方外多法侣，结庐学炼
> 形。仙理非虚妄，愚者恒弊明。岩头有遗蜕，千古犹未扃。取证彼往
> 哲，于以笃玄情。②

这是一段攀登体验的描写，真实而生动，之后又将具体的身体经验转换为超越的精神体验。资料显示，曹学佺相信超越之理的存在，这里的描述是"道心""仙理""玄情"，他理解的超越之方外，并非长生不老的神仙世界，而是与人的身体经验有密切相关的"心"、"情"与理，即道心、玄情与仙理。一半是道学，一半是人生。又《玉女峰》诗云：

> 玉殿遥辞下太空，衣笼积翠珮摇红。月明清影应闻语，不在妆台
> 在水中。③

玉女的美，是具体的、感性的，就在人们能够体验到的时空之中。我们可以感受到，明后期人们的审美体验越来越丰富，多样化、人性化的趋势越来越明显。同一时期的耿定向④也有《玉女峰》诗云："夜阑月色寒，青天独长倚。

---

① （清）董天工：《武夷山志》卷 23，《艺文》，武夷山市市志编纂委员会整理，北京：方志出版社，1997 年，第 758 页。

② （清）董天工：《武夷山志》卷 11，《五曲下》，武夷山市市志编纂委员会整理，北京：方志出版社，1997 年，第 344 页。

③ （清）董天工：《武夷山志》卷 8，《二曲》，武夷山市市志编纂委员会整理，北京：方志出版社，1997 年，第 227 页。

④ 耿定向（1524—1596 年），字在伦，号楚侗，湖北黄冈人。嘉靖三十五年（1556 年）进士，历御史、学政，至户部尚书。

分明丈夫行,何如称女氏?"①他眼中的"玉女",没有任何神女的影子,却成了独依青天、顶天立地的大丈夫。徐时泰②的《待月天游阁》云:"远火林中出,疏钟岩下闻。自然幽意惬,不用扫浮云。"③所有的神已经完全褪去,人与山水之间,依然可以有趣,富有人性化的意味,这是晚明心学崛起和性灵说影响扩大的结果。

五、神仙空间的余韵

尽管我们说,人文主义的时代已经到来,纯粹的审美体验已经明显地占据主导地位,但众所周知,在古代的社会环境里,依然不能完全代替人们在旅游过程中对神的渴望。武夷山作为神仙空间的属性,依然有一定的实际影响。

这一时期,曾任福建巡抚的王士昌④,有《武夷》诗四首。其一云:"晴宵夜静文虚籁,疑是群真控鹤还";其三云:"人间何处觅方壶,清浅蓬莱事有无"。⑤我们看到,"疑是群真控鹤还",仙人还在,随时都能回来。寻找方壶,蓬莱的有无,一直萦绕在人们的心头,姑且不论究竟有没有一个超越有限性的神仙世界存在,但这个疑问的本身,客观地反映了人们超越有限存在的精神需要。对山的依恋,其本质也是人们对超越的、无限的精神世界追求的一种反映。

与此同时,明代后期的确还有一些文人官宦在武夷山的旅游过程,表现出对神仙的联想,他们的诗文大多反映了神的在场,以及人与神的情感交换。曾任刑部尚书的苏茂相⑥游武夷,作《新霁入武夷》诗,诗中表达渴望"山灵或见

---

① (清)董天工:《武夷山志》卷8,《二曲》,武夷山市市志编纂委员会整理,北京:方志出版社,1997年,第226页。

② 徐时泰,江苏苏州人。万历二年(1574年)进士,官工部郎中。

③ (清)董天工:《武夷山志》卷12,《六曲》,武夷山市市志编纂委员会整理,北京:方志出版社,1997年,第392页。

④ 王士昌,字永叔,临海人。万历十四年(1586年)进士,历巡抚福建。董天工记载《武夷四首》。

⑤ (清)董天工:《武夷山志》卷23,《艺文》,武夷山市市志编纂委员会整理,北京:方志出版社,1997年,第784~785页。

⑥ 苏茂相(1566—1630年),字宏家,号石水,晋江人。万历二十年(1592年)进士。

招"，"亲授长生药"的神仙之想。① 另外一位曾经"代巡福建"的官员杨四知②，游武夷山，作《长歌》一篇。诗中首先遥想武夷君，昔日魏王宴群仙，玉皇、太姥、控鹤仙人等众神同歌共舞于幔亭之巅。"云垂垂兮勒马，武夷君兮飘飘而来下"。佩方印，戴仙冠，"三教会集，罗汉回车"，"仙人一去歌声歇，天风吹度峰头月。九品丹书为我传，他年重会蓬莱阙"。但幔亭宴罢虹桥断，天路难攀，千载悠悠，日日思遨游。"我亦寻仙不辞远，春明到此访丹丘"。③ 杨四知把自己的这次武夷之游，想象为寻仙访丹丘，模仿李白《梦游天姥吟留别》诗调，在神游的思绪中，重新演绎了武夷君幔亭招宴人神相会的宏大场面。这些资料表明，社会思潮的转换，并非一维的和独断的。不同的人群，会有不同的情感和需要，也会有不同的空间体验。不能完全否定神仙建构的作用和影响，它在一定程度上满足人们超越惯常生活世界的需求。

同一时期，在武夷山天游观游居、讲学的著名心学家葛寅亮，把当时学生为他建的生祠，改祀吕仙（吕洞宾）。他在《王文成公祠记》中说：

> 夫武夷为神仙之居，遗蜕犹在，儒者以为荒诞不道，而讵知通天、地、人曰儒，造化、鬼神，应无不了彻，而岂得隔见自封，骇所不经见以为怪。④

心学家葛寅亮首先把武夷山看作神仙所居之所，认为儒者完全否定神仙思想是不合适的，因为一个真正的儒者应该能够通天、地、神、人，对"造化、鬼神，应无不了彻"。当初阳明先生，入禅开坛讲儒学，将禅儒合一，"几于一之"。我们注意到，葛寅亮反对儒生一味排斥佛道思想，并不是因为道可成仙，而是因为佛和道，都是儒者应掌握学问的一部分，不可或缺。天、地、神、人，能贯通

---

① （清）董天工：《武夷山志》卷23，《艺文》，武夷山市市志编纂委员会整理，北京：方志出版社，1997年，第757页。

② 杨四知，字符述，祥符人（一说大梁人）。万历二年（1574年）进士，代巡福建。

③ （清）董天工：《武夷山志》卷22，《艺文》，武夷山市市志编纂委员会整理，北京：方志出版社，1997年，第737～738页。

④ （明）衰仲孺：《武夷山志》卷16，明崇祯癸未年版，哈佛大学汉和图书馆藏影印本，第46页a。

者,方为大儒。

万历、天启间,两度出任内阁首辅的叶向高[①],也曾游武夷,有《雨中游武夷》两首。其一云:

> 群峰朵朵吐青莲,曲曲溪流带晓烟。每恨登临多对雨,但逢山水
> 即寻仙。十年春草无游屐,三月桃花有客船。正是诸真高会处,行云
> 玉女倍堪怜。[②]

叶向高说,"但逢山水即寻仙",山水总是与"仙"关联在一起,人们见到山水,总是联想到仙。这是人类精神心理学的问题,涉及人类超越有限存在的基本心理需要,对于当今旅游发展和开发,也是值得思考和关注的问题。

万历间,崇安诸生之一的江维桢,有《题武夷》诗一首:

> 东风几泛九溪船,漫向人间觅洞天。鱼岛久忘秦岁月,烟霞犹护
> 汉山川。乘龙人去云踪杳,控鹤谁传月驭旋。彩幔峰头天柱顶,何时
> 重侍列仙宴。[③]

我们看到,这里使用的东风、九溪、洞天、乘龙、控鹤、天柱、列仙等的文化符号,它们建构的空间世界是人们追求的神仙世界。"漫向人间觅洞天""何时重侍列仙宴",作者渴望神仙的再次降临,渴望与神的再次相会。

户部侍郎何乔远[④],在他的《游武夷》中,也表达了类似的观点:

> 汉畴秦坛不记年,游人还拜十三仙。云崖黄木犹余鐅,宾圃青芝
> 何处田。天上琼芽栽玉露,人间落叶噪哀蝉。幔亭峰头桥虽断,犹可

---

① 叶向高(1559—1627年),字道卿,号台山,福清人。万历十一年(1583年)进士,累官东阁大学士,万历、天启间曾两度出任内阁辅臣。尝游武夷,有诗歌多首。

② (清)董天工:《武夷山志》卷23,《艺文》,武夷山市市志编纂委员会整理,北京:方志出版社,1997年,第784页。

③ (清)董天工:《武夷山志》卷23,《艺文》,武夷山市市志编纂委员会整理,北京:方志出版社,1997年,第786~787页。

④ 何乔远(1558—1632年),字稚孝,晚号镜山,晋江人。万历四十四年(1616年)进士,户部侍郎。

归来一刺船。^①

　　明代后期,人文主义觉醒,对神仙空间和神学思潮给予致命的冲击。但并不意味着,神仙思潮的彻底消失,何乔远就是一个案例。在他的视域中,武夷山的神依然是存在的,人间充满落叶与哀蝉,人们还是希望能够品尝天上的琼芽玉露,虽然幔亭虹桥早已阻断,但人们还在翘首企盼那艘归来的船。很多人认为这是迷信,其实这不完全是现代人所理解的迷信,而是人们超越有限存在心理需要的表现,是有限对无限的期盼。武夷山多样化的文化建构,恰好满足了人们不同的心理需要。所以它在某个特定的历史时期,具有超越一般名山的吸引力。这是现代旅游开发应重视的。

　　这里,我们对武夷山九曲两岸主要建筑遗迹,进行了一个简单的整理,统计如表 10-1 所示。

表 10-1　武夷山九曲两岸主要建筑遗迹

一曲	名　　称	数量
道教	冲佑万年宫(天宝殿、武夷观、会仙观),会真庙,仙君庙,常青庵,万春庵,升真观,复古庵,常庵	8
佛教	大云寺,金山寺(后改阳明祠)	2
书院	咏归堂,九峰书院	2
祠堂	四贤祠,王思质祠,邹东廓祠,罗念庵祠,宗方成祠,王阳明祠	6
游赏	入佳亭(武夷亭),溪光亭	2
二曲	名　　称	数量
道教	灵岩庵(葛仙馆),崇真庵	2
佛教	灵岩庵(观音阁)	1
书院	南山书堂	1
祠堂		
游赏	琼管亭	1

---

　　① (清)董天工:《武夷山志》卷 23,《艺文》,武夷山市市志编纂委员会整理,北京:方志出版社,1997 年,第 784 页。

续表

三曲	名　　　称	数量
道教	梦笔山房（升日峰下，万历中建，致曲堂、玄霜阁、九霞坞、五芝窝、花萼台）	1
佛教		
书院		
祠堂		
游赏	超真亭	1

四曲	名　　　称	数量
道教	仙史馆，云岩庵	2
佛教		
书院		
祠堂		
游赏	希贺堂（北宋陈升之建），吏隐堂（北宋赵抃），焙芳亭，浮光亭，思敬亭，燕嘉亭，宜寂亭，观山亭（题诗岩，刘夔建）	8

五曲	名　　　称	数量
道教	玄元道院（嘉靖道人汪丽阳、刘端阳建），清真道院，棘隐庵	3
佛教		
书院	武夷书院，云庄山房（宋儒刘爚建），水云寮（游酢建），洪源书堂（熊禾建）	4
祠堂	王文成祠（接笋峰下葛屺瞻建），葛屺瞻祠（邑令柴世埏建）	2
游赏	夺秀亭（胡寅建），云窝（宋陈丹枢建，明陈省建），水月亭，小隐堂（旧志云宋刘钦道读书之所，郡志云刘衡弃官归处），仰止堂，仰高堂（宋儒刘康建），迎绿亭（宋儒刘康建）	7

六曲	名　　　称	数量
道教	天游观（元道士刘碧云、张希微建，明嘉靖间法师弄丸子栖真于此，詹本初重建），纯阳洞天（初建葛屺瞻生祠），仙山庵（山当庵），碧宵道院（三仰峰顶），仙游馆（旧名睎真馆[a]）	5
佛教	石堂寺（唐武德间建）	1
书院		
祠堂	文简公祠（元建祀刘爚）	1
游赏	三友堂（万历间耿定力、郑邦福、李管同建），仙掌亭（嘉靖巡按樊献科建），天均亭（周思久建），森天阁（崇祯张肯堂建），万峰亭（妙高台之上，原名聚景亭，侍郎程文德改今名）	5

续表

七曲	名　　称	数量
道教	天壶道院	1
佛教		
书院		
祠堂		
游赏		

八曲	名　　称	数量
道教	两岩道院,鼓子道院,翠虚庵(三鼓庵),碧云庵	4
佛教		
书院		
祠堂		
游赏	独善堂	1

九曲	名　　称	数量
道教	清微太和宫(元道士彭日隆建,旧名和阳道院),灵峰玄都观(白云岩下,太守李真峤奏赐今名,赵子昂书扁)	2
佛教		
书院	儒林	1
祠堂,旧居	杜清碧宅(在平川,思学斋、怀友轩等),万卷楼(在平川,元瞻景仁建),思绍堂	3
游赏		

山南	名　　称	数量
道教	齐云庵,王城庙(在山南十里,魏王子骞故城),清和道院(一名江源庵)	3
佛教		
书院	静可书堂(山上,元詹景韩建)	1
祠堂		
游赏		

续表

山北	名　　称	数量
道教	天心庵(旧名山心,永乐间庵废,嘉靖七年道士韩洞虚重建,龙虎山天师张彦頨扁以今名),凝云庵,清微洞真观(唐曜洞天,水帘洞),犹龙道院,崇玄馆(幽微碧玉洞天),招仙馆	6
佛教		
书院	见罗书院(九曲尽处)	1
祠堂		
游赏隐居	养天庵,吕仙亭(景阳洞天),仰云庵	3

注:a.睇真馆应该是宗教空间,在六曲溪北,董天工《武夷山志》卷十二载,宋绍兴间渔人得"游仙"石刻于巨浪中,旁题曰"子真书",不知子真为何人,而笔势甚奇,因从其名。

资料来源:劳堪《武夷山志》、徐表然《武夷山志》、衷仲孺《武夷山志》、董天工《武夷山志》。

表 10-2　主要建筑遗迹统计

类　别	数　量	占比/%
道教	35	38
佛教	4	4
书院	10	11
祠堂	12	13
游赏	28	30

资料来源:笔者自制。

表 10-2 数据显示,至明朝末年,武夷山道教宫观及其遗址最多,几乎遍及当今风景名胜区全境,大小道教建筑共 35 座,占武夷山建筑遗迹总数的 38%。其次是游赏空间,共 28 处,占总数的 30%。这表明,游赏活动已是武夷山必不可少的行为现象。另外,书院和祠堂共 22 处,占总数的 24.7%,表明儒学传统在武夷山的影响。宋明以来,尤其是朱子理学兴盛以来,武夷山作为理学圣地,在儒学传播方面起着不可或缺的作用,有重要的影响。

小　结

明代后期,武夷山走上了古代旅游的巅峰。以武夷山为目的的自觉旅游成为突出现象,出现徐霞客、钟惺、谢肇淛、张于垒、吴拭等超级旅游者,他们不断刷新武夷山旅游时空的纪录,使得这一时期武夷山的旅游空间实现第二次转向,由以九曲溪为中心的溪游空间,向周边山地的陆游空间延伸扩展。出现可贵的关注旅游生态、旅游服务等旅游思想新动向。以曹学佺、徐𤊒、徐㷆等为代表的鼓山学派,以其鲜明的人文主义理性主张,把澄明透彻的人与山水之间的纯粹审美关系推向高峰。尽管武夷山长期以来经营和建构的神仙空间,受到人文主义流派的质疑,但作为一种精神文化现象,它依然在一定范围内保持着影响。武夷山的空间属性,呈现多样化的局面。

一般而言,清朝的历史分为前期、中期和晚期三个阶段,这个分期主要是考虑到清朝历史发展的政治因素。作为地方旅游史的研究,因受资料所限,也没有政治事件那么明显的阶段特征,本书主要涉及古代旅游史的研究,所以为研究方便,这里将 1840 年之前的清朝统称为清前期,这是我们要研究的古代时期。

需要指出的是,从 1644 年到 1840 年大约 200 年的时间,但本书关于清前期所涉及的资料,主要来自董天工《武夷山志》的相关记载,从时间上看,相当于清朝前期的康雍乾时期,有 100 多年的时间。①

董天工于雍正元年(1723 年)拔贡,曾赴河北、山东为官。后来又赴台湾彰化县创办学校,在台湾普及教育。他生长在武夷山,酷爱山水,又传承家学,工于诗文,积极从事地方文化资料的整理工作。他于武夷山天游峰下茶洞的留云书屋,编成《武夷山志》。他的《武夷山志》,体例上参考劳堪、徐表然的《武夷山志》,与绝大多数传统的山志一样,都是以空间为脉络展开叙述的。董天工的《武夷山志》在前代诸多山志的基础上,又综合很多文集资料,内容的丰富性远远超过之前的山志,因此其资料保存价值极高,尤其是本章将要研究的清代前期的旅游,其他山志是没有的。董天工先生本人整理文献资料的态度非常严谨,所以资料的可信度很高。同时,董天工对不同的观点和看法,也采取比较宽容的态度,使得很多资料得以保存,这是值得庆幸的事。

---

① 也有其他资料来源,但相对较少。

　　但是,与以往诸多方志一样,董天工先生的《武夷山志》,也不可避免地因资料和视野的局限,容易将传说与历史混淆在一起。所以,董先生的山志与前面的山志一样,都不可避免地存在一些疏误。本书在涉及这些问题的时候,尽量加以考辨。如暂不能考者,则注以"待考"或"存疑",有待日后再研究,或后来者之研究。

　　董天工编纂《武夷山志》的时候,清朝已经发展了 100 年左右。根据董天工所列举的武夷山景点,统计共 144 处,相比于明代增加了 22 处,新增的景点多集中于宫左,以及八曲、九曲。这表明清代初期,武夷山的旅游空间继续向纵深扩展,而传统的空间区域则保持相对稳定。

　　明清易代,社会动荡,必然涉及各个方面。但从现有的资料看,总体而言,武夷山的旅游很快就恢复起来了,并继续发展。本章拟从远道而来的游者、栖居的游者、人文主义的主导地位、清初旅游的新发展等几个方面,来探讨和叙述清代前期武夷山旅游发展的基本脉络。

一、远道而来的游者

(一)难得的团队游

　　明清之际,中国古代旅游出现一个明显的现象,就是自觉的、远距离的旅游现象越来越多,徐霞客就是其中的一个典型代表。但我们也应该看到,在古代社会条件下,真正独立的、远距离的旅游是十分艰难的。尽管徐霞客有一定的经济基础,也有亲朋好友的鼎力支持,但旅游途中的困境和危险却随时存在。如随从携物而逃,食宿失所;道路险阻,登山涉水的危险;长途旅游,气候变化,身体的考验;老虎等野生动物伤人,盗贼和强盗等的安全威胁。徐霞客常常面临各种危险,甚至几遇生死考验,足见古代远距离旅游之难。

清代前期，福建漳浦人蓝鼎元①曾游武夷山，并作《游武夷山记》。其中，蓝鼎元道出了对远距离旅游的看法。他说：

> 闽中山水幽奇，以武夷为第一，余之结想游兹也，十年矣。武夷居闽北之崇安，去江西为近。余家漳浦，在闽之极南，地邻东粤，相去千五百里。吾漳能游武夷之士，百未有一，不独余为难也。盖非有力者，不能游；即有力者，非有便道，经历富沙、潭阳之间，欲其穷数月之力，出千五百里之外，以游名山，亦未易睹斯豪举哉。②

据蓝鼎元所说，虽然武夷山水，闽中第一，但漳浦距武夷山一千五百多里，即便有能力旅游的人，真正能够穷其数月之力，远赴武夷旅游的人，不到百分之一。蓝鼎元的这段资料，清楚地说明，在古代社会条件下，真正远距离的旅游是十分困难的。然而即便如此，清代前期，人们前来武夷山旅游的热情依然不减，仍然有很多名士不远千里，一路看山到武夷。慕名而来的超级旅游者现象仍在继续，也有一些深度栖居的名士，对武夷山的旅游和文化发展做出很大的贡献，武夷山的旅游也出现一些新动向。这里，我们先以远道而来的游者为例，展开个案研究，以探讨这一时期武夷山旅游发展的新趋势、新特点。

董天工《武夷山志》记载一篇无名氏的《游武夷山记》③，文中记载的旅游情况，在武夷山旅游史上也十分少见。作者自云，"余慕武夷久矣，丁未寓芝

---

① 蓝鼎元(1680—1733年)，字玉霖，号鹿洲，福建漳浦人。曾随军入台，被称为"筹台之宗匠"，后参与分修《大清统一志》，历广州知州。

② (清)蓝鼎元：《鹿洲初集》卷10，清文渊阁四库全书本，第10页 b～11页 a。

③ 董天工《武夷山志》卷二十注云："此记王志无名，中缝注一方字，俟查补名。"人物待考。

山,阅图本,乐之","明年春,送别纪子宗翰铎崇安,乃买舟诣溪口"。① 游记记录了非常详细的游踪,最后还详细记录了参加这次"约游"的"旅游者":

> 是游也,前后宿山中者五,经溪者六。雨泛、月泛尤奇。同游者:姚子经三、陈子二如、蔡子左楼、杨子宗隆、贾子刘龙、刘子元阶、弟侄泓仪、卢炎、绥钟,余长子日辉侍焉。李子者,磊英也。篮子者,素先也,特自楚来游,而馆于磊英家者。李子尝之下接笋,馈茶者金子干阳。居小九曲而来同者,僧非固;自东苑来同者,僧当人也。②

加上作者本人,这应该是一个共 16 人的旅游团队,他们相约来到武夷山旅游,共五夜六天。他们游历九曲溪、天游峰、武夷宫、大王峰、止止庵、桃源洞、更衣台、百花庄、一线天等景点,还有一日宿城高庵,这个团队的旅游人数和旅游空间在古代是罕见的。他们还有一些没有游览的地方,因此又相约"乐不可极,此为再游地"。这些旅游者中,最远的是"自楚来游"的蓝素先,如此"庞大的"远距离旅游团队,能够在交通、信息条件有限的古代出现,武夷旅游之盛,当时的接待能力,也可见一斑。明清之际,武夷山的旅游依然沿着明代后期的发展趋势,继续前行。

---

　　① 董天工《武夷山志》也没有说明这篇游记作者的朝代,据文中所记的"丁未"之"明年春",应为"戊申"年。按干支纪年,明末清初的"戊申年"有三个:一是万历三十六年(1608 年),二是康熙七年(1668 年),三是雍正六年(1728 年)。其一,文中有称陈省为"故司马",说明陈省已逝,因而万历三十六年可以排除。其二,游记中记载了朱熹紫阳书院的情况,书院荒废情况很严重,甚至连仁智堂的旧址都找不到了。这种情况可能是明清之际战乱导致的,而最接近明清易代的"戊申年",是康熙七年。其三,雍正六年,清朝统治已基本稳固,加之清朝统治者非常尊崇朱子理学,康熙二十六年(1687 年),御笔"学达性天"匾额赐武夷山紫阳书院,说明官方已经非常重视学校教育,不可能出现书院荒废不堪的局面。加之,雍正六年是董天工生活的年代,他不可能全然不知游记作者及其同游者是谁。故雍正六年也可以排除。由此,这里确定这篇游记所反映的旅游时间,是康熙七年(戊申年,1668 年)。再者,作者一反常态,不注年号,恰好与清代前期江南明朝遗民的反清思潮有关,这也可能是此文不著姓名的原因。
　　② (清)董天工:《武夷山志》卷 20,《艺文》,武夷山市市志编纂委员会整理,北京:方志出版社,1997 年,第 659 页。

（二）灵境超越——朱彝尊

文坛巨匠朱彝尊和他的表弟查慎行[1]携手共游武夷山，可谓清朝前期远游武夷的典型案例。这两位表兄弟，根据查慎行《雨发东峰亭》诗中所云"聊为山水游，旅兴时一鼓"[2]，原来这是一场说走就走的旅游。康熙三十七年（1698年），他们从杭州出发，经富阳、桐庐、金华、衢州、铅山，过分水关，至崇安武夷山。时年朱彝尊已经70岁，他的表弟查慎行49岁。朱彝尊实为清初诗坛领袖，在朱彝尊的《曝书亭集》卷十八中，有10余首诗记载了他们的这次武夷之行。

在崇安县城，有朋友招待，朱彝尊即兴作《崇安孔明府招饮县斋池上赋赠二首》诗，其中云："一县皆山水，尤奇是幔亭。"可见在当时的招待宴会上，当地友人推荐介绍，幔亭峰依然是重要的景点，说明武夷山作为一个神仙空间以及相关的神话传说，影响还是非常深远的。次日的旅游，朱彝尊果然对神仙空间的建构做了回应。他在《武夷冲佑宫》诗中说："阿谁屈置一十六，何山可以居其先。"[3]从诗文中可以看出，直到这个时候，人们依然弄不明白武夷君究竟是谁，有传说彭祖之二子，有传说是魏王子骞，朱彝尊和查慎行都关注到这个问题。朱彝尊认为，武夷山虽然排在洞天之第十六，但少有名山可以居其先，可见武夷山在朱彝尊心中的地位是很高的。无论如何，朱彝尊对武夷山的神仙空间还是很感兴趣的。但是，他对当时尚存的仙蜕现象，表达了不同的看法。《仙蜕岩》诗云：

> 鱼家姊妹赵家儿，杂坐歌师间板师。莫唱人间可哀曲，山阿遗蜕

---

① 查慎行(1650—1727年)，初名嗣琏，后改名慎行，字悔余，号他山，海宁人。康熙四十二年(1703年)赐进士出身，授翰林院编修。

② （清）查慎行：《敬业堂诗集》卷24，清文渊阁四库全书本，第2页b。

③ （清）朱彝尊：《曝书亭集》卷18，《武夷冲佑宫》，清文渊阁四库全书本，第6页b～7页a。董天工《武夷山志》卷二十二也载此诗，题名曰《武夷放歌》。从内容上看，《曝书亭集》所记更为合适。

也堪悲。①

朱彝尊认为,仙蜕也是可悲的,这是个新思维。表明士人已经不再从传统朝拜的角度思考仙蜕现象了,反而表现出新的人性化倾向。尽管当时武夷山地方文人、道士向朱彝尊和查慎行推介武夷山的神话传说,但他们关注的重心,已经不是什么人神相会,人间可哀。相反,在人文主义者看来,人间是美丽的,反而奉劝本是渔家姊妹赵家儿,莫唱人间可哀之曲,山阿的仙蜕更加可悲。可见,人的世界与神的世界,其价值地位已经发生了根本的变化。

虽然年逾七十,但朱彝尊在旅游过程中,还表现出灵性与活泼的一面,乘坐竹筏与查慎行作长篇《坐竹排入九曲》联句诗,富有逸趣。他们也非常关注茶叶的情况,表明了生活化的特点。我们再看朱彝尊的《天游观万峰亭》诗:

> ……凭栏恣眺听,灵境信超越。俨同乔岳尊,远迩尽朝谒。……
> 相对生隐心,欲归恨仓卒。何当裹糇粮,留住一百月。②

天游之巅,天人之际,凭栏远眺,获得了"超越"的情感体验,认为身在灵境,就能超越,这是旅游超越自我惯常环境的最好诠释。朱彝尊的这种说法,能够给人以启示。人们在旅游的过程中,不仅是身体层面的游乐,还有精神超越的需求。很多地方,在现代的旅游开发中,往往忽略人们精神超越的需求,一味迎合庸俗化的态势,导致旅游吸引物的吸引力属性大为减弱,这是值得反思的问题。到了武夷山天游峰这个地方,朱彝尊感叹"凭栏恣眺听,灵境信超越",产生了隐居于此的想法。

朱彝尊当然没有隐居于此,但此后余生始终对武夷山心存怀念之情。直到八十高龄,还作长歌《天游观歌》送朋友王梓赴武夷山,想起当年的武夷之游,依然记忆犹新,心潮澎湃。他说:

> 昔我登武夷,胜绝天游观……恍如置我不系之虚舟,蓬莱方丈海
> 外州。天鸡乍唱旭日旦,依旧列岫仍环周。回思此地神物怪疑诟可

---

① (清)朱彝尊:《曝书亭集》卷18,清文渊阁四库全书本,第9页a。
② (清)朱彝尊:《曝书亭集》卷18,清文渊阁四库全书本,第9页b~10页a。

测,愿为道士骖驾白鹿骑青牛。年今八十行叹复坐愁,安得九节竹杖,扶我重上仙掌之峰头。①

旅游的记忆,就像陈年的老酒,愈久愈醇,愈醇愈香。

八十高龄的朱彝尊仍然希望再次到武夷山旅游。之后,他又作《送施生重游武夷三首》《顾侠君啖荔集序》《王崇安诗序》等诗文,不断地表达了同样的愿望。在《顾侠君啖荔集序》中,还对武夷山旅游的特点进行了总结,可以看出他对武夷山的印象是刻骨铭心的,而且仍然对武夷山列道教十六洞天表示不解,认为应该更靠前。此外,印象深刻的还有冲佑宫(武夷宫)、九曲溪、徽国公祠(紫阳书院)、天游观等。朱彝尊认为,武夷山对于旅游者,还是比较容易的,乘竹筏即可览胜,比较轻松,这是武夷山旅游的特点。

(三)芒鞋三度入名山——查慎行

查慎行是"清初六家"之一,被认为是继朱彝尊之后的东南诗坛领袖。康熙三十七年(1698 年),与其表哥朱彝尊的武夷之行,给查慎行留下深刻印象。他将这次远游武夷山的诗文,专门辑录为《宾云集》。他说,"曰宾云者,纪游武夷也"②,编辑在他的《敬业堂诗集》卷二十四。

查慎行的武夷纪游诗文,与朱彝尊一样,表现出人性化和生活化的特点,他甚至说:"神仙如可学,大抵属多情。"③神仙不仅有情,而且是多情的,人性化的特征十分明显。他和朱彝尊两位文人,同时都对武夷山茶叶的生产和价格情况,以及茶农的生活境遇,表示了很多的关注和同情。查慎行在《冲佑宫》诗中,注意到当时寺院所制之茶的价格,是道院制茶价格的两倍,且当时已经讲究茶味的厚薄,可能就是现在的武夷岩茶工艺。在《和竹垞御茶园歌》中,查慎行认为,御茶园的设置是对茶农利益的侵害,元代的高兴实为祸首,并因此

---

① (清)朱彝尊:《曝书亭集》卷 22,《〈天游观歌〉寄赠崇安王明府(梓)》,清文渊阁四库全书本,第 9 页 a。

② (清)查慎行:《敬业堂诗集》卷 24,清文渊阁四库全书本,第 1 页 a。

③ (清)查慎行:《敬业堂诗集》卷 24,《和竹垞慢亭》,清文渊阁四库全书本,第 8 页 b。

敬告后来者:"传语后来者,毋以口腹媚至尊。"①这表明当时的官方贡茶体制,在很大程度上损害了茶农的利益。同时也反映了清代文人开始以平民的视角,更关注人民疾苦的平民化趋势,这些都是社会进步的表现。当看到唐许碏题诗处,故名题诗岩,查慎行也表达了同样的想法,他说:"此中大可安茶灶,何苦人间作酒狂。"②生活化、世俗化的特征也十分明显。

对于武夷美景,查慎行也有自己独特的诠释。在《天游观万峰亭》长诗中,他对武夷群山进行了总结性描述:

> 群雄奉一尊,奔赴不待召。来时记目击,历历本形肖。羊群呼可起(仙羊石),马首回若掉(马头岩)。象鼻垂弯环(象鼻岩),狮头仰轩跳(狮子岩)。鼓钟应考夏(鼓子峰、钟模石),龙虎答吟啸(卧龙潭、虎啸岩)。兜鍪勇士冠(兜鍪峰),妆镜神女照(妆镜台、玉女峰)。石笋瘦而长(接笋峰),莲花娟且妙(莲花峰)。③ 到亭悉殊状,变幻非意料……奇峰三十六,名可配嵩少。奈何韩杜辈,足未涉闽峤……重游果何时,临去屡回眺。④

这里,我们可以看到几点:第一,查慎行对武夷山的山水空间进行了一次重构,他把武夷群峰,有比作羊马、狮象、龙虎,又有镜台与钟鼓、神女与勇士、莲花与石笋,在这个空间中,充满着生机,是一个鲜活的世界。第二,将"神女"与"勇士"并列,也就是将"玉女峰"和"兜鍪峰"相并列,而不是将"玉女峰"与"大王峰"相并列。第三,明确表达了"重游"的愿望,认为韩愈、杜甫未进入福建武夷山,是个遗憾。

表达了重游愿望的查慎行,果然在 18 年后赴福州的途中,第二次经游武夷山。之后返回时,又再次经过武夷山。这样,查慎行一生三次游览武夷山,后两次武夷之行的纪游诗文,他也专门辑录《步陈集》,编辑于《敬业堂诗集》

---

① (清)查慎行:《敬业堂诗集》卷 24,清文渊阁四库全书本,第 9 页 b～10 页 a。

② (清)查慎行:《敬业堂诗集》卷 24,《和竹垞小九曲石壁是唐许碏题诗处故名题诗岩》,清文渊阁四库全书本,第 9 页 b。

③ 这是第一次见到武夷山"莲花峰"之名。

④ (清)查慎行:《敬业堂诗集》卷 24,清文渊阁四库全书本,第 10 页 b～11 页 a。

卷四十四。

按照《步陈集》,时年 66 岁的查慎行于康熙五十四年(1715 年)第二次"闽游"。他在回忆中重游当年与其表兄朱彝尊旅游的老路,因采苏东坡"团团如磨牛,步步踏陈迹"①的诗意,题集名为"步陈"。故地重游,物是人非,感慨万千。"羽士今寥落,琳宫几劫灰"②,看到向之所欣、转眼已为陈迹的宫观庙宇,追寻似在昨日的步履,恍然如梦,心中自是惆怅。查慎行《重游武夷冲佑宫》诗云:

> 十八年前梦,披图胜迹留。万峰云忽散,九曲水仍流。物外恋清境,生涯回白头。短筇何负汝,重作幔亭游。③

十八年后的重游,云散水还流,回首已白头。体味时光流逝,感念生命有限,超然物外之心,油然而生。

查慎行重游武夷宫后,到福州游览会友,之后又沿建溪而上,第三次入武夷。这次参访武夷精舍,拜谒圣贤,并留诗纪游。人问重游为何意,只为访茶到竹窠。这次经游武夷山,朋友赠送《武夷山志》,查慎行作诗《崇安梅容山明府贻武夷山志》云:

> 芒鞋三度入名山,衰白重游分已悭。今日图经落吾手,巾箱携得武夷还。④

当年表兄弟两人的武夷之行,朱彝尊表达了隐居于此的想法,没有实现,但一生怀念。查慎行却实现了重游的愿望,一生三游武夷。仙岩、神话、道观、九曲、天游、茶园、茶农,是两位文化名人共同的关注。他们生活化、人性化、平民化的特点,代表了清朝初年,中国旅游审美的新动向。

---

① (北宋)苏轼:《东坡全集》卷 20,《送芝上人游庐山》,清文渊阁四库全书本,第 17 页 b。

② (清)查慎行:《敬业堂诗集》卷 44,《陈道士房见瓯宁蔡铉升明府留题作诗寄之》,清文渊阁四库全书本,第 7 页 a。

③ (清)查慎行:《敬业堂诗集》卷 44,清文渊阁四库全书本,第 6 页 b。

④ (清)查慎行:《敬业堂诗集》卷 44,清文渊阁四库全书本,第 11 页 a。

（四）半生梦想武夷游——袁枚①

乾嘉时期,性灵派代表人物袁枚,从官场退出之后,优游自在,享受生活,晚年突然爱上远游,用他自己的话说,"习静三十年,忽然爱远游。一年得游趣,三年游不休"②。于是,畅游大江南北,名山胜水,无不遍及。袁枚写下大量山水诗和游记,他的山水诗充满个性情趣,诗意随风,信手拈来,语言多变,富于创造,活泼可爱,体验真实贴切,而且常常戏谑风趣,反映了清代中期文人追求精神自由的趋向和文化自信的态度。

乾隆四十九年(1784年),应端州知州袁树(袁枚从弟)的邀请,69岁的袁枚告别随园,作岭南长途万里游。出发时,袁枚作诗说:"武夷峰色匡庐瀑,归路还思次第探。"③可见,武夷山、庐山都在这次旅游的计划之中,但后来回家途中计划有变,袁枚选择经游桂林、衡山、洞庭而归,因而错过武夷山。于是,乾隆五十一年(1786年)秋,71岁的袁枚决定再次启程,专门奔赴武夷而来。再次远游,心情愉悦,他作诗称:"半生梦想武夷游,次日裁呼江上舟。山抱文心传九曲,水摇花影正三秋。"④

袁枚过仙霞岭,经浦城,来到武夷山。在武夷宫,他发现这里的道教已经衰落,"我来可惜宫殿芜,冠帔真人多暴露",自然也会遥想当年武夷君幔亭招宴的宏大场景,但也感叹道:"君兮君兮胡为不再来?岂不知望断人间更可哀!"⑤云马风车不可挽,群仙已去歌已远,但可哀的是两千年来,代代曾孙对

①　袁枚(1716—1798年),字子才,号简斋,晚号仓山居士、随园主人等,钱塘人。乾隆四年(1739年)进士,授翰林院庶吉士,后外调江宁等地任职县令,又辞官隐居江宁随园。乾嘉三大家之一,性灵派主要代表人物,文学家、诗人。

②　(清)袁枚:《小仓山房诗集》卷30,《舟中遣怀四首》,载《袁枚全集》,王英志校点,南京:江苏古籍出版社,1993年,第715~716页。

③　(清)袁枚:《小仓山房诗集》卷30,《花朝后三日作岭南之行,留别随园六首》,载《袁枚全集》,王英志校点,南京:江苏古籍出版社,1993年,第670~671页。

④　(清)袁枚:《小仓山房诗集》卷31,《八月二十八日出游武夷》,载《袁枚全集》,王英志校点,南京:江苏古籍出版社,1993年,第746页。

⑤　(清)袁枚:《小仓山房诗集》卷31,《到武夷宫望曼(幔)亭峰作》,载《袁枚全集》,王英志校点,南京:江苏古籍出版社,1993年,第748~749页。

神仙回归的翘首企盼和望眼欲穿。袁枚已经看透了神仙的迷雾，人文主义的时代已经到来。

袁枚一行从武夷宫乘竹筏，沿九曲而上，登天游夜宿，又至桃源洞、杜辖寨（岩）、换骨岩等处游览而归。据《袁枚全集》载，袁枚在武夷山共作诗21首，游记1篇。在《登天游一览楼览武夷全局，是夕月明如昼》诗中，表达了登高望远、境超仙凡的体验。他感叹道：

> 吁嗟乎！人生不远游，如鸡伏笼中。果能穷宇宙，自可豁心胸。
>
> 我今一笑告诸公：此来不负远行二千里，此山不负婆娑七十翁。[①]

不仅道出了旅游对豁达心胸的意义，也表明这次远游武夷的适意。在《游武夷山记》一文中，袁枚又写道：

> 嘻！余学古文者也。以文论山，武夷无直笔，故曲；无平笔，故峭；无散笔，故遒紧。不必引灵仙荒渺之事，为山称说；而即其超隽之概，自在两戒外，别树一帜。余自念老且衰，势不能他有所在，得到此山，请叹观止。[②]

袁枚以文论山，认为武夷山的美学特点，在于曲、峭和遒紧，它在审美上已经很有独特性了，超迈隽秀，独树一帜，不必再拿那些荒渺的神仙之事来夸耀。并说自己登览此山，观止矣，这是他对武夷山的最高评价。袁枚以审美代替神话的主张，与当时人文主义的趋势是一致的。

值得一提的是，袁枚对武夷山的茶，表达了浓厚的兴趣。在《试茶》诗中，他对当时武夷茶种植、制作、茶艺、品味等都有特别的关注，并称武夷茶是"人间至味"。[③] 根据袁枚诗中反映的情况，当时的制茶工艺，应该就是今天的武夷岩茶制作工艺。

[①] （清）袁枚：《小仓山房诗集》卷31，《登天游一览楼览武夷全局，是夕月明如昼》，载《袁枚全集》，王英志校点，南京：江苏古籍出版社，1993年，第750页。

[②] （清）袁枚：《小仓山房（续）文集》卷29，《游武夷山记》，载《袁枚全集》，王英志校点，南京：江苏古籍出版社，1993年，第521页。

[③] （清）袁枚：《小仓山房诗集》卷31，《试茶》，载《袁枚全集》，王英志校点，南京：江苏古籍出版社，1993年，第749页。

二、栖居的游者

王复礼①是清朝初年栖居武夷的典型案例。他晚年入武夷山,在大王峰下购地修建"武夷山庄"。根据王复礼《武夷山庄记》载,他于"康熙己丑购地诛茅,越二年营建"。"康熙己丑"是康熙四十八年(1709 年),又记"予六十有七,至自西湖,终老一曲,则流寓同"。② 王复礼称自己是"流寓",实际上他是以此为家,打算终老于武夷一曲。"余隐武夷,家于幔亭之右。"③他晚年栖居武夷,潜心经学研究,致力于文化典籍整理工作,康熙五十七年(1718 年)编成《武夷九曲志》(十六卷),为地方文化整理和资料保存做出了贡献。

作为心学大师王阳明的后裔,王复礼表现出人文主义的色彩。他酷爱武夷,关于武夷山水的特点,他说:"山不乏高且大也,而以峻嶒变换,排列如林者为奇观;水不无深且广也,而以曲折回环,澄清澈底者为别致。惟武夷皆有之。"④武夷山庄前临巨石,背负小丘,结构藏修,深隐于兹,心甚乐之。栖居武夷期间,王复礼遍览山水,留下诸多诗篇,有《山中之乐三章和欧阳文中公韵》、《又和朱熹武夷棹歌》、《又和人间可哀之曲》(并引)、《武夷山庄记》、《题武夷四首》、《武夷四时》、《谒精舍二首》、《大王峰》、《梦庵》、《白云庵》等作留世。王复礼的这些作品,代表了明末清初之际,栖居武夷的文人对武夷山的基本看法和态度,也反映了那个时代的山水审美思想。

欧阳修曾作赋《山中之乐》,提出三个问题:"山中之乐不可见,今子其往兮

---

① 王复礼(1642—?),字需人,号草堂,钱塘人。王阳明后裔,清初经学家、文选家。

② (清)董天工:《武夷山志》卷6,《一曲中》,武夷山市市志编纂委员会整理,北京:方志出版社,1997 年,第179~181 页。根据王复礼自己所记,康熙四十八年他67 岁,可知他生于1642 年。又据《钦定四库全书总目》卷七十六所载,王复礼编辑的《武夷九曲志》(十六卷)"书成于康熙五十七年(1718 年)",可知王复礼至少在武夷山栖居10 年。

③ (清)董天工:《武夷山志》卷22,《艺文》,《又和人间可哀之曲》(并引),武夷山市市志编纂委员会整理,北京:方志出版社,1997 年,第702 页。

④ (清)董天工:《武夷山志》卷6,《一曲中》,《武夷山庄记》,武夷山市市志编纂委员会整理,北京:方志出版社,1997 年,第179~181 页。

谁逢？""山中之乐不可得，今子其往兮谁从？""山中之乐不可久，迟子之返兮谁同？"①王复礼根据自己隐居武夷山的身心体验，作《山中之乐三章和欧阳文忠公韵》，分别在对这三个问题进行直接的回应。首先，他描写武夷三十六峰奇胜雄伟，蓋地拔天，丹霞紫云，变幻无穷，"七贤五老兮气象雍雍，山明水秀兮林长草丰"。这样的地方，"真堪娱老而忘岁"，于是发出"嗟世之人兮，曷不归来乎山中。山中之乐本可见，余今隐此兮谁逢。"②

那么，山中之乐是否可得呢？王复礼继续写道：

> 溪流曲折兮树影玲珑，柳烟漠漠兮花雾蒙蒙。香扑鼻兮菡萏，声悦耳兮苍松。冬赏心兮玉蝶，秋眩目兮丹枫。美四时之献彩兮，不止鹅黄鸭绿与猩红。对举杯兮明月，独浩歌兮清风。嗟世之人兮，曷不来乎山中。山中之乐咸可得，余惭窃享兮谁从。③

溪流曲折而树影玲珑，柳烟漠漠而花雾蒙蒙。这里，王复礼主要从身体经验的角度论述武夷之乐可得。荷香扑鼻，苍松悦耳，玉蝶赏心，秋彩炫目，在这样的山中，可以举杯邀明月，浩歌伴清风，山中之乐，全然可得。

接着，王复礼回答山中之乐是否可以持久，他提出了独特的看法。认为那些"佛刹仙宫"，所谓"伏虎投龙"皆"幻妄穷隆"，世人皆"惑于二教"，"好高骛外"，"自古皆有死兮，又何必削发与还童"，从根本上否定了试图通过宗教途径获得长生或永恒的幻想，道德的根本在于亲临身躬，生命的意义在于体验过程。在武夷山中，可以"悦儒巾、亲翰墨"，追贤踪圣，"不惊奇以立异兮，日蹈乎中庸"，"山中之乐真可久，余思合志兮谁同"。④ 值得注意的是，王复礼否定了蜕化升仙之后，提出了躬身道德，体验生命，蹈乎中庸，即"可久"。可见，山中

---

① （北宋）欧阳修：《欧阳文忠公全集》卷15，清文渊阁四库全书本，第8页a～b。

② （清）董天工：《武夷山志》卷22，《艺文》，武夷山市市志编纂委员会整理，北京：方志出版社，1997年，第701页。

③ （清）董天工：《武夷山志》卷22，《艺文》，武夷山市市志编纂委员会整理，北京：方志出版社，1997年，第701页。

④ （清）董天工：《武夷山志》卷22，《艺文》，武夷山市市志编纂委员会整理，北京：方志出版社，1997年，第701页。

之人追求的不是生命时间的长久,而是生命过程的完善。

王复礼栖居武夷,对武夷之美有深刻体会。他超越一般的身体经验,上升到精神体悟的高度,提出山中之乐不仅可见、可得,而且可以长久,这个长久不是世俗意义的长生不老,而是躬身道德、完善人生的生命体验。

王复礼《又和朱熹武夷棹歌》,其中表现出清晰的人文主义旅游思想。如:

　　名山不在产仙灵,浪说蓬莱与太清。乐奏宾云惟片刻,何如常听棹歌声。

　　三曲何来岩畔船,船中朽骨不知年。王乔彭祖终归尽,枉自求仙亦可怜。①

开头即云"名山不在产仙灵",直接否定蓬莱、太清之说,宾云之曲实枉然,虹桥已断曾孙老,王乔彭祖终归尽,妄自求仙真可怜,唯有棹歌可常听。这是人文主义思潮占据主导地位的反映。

王复礼所作的五言绝句《武夷四时》以及六言绝句《武夷杂咏》(八首),比较清晰地诠释了他栖居武夷的真实感受,是栖居武夷身心经验的较好总结。《武夷四时》中,王复礼自问,春夏秋冬,山中"何所有",胜地桃花春先到,无价松风能消暑。千峰丹青,漫天白云。春夏秋冬,四季宜人。他的《武夷杂咏》(八首)是对自己栖居武夷的总结。首先,生活的环境是楼外阶前,柳绿桃红,溪流九曲,景色千重,"宛是人间瑶岛"。其次,人在其中,可耕、可读又可游,不佞佛,不学仙,寻师访友,"安贫守道乐天","山居不逐时趋"。② 可以看出,栖居模式是一种理想的生活模式,它不是追求长生不老的仙居模式,也不是与世隔绝的避世模式,而是与山水为一体,自在自为的存在模式。

---

① (清)董天工:《武夷山志》卷4,《棹歌》,武夷山市市志编纂委员会整理,北京:方志出版社,1997年,第102～103页。

② (清)董天工:《武夷山志》卷24,《艺文》,武夷山市市志编纂委员会整理,北京:方志出版社,1997年,第806页。

三、人文主义主导地位的最终确立

（一）人文主义的清晖

如前文，万历四十八年（1620 年），著名学者方孔炤在武夷山云窝云路岩壁上题刻"重洗仙颜"，主张尊朱子之学，回归人文主义的传统。80 年之后（约1700 年），他的曾孙方正珌也来到武夷山，在武夷山留下诗文多篇。方正珌诗风飘逸，天然去雕饰。他经过云窝云路时，看到曾祖父题写的"重洗仙颜"四字，感慨万千，作《云路石观先曾王父暨先王父题字感赋》诗一首：

> 武夷胜处溯渊源，大隐屏高精舍存。为傍晦翁瞻故迹，如闻太姥
> 唤曾孙。几经仙腊犹弹指，暂扫荒苔欲断魂。八十余年谁护惜，清泉
> 白石旧乾坤。①

看到曾祖父所题字迹，真如听闻太姥唤曾孙，欲扫荒苔又断魂。方正珌传承他曾祖父的精髓，张扬人文主义的清晖。他登上天游峰一览台，作《一览亭观云海》诗云：

> 万仞峰巅控十洲，苍寒晓色浸双眸。雾铺海市山如浪，壑涌云潮
> 屋似舟。地底水声悬溜下，槛前松影半空浮。平原遥指游人处，缥缈
> 乾坤无尽头。②

站在天游峰一览台前，看到云海苍茫，山如浪，屋似舟，感受到人在槛前半空浮，缥缈乾坤无尽头。纯粹的人与山水之间的身心体验，全然不见什么洞天、群仙。又如他的《小九曲口占》诗：

> 空潭青湛湛，松竹簇丹丘。谷转桥三板，人登云一楼。夕阳和雨

---

① （清）董天工：《武夷山志》卷 11，《五曲下》，武夷山市市志编纂委员会整理，北京：方志出版社，1997 年，第 339 页。

② （清）董天工：《武夷山志》卷 12，《六曲》，武夷山市市志编纂委员会整理，北京：方志出版社，1997 年，第 395 页。

落，秋水带花流。何处来时路，林边系小舟。[①]

青竹潇潇，空潭湛湛。夕阳和雨落，秋水带花流。游人不知归路，只见林边小舟。在武夷山小九曲，旁边就是著名的大藏峰金鸡岩，能看到仙岩悬棺，但作者在这里感受到的却是纯粹的自然气息，无一丝一毫的神仙思绪。方正玭在武夷山的纪游诗，反映了洗去仙颜之后，人与山水的直观照面，既超越了人世的纷扰和喧闹，也看不到任何神的影子，纯粹的人文主义审美体验。人进神退，是明末清初武夷山旅游的基本趋势。当神的色彩逐渐褪去，就剩下人与山水打交道。那么，人在山水之中，如何实现与山水之间的情感交换，是一个很重要的问题。

同样在小九曲，有酒帝之称的顾嗣立[②]也作《小九曲夜坐》（二首）诗云：

屋小翠竹藏，溪湾碧水住。四山影苍苍，明月挂高树。村酿成孤酌，空皆泛微露。扁舟寂无人，清光满野渡。

惊风从北来，习习震林木。悠然微雨过，石窦滴寒玉。虚阁生妙香，可以慰幽独。枕簟凉如秋，身抱白云宿。[③]

清光野水渡，寂寂空无人，这里感受到的是翠竹、清光、扁舟、野水渡。体验人在空寂世界之感受，是纯粹的身体经验，完全摆脱了神仙意象的束缚。明清之际武夷山的旅游，人进神退，人文主义主导的时代正在到来。

李暾[④]游武夷山，在天游峰停留，两宿天游观，有《登一览台》和《再宿天游看月》诗两首。《登一览台》诗云："从来山与水，各自有妙致""山无水不灵，水无山不媚"，山水之间不能相互离开，要有互动才能显出山水之美。这是他的审美标准，而武夷山正是符合这种标准的地方。但这个美的空间，究竟能带给

---

①　（清）董天工：《武夷山志》卷 9 下，《四曲》，武夷山市市志编纂委员会整理，北京：方志出版社，1997 年，第 289 页。

②　顾嗣立（1665—1722 年），字侠君，号闾丘，长洲人。康熙五十一年（1712 年）进士，曾预修《佩文韵府》，性豪于饮，有酒帝之称，有《秀野集》《闾丘集》。

③　（清）董天工：《武夷山志》卷 9 下，《四曲》，武夷山市市志编纂委员会整理，北京：方志出版社，1997 年，第 289 页。

④　李暾，又作李美暾，字寅伯，一字东门，鄞县人。

人们什么样的感受,李暾诗曰:

> 此来上天游,一览可人意。三三山内流,六六水中置。交错十五里,盘结非容易。晨夕景不同,阴晴赏宜备。一来不能去,心与秋光醉。今宵白云多,恨少半月霁。久坐投匡床,辗转难成睡。[①]

这个感受就是,晨夕不同,阴晴皆宜,武夷秋光使人心醉,恋恋不能去。作者站在天游峰一览台上,他所感受到的是人对山水的直观,没有任何神的色彩,纯粹直观的身心体验。遗憾的是今宵多白云,等了很久,没能看到澄朗的月色,辗转反侧,难以入眠。

于是,第二天晚上他再宿天游,作《再宿天游看月》云:

> 昨宵我待月,今宵月照我。无月寐不成,有月睡不可……此山固绝少,此夜安能伙。此夜看此山,要于此地妥。坐久生微凉,添衣复来坐。[②]

再宿天游观,终于看到朗朗明月,皎皎可人。昨日"无月寐不成",今宵"有月睡不可",有月相伴,却又不能寐。"坐久生微凉,添衣复来坐。"李暾两首诗,意味清新,直观简约,全然没有任何神的影子,只有人与山、人与月的相依相偎,其意隽永,颇具现代风格。

我们再看,本地学者饶鉴[③]的《武夷赋》。同样是武夷山的赋文,我们可以明显地看到,与宋代李纲的《武夷山赋》相比,已经大不同了。

饶鉴的《武夷赋》,先是阐明武夷山的地理、美学特征,"合诸峰而一贯,分各体以孤行","既环水而山为橐","又环山而水为龠",众峰合而一贯,又各自独为一体。山环水为橐,水环山为龠,山水交响,朗朗清音。

> 于是,时为春矣,乃滋峰色,乃溢波光。青绿之袍欲染,红紫之裾

---

① (清)董天工:《武夷山志》卷12,《六曲》,武夷山市市志编纂委员会整理,北京:方志出版社,1997年,第393页。

② (清)董天工:《武夷山志》卷12,《六曲》,武夷山市市志编纂委员会整理,北京:方志出版社,1997年,第393页。

③ 饶鉴,字净水,崇安人。康熙二十年(1681年)乡荐,崇安县学,有诗文集。

未扬。渺渺三姑，为谁容庄。伊婆娑乎艺苑，亦翔翔乎醉乡。武夷山水，其乐未央。

时维夏矣，荷钱点点，虬枝苍苍。昼永而鸣蝉响答，续筝管以悠扬。夜深而流萤辉映，纷熠耀于混茫。烟际淡兮斯卷藏，天游漠兮聊徜徉。武夷山水，其乐孔长。

时维秋矣，寒潭月照，丹壑云浮。松菊之英未落，桂兰之露欲流。洞天一线，易画九丘。煮茗汲胡麻之涧，寻仙借驾壑之舟。武夷山水，聊与优游。

时维冬矣，云山黯黯，烟雨萧萧。跨千岩之白鹤，凌一苇之虹桥。桃源结冰，云井丹飘。霜高而奏灵蜗之琴，雪霁而听子乔之箫。武夷山水，以永今朝。①

显然，在饶鉴这里，一年四季的武夷山，聊与优游，以永今朝，其乐未央。武夷山不仅是一个可行、可望之地，更是一个可游、可居之地。这里所呈现的，完全是人与山水之间的直面关系，具有充分的现代旅游特征。十六洞天不见了，仙蜕遗骨不见了，甚至武夷君也不见了，所有的神仙色彩全都消失不见，只剩下纯粹的人与山之间的情感交换。这里的"武夷山水"，是艺苑，是醉乡，是桃源，没有玄化、仙窟和洞天，这是一个重要的范式转变，表明武夷山已从"洞天范式"、名山范式转化到纯粹的"山水范式"，转化到旅游者的范式。人直接与山水打交道，不再需要任何媒介，不再需要任何理由，所有的建构被消解了，只剩下人与山水之间的关系了。最后作者写道：

若有人焉，宛在中央。内皎皎兮外琅琅，兰为襟兮荷为裳。戢锋芒兮秘芬芳，脱乱天之网兮，解造物之缰。余将从之游兮，而后驰乎蓬莱之阙，与登乎梧桐之冈。②

----

① （清）董天工：《武夷山志》卷 21，《艺文》，武夷山市市志编纂委员会整理，北京：方志出版社，1997 年，第 691～692 页。

② （清）董天工：《武夷山志》卷 21，《艺文》，武夷山市市志编纂委员会整理，北京：方志出版社，1997 年，第 691～692 页。

这里，完全没有宋代李纲的"步烟霞之岑寂，仰神仙之有无。览魏子之遗躅，访刘公之旧庐"，而是"若有人焉，宛在中央。内皎皎兮外琅琅，兰为襟兮荷为裳"。一位琅琅皎皎、兰襟荷裳的"人"，吾愿从之游，共尝天地之芬芳，以脱满天之网、造物之缰。与李纲渴望瞻神仙之遗蜕、访真人之旧庐不同的是，饶鉴《武夷赋》的落脚点却是，"嘉泉石之可乐，寄吟哦以自娱。倒冠落佩，与世阔疏"。山水与人的关系，涉及人的身心体验，没有神仙的山水，同样能够满足人的精神需要，使人摆脱尘世的纠缠，获得逍遥自由的精神体验。

（二）人与神的争论——《武夷山志》序作者的观点

乾隆十六年（1751 年），董天工编成《武夷山志》。他请很多人作序，他们大都是掌握一定话语权的当世名士，同时对武夷山也有一定的了解，这些名士在序言中所表达的看法，基本上代表着当时的主流观点。他们在考察武夷文脉的时候，都有意无意地涉及当时武夷山面对的一个问题，即人与神的争论。

最早为董天工《武夷山志》作序的，是建州刺史史曾期和崇安地方教谕何瀚，他们的序言作于《武夷山志》成书的当年。史曾期[①]在序言中说，自己曾经论过山水，认为"宇内名山屹峙，五岳外最著者，无如匡庐、天台、罗浮、武夷"，而"武夷之杰，出于罗浮、天台、匡庐诸名山之上者"，"不独恃其层峦邃壑、悬崖倒景之奇"，"地以人重"，最重要的是文公筑室于五曲大隐屏下，讲学之风彬彬极盛，地方山川、文物，"渐被文公之遗教"。[②] 史曾期特别强调了武夷山在众多名山之中，其卓越的人文价值。

崇安县教谕何瀚[③]，在序言的开头即云：

> 有佛乎？曰有。有仙乎？曰有。天地间无独必有对，有吾儒必

---

① 史曾期，字沂少，号晴帆，江南荆溪人。按董天工《武夷山志》卷十六记载，史曾期是乾隆十五年（1750 年）任建州刺史的（董天工称"实授太守"），到任后，兴利除弊，平抑米价，有阅道之风。

② （清）董天工：《武夷山志》原序，武夷山市市志编纂委员会整理，北京：方志出版社，1997 年，第 12～13 页。

③ 何瀚，字君济，号北海，闽县人。曾任崇安教谕，长于书，精于诗。

有二氏。吾儒阳而二氏阴。阳悬象于天,阴成形于地。[①]

何瀚发挥阴阳理论,按照阴阳互在、以阳统阴的理论,来诠释儒、佛、道三教与山水的关系。他认为,儒家重在人文关怀,代表着阳;佛道的神性建构,意味着阴。佛道二氏与儒家不是相互替代的关系,而是阴阳共在的关系。但他又说,"阳统阴,月必附日而明",只有以阳统阴,才会有光明。反之,如果阴占据主导,则无阳,必败无疑。他以两个地方为例,证明自己理论的可靠性。一是广东的罗浮山,曾是十大洞天之一,也曾盛极一时。何瀚本人尝"游粤六载",朋友谈及罗浮山现状,"荒山莽野,所云故迹,毫无影响,数日栖息荒凉,几下穷途之涕",何瀚表示深有同感。按照他的理论,曾经辉煌一时的罗浮山,之所以这样不堪,是因为它缺乏"阳"气,即没有真正人文气息的统领,所以光芒不能长久。另一个案例是福建的霍童山。何瀚说,他曾与董天工交流,董先生认为霍童山曾列三十六小洞天的第一洞天,但今已"仅为豺莽之穴,与罗浮无异"。何瀚完全同意董天工的看法,因此现在看来,只有武夷山乃"宋名贤大儒钟灵之处,历代讲学传道于九曲中者,绵绵绳绳,巨灵效顺,不逢不若,不仅正学昌炽,即岩穴洞壑,谈元(玄)说空,亦得依余光,各安其所"。[②] 董天工的说法,正好与何瀚的山水阴阳之论相符合。

何瀚和董天工的看法,是有道理的。一座名山的兴衰,人文因素是至关重要的。但我们也应该看到,罗浮山、霍童山的衰落,与晚明和明清之际,道教的衰落有关。武夷山作为道教名山,实际上也受到很大的冲击,它作为神仙空间的属性已经在淡化,影响力也大不如前,武夷山大王峰和武夷宫地位的衰落,以及游览空间向九曲溪及其两岸陆地腹地的转向,也说明了这一点。庆幸的是,武夷山不同于单一神仙空间的罗浮、霍童等其他名山,它还是以朱子为代表的名贤大儒荟萃之地,而理学在清初的地位不仅没有下降,反而更加受到重视,所以武夷山的地位和影响并没有太大的变化。武夷山人文圣地的空间属

---

① (清)董天工:《武夷山志》原序,武夷山市市志编纂委员会整理,北京:方志出版社,1997 年,第 16 页。

② (清)董天工:《武夷山志》原序,武夷山市市志编纂委员会整理,北京:方志出版社,1997 年,第 16~18 页。

性,这个时候就显示出独特的优势。无论如何,何瀚的理论,展现出宽容的态度,体现了融合的特点。

接下来作序的是董天工的老师孙嘉淦①。孙嘉淦是康、雍、乾三朝名臣,以直谏闻名,他于乾隆十七年(1752 年)冬受邀为《武夷山志》作序。孙嘉淦首先认为,武夷山"为东南山水秀异之地",当年朱子于此开辟精舍,讲学山中,自是因为这里"山闲静远,少避世纷",与诸子可以专心于学,而非耽玩溪山之胜。从此以后,后来者"于昔贤琴剑栖止之区,一草一木皆足令人流连感叹"。士大夫"修建亭榭于其地者,远近相接",于是名胜之多,土膏之厚,茶荈之佳,骚人之咏,方外之寄,不可胜纪。② 孙嘉淦叙述的武夷山,主要是从人文的角度展开,把武夷山当作审美胜地和人文圣地来描述的,基本摆脱神仙思潮的牵扯。

乾隆十八年(1753 年),名宦史贻直③也应邀为《武夷山志》作序。史贻直曾署理闽浙总督,对武夷山有一定的了解。他在序言开头即云:"山水之乐,人情所同顾。"山水之乐,人情共爱,千载所同。史贻直接着说:"独余自三十岁迄今四十年中,持节遍天下,凡名山大川,如滇之点苍,粤东之庾岭、罗浮,秦之华岳,楚之衡山,豫章之匡庐,以至江乡之钟山……耿耿于怀弗能释者,则闽之武夷。"史贻直宦游一生,几乎遍游天下名山,唯一能让他耿耿不能释怀的是武夷山。他解释说:

> 考武夷之迹,最古其所称武夷君、圣姥诸事,多荒诞不可信。六朝时,自顾野王讲授其中,文学以显。至宋赵清献筑吏隐亭于三曲,其后杨文肃、胡文定倡道于此,及朱子开紫阳书院,诸大儒云从星拱,流风相继。迄元明以至于今,而闽学集濂、洛、关之大成,则皆讲学此

---

① 孙嘉淦(1683—1753 年),字锡公,又字懿斋,号静轩,山西兴县人。康熙五十二年(1713 年)进士,历经康熙、雍正、乾隆三朝,任刑部尚书、吏部尚书、直隶总督、工部尚书等。

② (清)董天工:《武夷山志》原序,武夷山市市志编纂委员会整理,北京:方志出版社,1997 年,第 7 页。

③ 史贻直(1682—1763 年),字儆弦,号铁崖,江苏溧阳人。康熙三十九年(1700 年)进士,历内阁学士,署理闽浙总督,文渊阁大学士兼户部、兵部尚书等。

山者,而山之名遂以甲于天下。①

史贻直首先否定了神仙空间的建构,指出武夷君、皇太姥等,都是荒诞不经之说。他重点从实证人文的角度,简略地叙述武夷山的人文历史,认为武夷山之所以能够"甲于天下",从顾野王到赵清献公,再到杨文肃公、胡文定公,及朱子开书院,闽学集濂、关、洛学之大成,武夷山可谓大儒云集,流风相继,云从星拱,代代传承。史贻直对武夷文脉的考察是十分正确的,符合武夷山历史发展的基本事实,与清初闽学的盛行和实学之风的兴起有关。他的上述观点,客观、理性、明确,出现在董天工的《武夷山志》,本身就表明它在当时有一定的代表性,是武夷山人文主义占主导地位的标志。需要指出的是,武夷山道教神学空间的建构与演化,在武夷山也经历了长期的演变与发展,也是武夷山客观历史的一部分,当然也有其不可或缺的影响,完全否定它的价值,并不符合武夷山历史演变的事实。

同年,户部尚书蒋溥②也作了序言。蒋溥在序言中表达了与史贻直类似的看法,他说自己游遍名山大川,能够让人魂牵梦绕的,武夷是其一也。他写道:

> 夫武夷之在闽,殆与岱宗之在鲁,太华之在秦,嵩少之在豫,岣嵝之在荆,峨眉之在蜀,天台、雁荡之在浙,黄山、白岳之在徽,罗浮之在粤左,匡阜之在西江,同为一方之表镇,而群山之眉目也。③

蒋溥在这里所列举的,正是当时的天下名山图谱,是文人心中理想的旅游目的地。我们看到,支撑这个名山框架的已不再是权力,也不再是神仙,而是文化和审美,这是清前期人文主义审美旅游占主导的标志之一。蒋溥又进一步谈到,武夷山之所以成为名山,与史贻直一样,他认为:

---

① （清）董天工:《武夷山志》原序,武夷山市市志编纂委员会整理,北京:方志出版社,1997年,第1页。

② 蒋溥(1708—1761年),字质甫,号恒轩,常熟人。雍正八年(1730年)进士,官至东阁大学士兼户部尚书,是蒋派花鸟画艺术的重要代表。

③ （清）董天工:《武夷山志》原序,武夷山市市志编纂委员会整理,北京:方志出版社,1997年,第3～4页。

赵宋之世,恒为巨儒所托足,龟山、屏山、晦庵、九峰,一时讲学之盛,不下鹿洞、鹅湖,则又不仅玉女、晴川、仙坛、佛地,为足供竹杖、蓝舆流连吟赏而已。①

看来,蒋溥更加突出武夷山人文圣地的空间属性,更加强调武夷山发展过程中宋代巨儒的文化影响。

乾隆十九年(1754 年),为董天工《武夷山志》作序的,还有吏部尚书杨锡绂、邵武道布政司来谦鸣,以及另一位地方仕宦叶观国。

杨锡绂②在序言中也认为,武夷山秀结天壤,固自不凡。自宋代名贤先后接踵而至,他们析疑辨惑,阐明武夷君中秋宴客(指幔亭招宴)、彭祖二子名武名夷之说,皆为荒诞,倘若名山都为神仙所惑,"来者徒诧为神仙窟宅,而不知为鹿洞、鹅湖,甚可惧也"。③ 杨锡绂清晰地看到了朱子开创的人文主义传统,对武夷山文化建构和引领的重要意义。来谦鸣④在序中,也表达了类似的观点,他认为,"宇宙山水之灵异,每因人而著。……盖地灵而后人杰,亦人杰而后地益灵耳","而武夷之名始甲于天下,谓非人杰而后地益灵耶?"⑤毫无疑问,这都是朱子的贡献。考察武夷山旅游发展史,乃至整个武夷文化发展的历史,这些说法并不为过。

但是,同时作序的叶观国⑥却表达了完全不同的观点。他认为,据道书所载,"武夷君、皇太姥、王子骞、十三仙之说,虽语涉荒远",但"人迹不到之处,往往有仙函、仙蜕、仙机、药缶、丹鼎、钓竿之类,历千劫而不坏,皆确凿可据"。

---

① (清)董天工:《武夷山志》原序,武夷山市市志编纂委员会整理,北京:方志出版社,1997 年,第 3～4 页。

② 杨锡绂(1700—1768 年),字方来,号兰畹,江西清江人。雍正五年(1727 年)进士,历吏部尚书、湖南巡抚、山东巡抚等。

③ (清)董天工:《武夷山志》原序,武夷山市市志编纂委员会整理,北京:方志出版社,1997 年,第 5～6 页。

④ 来谦鸣,浙江萧山人。曾任建宁知府。

⑤ (清)董天工:《武夷山志》原序,武夷山市市志编纂委员会整理,北京:方志出版社,1997 年,第 8～9 页。

⑥ 叶观国(1720—1792 年),字家光,一字毅庵,闽县人。乾隆十六年(1751 年)进士,选庶吉士,授编修。

因此：

> 仙灵窟宅，群真受馆，岂妄也哉！①

那些悬棺之类的"神仙"遗存，确实存在，又怎能说是荒诞，叶观国对神仙荒诞说进行了反驳。

两种不同的思潮，在董天工《武夷山志》的序言中，展开了正面的交锋。整体来看，除了董天工自序之外，当时共有 8 位名士为董天工《武夷山志》作序，孙嘉淦、史贻直、蒋溥、杨锡绂、来谦鸣、史曾期等 6 人，观点基本一致，属于明确的人文主义思潮。而叶观国则明确反对否定神仙属性，认为武夷山神仙空间的建构绝非荒诞，这说明神仙思潮的余响依然存在。何瀚的阴阳共在、以阳统阴的理论，则体现了融合、宽容的态度，实际上承认了武夷山发展中多重空间属性共生、共存的客观历史过程。上述观点的对立和对比，则反映了清代初年武夷山思想潮流的客观态势。

（三）人文主义的总结——董天工

在《武夷山志》的自序中，董天工对武夷山的发展，表露出了深切的危机感。正如前面提到的，他对罗浮、霍童等名山的衰败印象深刻。他看到作为"震旦洞天"的"霍童山"，虽为第一洞天，但"霍童山寺"却已"久为阳侯飘荡，胜迹湮灭，豺狼所居，狐兔所窟，区区游兴，因之顿消耳"，"霍童之风景已非，何如武夷之溪山无恙耶？"②曾为洞天第一的霍童山，如今寺观萧条，风景已非往昔。谁也不敢保证，武夷山能安然无恙，高枕无忧。悬棺虽有在，铁笛已无闻，"金龙玉简""琪花琼树"，恐怕也要消失了。

实际上，这是地方文化学者感受到迫切的文化危机。董天工认为，所幸运的是，武夷山有朱子讲学于五曲，"圣祖仁皇帝"（康熙）御书"学达性天"。在危

---

① （清）董天工：《武夷山志》原序，武夷山市市志编纂委员会整理，北京：方志出版社，1997 年，第 10～11 页。

② （清）董天工：《武夷山志》原序，武夷山市市志编纂委员会整理，北京：方志出版社，1997 年，第 14～15 页。

与机共存的背景下，董天工也表露了他编纂《武夷山志》的目的：

> 洞天之胜，得睿藻而万古为昭，而名贤逸士、事迹诗章，皆得籍斯志以垂不朽。①

可见，董天工整理《武夷山志》，是要保存武夷山珍贵的文化遗产，张扬人文主义，使洞天之胜，万古为昭；名贤之章，垂以不朽。如他在《武夷山志》总志中说："武夷山本为仙窟。一山一水，一水一石，水贯山行，山挟水转。然其间琳宫梵宇，鸟革翚飞。自紫阳书院一开，而台、亭、庄、馆，接武而兴。"②董天工对武夷山兴起和发展历史脉络的总结，是符合武夷山发展事实的。

基于上述思想基础，在编纂和整理《武夷山志》的过程中，董天工时有评论，也有一些纪游诗文。其中，很多都表达了一脉相承的人文主义思想倾向。如董天工作《幔亭峰二截》，其二云：

> 溪流寒玉胜吹笙，沉醉曾孙果有无。芳草栖栖猿鹤怨，犹传仙幄宴欢娱。③

董天工对幔亭招宴的神话，也表示了怀疑之意。他亲自遣人去查看"幔亭"二字，究竟是何人所写。④ 他又实地考察幔亭峰顶，认为传说武夷君在幔亭峰顶，置彩屋200间，宴2000多人，但实际上幔亭峰顶很小，只可容纳百余人，因此"其妄可见"。这是从空间实地证明神话传说的虚妄，反映清代学者的实学精神。不仅如此，董天工还从内在逻辑上质疑幔亭招宴的传说，认为幔亭招宴中有鼓师赵元奇、歌师彭令昭，而后来的十三仙中也有这两个仙人，既然在"秦始皇二年"的幔亭招宴，他们就已经跟随武夷君，本是神仙，为何后来却

---

① （清）董天工：《武夷山志》原序，武夷山市市志编纂委员会整理，北京：方志出版社，1997年，第14～15页。

② （清）董天工：《武夷山志》卷1，《总志上》，武夷山市市志编纂委员会整理，北京：方志出版社，1997年，第1页。

③ （清）董天工：《武夷山志》卷7，《一曲下》，武夷山市市志编纂委员会整理，北京：方志出版社，1997年，第200页。

④ 据董天工《武夷山志》卷七记载，"幔亭"二字，"旧志载蔡宗宪书，今看乃盱江吴思学书"。

还要修炼、登记仙籍,这些传说显然自相矛盾,无法自圆其说。类似的还有板师何凤儿,与传说中的十三仙,均为同一人。董天工认为,这是"自露败缺,何足信乎。然宾云曾孙,流传久远,抑且文公中表、祝和甫所引,又不得不载也"[①]。

出现幔亭招宴的神仙,与所谓"十三仙"重合的现象,说明神话编辑者没有注意到其内在的逻辑矛盾,被董天工发现了。清初实学兴起之后,很多仙道之说,自然也无法站得住脚。再如,董天工在"车钱岩"条记云:

> 金井坑右,居升日峰之阴。旧记云"昔圣姥鞭牛车载钱至此",语涉不经。上有宋白玉蟾丹灶,又名金鼎峰,俗名金峰。[②]

董天工直言,旧记圣姥驾牛车,载钱于此岩的说法,是荒诞不经的。可见,时值清初,学者已经开始用实学的求实思维,追问对过去不被深究的神学逻辑,其荒诞不经之处,逐渐显现。人文主义意识的主导,加速了神仙道教的衰落和神学意识的淡化。在董天工的时代,传统的神话已经基本失去了往日的神性。

董天工的人文主义倾向,不仅表现在对神仙思潮的否弃,而且表现在对人的关怀,对山和水的关怀。他与查慎行等人一样,对御茶园为皇家贡茶而损害百姓利益之事,也非常痛心,他说"贡自高兴始,端名千古污"[③]。当时还有很多其他学者,也都表达了类似的看法。表明清初的人文主义思潮,文人阶层已经能够站在人民的视角,看待社会现实问题了,这是社会进步的表现。

同时,董天工也明确反对在山崖上题写石刻。他在《武夷山志》卷九"小九曲"条,写道:

---

① (清)董天工:《武夷山志》卷7,《一曲中》,武夷山市市志编纂委员会整理,北京:方志出版社,1997年,第200页。董公此处所指,即祝穆《方舆胜览·武夷山记》。

② (清)董天工:《武夷山志》卷9上,《三曲》,武夷山市市志编纂委员会整理,北京:方志出版社,1997年,第267页。

③ (清)董天工:《武夷山志》卷9下,《四曲》,《御茶园旧贡茶有感》,武夷山市市志编纂委员会整理,北京:方志出版社,1997年,第286页。

　　崖壁勒"小九曲"三字，传为文公真迹。近有俗子勒而深之，殊可恶也。①

　　与明末的吴拭等人一样，董天工对摩崖题刻行为表示了厌弃，表明时人对山体原真性保护意识的觉醒，这是明清之际值得重视的新动向。

（四）从天游峰与小桃源诗文看武夷山旅游空间审美的流变

　　随着武夷山人文主义旅游思潮的不断发展，天游峰和小桃源（桃源洞）越来越成为旅游空间的中心，人们在这两个地方的纪游诗文，也越来越多地表露出人文主义、审美主义的倾向。这里以这两个地方为例，展开进一步的总结讨论。

　　第一，天游峰。根据董天工《武夷山志》的相关文献统计，以天游峰为题材作诗的人，元代 4 人，明代 24 人，清初 10 人。表明从元代开始，天游峰在武夷山的地位开始凸显，明代则达至顶峰。从有关诗文中反映的旅游行为看，很多人选择在天游观住宿，以欣赏天游峰的日出、云海和群峰，以及晚上的月光、天风和远钟，获得更为高远、更为丰富的旅游体验。从天游峰纪游诗文的内容看，作为一个空间，其已经基本摆脱了传统武夷神话的束缚，进入纯粹审美体验的时代。但这并不意味着人们的体验只停留在纯粹的经验层面，同样也有超越经验的精神体验。比如，这些诗文中，常常提及人间蓬丘、太虚幻境、辋川画里、华胥胜境、广寒琳宫等，这类空间具有明显的超越性，它们既是当下可以体验的、能够触摸到的空间，又是超越当下的精神空间，是被建构的精神空间。在天游最高顶，人们感觉到与天相通，寻幽探奇却又感到世缘皆空，产生超越名缰利锁的愿望和冲动。这就是超越惯常社会束缚，获得精神自由的审美领悟，正如东山之乐、辋川画里一般。这个空间，不需要任何神的引领，完全是纯粹的旅游体验，但却同样可以获得超越惯常经验的精神享受，这就是旅游的神奇之处，也是旅游的魅力所在，它能让人们获得惯常环境里无法体验到的精神

---

　　① （清）董天工：《武夷山志》卷 9 下，《四曲》，武夷山市市志编纂委员会整理，北京：方志出版社，1997 年，第 289 页。

享受,旅游是非惯常空间的审美。

有些天游峰诗歌,对武夷山水进行了概括性的总结,具有代表性,也超越一般的美学意义。如前文提到晚明文学家徐𤊹《天游观》诗云"九环衣带束芙蓉",以及清代钱秉镫《登一览台》云"方知曲曲山回转,合使峰峰水抱流";等等。[①] 这些美学描绘,生动贴切,恰到好处。它们被广为流传,已成为武夷山审美意象的经典表达。

如果就天游峰景区做一个对比的话,宋人对"仙掌峰"的关注要多一些,而仙掌峰和天游峰,实为一峰。显然,"仙掌"之名带有神话的属性和光环。而元、明文人则更多地题为"天游",反映了南宋人文主义兴起之后,神仙色彩逐渐淡去的客观过程,是武夷山旅游发展中"人进神退"进程的一部分。

第二,小桃源。据董天工《武夷山志》载,作小桃源诗的共有 23 人。其中 2 人是对石堂寺的具体历史事件进行描述(宋代欧阳光祖和明代陈省),其他 21 人均涉及桃花源空间属性的建构和体验。宋代刘子翚是最早提出这个说法的人,他以"小桃源"为名,明确提出"武夷转作武陵源",这是最早的武夷山桃花源空间属性的建构。他的这个说法,得到朱熹、詹复等人的回应。此后,对这一空间建构提出明确回应的,元代 1 人,明代 14 人,清代 4 人。可见,明代是武夷山作为"小桃源"空间文化建构的高峰,表明这一建构在明清时期是颇受欢迎的。

众所周知,陶渊明所建构的桃花源,作为中国传统文化中重要的理想空间,它是有精神内涵的。首先,它是超越时间的。所谓不知有汉,无论魏晋。不知道人世间的时间,意味着不关涉政治的变化,没有朝代更迭的痛苦。其次,它又是超越空间的。桃花源独立于大部分人的生活空间,具有自在、自乐、避喧等特点,它始终都在这个世界上,但却又需要人们努力去寻找。因此可以说,桃花源的空间特点是"在而不在"。这里要表达的是,通过人们对桃花源这样一个空间的建构和向往,表明旅游空间的建构,也需要有超越时间、超越空

---

① (清)董天工:《武夷山志》卷 12,《六曲》,武夷山市市志编纂委员会整理,北京:方志出版社,1997 年,第 390 页。钱秉镫(1612—1693 年),字幼光,号田间,桐城人。文学家,有《藏山阁集》《田间集》等。

间的"在而不在"的内涵在其中。武夷山的陷石堂,不幸山体坍塌,造成灾难。但也有幸被宋、元、明、清四代人们,当作他们心中的精神家园——桃花源。

四、日益衰微的神仙之音

与明代统治者相比,清朝统治者更加重视对佛教的扶持。传统的道教圣地,以及民间的神仙崇拜热潮,渐渐开始冷却。武夷山下,朝拜"遗蜕"的热潮也逐渐退去,[①]加之明末以来人文主义的冲击和洗礼,神仙思潮早已退居次要地位,但这并不意味着武夷山神仙空间的退出,经过自唐至宋的长期建构,武夷山作为神仙空间的属性,依然有一定的影响力。

康熙四十七年(1708 年),歙县人程式庄[②]游武夷山,作《游武夷放歌》一首。诗中想象武夷诸神,或彭祖、彭武、彭夷,或圣姥,或子骞、张湛、许碏,"纷纷仙迹相踵接,山名遂与嵩华亢"。他非常系统地表述了武夷山成为洞天福地的建构过程。将幔亭招宴、汉武祭祀等传说重新演绎,"神仙游戏史累载,胡独纷纷置喙悬猜量?"如神仙游戏武夷之事,历史上累累车载,比比皆是,为何总有人瞎猜想。很显然,这是对明末清初人文主义思潮的反问。可见,程式庄仍然坚信神的在场,并对武夷山神仙空间依然表达倾心的向往。最后,程式庄表白,"若有人兮峨冠大带启帷入,期我他年诛茅辟谷来徜徉"[③]。这表达了他年神游我再来的愿望。

松江人钱汝时[④],在《武夷漫咏》中,也表达了类似的想法。他说,"神仙所窟宅,大抵在名山",武夷山是神仙窟宅,名山仙源,自然隔绝尘寰,不同于人世

---

① 董天工《武夷山志》卷六引李卷《登大王峰记》载,清初,张垓、徐熙春两蜕已经又被转移到大王峰上了,登大王峰还要编梯而上,平时不会有人问津,这说明"仙蜕"朝拜的热潮已经过去。又据董天工《武夷山志》卷十七记,李卷,字怀之,闽县人。曾历中书舍人,后隐居武夷山茶洞,筑室曰"煮霞居",高蹈而终。著有《武夷山志》,未刊行。

② 程式庄,字松亭,歙县人。董天工《武夷山志》卷十七记,他于"戊子年入武夷"。

③ (清)董天工:《武夷山志》卷 22,《艺文》,武夷山市市志编纂委员会整理,北京:方志出版社,1997 年,第 754 页。

④ 据董天工《武夷山志》卷十七记载,钱汝时,字溥宜,松江人。

间。我来一再游,"豁然开心颜","虽无偓佺遇,心胸已超然。山水非凡境,妙
道在当前"。这里的山水非凡境,妙道在当前可体验,虽然没有遇到传说中的
仙人,但也足以心胸开阔,释怀超然。这其实正是山水之真意,"会得此中意,
即此是真诠"。①钱汝时的这些情感表述,说明人对外在空间的需求,确实有
不同层面的,不必庸俗神化,但也要保持一定的超越性,这样才能满足人们不
同层次的身体和精神需要。同一时期,来武夷山旅游的,还有郑重、蔡衍锟、杜
洪、何瀚、阿金、吴瞻淇等,他们也都在纪游诗文中表达了与神的交流愿望,以
及神的在场。

江西南丰人布衣诗人汤永诚,在长诗《怀武夷长歌,时读崇安王适庵明府
诸著述》中,表达了客观的看法。他说:

> 道院与祇园,榱桷互高骞。黄冠与缁侣,袖衣一如云。我思儒教
> 中天丽,内圣外王配天地。二氏飘飘体用殊,自古迄今亦难废。使其
> 能废欤,考亭又如何。知军南康日,不闻匡庐寺观成丘墟。缅彼升真
> 元化洞天第十六,紫阳屹立真儒续。山若为之增其青,水若为之赠
> 其绿。②

汤永诚认为,儒家应当是中天丽日,可配天地,但道佛二教也自有其体用
之处,不可全盘否弃。当初朱熹大儒在世,知南康军,但庐山寺院也并没有因
此而成废墟。今之武夷,也没必要因儒而废除道佛二教。作者在这里采取宽
容的态度,显然不同于明末清初人文主义一派的思想,主张宽容并存的文化局
面,与前文何瀚的观点基本一致,这是值得注意的。

武夷神仙思潮一派,从明代的衷仲孺开始,到清朝初年,陆续有一些代表
人物出现,应当加以关注。这也比较符合中国古代思想发展过程中,儒、佛、道
三教并举的客观局面。

---

① (清)董天工:《武夷山志》卷22,《艺文》,武夷山市市志编纂委员会整理,北京:方
志出版社,1997年,第720页。

② (清)董天工:《武夷山志》卷22,《艺文》,武夷山市市志编纂委员会整理,北京:方
志出版社,1997年,第746页。

五、武夷山旅游的新发展

（一）旅游者的视角

从现有的资料看，清代初期，到武夷山的文人仕宦，大部分都是从旅游者的视角看待武夷山水的。他们已经能够直面山水，基本淡去了其他因素，悬搁了所有的建构。这里以画家沈宗敬为例，说明这个问题。

沈宗敬[①]，清初画家，自言"性嗜山水，每闻名胜之地，即不惮履险涉远，惟恐一丘一壑之或遗焉。……武夷九曲，神游二十余年矣，得王适庵明府为余采筏裹粮，乃遂初愿，逢其时也"[②]。本性酷爱山水，唯恐遗漏哪里的一丘一壑，应朋友王适庵[③]邀约，终于有机会来到"神游二十余年"的武夷山。

在武夷山，沈宗敬泛舟九曲，登山临水，留下诸多诗篇。由于其画家的身份，对景点特别敏感。他在登览虎啸岩的过程中，不仅挥毫写诗，而且对虎啸岩景点也进行命名，将其称为"虎啸八景"，分别是"白莲渡""集云关""坡仙带""普门兜""法雨悬河""语儿泉""不浪舟""宾曦洞"。这些景点的命名，反映了当时虎啸岩人文和自然景观的基本分布状况，一直沿用至今。与此同时，沈宗敬还以《武夷怀古》为名，作五言诗四首，分别从四个方面怀古发幽，抒发自己对当时武夷山的印象与看法，有一定的代表性。

沈宗敬首先缅怀的是武夷君。武夷山因君而得名，跻身仙域之后，"以道

---

① 沈宗敬（1669—1735年），字恪庭，号狮峰、狮峰道人、双鹤老人、双杏草堂主人、卧虚山人等，华亭（上海）人。康熙二十七年（1688年）进士，仕至太仆寺卿，提督四译馆。精音律，善吹箫、鼓琴，工诗、书。画传家学，山水师倪、黄，兼用巨然法。

② （清）董天工：《武夷山志》卷21，武夷山市市志编纂委员会整理，北京：方志出版社，1997年，第683～684页。根据《康熙庚寅长夏养疴万年宫，偶因所见放歌》诗，他于康熙四十九年（1710年）到武夷山旅游。

③ 王适庵，陕西长安人。他曾任职于崇安，编《武夷宦游稿》，是董天工《武夷山志》的参考来源之一。据方孔炤之孙方中德为其作序称："王子适庵既再符馆于武夷，尺素相通，乃以近所作诗数十篇远邮山中。"可见，王适庵晚年再赴武夷，并栖居于此。方中德作序落款的时间是"康熙四十四年"，即1705年。

庇后人"，但后世曾孙却不知道武夷君"道成古何时"。① 沈宗敬对此也产生了疑问的态度，这与当时人文主义思潮的主导以及实学思潮的兴起有关，也反映了地方文脉混乱给游人带来困惑的现象。

其次，他质疑魏王、十三仙。众仙炼药换骨岩，药成之后都成仙而去，却留遗蜕在人间，并且据说"能致雷雨，饶有利泽功"。沈宗敬认为，"世人一何愚"，"仙灵果在蜕，能事安有穷"，如果仙人的灵魂果然还在的话，应该什么事都能做的，哪能仅仅只是呼风唤雨？人的精神与肉体是一体的，形与神是合一的，不能相互脱离。没有了精神，空为躯壳的遗蜕是没有任何意义的。人的生命，天然能够与天地通，"呼吸通天地"，要明白"山头月""松间风"，都与我的生命密切相关。所以，人不必焦虑形与神的短暂与长久，"万物我同体，无始还无终"，"勿令形役神，少壮成衰翁"。② 实际上，这是用空间的永存，排斥时间的流转，甚至是排斥时间概念，达到无时间的审美。沈宗敬深受庄子和陶渊明的影响，深得中国哲学和美学的精髓。

再次，出于画家的敏感，沈宗敬也将武夷山与黄山进行了比较。他认为黄山"石质既苍翠，石纹更条理"，显然作者从一个画家的角度，更加关注景点、成画的肌理。"惜无水堪筏，让此一头矣"，可惜的是，黄山没有水，不如武夷山可以乘竹筏游览。他又提出自己游览武夷所得不在虹桥、架壑船，"今日游九曲，流连叹观止。移我乐山情，于此复乐水"。③ 而是徜徉图画里，乐山复乐水，天下莫可拟。值得注意的是，这是古代罕见的将黄山与武夷山相比较的资料。

最后，沈宗敬对山中仙人张蚩蚩传说的真实性也表示了怀疑。他认为，"从来好奇者，易为人所愚"，好奇的人容易被人愚弄。"桃源莫问津，随地有仙

---

①　(清)董天工：《武夷山志》卷22，《艺文》，武夷山市市志编纂委员会整理，北京：方志出版社，1997年，第719页。

②　(清)董天工：《武夷山志》卷22，《艺文》，武夷山市市志编纂委员会整理，北京：方志出版社，1997年，第719页。

③　(清)董天工：《武夷山志》卷22，《艺文》，武夷山市市志编纂委员会整理，北京：方志出版社，1997年，第720页。

都。于此澹世情，安往不自娱。我乐谁知我，鱼乐谁知鱼"。^① 不要问津桃源，处处都是仙都，恋于桃源，就会被津所迷。只要淡泊世间情，处处皆桃源，处处可自娱。我乐我自知，鱼乐鱼自乐，自我才是快乐的价值源头。沈宗敬之语，石破天惊，惊醒千年梦中人，反映了极高的审美情趣和审美境界。

（二）佛教人士的参游

从现有的资料来看，自清代以来，武夷山佛教人士参与旅游和山水诗文创作的现象越来越多。这反映了进入清代之后，武夷山道教日渐式微，而佛教影响逐渐扩大的客观势态。

武夷山佛教人士参与旅游活动，不仅有题诗，而且有的还做导游。在过去这些都是道教人士的事，现在转而为佛士所为。据董天工《武夷山志》载，此一时期，留下诗文创作的佛教人士有明智、明昙、净参、超全、超煌、真炽、真满、如疾、成能、衍操、克信等。其中，有的佛士还对武夷山的旅游做出重要贡献（后文有述）。这里专门关注佛教人士的山水审美态度。

我们首先来看明智法师的《卜居伯庵》，诗云：

入山不记曲，鹪鸟托深林。往返惟通桴，行藏岂有心。槛前看远岫，篱外听幽禽。三昧余尊酒，客来喜共斟。^②

明智在这里表现出禅宗无心、不住的智慧，山水总在无意间，入山不记曲，行藏岂有心，表现出"空"的内涵。但人在山中，总是不能脱离当下的体验，如"槛前看远岫，篱外听幽禽"。真的三昧，酒又何妨？真山水，真潇洒。消解主客分别，以"空"释山水，重当下体验，不对空间进行具体的建构，是以禅观山水的特点。又如明昙法师《白云庵》诗云："性静依青嶂，心空坐白云。"^③再如净

① （清）董天工：《武夷山志》卷22，《艺文》，武夷山市市志编纂委员会整理，北京：方志出版社，1997年，第720页。

② （清）董天工：《武夷山志》卷9下，《四曲》，武夷山市市志编纂委员会整理，北京：方志出版社，1997年，第290页。

③ （清）董天工：《武夷山志》卷14，《九曲》，武夷山市市志编纂委员会整理，北京：方志出版社，1997年，第456页。

参法师的《天心庵》诗云："采药客来新雨后,抱琴僧到落花时……尘世浮生终是寄,杞人忧甚竟何为。"①无论"采药客",不管"抱琴僧",都在同一个世界,都可以审美地活着,人生本如寄,都是远行客,勿为执着,更不必杞人忧天,不知所为。

但是,大部分佛士对武夷山水的描述,与其他世俗文人的作品十分类似,并无特别之处。如超全法师的《幔亭宴曾孙歌》:

> 仙人此夜宴曾孙,彩霞为幔垂琼阙……曾孙侍作半黄发,觥筹交错杂箫笙。人间那得千日酒,今宵一醉何时醒。仙家眷属宁复恋,乡土难忘别有情……②

内容全是道教神话,与世俗文人之思也没有区别,觥筹交错千日醉,黄发垂髫是桃源,这些意境在诗中都有所体现。甚至诗中所用的词语和诗意,还颇具现代性。再如,真炽法师《登虎啸岩》诗云:

> 悬崖时拥翠,怪石自崔巍。泉向松边落,云从岫外归。秋声听浩渺,朝霭望依稀。极目皆图画,居然与世违。③

我们看到,两位佛家人士对山水空间的解释,也都是从与世相隔的自由角度寻找空间的价值和意义。自唐以来,禅宗崛起,他们对山水的体悟,有深刻的领会。但道教对山水的诠释,往往执着于具体空间的神性建构,这就容易受到质疑,也容易走向没落。唯有白玉蟾重心性,他进行了空间价值的置换,最大限度地发挥了庄子的"天地有大美而不言"的美学思想。

康熙四十年(1701年)冬,庞垲④时任福建建宁知府,与友人林翰、程长名、

---

① (清)董天工:《武夷山志》卷15,《山北》,武夷山市市志编纂委员会整理,北京:方志出版社,1997年,第490页。

② (清)董天工:《武夷山志》卷7,《一曲下》,武夷山市市志编纂委员会整理,北京:方志出版社,1997年,第199~200页。

③ (清)董天工:《武夷山志》卷8,《二曲》,武夷山市市志编纂委员会整理,北京:方志出版社,1997年,第240页。

④ 庞垲(1675—1725年),字霁公,河北任邱人。官福建建宁知府,工诗文,善小楷,著《丛碧山房集》。

章衮、严广、衍操等同游武夷山九曲溪。同行的衍操法师作《游云窝》五言，诗云：

> 瓢笠寄名山，胜概快幽赏。有时携短筇，有时荡孤桨。游兴少同侪，晓来欣独往。云窝五曲间，异境豁遐想。秋水波澄清，秋山气肃爽。怪石成天门，寒岩草芽长。竹里几茅屋，桑麻荫僻壤。霜前叶未丹，林暗望苍莽。羽士偶相逢，只身披鹤氅。邀我登其峰，绝巘不敢上。徘徊山之麓，空翠得平广。石形互变态，山色从俯仰。回头日衔山，余晖映仙掌。鸥散溪烟冷，樵归松月朗。四顾寂无喧，一啸众山响。迟迟归去来，人生展几两。①

名山、胜概、幽赏，短筇、孤桨、独往。秋水波澄，空山气爽。竹里茅屋，桑麻僻壤。石形百态，山色俯仰。衍操在这里表现的是人与山水之间的直面交往，亦没有任何神的痕迹，简约灵活，生动有趣。其山水审美之境界，与世俗文人并无二致。这是一首极佳的山水诗，可谓武夷山佛士山水诗的代表作。

但总的来看，武夷山佛教人士参与旅游尚未形成对空间的独立建构，他们对山水的依恋，依然是超越惯常生活形态的有限性，力图通过山水的观照，获得超越有限的身心体验。

（三）旅游时空的扩大

冯柱雄②于康熙十八年（1679 年）游武夷山，他的多篇纪游诗文，都涉及一般游人不常去的地方，如青狮岩、竹窠、集贤峰等，清初武夷山的旅游空间更加向纵深的山地扩展了。

前文提到的林霍，于康熙三十九年（1700 年）赴武夷山旅游，并作《游武夷山记》一篇。根据游记，他入武夷首日，随渊上人先入刘官寨、马头岩，经流香涧至翠竹窠，渊上人所居之所。二日，经上章堂，至星村。泛舟从九曲至一曲，

---

① （清）董天工：《武夷山志》卷 11，《五曲上》，武夷山市市志编纂委员会整理，北京：方志出版社，1997 年，第 353 页。

② 冯柱雄，字砥青，号悦园。顺昌县学。

饭万年宫,复至四曲泊庵而宿。三日,谒紫阳书院,造大隐屏、接笋峰,上天游。四日,历天柱、火焰,至水帘洞。五日,复上天游,又至小九曲,复古洞、止止庵。又一日,复小九曲。再日,内金井,观升日、金鼎二峰……直到第十四天,旅游结束。他说:

> 十四日,从小九曲至万年宫,下仙店,武夷之游事毕矣。七曲、八曲一带诸奇峰,叹未能尽,以俟重游尔。[①]

一共 14 天,这是至此武夷山古代旅游史上单次旅游的最长时间记录。明末清初,旅游者在武夷山旅游的时间越来越长,空间越来越大,旅游空间甚至已经拓展至内金井坑、升日峰、金鼎峰,以及刘官寨、竹窠等,即便是今天,这些空间也只有专业的户外旅游者才能达到,足以可见当时旅游空间之大。同时,也意味着旅游的专业性越来越强,深度旅游越来越多。[②]

(四)旅游服务的新发展

我们注意到,林霍在《游武夷山记》中,还有这么一段:

> 撑篙者为李氏子,稍知书,能颂九曲棹歌,滩声与篙声、人声相喷薄,恍然自失矣。入夜,遂宿小九曲泊庵,闻更衣台上读书声,疑其为仙乐也。[③]

游记中所谓的"撑篙者"李氏,能"颂九曲棹歌",不仅为游客带来新的趣味,而且表明清初已经有了职业的竹筏工,旅游者乘坐竹筏的时候,滩声、篙声、人声相喧杂,表明当时旅游之盛。夜宿小九曲的泊庵,还能听到更衣台上

---

① (清)董天工:《武夷山志》卷 20,《艺文》,武夷山市市志编纂委员会整理,北京:方志出版社,1997 年,第 659~660 页。

② 王锡祺(1855—1913 年,字寿萱,安徽淮安人,晚清地理学者)编纂的《小方壶斋舆地丛钞》帙四载《武夷纪胜》(佚名)一篇,为清朝作品,在董天工《武夷山志》之后。其中列举武夷"诸胜"共 144 处,相对于董天工《武夷山志》,新增"胜处"20 多处,多集中于宫左,以及八曲、九曲一带,表明武夷山的旅游空间在不断扩大。

③ (清)董天工:《武夷山志》卷 20,《艺文》,武夷山市市志编纂委员会整理,北京:方志出版社,1997 年,第 659~660 页。

的读书声，也让人感受到武夷山作为人文圣地的读书盛况。

康熙四十五年（1706 年）至武夷的陈朝侃①，作《武夷游记》，其中有更加明确的关于竹筏服务的记载，"筏重联，可容七八人"。② 两个竹筏并联，七八个人一个筏，与今天竹筏漂流的情形几乎完全一样。这里记载的竹筏规模，从客观上反映了当时旅游者对竹筏的需求，也表明了当时旅游发展的兴盛之状。

陆菜③在他的《九曲游记》中记，"余废然而返，复至小九曲，向山僧买茶。茶产峰岩之上为佳，余所至必购之。或半斤，或数两，冀其味之有别也"④。游客在小九曲，向寺院买茶，这是武夷山最早关于购买旅游土特产的资料，也表明当时武夷茶已受到游客的普遍认可。

这一时期，武夷山旅游服务新发展最重要的表现，是如疾法师⑤所作的《武夷导游记》。董天工《武夷山志》载其全文，共二十七条。开头云：

> 客有自匡庐来者，言天台、庐阜大不可狎；雁荡、龙门怪不可居，逾险数百里，游之难，质予武夷游事。予曰："子之游者，游心乎？游目乎？为三十六峰罗笼，将以丘壑较高深乎？抑胸有磊块，借山川以淘汰乎？"客曰："武夷居洞天十六，游者以为仙都、灵异，当与蓬莱并观。"予曰："子之言，穷响以声者也。吾语子游，夫武夷之峰，飘扬族举，棋置林立，九曲束之，予以为聚沙之大者。若其夏云为之经纬，朝霞为之幌幔，时花为之青赭，予以为设色之茜者。若风晨月夕，鹤唳猿啼，雪曳云牵，水车铁马，予以为蜃变之奇者。至其仙变权舆，游记多有，以故不论。"略以游之途径、曲之始终、峰之位次、洞石之疑似，

---

① 董天工《武夷山志》卷十六载，陈朝侃，字陛来，号望庵，仁和人，欧宁令。康熙四十五年（1706 年）至武夷，有《公馀草》《武夷游草》等。

② （清）董天工：《武夷山志》卷 20，《艺文》，武夷山市市志编纂委员会整理，北京：方志出版社，1997 年，第 666～668 页。

③ 陆菜（1630—1699 年），原名世枋，字次友、义山，号雅坪，浙江平湖人。康熙六年（1667 年）进士，授翰林院编修，充《明史》纂修官，历主福建乡试等，后奉命直南书房。

④ （清）王锡祺：《小方壶斋舆地丛钞》第 4 帙（第 5 册），东北大学寄存图书、台湾省立师范学院图书馆藏影印本，第 396 页。

⑤ 据董天工《武夷山志》卷十八载，释如疾，字疚己，龙溪人。庵居内金井，能诗善书，尝作《武夷导游记》，文辞典瞻。

著于篇,使游者览焉。①

如疾的《武夷导游记》,是武夷山最早的、最完整的导游词。我们首先必须指出的是,佛教人士参与导游,并创作文本导游记,在当时的全国范围内也是罕见的,在中国古代旅游史上应有一定的地位。

如疾在《武夷导游记》的开头,与客人展开了关于"武夷游事"的讨论。如疾先问客人,在武夷山的旅游,是想了解三十六峰丘壑高低的"游目"之游,还是试图借山川以淘汰心中郁积的"游心"之游。如疾在这里所谓的"游目"是认知层面的,山水是被认知的对象,是被打量的空间。所谓的"游心"则是体验层面的,但山水依然要服务于人的目的性,是被利用的空间。但客人所游并不在此,既非"游目",也非"游心",而是对武夷山的洞天、仙都、蓬莱等神仙属性十分感兴趣。看来客人所关注的是山水的神仙空间建构,追求超越自我有限性的体验。但如疾直言不讳,认为这是穷响以声,形影竞走,以有限之躯壳,追求无限的存在,是为妄作。如疾眼中的武夷山,万丈林立、九曲环带,不过是"聚沙之大者";朝霞幌幔、时花青赭,不过是"设色之茜者";至于风晨月夕、鹤唳猿啼,不过是"蜃变之奇者"。看来,如疾眼中的山水,超越人为的尺度,超越目的性的裹挟,甚至超越时间的变化,不离感性但又超越具体时空的自在。这是一篇关于禅宗山水审美思想的大文章,如疾法师的上述见解,在某种程度上代表着禅宗对山水的独特理解和诠释,也是中国传统山水审美思想的一部分。

作为导游文献,如疾《武夷导游记》详细叙述武夷山景点的位置、特点,以及游览的路径,完全是为游客的旅游而书写,已经具备今天文本导游的性质,是极为珍贵的旅游文献资料。这里仅以一段为例,略加分析:

> 从万年宫来,一峰孤立霄汉,同根卓然,不可逼视者,大王峰也。
> 其渡则兰汤,舟头猿鸟,皆能接人,自是舞棹呈桡者,具有四知、七凿
> 之见。从兰汤南渡,一峰翻崖返脊,若为大王之爪牙者,为狮子峰。

---

① (清)董天工:《武夷山志》卷 20,《艺文》,武夷山市市志编纂委员会整理,北京:方志出版社,1997 年,第 668 页。此段原文断句,个别有待商榷之处,这里已做修正。

而大、小观音岩于中无佛，游人未尝过而问焉。[①]

这里介绍大王峰之位置、特点和游览路径的文辞，是基于游客的视野，可见其文本导游词的性质。其中还透露当时的撑竹筏者与今天一样，都有"四知、七凿"之见，可以充当导游员。

《武夷导游记》的空间流转，也完全是按照游客旅游的路线展开的。这里整理一下，其中的几点空间案例，以供参考。（1）兰汤渡口出发，乘竹筏，经万年宫口，从一曲而上，历览大王峰、狮子峰、水光岩、兜鍪峰、铁板嶂。至二曲，有勒马岩（镜台）、玉女峰。峰麓南折，可通凌霄、三髻、虎啸诸峰。至一线天、风洞。返玉女峰，又至小藏峰、大藏峰、卧龙潭、金鸡洞。（2）登鸣鹤峰、宴仙岩，望升日、上升、车钱诸峰。历览钓鱼台、御茶园、文峰更衣台、天柱峰、平林渡、紫阳精舍。至云窝、隐屏峰、玉华峰、茶洞、伏虎岩、司马泉、接笋峰、晚对峰、城高岩、苍屏峰以及桃源洞等。（3）石门登天壶峰、三仰峰、通仙桥、三教峰、并莲峰[②]、白云峰、灵峰。随流取道，返而登天游。过立壁峰，取道流香涧、玉柱峰、章堂涧、莫庵以北如芦岫、莲花峰、笠盘岩。从芦岫少北而东，至鹰嘴岩下，经丹霞嶂，望火焰峰，至水帘洞。过九井岩至天心庵、火焰峰、杜辖岩、马头岩、马头鞍、幔亭峰、三姑石、换骨岩。

如疾的《武夷导游记》，将游览的线路以及所关照的对象都诠释出来，它根本目的不是叙述作者自己的旅游体验，而是站在游人的角度，"使游者览焉"，向游客推介武夷山的旅游线路，并作以必要的景点讲解。很显然，这是一篇专

---

① （清）董天工：《武夷山志》卷20，《艺文》，武夷山市市志编纂委员会整理，北京：方志出版社，1997年，第668页。

② 即鼓子峰，峰下有"并莲峰"题刻。又有记云，明嘉靖三十三年（1554年），时任福建巡按监察御史的赵孔昭，在泛舟九曲的时候，询问舟人，前方两峰并峙者是什么峰，舟人答"钟鼓峰"（鼓子峰，钟模石）。但赵孔昭认为两峰不类钟鼓，倒更像并莲，因此便改两峰为"并莲峰"，并题写峰名和小记一则，命人刻在峰下，从此便有"并莲峰"之说。但从文献资料看，武夷本地文人，仍习惯称之为鼓子峰。而这里佛教人士，用"并莲峰"名字，很有意思。20世纪80年代，大众旅游兴起之初，出现一些庸俗化现象，有人将它们称为"双乳峰"，流行一时，与"鼓子峰"或"并莲峰"相比，文化之美已丧失殆尽，这也是当代旅游发展应当注意的现象。

业的文本导游词,可谓典范。此篇导游记,关于武夷山旅游线路的设计,基本是一个没有重复的闭环线路,而且几乎涵盖了当时武夷山九曲两岸重要的景点。这个线路在其他几人的游记中,也得到印证,可见是当时比较成熟的旅游线路。它反映了明中期至清前期,武夷山旅游空间的扩大和旅游现象的兴盛。

（五）旅游之道探索的继续

清代前期的旅游者,对旅游之道的探索,也有进一步的发展。他们对武夷山的评价,反映这个时代的审美和思想观念。

清初文学家丁耀亢[①],游武夷山,作《武夷偶述》,从三个方面总结武夷山"异于他山"的特点。其一,"兹山一石一峰",千仞无土。其二,山浸水中,看山不用杖而用舟。其三,溪峰相环,九折万状。丁耀亢对游人游山所得的体会,也给予总结:

> 山游者,舟不如舆之旷,舆不如杖之稳。怯则忘高而视下,贪则逐远而失近。贪者浮,怯者浅。虚心平气,乃与天游。其浅深所得,与作诗读书同。[②]

游山的方式,当然是亲自挂杖登临,可远旷,脚步更稳。但观景过程中,也不可贪远忘高,容易浮浅,应"虚心平气,乃与天游"。探索旅游之道,是明清之际,中国旅游深度发展的一个重要表现。

董天工《武夷山志》记载郑恭[③]的《武夷山游记》一篇。作者自云,对武夷山"思慕既久,后游难期,于是无峰不登,无梯不蹑,无水不泳,无谷不探,穷搜远诣,攀缘徂栈,上极不测之高,下至幽窅致密,靡所不至"。从文辞可知,作者对武夷之游的强烈渴望和充足动力。他的游记并未按照游踪的时间顺序记述,而是罗列了自己在武夷山的旅游空间。它们大致是:大王峰、云窝、大隐

---

① 丁耀亢(1599—1669 年),字西生,号野鹤,自称紫阳道人、木鸡道人,山东诸城人。明末清初小说家。

② (清)董天工:《武夷山志》卷 21,《艺文》,武夷山市市志编纂委员会整理,北京:方志出版社,1997 年,第 697 页。

③ 郑恭,字谦六,侯官人。《福建通志》记,常山人,侯官县学。

屏、玄元道院、小桃源、更衣台、虎啸岩、白云岩、仙掌峰、城高岩、一线天、三教峰、兜鍪峰、流香涧、杜辖岩、天游峰、鼓子峰、水帘洞、碧霄洞（三仰之巅）、谢公洞、汉祀台、里金井涧、冲佑观、清凉峡等。游记之末，郑恭通过这次武夷之游，深得游山之道。他说：

> 予于兹游，窃得游山之道矣。古来秀绝幽异之胜，多在乎下州僻邑，是故非志与合者不能游。志合矣，或鲜济胜之具。有具矣，或不得善游者导之。有导矣，而兴易阑，望易足，究且迷离昏惑，终不能穷高极远，而测深厚于无遗也。……蓝选石曰："老人住此山中七十余岁，阅游人多矣。游法之善，游踪之遍，未见若二三君者。"①

谈到所谓的"游道"，郑恭认为，旅游行为的发生，有几个必要条件。第一，要有志同道合的游伴，这在古代交通不发达，旅游设施几乎没有的情况下，极为重要。第二，要有必要的游具和一定的旅游服务，游具即游览过程中必要的用品和旅行工具。关于导游服务，他认为要有"善游者导之"，要有同伴和导游引导之。有了这些客观的必要条件之后，还要有一个主观条件，即人的旅游意愿。这与今天旅游学的研究探讨并无二致。

崇安本地人金兰友②，则作《论游武夷记》。这是专门针对"武夷山游记"的研究，是古代旅游史上罕见的旅游专业研究论文。它的出现是旅游发展新现象的重要标志之一。它对当时所能看到的武夷山游记给以总结，认为大多数的武夷山游记，都是"记游非记武夷也"，"武夷山水，非笔墨所能尽"。他用朱熹、白玉蟾的武夷记为案例，展开比较研究，提出朱熹和白玉蟾都认为山水乃"性之所近"，所以"盖山水有源流，有肌理。山水于人有夙契，有神交"。③

这里涉及传统中国人与山水交往之关系，探索"性本爱丘山"的本源。金

---

① （清）董天工：《武夷山志》卷20，《艺文》，武夷山市市志编纂委员会整理，北京：方志出版社，1997年，第661～666页。

② 董天工《武夷山志》卷十七载，金兰友，字同人，崇安人。康熙二十四年（1685年）岁荐，崇安县学。

③ （清）董天工《武夷山志》卷21，《艺文》，武夷山市市志编纂委员会整理，北京：方志出版社，1997年，第697～698页。

兰友认为,是山水有源、有理,在道的层面上,山水与人是相通的。他称之为人与山水"有夙契""有神交",是有道理的。

至于游记,金兰友认为,游记者仅仅是记其人、其地、其年月,以及风雨晦明之景,"足矣"。这是他对游记基本内涵的看法。但如果像钟惺等人那样,能够先"溯流穷源,分肌析理",再记游山水,则可与游。

小 结

清代前期,武夷山的旅游,继续沿着明代中后期的发展趋势向前发展。庞大团队的远游现象,前所未有。文坛名士朱彝尊、查慎行、袁枚等的远游武夷,以及他们的人文主义色彩,乃至生活化、人性化、平民性的特点,都代表着旅游思想的时代进步。董天工《武夷山志》的编纂,以及以他为代表的人文主义流派,在清代前期彻底占据主导地位,他们否定神学建构,以人文为本,对武夷山文化脉络有更为清晰的认知,反映清代实学兴起的时代特征。尽管神仙空间的建构,在这一时期已经走向衰微,但从文人仕宦的诗文可以看到,其中也不乏客观和宽容的态度,他们在如何看待儒与道、佛二教的关系方面,也提出了颇有见地的主张。这一时期,武夷山旅游的空间在前期的基础上,继续向纵深拓展。值得注意的是,武夷山旅游服务呈现新气象,已经出现专门的竹筏漂流服务,也有旅游土特产销售现象,尤其是佛教人士参与旅游导游服务,创作《武夷导游记》的文本导游词,是在前代吴拭《武夷杂记》的基础上,更为明确的导游文本。这不仅是武夷山古代旅游史上的重要文献,而且在中国古代旅游史上也有一定的地位。甚至,还出现对武夷山游记的专门学术研究,这些都是前所未有的旅游新现象。

第十二章
乾隆南巡与武夷山

巡游是中国古代史上特殊的政治、文化和旅游现象。如前所述,早期的巡游,如秦汉时期秦始皇、汉武帝的巡游,其政治色彩较为浓厚,既是一种礼制,也是国家政治活动。当然,在巡游过程中,不可避免地伴随着帝后皇室及随从仕宦对山川之美的游览与欣赏。唐宋时期的帝王巡游,仍然以政治为主要目的,但游赏的因素明显增加。明清两代,帝王巡游的典型是康熙、乾隆的巡游活动,最突出的是他们分别六下江南的巡游活动,可谓古代帝王巡游史上的空前盛况。其中,乾隆南巡的旅游特征更为明显,武夷山是乾隆魂牵梦绕的地方。

一、清初对理学的重视

清朝初年,随着清军南下,在统一江南的过程中,清廷十分注重从文化上笼络南方知识分子。顺治二年(1645 年),就在刚刚入关的第二年,清廷就迫不及待地将孔子的谥号由"大成至圣文宣王"改为"大成至圣文宣先师"。[①] 这是孔子历代最高的谥号,显然清廷试图以此表示对圣人的尊崇,以笼络南方汉族知识分子,减轻清朝统一的阻力。

康熙二十二年(1683 年),清军收复澎湖、台湾,基本完成国家的统一。第

---

① (清)梁国治:《钦定国子监志》卷 1,清文渊阁四库全书本,第 3 页 a。当时清廷认为,"王"是对圣人的污称,而"先师"为大,受包括帝王在内所有人的尊重。

二年(1684 年),康熙皇帝利用第一次南巡的时机,亲赴山东曲阜,"诣阙里致祭",对孔子"行三跪九叩礼",并"以御用曲柄黄伞,留供庙廷陈设",举行盛大的祭孔活动。① 康熙二十五年(1686 年),康熙皇帝又御书"学达性天"四字,命礼部制成匾额,颁发给"宋儒周敦颐、张载、程颢、程颐、邵雍、朱熹祠堂,及白鹿洞书院、岳麓书院"。② 康熙三十二年(1693 年),又"颁御书'学达性天'匾额于江南徽州紫阳书院"。③ 清初统治者尊孔子、重理学,其中有笼络人心的目的,但也可以看到他们对文化传统的重视。赐给朱熹祠堂的,就是今天武夷精舍"学达性天"之匾。④

与此同时,康熙、乾隆两位皇帝,分别展开声势浩大的南巡活动,其中稳定江南政治局势、笼络江南文人的意图也十分明显。比如康熙六下江南,其中五次拜谒南京明太祖朱元璋的孝陵,并于康熙三十八年(1699 年)的一次拜谒活动中,亲书"治隆唐宋"⑤四字,嘱托江宁织造曹寅会同地方官员镌刻于明孝陵,以表达对明太祖朱元璋的赞扬,同时也有笼络人心的意图。

但不可否认,清代帝王的巡游活动,尤其是乾隆的巡游活动,其游览的特点越来越明显,甚至逐渐占据主导地位。

① (清)张廷玉:《皇朝文献通考》卷 73,清文渊阁四库全书本,第 11 页 b。
② (清)张廷玉:《皇朝文献通考》卷 73,清文渊阁四库全书本,第 27 页 b。
③ (清)张廷玉:《皇朝文献通考》卷 73,清文渊阁四库全书本,第 36 页 b。
④ 该如何解读"学达性天"四字,在地方学者中出现分歧。有一种解释认为,"性"即人性,"天"即自然,"学达性天"即朱子哲学达至"天人合一"的高度。其实,天人合一并不是理学才达到的高度,这是中国哲学本有的特点,自古如此。庄子所谓"天地与我并生,而万物与我为一",是"天人合一"不同表达而已。"性"与"天"都是理学中具有普遍超越意义的范畴,在理学看来,万物皆有性,并没有什么人与自然之分,天也不完全是现代人们理解的自然。它们都是理的某种表现,如理学家们常说"性即理","天即理"。因此,不能望文生义地认为,"学达性天"是理学达到天人合一的高度。"性"与"天"都是普遍性的,又有某种根本性,学问达至性天,带有终极的含义。康熙这是赞美北宋五子与南宋朱子的学问高超,一方面为了笼络江南知识分子,稳定统治;另一方面,清初统治者对传统文化,尤其是理学确实怀有崇敬之意(顺治、康熙、乾隆尤为如此)。所以,"学达性天"这块匾额,在某种程度上表明了清朝统治者对朱子理学(或宋代理学)的高度褒扬之意和传承的信念。
⑤ (清)张廷玉:《皇朝文献通考》卷 120,清文渊阁四库全书本,第 24 页 a。

二、康熙、乾隆的南巡

亲政之初，康熙便以三藩、河务、漕运为治国三大事。康熙二十三年（1684年）夏，黄河再次决堤，由于之前治理的效果不好，康熙这次决定要亲自察看情况。同年九月底，康熙从北京出发向南视察黄河决堤情况，便有了第一次南巡之事。这次南巡经山东，至江苏，视察丹阳、常州、无锡、苏州等地，至江宁数日返回。康熙二十八年（1689 年），因治河方案，再度南巡。康熙三十八年（1699年），第三次南巡，也为治河。此后，康熙四十一年（1702 年）、四十四年（1705年）、四十六年（1707 年）又三度南巡。整体来看，康熙南巡的主要目的还是治河，但其间也有登山临水，吟风弄月，探亲访友之事。

乾隆即位后，竭力效仿其祖父康熙的作为，在巡游方面也是如此。但乾隆的巡游活动，则复杂了很多。有学者根据《清实录》和清宫满汉文档的记载统计，乾隆一生在位 60 年，太上皇 3 年，累计南巡江南 6 次，巡游热河避暑山庄与"木兰秋狝"52 次，巡幸并拜谒东、西陵及盛京永、福、昭三陵 66 次，东巡泰山与曲阜等地 8 次，巡游嵩山 1 次，巡游五台山 6 次，并多次巡游盘山等，累计各类外出巡游活动共 150 余次，年均 2～3 次。① 乾隆一生在位 60 年，但大约有 10 年的时间都在巡游中度过，在古代帝王巡游史上是罕见的。

乾隆四十九年（1784 年），在第六次南巡即将返回的前一天，乾隆作《御制南巡记》说："予临御五十年，凡举二大事，一曰西师，一曰南巡。"②可见在乾隆看来，南巡的重要性是非同寻常的。乾隆从十六年（1751 年）开始第一次南巡，之后又分别于二十二年（1757 年）、二十七年（1762 年）、三十年（1765 年）、

---

①　林永匡：《清代旅游文化通史》，合肥：合肥工业大学出版社，2008 年，第 22 页。

②　（清）庆桂、董诰：《清高宗实录》卷 1201，清嘉庆间内务府抄本，第 17 页 a。

四十五年(1780年)、四十九年(1784年)共六次南巡。① 每次南巡大多是正月中旬从北京出发,陆路经直隶、山东至江苏黄河渡口,乘运河南下经扬州、镇江、丹阳、常州、苏州,入浙江,由嘉兴抵杭州返程。返回时,过江宁,谒明孝陵,检阅部队,一般于四月底或五月初回到北京。

在南巡之前,乾隆往往提前做充分的舆论准备。早在乾隆十四年(1749年),他就对内阁谕旨说,江南督抚等纷纷上书陈述,南方各省"绅耆士庶,望幸心殷,合词奏请南巡"。"江左地广人稠,素所廑念,其官方、戎政、河务、海防与凡闾阎疾苦,无非事者,第程途稍远,十余年来未遑举行。屡尝敬读圣祖实录,备载前后南巡,恭侍皇太后銮舆,群黎扶老携幼,夹道欢迎,交颂天家孝德,心甚慕焉。朕巡幸所至,悉奉圣母皇太后游赏,江南名胜甲于天下,诚亲掖安舆,眺览山川之佳秀,民物之丰美,良足以娱畅慈怀。既询谋金同,应依议允从所请。"② 从乾隆的这段谕旨中,可以看出乾隆南巡主要是出于两个方面的原因:一方面是惦记南方军政、河防、海防及民生等要务,另一方面是仰慕其祖父康熙南巡受到黎民百姓夹道欢迎之场景,希望能够奉皇太后游览江南名胜,体验民物风情,以娱畅慈怀。可见,当时的乾隆正自信满满,慷慨陈述南巡的军政之由,同时也并不掩饰游览名山、娱畅慈怀的目的。

三、乾隆的武夷情结

从做皇子的时候开始,乾隆就对武夷山产生了特殊的情结。

雍正即位后(1723年),作为皇子的爱新觉罗·弘历迁入紫禁城西二所(乾隆即位后重修为重华宫),第一殿就是弘历读书写作的地方,墙上悬挂雍正

---

① 乾隆六次南巡的具体时间:(1)乾隆十六年(1751年),正月十三至五月初四,共110天。(2)乾隆二十二年(1757年),正月十一至四月二十六,共105天。(3)乾隆二十七年(1762年),正月十二至五月初四,共112天。(4)乾隆三十年(1765年),正月十六至四月二十一,共125天。(5)乾隆四十五年(1780年),正月十二至五月初九,共117天。(6)乾隆四十九年(1784年),正月二十一至四月二十三,共121天。

② (清)高晋、萨载、阿桂:《钦定南巡盛典》卷25,清文渊阁四库全书本,第1页a～2页a。

皇帝书写的"乐善堂"三字。雍正八年(1730年)，弘历开始将自己在"乐善堂"的作品整理成集。即位后第二年(1737年)，即命人整理刻印，是为《乐善堂全集》。其中，卷十五有一首《冬夜煎茶》诗云：

清夜迢迢星耿耿，银檠明灭兰膏冷。更深何物可浇书，不用香醅用苦茗。建城杂进土贡茶，一一有味须自领。就中武夷品最佳，气味清和兼骨鲠。葵花玉銙旧标名，接笋峰头发新颖。灯前手擘小龙团，磊落更觉光炯炯。水递无劳待六一，汲取阶前清渠井。阿僮火候不深谙，自焚竹枝烹石鼎。蟹眼鱼眼次第过，松风欲作还有顷。定州花瓷浸芳绿，细啜漫饮心自省。清香至味本天然，咀嚼回甘趣逾永。坡翁品题七字工，汲黯少戆宽饶猛。饮罢长歌逸兴豪，举首窗前月移影。①

深冬月夜，作为皇子的弘历读书之余，煎茶品味。弘历觉得各地土贡的茶中，各有滋味，但"就中武夷品最佳"。这是弘历对武夷茶的充分肯定，还透露出所煎之茶来自武夷山的接笋峰。接笋峰下就是武夷山著名的云窝和茶洞，那里所产的茶，自然是武夷茶中的上品。弘历评武夷茶之味"清和兼骨鲠"，清香天然，回甘绵永。可见，弘历对武夷茶的了解是很深的，这也许是乾隆与武夷山结缘的开始。②

弘历做皇子期间，他的老师是福建漳浦人蔡世远③。蔡世远返回福建后，弘历看到南宋画家刘松年④的《武夷九曲图》，想起自己福建的老师，于是在画上作《题刘松年〈武夷九曲图〉忆闻之蔡先生》诗云：

---

① (清)蒋溥：《御制乐善堂全集定本》卷15，清文渊阁四库全书本，第6页a～b。

② 《御制诗四集》卷十四亦载乾隆《味甘书屋》诗一首："汲泉茗煮武夷尖，口为生津心为恬。却笑回甘苏氏帖，还称崖蜜十分甜。"诗题名曰"味甘书屋"，诗文也明确武夷茶"口为生津心为恬"的特色，可见乾隆对武夷茶是十分推崇和了解的。

③ 蔡世远(1682—1733)，字闻之，号梁村，福建漳浦人。康熙四十八年(1709年)进士，入翰林院为庶吉士，后回福建主持福州鳌峰书院，后又入京，授翰林编修，侍皇子读书，历侍讲学士、内阁学士、礼部侍郎等。

④ 刘松年(约1131—1218)，号清波，浙江金华人。南宋画家。

武夷层巘岚烟碧，水墅山村变朝夕。桃源只许一舟通，就中疑有
神仙迹。闻之先生八闽客，为余曾说山川僻。当时兴寄玉笋峰，嗟吁
道阻未寻展。钱唐笔墨超凡格，半幅霜绡图咫尺。题诗九曲足卧游，
还似书窗话畴昔。①

因《武夷九曲图》想起老师，以前还听说老师有山水僻，寄来《玉笋峰》诗，
乾隆表达因路远不能去游的遗憾。现在又题诗《武夷九曲图》以卧游，还似当
年依窗读书畅谈的场景。皇子时代的弘历，对武夷山已经有一定的了解，对武
夷茶有很高的评价，因老师的缘故，对福建和武夷山产生一种特殊的情结。

如前所述，乾隆在位 60 年间，巡游 150 多次，其中大规模南巡 6 次。早在
第四次南巡之后，就由两江总督高晋编辑、大学士傅恒校阅而成《南巡盛典》一
百二十卷。第六次南巡结束之后，乾隆五十六年(1791 年)，命大学士阿桂、和
珅、董诰等将高晋《南巡盛典》与后来萨载的《续编》合编为一书，仍依高晋的体
例，编辑而成新的四库全书本《钦定南巡盛典》，凡一百卷。

"六度南巡止，他年梦寐游。"②乾隆六度南巡，共创作 3600 余首诗，平均
每天作诗 5～6 首。乾隆南巡诗又都收录在《清高宗御制诗文全集》(统称《御
制诗集》)中，《御制诗集》从初集到五集，共收录乾隆在位 60 年的诗歌 43000
首左右。③

据笔者统计，乾隆诗文中与武夷山直接相关的有 42 首。数量虽不多，但
其内容却反映了乾隆对武夷山非同寻常的依恋情结。乾隆这些诗歌与武夷山
的关联方式，主要表现在以下几个方面。

---

① (清)蒋溥:《御制乐善堂全集定本》卷 21,清文渊阁四库全书本,第 1 页 a。

② (清)高晋、萨载、阿桂:《钦定南巡盛典》卷 22,清文渊阁四库全书本,第 4 页 b。

③ 乾隆首次南巡诗作,收录在《御制诗二集》卷二十二至卷二十八;二次南巡诗作收
录在卷六十六至卷七十三;三次南巡诗作,收录在《御制诗三集》卷十八至卷二十四;四次
南巡诗作收录在卷四十四至卷五十;五次南巡诗作,收录在《御制诗四集》卷六十六至卷七
十四;六次南巡诗作,收录在《御制诗五集》卷二至卷九。参见陈思晗:《康熙、乾隆南巡诗
比较研究》,扬州:扬州大学硕士学位论文,2019 年。

（一）景点题名

乾隆经常用武夷山的景点，来题名南巡行宫，或诠释巡游中的名胜和皇家园林中的重要景点。

南京栖霞山行宫，是乾隆南巡所建最大的行宫。它于乾隆十六年（1751年），第一次南巡时开始修建，历时 6 年，至第二次南巡时的乾隆二十二年（1757 年）建成。建成之后，乾隆将行宫的三大堂之一，题额曰"武夷一曲精庐"，①同时题对联两副："梦壁峭中寻昔句，松轩胜处得今停""奇松诡石天然净，涧草山花自在芳"。② 南巡初期，就以"武夷一曲"来命名最大的行宫驻地，可见武夷山在乾隆心中早就有一定的分量。此后又以《武夷一曲精庐》为题，写过四首诗。

> 岩根水绕阶除，步廊曲折云拟。议以成变变化，武夷一曲精庐。③

> 名山初步未云深，峰有神姿泉有音。比似武夷才一曲，许多奇境自兹寻。④

> 言胜彼以山，是独胜以水。水亦非浩瀚，一曲斯足矣。潀□挂崖口，澴潀围砌齿。武夷我岂见，想或有同此。因思世间物，何莫非名拟。⑤

> 摄山胜以山，然亦不乏水。命曰武夷曲，似哉而远矣。有石可枕头，有流可漱齿。王武子所云，适可用于此。然我忧勤人，未宜斯比拟。⑥

---

① 另外两堂是"春雨山房"和"太古堂"。

② （清）高晋、萨载、阿桂：《钦定南巡盛典》卷 87，清文渊阁四库全书本，第 4 页 b。

③ （清）高晋、萨载、阿桂：《钦定南巡盛典》卷 10，清文渊阁四库全书本，第 12 页 b。

④ （清）高晋、萨载、阿桂：《钦定南巡盛典》卷 14，清文渊阁四库全书本，第 6 页 b。

⑤ （清）高晋、萨载、阿桂：《钦定南巡盛典》卷 18，清文渊阁四库全书本，第 8 页 b～9 页 a。

⑥ （清）高晋、萨载、阿桂：《钦定南巡盛典》卷 23，清文渊阁四库全书本，第 7 页 b。

　　诗中作者表达了对武夷山"山与水"完美结合特点的了解,想象着仅仅一曲就有如此的奇境,那么武夷九曲该是如何的美妙。但乾隆也明确说,自己并没有见到武夷山,只是想象中的比拟而已。其中,透露出对武夷山的向往,也有由于路远而不能至的遗憾。

　　第五次南巡时,乾隆像往常一样,针对著名的西湖十景分别作诗一首。其中《双峰插云》诗云:

　　　　倒影双峰俨若垂,浮云一片两头披。武夷缩地为明圣,不异虹桥燕客诗。[①]

　　乾隆用武夷山来诠释西湖十景之一的"双峰插云",这首诗的"双峰"意指武夷山的鼓子峰(并莲峰),表明乾隆对武夷山的地理景观有一定的了解。

　　与此同时,乾隆也用武夷山来诠释其他皇家园林的重要景点。雍正曾在圆明园西边的湖中,筑卍字室,为圆明园四十景之一。雍正亲笔在卍字室周围题写"万方安和""佳气迎人""四方宁静""碧溪一带""山水清音""神洲三岛""高山流水""枕流漱石""洞天深处"等九个名胜之名。乾隆于二十九年(1764年),以上述九个名胜为题,分别题诗一首。其中,《洞天深处》诗云:

　　　　武夷穷九曲,方识洞天佳。仿佛虹桥架,依稀毛竹排。益深斯致远,惟静与为谐。欲会凝神抱,缘澄出治怀。[②]

　　乾隆把雍正于圆明园所题的"洞天深处",解读为武夷洞天之境,可见武夷山在乾隆心中的地位是很高的,也可见他对武夷山的文化和历史有深刻的了解。乾隆十一年(1746年),他看到重新修葺落成的北京香山静宜园,非常兴奋,拟定这里廿八景,并把第一景命名为"山阳一曲精庐",又分别为廿八景题诗。其中,《山阳一曲精庐》诗云:

　　　　景称凡廿八(乾隆乙丑秋,因旧行宫之基,茸治为园。丙寅春落成,名曰静宜,凡为景二十有八,各系以诗),一曲有精庐。举要堪知

---

①　(清)高晋、萨载、阿桂:《钦定南巡盛典》卷17,清文渊阁四库全书本,第18页 b。

②　(清)纪昀:《御制诗三集》卷39,清文渊阁四库全书本,第4页 a。

泛,咏斯可概诸。有蹊都引静,无牗不含虚。设以武夷喻,此为步入初。①

虽曰"山阳一曲",实际上是按照武夷一曲来设喻的,以此作为静宜园的入口。此后每次前往这里游览,乾隆都要以《山阳一曲精庐》题诗纪游,诗中常常不断重复对武夷山的遐想,如"设以武夷喻,方开一曲船"②,"潇洒精庐洁,山阳委宛中。无尘所到处,有水若浮空。岩树回环翠,野花妥贴红。武夷问深境,其九更应穷"③。北京香山的山阳一曲,已经委婉曲折,洁净无尘,岩树环翠,野花贴红,武夷山的九曲,更应该是渐入佳境,胜景无穷。乾隆对武夷山的向往之情,溢于言表。

以武夷山喻景,在乾隆纪游诗中的例子还有很多。再如,第四次南巡至扬州大明寺平山堂,乾隆在《游平山堂即景杂咏》中说:"设使武夷征故事,便当九曲自兹探。"④在《泛月十二咏》组诗的《月桥》诗中云:"湖山设拟武夷曲,咫尺幔亭亦不遥。"⑤乾隆经常把眼前的风景,当作武夷山九曲溪、幔亭峰等胜景,时间久了,就会有以假为真的感觉,如他自己所说:"久假即疑真,兴在武夷曲"⑥。真正的诗兴,当在武夷九曲。

又如,在南巡途中,驻跸山东泗水县泉林行宫,乾隆看到山麓诸泉奔涌,溪流淙淙,曲折婉转,因而取武夷九曲命之曰"九曲彴",并在两次南巡中,以《九曲彴》为名作诗两首。如其一云:"溶溶春水漾兰苕,碧柱朱栏窣柳条。合是武夷最深处,便当屣步蹑虹桥。"⑦武夷深处,阔步虹桥,用情至深,可见一斑。⑧

----

① (清)纪昀:《御制诗五集》卷97,清文渊阁四库全书本,第9页a。这首诗本来是在乾隆十一年(1746年)作,但却编辑在第五集,可见《御制诗集》中的编辑顺序,并不一定完全按照时间顺序,其中存在一些时间错乱的现象。
② (清)纪昀:《御制诗三集》卷26,清文渊阁四库全书本,第19页b。
③ (清)纪昀:《御制诗五集》卷39,清文渊阁四库全书本,第15页a。
④ (清)纪昀:《御制诗三集》卷50,清文渊阁四库全书本,第2页b。
⑤ (清)纪昀:《御制诗三集》卷66,清文渊阁四库全书本,第22页a。
⑥ (清)纪昀:《御制诗四集》卷35,《挹泉榭》,清文渊阁四库全书本,第5页b。
⑦ (清)纪昀:《御制诗二集》卷67,清文渊阁四库全书本,第13页a。
⑧ 《御制诗四集》卷三十六载另一首《六题泉林行宫八景》之《九曲彴》:"卧坡野彴致多曲,其数奇交恰象阳。设曰武夷能缩地,慢亭应在那边张。"

在河北蓟县的盘古寺,乾隆作《盘谷寺》诗云:

> 遂造盘谷盘,宛探曲中曲。武夷徒曾闻,台怀较知恋。①

因看到盘谷寺谷中有谷,曲中有曲,便联想到武夷山之九曲山水,环环相连。于是,因没有到过武夷山而感到惭愧。

(二)文化关联

乾隆在巡游过程中,经常将当下情景与武夷山的文化元素联系起来,即兴赋诗。

武夷山流传最广的神话传说,非"幔亭招宴"莫属。乾隆对这个传说可谓了然于心,对其中的虹桥、幔亭、人间可哀之曲,即兴赋诗,信手拈来。以虹桥为例,乾隆一生非常喜欢彩虹,认为彩虹是美好的象征,他曾因此对朱子的解释表示了质疑,提出了更符合自然之理的解释。如《虹始见》诗云:

> 天地缘何淫气行,晦翁兹语我疑生。② 春深律暖致斯见,日映云轻因以成。西宇朝隮必其雨,东方暮现定为晴。武夷亭幔空中架,蹑此居然到玉京。③

"武夷亭幔空中架,蹑此居然到玉京。"虹桥是架在武夷和玉京之间的桥梁,是乾隆心中通往仙境的桥梁。因此乾隆在巡游过程中,常以"虹桥"为景点命名。而在他的诗文中,虹桥又必然与武夷山联系在一起。虹桥是乾隆武夷情结的一个联结点。

河北保定高碑店的紫泉行宫,有"虹桥"一景,乾隆南巡、东巡每次经过这里,都要以《紫泉行宫十咏》为题,针对这里的十景吟诗。用他自己的话说:"南巡、东巡每过此无不题句,以十景分题计之不啻数百首矣。"④据《御制诗集》,

---

① (清)纪昀:《御制诗二集》卷 13,清文渊阁四库全书本,第 4 页 b。

② 乾隆在这里自注说:"朱子集传乃以虹为天地之淫气,殊害于理。夫虹乃日光雨气,相薄而成,并无淫义,即如天地絪缊,万物化生,乃阴阳二气,妙合而凝,皆正道,非淫气也。"乾隆的解释,倒是更符合当今的科学道理。

③ (清)纪昀:《御制诗四集》卷 57,清文渊阁四库全书本,第 9 页 b。

④ (清)纪昀:《御制诗五集》卷 37,清文渊阁四库全书本,第 5 页 b。

乾隆共以《紫泉行宫十咏》为题吟诗 12 次，共有 120 首诗。其中，第四次南巡途中，乾隆的《紫泉行宫十咏》之《虹桥》云：

> 宛转桥栏俯渚汀，垂如蠓蛛饮波形。武夷君若期相会，蹑此知当到幔亭。①

武夷君，如果你想与我相会的话，这个时候应该知道，我已经到幔亭了。在这里，乾隆以皇帝独有的口吻，直接与武夷君展开了跨越时空的对话。乾隆已经跨越虹桥，从玉京来到幔亭峰了，只待武夷君前来相会。因此说，武夷山是乾隆魂牵梦绕的地方，并不为过。同样也是第四次南巡，在南京栖霞山，乾隆《再咏沈德潜〈游摄山十二首〉诗韵仍令沈德潜并钱陈群和之》诗，其中一首云：

> 金仙坐栖霞，前设大圆镜。那藉彩虹桥，方臻武夷胜。韶春复南巡，绮筏旆旌映。建业诸务毕，重事探幽夐。入门先濯清，天水当前净。忆革不观鱼，一任澄波泳。②

"那藉彩虹桥，方臻武夷胜"，只有到了武夷山，那里的彩虹才是最好的。

苏州四大名园之一的文园狮子林，号称有八景，又或十六景，其中之一为"虹桥"。乾隆多次题诗《虹桥》，均以武夷山为题材。如《狮子林八景·虹桥》之"设使幔亭张（去声），吾当问顺风"③，又《题文园狮子林十六景·虹桥》"若论武夷曲，在此不在彼"④，再《题文园狮子林十六景·虹桥》曰"驾水石桥宛若虹，波光浮动有无中。武夷帐幔何须拟，未脱尘寰色与空"⑤。第六次南巡至扬州，在瘦西湖的倚虹园，乾隆作《倚虹园》诗亦云："武夷九曲拟非谬，阳羡何年缩不遥。"⑥

在皇家园林承德避暑山庄，也少不了彩虹，"长虹饮练"为其三十六景之

① （清）纪昀：《御制诗三集》卷 44，清文渊阁四库全书本，第 7 页 b。
② （清）纪昀：《御制诗三集》卷 49，清文渊阁四库全书本，第 26 页 b～27 页 a。
③ （清）纪昀：《御制诗四集》卷 4，清文渊阁四库全书本，第 33 页 b。
④ （清）纪昀：《御制诗四集》卷 22，清文渊阁四库全书本，第 32 页 b。
⑤ （清）纪昀：《御制诗四集》卷 62，清文渊阁四库全书本，第 18 页 b。
⑥ （清）纪昀：《御制诗五集》卷 4，清文渊阁四库全书本，第 13 页 b。

一。武夷山的影子,与长虹常在。如乾隆《长虹饮练》诗云:

　　武夷帐幄列云崖,为有虹桥可作阶。此日游仙重容与,溪声犹奏绿琴谐。①

《天桥山歌》诗云:

　　武夷长虹事乃幻,谢傅永安桑海变。恰似嵩山玉女窗,中秋月每从中见。②

《阵雨》诗云:

　　南峰落雨北峰晴,上谷涨溪下谷鸣。不是武夷凡几曲,虹桥何事倚空横。③

　　在乾隆心中,虹桥是人神相会的阶梯,幔亭是乾隆心中的仙境,他走到哪里,虹桥就架到哪里,幔亭就在哪里。在北京西山的玉泉山,河北保定的莲池书院,乾隆都作与武夷山相关的虹桥诗。在北京香山,乾隆作《翠峰高处置笙歌》诗序云:"玉华岫置法曲一部,自香岩室隔谷招之,奏小令数阕,岩谷凑响,非复人间丝竹,声如在武夷虹桥间也,因赋是题。"④从某种程度上讲,在乾隆的诗歌中,"虹桥"几乎成了武夷山的代名词。这也从一个侧面表明,乾隆对武夷山的了解非常深刻,对武夷山充满向往之情。

(三)以武夷题写诗画

　　乾隆还常以武夷山水画,或以武夷山喻画、题诗,甚至将所题画卷直接当成武夷山水而题诗作赋。

　　北宋画家燕文贵⑤的《武夷叠嶂图》是最早的武夷山水画,乾隆收藏有被

---

①　(清)纪昀:《御制诗初集》卷7,清文渊阁四库全书本,第12页b。
②　(清)纪昀:《御制诗二集》卷49,清文渊阁四库全书本,第14页b。
③　(清)纪昀:《御制诗三集》卷32,清文渊阁四库全书本,第5页b。
④　(清)纪昀:《御制诗初集》卷41,清文渊阁四库全书本,第18页b～19页a。
⑤　燕文贵(967—1044年),又名燕文季,吴兴人。北宋画家。

称为"清初画圣"的王翚①临摹的《武夷叠嶂图》。乾隆在画上题六言诗《题王
翚临燕文贵〈武夷叠嶂图〉》："苍古微变王体，精严因仿燕宗。要自不失神韵，
亦能有发吟胸。洁池万林环抱，窈窕九曲包容。若论雪江本色，此则有为法
踪。"②诗中主要是对王翚画法的评价，但其中也涉及乾隆对武夷山水的印象，
"万林环抱""窈窕九曲"，正是他心中最美的武夷山水。

乾隆涉及武夷山的题画诗，主要有《题恽寿平山水小景·岚扉烟曲》《再题
徐贲狮子林图十二帧·小飞虹》《题钱维城秋景山水十二种·右垂虹远岫》等，
图画内容明明都是其他地方，乾隆却将它们想象为武夷山而题诗，如《岚扉烟
曲》"武夷九曲是耶非，霭霭岩岚护似扉"③，《右吐月峰》"高跨石梁俯碧澄，武
夷名目借来称"④，《垂虹远岫》"虹桥可望不可过，讶似武夷张幔亭"⑤。在乾隆
题画武夷山诗中，《题董邦达⑥〈千岩飞瀑〉》，可谓其代表之作：

诡巘缤纷叠树苍，溅珠喷玉意含凉。武夷胜处称九曲，白也诗情
寄两章。有叶贴波皆浣锦，无风出峡亦吹簧。设云着个人听好，未识
无人趣转长。⑦

武夷山天游峰有著名的雪花瀑，乾隆看到董邦达的千岩飞瀑，再次联想到
武夷山，并称"武夷胜处称九曲，白也诗情寄两章"。武夷山九曲之胜，就算是
诗仙李白也要诗情寄两章。在《题九峰园》诗中，乾隆又写道：

策马观民度郡城，城西池馆暂游行。平临一水入澄照，错置九峰
出古情。雨后兰芽犹带润，风前梅朵始敷荣。忘言似泛武夷曲，同异
何须细致评。⑧

① 王翚(1632—1717年)，字石谷，号耕烟散人，苏州常熟人。被称为"清初画圣"。
② (清)纪昀：《御制诗五集》卷15，清文渊阁四库全书本，第19页b。
③ (清)纪昀：《御制诗三集》卷97，清文渊阁四库全书本，第28页b。
④ (清)纪昀：《御制诗五集》卷15，清文渊阁四库全书本，第7页a。
⑤ (清)纪昀：《御制诗三集》卷84，清文渊阁四库全书本，第13页b。
⑥ 董邦达(1696—1769年)，字孚存，号东山，浙江富阳人。雍正十一年(1733年)进
士，授编修，官至礼部尚书。善书画，与董源、董其昌并称"三董"。
⑦ (清)纪昀：《御制诗二集》卷63，清文渊阁四库全书本，第7页b。
⑧ (清)纪昀：《御制诗三集》卷19，清文渊阁四库全书本，第24页a～b。

　　看到眼前的九峰园,感觉其风景与武夷山水十分相似,至于异同也没必要仔细去评说了。没有到过武夷山的乾隆,居然要比较九峰园与武夷山的异同。甚至,乾隆已经分不清"九峰"与武夷山的区别了。如他在《九峰歌二十韵题文彭刻冻石砚山章》诗中云:

　　　　武夷名实著汉书,九曲之称自朱子。一曲必有一峰环,九峰之名
　　由是起。蔡沈遂以号先生,注书不出晦翁轨。用是名者亦已伙,舆志
　　不可数偻指。独兹九峰乃砚山,复刻为章创文氏。想其灯光遇四筐,
　　老坑珍物获累累。

　　　　未必一一中章材,异想天开忽为此。一曲勒马笔临溪,二曲玉女
　　凌云峙。三曲揽石何砐硪,四曲李仙高岌巍。五曲窈窕称大藏,六曲
　　城高赤城拟。七曲苍屏更殊致,八曲鱼磕其石碕。九曲最深号灵峰,
　　俯括厥八子孙视……①

　　这里,乾隆对武夷山的文化历史展开了回顾,认为朱子棹歌开启了武夷九曲之名,一曲必有一峰,九峰之名,因此不枉。令人惊讶的是,乾隆接着放飞想象的野马,一口气把武夷山九曲溪的景点,叙述一遍。一曲勒马岩,二曲玉女峰,三曲有揽石,四曲李仙岩,五曲大藏峰,六曲城高岩,七曲苍屏峰,八曲鱼磕石,最深九曲号灵峰。如果说之前乾隆对武夷山的印象停留在九曲、幔亭、并莲峰、中秋月、虹桥、朱子等抽象元素的话,那么这里的九曲溪所包含的空间元素,则完全是具体的,而且具体到每一曲的核心景点,甚至是溪中的细小景点,如勒马岩、鱼磕石等,这些都是只有泛舟溪中才可能会知道的景点。

　　从前文乾隆一再表露的对武夷山的一往情深,到这里对九曲溪景点令人难以置信的清晰罗列,有理由推测,是否存在着乾隆到过武夷山的可能性?

　　(四)乾隆巡游武夷山的可能性

　　根据前文相关资料的研究,乾隆对武夷山的确是一往情深,心向往之,其

---

　　① (清)纪昀:《御制诗五集》卷20,清文渊阁四库全书本,第23页b~24页a。

诗文中存在武夷山旅游细节的痕迹。如他曾说："朕所作诗文……无不归于纪实。"①本文认为，存在乾隆到过武夷山的可能性，由于没有确实的文献及实物证据，这里只做一个可能性推测，以供研究者参考。

第一，乾隆的第五、第六次南巡，分别驻跸在杭州十天、八天，这个时间存在往返武夷山的可能性。

第二，第五、第六次南巡，福建因素比以往增多。福建地方参与乾隆南巡，主要是调水师入浙，以供乾隆在钱塘江进行专项的福建水师阅兵活动。第六次南巡，根据《清高宗实录》的记载，也有专门"阅福建水师"，但并未说明在何处。自杭州回銮之前，下旨"其福建绿营兵丁，调至浙省办差，并着一体加恩赏给两月钱粮"②。按以往的惯例，凡是乾隆巡游到过的地方，都要减免额赋；凡是参与南巡保卫工作的兵丁，都要加赏两个月钱粮。以往的南巡，要有地方文人的献诗活动，但主要是浙江人。第六次南巡，出现"谕浙江、福建进献诗册"③。这在以往是没有的，福建文人参与献诗活动，有可能与福建的行程有关。

第三，现在人们看到的乾隆《南巡盛典》和《御制诗集》都是重新经过编辑的，存在着编辑过程中对游览诗文删减的可能。

虽然乾隆在南巡乃至巡游各地的过程中，总是减免所经之地的赋税，④看似减轻了人民的负担，但实际上每次南巡，各地官员为了办好这一盛事，几乎倾尽所有，铺张浪费，以博取皇帝的欢心。最终导致地方财政消耗很大，甚至很多地方出现严重亏空。

实际上，自南巡开始，官方和民间的反对声，始终都是存在的。有些地方文人也曾经上书谏止南巡，有的地方官甚至不予配合，民间也有很多反对之声。董天工的老师，曾为《武夷山志》作序的三朝元老、大学士孙嘉淦，也牵涉

---

① （清）庆桂、董诰：《清高宗实录》卷 1301，清嘉庆间内务府抄本，第 7 页 a。

② （清）庆桂、董诰：《清高宗实录》卷 1102，清嘉庆间内务府抄本，第 8 页 b。

③ （清）庆桂、董诰：《清高宗实录》卷 1201，清嘉庆间内务府抄本，第 11 页 b～12 页 a。

④ 乾隆五十七年（1792 年），乾隆第三次巡幸五台山时，下旨说："联向来每遇巡幸，所有经过地方，俱加恩蠲免地丁钱粮十分之三。"参见（清）彭元瑞：《孚惠全书》卷 8，民国罗振玉石印本，第 17 页 a。

到一桩谏止南巡的案件。乾隆十四年(1749年),两江总督黄廷桂为筹办南巡,督责过于严厉,属下苦不堪言。于是,江西官员卢鲁生、刘时达冒名孙嘉淦作"谏止南巡疏",乾隆阅后大怒,认为这是有人试图阻止他南巡,故意诬陷办理南巡事务的官员,于是勒令彻查此事。直到乾隆十八年(1753年),卢鲁生、刘时达等人被处死,涉案文武官员达千人,作为三朝元老的孙嘉淦,也因此不能自安,不久便忧心而卒。大学士讷亲、博尔奔察等都曾不支持南巡。曾任江苏学政的尹会一,也奏称两次南巡导致民间疾苦,怨声载道。侍读学士纪晓岚奏称南巡导致东南财政吃紧,内阁学士尹壮图也上书说,南巡过程中,有些地方官员借南巡勒索,导致仓库亏耗严重。乾隆起初南巡意愿坚决,面对反对声音非常不满,先后将尹会一、尹壮图流放或革职。

　　然而,多年之后,情况逐渐发生变化,乾隆自己也感受到现实的压力。第六次南巡结束时,乾隆作《南巡回跸至御园之作》,总结说:"六度南巡于迈勤,一心惟是为民殷。雨虽继雨仍希望,孙又生孙亦喜欣。日月居诸诚过隙,园庭莅止逛南薰。载咨儿辈其聪听,毋易言游视记文。"(今岁六巡江浙,携诸皇子侍行,俾视朕躬之克己无欲,以及扈从之奉法,官吏之奉公,民人之亲近,有不如此,未可言南巡。而总不出敬天明理两端详,见昨所制南巡记。)① 从第一次南巡时的豪言壮语,毫不掩饰奉母游览名山大川的踌躇满志,到第六次南巡之后的慎之又慎,竭力表白自己的南巡本是一心为民,乾隆晚年可能已经意识到,他这一生的六次南巡,给民生带来一定的危害,担心造成负面影响,所以竭力宣扬自己南巡为民、为政的合法性,不再像第一次南巡那样,明明白白地说要饱览江南名山胜景。对于游览,几乎只字不提了。

　　乾隆后期,对盛大的南巡活动,也进行了反思。他曾对近臣吴熊光说:"朕临御六十年,并无失德。惟六次南巡,劳民伤财,作无益毒有益。将来皇帝南巡,而汝不阻止,必无以对朕。"② 乾隆意识到有劳民伤财的后果,开始反省南巡之事,所以在编辑"南巡盛典"资料的过程中,也有意识地掩盖了纯粹游山玩

---

　　①　(清)高晋、萨载、阿桂:《钦定南巡盛典》卷23,清文渊阁四库全书本,第43页b~44页a。

　　②　赵尔巽:《清史稿》卷357,载《二十五史》,上海:上海古籍出版社,1986年,第1277页。

水的行为。在《南巡盛典》的"名胜卷"卷首序言中，纪晓岚等人说，虽然江南山水"岩谷森秀，花木清妍"，但"圣天子勤民育物之本怀"，并不在"登览之美者"，每次"自銮舆末驾，即以率由旧章，毋或踵事增华，谆谆垂诫"。"偶值几暇登临，亦无非轸念民依。形诸歌咏，盖帝心所缱注者，惟河工海塘之永庆安澜，而不在问水寻山之足。供睿览所欣慰者，惟农夫蚕妇之咸安耕织，而不在寻幽选胜之偶惬"。[①] 这些竭力掩盖南巡游览山水的事实，都说明乾隆晚年，确实遇到一定的社会压力，尽量避免给人造成游山玩水的口实。

《御制诗初集》卷三，又载乾隆一首《荔枝效竹枝词》：

> 武夷溪畔艳仙妆，晚日晖晖射绛囊。因风飞过仙霞岭，惹得人间
> 齿颊香。[②]

这首诗透露的具体空间体验，应该是在仙霞岭。而仙霞岭位于闽浙交界处，其上仙霞关古人称为"两浙之锁钥，入闽之咽喉"，是经浦城出入福建的必经之道。

小　结

的确，武夷山是乾隆皇帝魂牵梦绕的地方，九曲、虹桥、幔亭、洞天等文化元素是乾隆对武夷山的深刻印象。"武夷君若期相会，蹑此知当到幔亭。"可以说，乾隆走到哪里，虹桥就架到哪里，幔亭就在哪里。乾隆一生深深的武夷情结，反映了他对山水之美的渴求，也蕴含其超越有限的精神追求。

乾隆皇帝是否来到过武夷山并不重要，重要的是从他有关武夷山的诗文中，可知他一生对武夷山的钟情，这是中国古代史上武夷山文化影响力的一个标志，也是武夷山古代旅游发展到巅峰阶段的标志。乾隆皇帝的武夷情结，是武夷山旅游史的一部分。

---

① （清）高晋、萨载、阿桂：《钦定南巡盛典》卷81，清文渊阁四库全书本，第1页b～2页a。

② （清）纪昀：《御制诗初集》卷3，清文渊阁四库全书本，第10页b。

第十三章
武夷山：中国古典山水依恋的典范

我们知道,旅游首先表现为人在空间中的移动,是人与外在空间之间关系模式的一种。因此,空间是本书非常重要的关键词。以人与空间的关系为视野,探索中国人对外在空间的依恋现象,以及人与空间之间的交往途径,是本书的重要方法。而我们通常熟悉的"山水"一词,则是中国文化史上一个非常重要的概念,中国古代有独特的山水文化,而"山水"正是一种特殊的空间,是中国文化所独有的文化空间概念。它的出现和存在,反映了中国人与外在空间之间独特的交往关系。

一、中国人空间优先的思维方式

中国人偏重空间优先的思维方式,西方人偏重时间优先的思维方式。这是一个宏大的跨文化研究问题,这里不详细论述,简要介绍一下相关学者的主要观点。

首先看语言学的研究。语言学家徐通锵长期从事汉语与印欧语之间的差异研究,他提出由于语言文字存在的差异,汉语社团与印欧语社团之间在语言的心理现实性、认知途径、思维方式,乃至哲学世界观等方面,都存在着很大的差异。徐先生认为,汉语的基本结构单位是字,其结构的核心是语义,印欧语的基本结构单位是词,其结构的核心是语法。[①] 汉字可以因"形"而知义,"形"

---

① 徐通锵:《中西语言学的结合应以字的研究为基础》,《语言文字应用》1998 年第 1 期。

意味着从空间中获得意义，印欧语则只能听"音"以知义，"音"只有在时间的"序"中才能获得意义。① 大致说来，"汉语社团的认知途径以视觉为基础，偏重于空间"，而"印欧语社团的认知途径以听觉为基础，偏重于时间"。② 王文斌在《论英语的时间性特质与汉语的空间性特质》一文中也指出，英语抽象性和汉语具象性差异的根源在于，英语重时间，汉语重空间。印欧语系结构是时间性，而汉语语言结构是空间性。③ 沈家煊也注意到英汉民族不同的思维方式问题，他列举很多例子，说明西方人关注的是在与不在的问题，中国人关注的是有和无的问题。④ 在与不在的问题，是时间存续的问题，其背后隐藏着认知主体对时间的关注。有和无的问题，是空间占有与否的问题，其背后隐含的是认知主体对空间的关注。

空间优先和时间优先的思维差异，不一定是由于语言文字的差异而决定的，但语言和文字的差异，对不同民族思维方式的不同，一定起到很关键的作用。中西双方在宗教、哲学、艺术、文学、历史，乃至社会发展的各个领域，其实都存在着空间优先和时间优先的思维差异，很多哲学家和历史学家都注意到了这一点，这里仅举几例。

著名哲学家成中英先生曾说，西方语言"是通过时间延续来显示外在事物"，因此"声音语言是时间性的"，而"中国语言以形象为主导"，是形象语言，"是对空间中显现的事物的模拟与掌握"，因此"形象语言是空间性的"。⑤ 日本美学家今道友信也注意到："西方对人类存在的根本理解，把重点放在时间上。"⑥

---

① 徐通锵:《字的重新分析和汉语语义语法的研究》,《语文研究》2005 年第 3 期。

② 徐通锵:《汉字与认知》,载《识字教育科学化教学汇粹——第二届识字教育国际研讨会文献之三》,北京:中国轻工业出版社,2006 年。

③ 王文斌:《论英语的时间性特质与汉语的空间性特质》,《外语教学与研究》2013 年第 2 期。

④ 沈家煊:《从语言看中西方的范畴观》,《中国社会科学》2017 年第 7 期。

⑤ 成中英:《中国语言与中国传统哲学思维方式》,载张岱年等:《中国思维偏向》,北京:中国社会科学出版社,1991 年。

⑥ ［日］今道友信:《东西方哲学美学比较》,李心峰等译,北京:中国人民大学出版社,1991 年,第 179 页。

　　杨春时先生则又进一步敏锐地观察到中西双方的现象学差异,提出西方现象学属于时间现象学,中国现象学属于空间现象学之说,这是极有见地的。他说:"西方现象学注重时间性……属时间现象学……中国古典现象学注重空间性……中华审美现象旨在克服现实空间的障碍,强调审美同情,讲情景交融,从而领会人生真谛。这就是说,中国审美现象学是空间现象学。当然,现代西方现象学也走向空间现象学……应该吸收中西方现象学的思想资源,并且加以融合,建设时间性与空间性、同情论与理解论一体化的审美现象。"[①]赵奎英从另一个角度,也表述了类似的看法:"实际上,从发生学和文化人类学的角度,中国古代空间意识对时间意识的渗透,无论在时间上还是在逻辑上都具有先在性和本源性。中国古代从商代的'四方说'开始,四时和四方就是结合在一起的。在商代甲骨卜辞中,四时是蕴含在四方之中的,古人是通过空间方位观念隐喻性地理解时间,隐含了时间空间化的根源。在阴阳五行中,四时已经从四方中脱胎出来;在《周易》中八卦代表了某个方位,并与四季相配合……中国古代的时间不是表现为一条无限延伸的线,不是表现为一个真正的发展过程,而是……体验化的、可逆的、趋于凝缩的封闭圆环,它意味着反复和同一性,具有非线性发展的'同时性'结构。它在时间之中似乎又超越了时间的作用,达到了一种空间化的永恒。"[②]比"空间时间化"更先在的"时间空间化",决定了中国古代文化是"空间化的文化形态"。[③]

　　中国审美现象属于空间现象学,中国文化是空间化的文化形态,这些判断都是很有见地的。空间优先的思维,必然导致文化社团对空间的依赖;时间优先的思维,必然导致对时间的依恋。我们知道,中国传统文化对空间依恋的特

---

　　①　杨春时:《作为第一哲学的美学——存在、现象与审美》,北京:人民出版社,2016年,第335~336页。

　　②　赵奎英:《诗·言·思——试论中国古代哲学言语与思维的诗化》,《山东师范大学学报》2000年第3期。

　　③　赵奎英:《中国古代时间意识的空间化及其对艺术的影响》,《文史哲》2000年第4期。赵奎英还提出:"'文'或'文章'最初的含义,实际上就是那些线条、色彩交相错杂的具有一定修饰意义的图形或图像,它具有一种空间形象,可视作空间艺术的初形,而不涉及时间声音。"参见赵奎英:《从"文"、"象"的空间性看中国古代的诗画交融》,《山东师范大学学报》2003年第1期。

点是十分明显的。比如诗歌是中国最重要的传统艺术，是中国美学最核心的表现形式。而诗歌正是由于人与外在空间或空间物象之间展开情感交换的产物，或者说诗歌的兴发本身，也是人们对物我关系产生审美关联的结果，而关系正是属于空间的范畴。邓伟龙注意到中国文学体裁中"赋"的空间特质，"其目的不在于线性时间的演绎，而在于生动空间的展出"，"赋其实就是一种最直观的空间方位叙事艺术"。① 他进一步说："如果说时空之美是中国古代诗歌艺术终极的审美追求，那么其中空间之美则又是最本质的，故可以说中国古代诗歌艺术是空间性（至少是偏重于空间性）的艺术。"②

　　不仅中国人的艺术是偏重空间依恋的产物，就连具有超越意义的宗教信仰，也表现出明显的空间性特征。中国人的宗教一直不能超越空间，却能超越时间，总是通过超越时间达到宗教的终极境界。中国道教修炼的最高果位"仙"，即人在本生的空间中实现对时间的超越。中国人世俗对宗教的信仰，几乎无一例外都是祈求神灵给予本生的保佑和赐福，表明中国人重视的是今生而非来世，今生优先就是空间优先思维的结果，而来世优先是时间优先思维的结果。中国利用时间优先的佛教教义中极小的机会，将它改造成空间优先的宗教大宗——禅宗。让人们在本生的世界里能够实现超越，而不是到时间之外的另一个世界里才能实现最终的超越。"西方刹那间目前遍见"，西方就在目前，人人皆可成佛，甚至放下屠刀，立地即可成佛。葛兆光说，禅宗是"把日常生活世界当作宗教的终极境界，把人所具有的性情当作宗教追求的佛性，把平常的心情当作神圣的心境，于是终于完成了从印度佛教到中国禅宗的转化，也使本来充满宗教性的佛教渐渐卸却了它作为精神生活的规训与督导的责任，变成了一种审美的生活情趣、语言智慧和优雅态度的提倡者"③。禅宗的这个特点，其实就是中国化的结果，它源自中国道学传统，具有超越意义的

---

　　① 邓伟龙：《中国古代诗学的空间问题研究》，北京：中国社会科学出版社，2012年，第47、56页。

　　② 邓伟龙：《中国古代诗学的空间问题研究》，北京：中国社会科学出版社，2012年，第2页。

　　③ 葛兆光：《中国思想史（第2卷）》，上海：复旦大学出版社，2000年，第172～173页。

"道"始终不离这个世界的根本特点，这是庄子哲学的基本特征。所以，朱良志教授说，禅宗的旨趣大抵在庄学中，是很有道理的。

在庄子的哲学系统中，具有超越意义的"道"没有离开人们生活的世界，意味着人们本生的世界就具有超越的终极意义，这是中国哲学、美学最根本的特征。因此，人们能够把终极的理想寄托在这个世界里。于是，庄子说"天地有大美而不言"。无疑，这是人类历史上最早的美学宣言，它赋予"天地"这个人们生活于其中的世界，具有了"大美"的属性。而这里的"大美"是不言的，是带有终极依恋性质的。因此，中国人对这个世界的依恋，是具有终极意义的。这是中国文化呈现出空间性特征、中国审美表现为空间现象学的哲学根源。

二、西方哲学的空间转向

相比之下，时间优先的西方文化，在它们的发展历史中，呈现出典型的时间性特征。就其信仰而言，它们所建构的终极世界，如理念界、极乐世界、天堂等，往往不在这个世界之内。这是由于其时间优先的思维逻辑，不能超越时间，所以它们只能沿着时间的逻辑建构自己的终极世界，即来生、来世所要达到的世界。所以，整体上而言，西方文化超越了空间，但始终不能超越时间。它们所追求的终极世界，只能在人们的生活世界之外。所以当中国人着迷于这个世界上的一草一木、山山水水的时候，中国人已经在这个世界上找到"桃花源"的时候，西方文化中，与人们同在的本生世界，却一直是令人产生恐惧的荒野，谈不上美，即便是有美的，那也只能是"次要的美"。

基督教早期最重要的神学家奥古斯丁，曾明确提出此岸和感性的美是绝对腐朽的，是不完善的，只有上帝作为最高的善，才是美的。他说，"我的眼睛喜欢看美丽的形象、鲜艳的色彩。希望我的灵魂不要为这种种所俘虏，而完全为天主所占有；这一切美好是天主所创造的，我的至宝是天主，不是它们"①。奥古斯丁认为艺术美色、美物、美景、美味等的人间之美，都是"次要的美"，"对

_____

① 　[古罗马]奥古斯丁：《忏悔录》，周士良译，北京：商务印书馆，1991 年，第 217 页。

于上列一切以及其他类似的东西，假如漫无节制地向往追求这些次要的美好而抛弃了更美好的，抛弃了至善，抛弃了你，我们的主、天主，抛弃了你的真理和你的法律，便犯下了罪"。[①] 就整体而言，奥古斯丁把"审美"看作"我在犯罪"，把"喜欢艺术"与"打架斗殴"并列等同。[②] 而与奥古斯丁生活在同一时间的中国名士，如左思、谢灵运、陶渊明等则正在倡导"非必丝与竹，山水有清音"，"山水，性分之所适"，"性本爱丘山"。他们不仅发现了山水之美，而且正在剥离人与山水之间的所有鸿沟，徜徉在"山水含清晖""清晖能娱人"以及"木欣欣以向荣，泉涓涓而始流"的唯美世界。不同的文化，虽然同时存在，但并不一定在同一个"世界"。

作为意大利文艺复兴的先驱，彼特拉克于 1336 年 4 月 26 日，不顾老牧人的好言相劝，坚决地攀登文图克斯山峰，并成功登顶。这被认为是西方艺术史上具有转折意义的标志性事件，因为直到这个时候，"山"在欧洲仍被认为是危险和恐怖的象征，被视为"地上的不甚体面的东西"。因此，彼特拉克被认为是西方艺术史上自然美的真正发现者。[③] 但事实上，彼特拉克于山顶上写给他老师的信中，不是描写自然风光之美和登山的愉悦心情，而是翻开了奥古斯丁的《忏悔录》，回到了自己的灵魂之中，在内心寻找自然的影像，于是他决定转回到尘世，因为尘世才是自然。[④] 即便如此，这时候的中国，早已经历了盛唐山水诗歌的大放异彩，宋代山水休闲哲学的洗礼，唐宋游记散文盛行的光辉时代。陈望衡先生说："西方美学中的自然美的地位相对比较低，而在中国美学中，自然美的地位相对就比较高。根据普列汉诺夫的说法，西方对自然美的重视，迟至文艺复兴末期，大约是 17 世纪。"[⑤]普列汉诺夫所说的，是比较符合实

---

① ［古罗马］奥古斯丁：《忏悔录》，周士良译，北京：商务印书馆，1991 年，第 31 页。

② 刘彦顺：《西方美学中的时间性问题——现象学美学之外的视野》，北京：北京大学出版社，2016 年，第 71 页。

③ 王一川：《审美体验论》，天津：百花文艺出版社，1999 年，第 71 页。

④ 徐晓力：《从山水观念到山水图式——山水画的文化解释》，上海：复旦大学博士学位论文，2006 年。

⑤ 陈望衡：《序一》，载王凯：《自然的神韵——道家精神与山水田园诗》，北京：人民出版社，2006 年。原文注："参见普列汉若夫《没有地址的信　艺术与社会生活》，人民文学出版社 1962 年版，第 32 页。"

际的。

对时间的关注，一直是西方哲学的主流。从胡塞尔、海德格尔的现象学派开始，西方哲学呈现出转向空间的趋势，胡塞尔强调"生活世界"，海德格尔也强调在世界之中的存在，"世界属于此在的自己存在，而自己存在就是在世的存在"①。存在主义哲学兴起之后，西方哲学出现对空间关注的倾向，甚至很多学者称之为西方哲学的空间转向。其代表人物是福柯和列斐伏尔等。

福柯首先指出："当今的时代也许是一个空间的时代。"②他认为，今天人们焦虑不安地关注空间，超过了对时间的关注。"我们生活在空间之中，由此我们自身得到了伸展。我们的生命实际上消失于其中的空间，我们的时间和历史发生于其中的空间，吞噬和磨平我们的空间，也是一个自在的异质空间。"③福柯注意到，人们生活的世界里，有各种各样的空间，但他发现其中有两类空间比较独特，这两类空间把一系列与现实的关系完全悬搁、中立化，或颠倒了现实中的关系。一类是乌托邦，福柯说乌托邦是"非真实的位所。直接类似或颠倒地类似于社会的真实空间，是完美的社会，或者说是社会的颠倒。本质上或基本上都是非现实的空间"。另一类则是"真实和现实的场所，体制或实现了的乌托邦。任何文明或文化中都存在这样的位所。它们全然不同于它们所意指或反映的各种位所，称之为'异位'，与乌托邦相对"④。福柯称这类空间为"不同的空间"（异位空间）。他举例说，像墓地、花园、博物馆、图书馆、狂欢节、博览会、度假村、巴西或南美农场的房子等，都是这样的异位空间，它们有一个特点是"异位和时间的断裂有关"。他甚至进一步把异位空间细分为两种形式，"一种是狂欢的异位，一种是结合着积累时间永恒性的异位"。比

---

①　［德］海德格尔：《存在与时间》，陈嘉映、王庆节译，上海：上海三联书店，1999 年，第 170 页。海德格尔试图把西方世界中的"道"从世界之外拉回到"世界之中"，拉回到空间之中。但这对于西方传统哲学来说，是一件极其艰难的事。

②　［法］福柯：《不同的空间》，载［法］福柯、［德］哈贝马斯、［法］布尔迪厄等：《激进的美学锋芒》，周宪译，北京：中国人民大学出版社，2003 年，第 19 页。

③　［法］福柯：《不同的空间》，载［法］福柯、［德］哈贝马斯、［法］布尔迪厄等：《激进的美学锋芒》，周宪译，北京：中国人民大学出版社，2003 年，第 21 页。

④　［法］福柯：《不同的空间》，载［法］福柯、［德］哈贝马斯、［法］布尔迪厄等：《激进的美学锋芒》，周宪译，北京：中国人民大学出版社，2003 年，第 22 页。

如博物馆和图书馆，让时间好像得以重新获得，人类的整个历史回到其源头。①

福柯对空间的发现和解释很有敏锐性，能够引导人们发现空间的本质和特性，但还不够系统化和理论化。相对而言，列斐伏尔的《空间的生产》，被认为是西方哲学"空间转向"的奠基之作。他对空间展开了系统化的论述，并对空间进行分类分析，明确提出，"人类在空间之中"②，"每个生命体都是空间并拥有它自己的空间：它产生了自己并产生了空间"③，"每一种社会都塑造着自己的空间"④，"任何事、任何人都不能逃脱空间审判"⑤。

列斐伏尔《空间的生产》似乎让人们看到，西方哲学、社会学更加重视空间的重要性。之后，以索雅《第三空间》和克朗《文化地理学》的出版，西方空间理论逐渐向文化学、人类学、文化地理学领域扩展。如索雅所说，"我们日益意识到我们古往今来，始终生来就是空间的存在，积极参与着我们周围无所不在的空间性构建"⑥，"我们可能比以往任何时候都更加意识到自己根本上是空间性的存在者，总是忙于进行空间与场所、疆域与区域、环境与居所的生产"⑦。

20世纪70年代，国际地理学界产生了持续探索人的传统需求与地点之间的关联，人类如何居住，以及人与环境之间关系的趋势，这种"人文趋势强调景观的情感、知觉和经验（体验）尺度。段义孚坚持地理学的特性是'研究作为

---

① ［法］福柯：《不同的空间》，载［法］福柯、［德］哈贝马斯、［法］布尔迪厄等：《激进的美学锋芒》，周宪译，北京：中国人民大学出版社，2003年，第26页。

② Henri Lefebvre, *The Production of Space*, London：Wiley-Blackwell, 1991, p. 132.

③ Henri Lefebvre, *The Production of Space*, London：Wiley-Blackwell, 1991, p. 170.

④ Henri Lefebvre, *The Production of Space*, London：Wiley-Blackwell, 1991, p. 412.

⑤ Henri Lefebvre, *The Production of Space*, London：Wiley-Blackwell, 1991, p. 416.

⑥ ［美］爱德华·W.索雅：《第三空间——去往洛杉矶和其他真实和想象地方的旅程》，陆扬等译，上海：上海教育出版社，2005年，第1页。

⑦ ［美］爱德华·W.索雅：《第三空间——去往洛杉矶和其他真实和想象地方的旅程》，陆扬等译，上海：上海教育出版社，2005年，第7页。

人类家园的地球'，强调'家园'的概念作为人文地理学的核心概念"①。"20 世纪 90 年代，社会科学界对空间和地点问题表现出了新的兴趣，尤其是在我们的人类学领域。""人类学者已经越来越将他们的视角转向文化的空间维度而不是将其作为背景来看待。""这种转向与人类学之外的研究是一致的，比如地理学、历史学、哲学、社会学等……这种转向的原因……在于人类学者承认空间是社会文化理论的基本成分。也就是说，人类学者正使用空间的方法重新思考和定义他们对文化的理解。"②这种空间转向不是次要的，而是研究深入的必需。③

中国也有很多学者注意到西方的所谓"空间转向"，如朱立元称这一转向为"20 世纪后半叶知识和政治发展中举足轻重的事件之一"④。曾繁仁认为："所谓'空间转向'其实就是'生存论转向'，由传统纯思辨的哲学转向人生的哲学，因为人都是生存于空间之中的，空间是人的生存境域。缺乏空间的文化是一种离开人生的文化。"⑤还有很多学者都提出了类似的看法，这里不一一列举。

上述对西方时间优先思维和传统，以及 20 世纪六七十年代以来的"空间转向"趋势的介绍，表明在西方文化发展史上，对空间的依赖和建构是比较薄弱的，尽管很多学者都认为福柯对西方哲学的空间转向起到关键作用，但我们看到福柯所谓的"异位空间"理论，虽然他对空间的观察很敏锐，见解也很独到，但其理论还是显得比较零乱，甚至是匆忙的，且不够系统。而列斐伏尔、索雅等则直接将空间引向社会关系范畴，着重探讨人与人之间、人与自身之间的

---

① Timothy S. Oakes，Patricia L. Price，*The Cultural Geography Reader*，Abingdon：Taylor & Francis，2008，p. 150.

② Setha M. Low，Denise Lawrence-Zunigais，eds.，*The Anthropology of Space and Place：Locating Culture*，London：Wiley-Blackwell，2003，p. 1.

③ Setha M. Low，Denise Lawrence-Zunigais，eds.，*The Anthropology of Space and Place：Locating Culture*，London：Wiley-Blackwell，2003，p. 2.

④ 朱立元：《当代西方文艺理论》，上海：华东师范大学出版社，2005 年，第 487 页。

⑤ 曾繁仁：《序》，载黄继刚：《空间的迷误与反思——爱德华·索雅的空间思想研究》，武汉：武汉大学出版社，2016 年，第 1 页。

关系本质，往往不太重视人与外在空间之间交往关系。

相比之下，中国古代文化史上，人与空间之间的交往关系是非常清楚的，也是极为丰富多样的，它们在社会历史发展中曾经起到非常重要的作用，与中国古代旅游历史的兴起与生发，都是密切相关的。

三、中国人的山水依恋现象

无疑，人们必然生活于一定的空间之中，也必然与外在空间之间展开各种交换。大致而言，可以分为三种，即物质交换、信息交换和情感交换。物质交换满足人们的生存需要，信息交换体现着人们的认知需要，是生存需要的继续和扩大，它们基本上属于实用层面的关系。情感交换是基于人们的精神需要，是实用层面之外的审美关系。审美关系集中反映着某种文化与外在空间之间的特殊关系形态。

很长一段时期以来，人们常把朝圣五岳名山、修仙于福地洞天等当作神学现象看待，但纵观整个中国历史，我们发现，这是一种普遍存在的精神现象，是复杂的人类学、文化学、心理学现象。五岳名山和洞天福地的崇拜与信仰，反映了中华文明形态所表现出来的、特殊的人与外在空间之间的情感交换关系，这种关系也可以划分出多种不同的模式。本质上说，这是中国文化环境中，所特有的人对外在空间的精神依恋现象。而我们所谓的外在空间，在中国文化传统中，逐渐生发出一个十分特殊的空间词语，即"山水"。因此，这里把传统中国人与外在空间之间的情感交换关系，泛称为"山水依恋"。

山水依恋是中国人独有的精神文化现象，这是一篇大文章。由于篇幅所限，这里将中国人与山水之间情感交换的主要模式，即山水依恋的主要表现形式简要概括为朝圣、仙凡、物化、娱人四种。

为阐述的方便，现将四种模式的要点总结如表13-1所示。

表 13-1 中国人山水依恋的四种模式

	关系模式	行为主体	空间建构	行为表现	实现目标	历史嬗变
1	朝圣	国家	五岳\四渎\名山大川	封禅\朝圣	权力合法性来源	先秦—秦汉—唐宋
2	仙凡	个人（神仙道人）	神仙世界\洞天福地	游仙	长生\羽化\成仙	魏晋—唐宋—明清
3	物化	个人	天地间\桃花源	精神邀游	生命体验\终极依恋	先秦—魏晋—现今
4	娱人	个人	山水	闲适\愉悦	身体经验\快乐	先秦—魏晋—现今

资料来源：笔者自制。

第一种朝圣模式的主体是国家。为了寻找国家权力合法性的来源,早期的统治者利用人们对山川大地的敬畏心理,依据中国古老的天圆地方宇宙观,建构了具有神学意义的五岳、四渎和名山大川的神权空间体系。统治者为彰显最高权力的垄断性和证明权力来源的合法性,举行盛大的仪式,封禅五岳(主要是泰山、嵩山),祭拜名山大川等。五岳被视为天的柱子,是天下的镇山,而名山则被视为地方的镇山。封禅等朝圣行为,属于国家重要的政治活动,因而由此而建构起来的空间单元必然带有政治性和等级性,尊卑有序,很难逾越。如前所述,第一次大规模封禅泰山的活动开始于秦始皇,秦汉时期是这种朝圣关系真正确立的时期,唐代达至巅峰,中国最后一个封禅泰山的帝王是宋真宗。之后,虽然没有帝王再举行实地封禅活动,但对五岳、四渎和名山大川的朝圣并没有停止,只不过地点更换为都城南郊的天坛。

虽然此种关系的行为主体是国家,但国家的此类政治活动,必然对人们产生一定的空间诱导作用,使得五岳、四渎和名山等这些具有国家政治属性的神权空间,对平民百姓也产生很强的吸引力。如李白自称"五岳寻仙不辞远,一生好入名山游",显然深受朝圣关系模式的影响。据明末清初文学家张岱的《岱志》记载,当时朝圣泰山的盛况空前,"合计如山者日记八九千人,春初日满二万。山税每人一钱二分,千人百二十,万人千二百,岁入二三十万"①。据此

---

① (清)张岱:《琅嬛文集》卷2,云告点校,长沙:岳麓书社,1985年,第68页。

推算,明代后期,每年登泰山的人数在 150 万到 250 万之间。即便在今天,这也是了不起的数据,足见朝圣模式的空间诱导作用。

第二种仙凡模式的主体,是渴望羽化成仙的道人。他们试图通过与空间的交换,实现长生不老的愿望。这种人与空间之间的交换关系,源自人们原始的神仙幻想。在仙凡模式中,人们为满足超越生命有限需要而建构的空间,往往也具有非同于人间的神性,就是前文所谓的神仙空间。亦如前文所述,中国人的神仙空间建构,主要是伴随着道教的发展而建构和完善的,它大致经历了由方外到方内的转化,最终实现名山仙化的过程。魏晋南北朝实现了从方内到方外的转向,唐代司马承祯福地洞天建构于天下名山,标志着以名山仙化为特色的中国神仙空间建构的最终完成。

仙凡模式也是中国人与外在空间之间独特的情感交换关系。它消解了国家主导朝圣模式的政治性和等级性,使得可望可及的山水空间具备了神性,进而使得个人能够与山水之间建立精神层面的关联。仙凡模式同样对人们产生巨大的影响,促进了一大批包括武夷山在内新兴名山的崛起。前文已述,此不多论。

第三种物化模式的主体也是个体的人,但已不再是追求长生不老的道人,而是将有限的自我融入无限世界中去的文化自觉者。我们知道,庄子是最先对个体存在的有限性给予关注的思想家。[①] 他说,"人生天地之间,若白驹之过隙,忽然而已"(《庄子·知北游》),"吾在天地之间,犹小石小木之在大山也"(《庄子·秋水》),庄子关注的正是个体存在的有限性问题,这是中国"轴心时代"终极关怀思想成就的标志。庄子提出的解决问题的方案,不是像佛教那样将人们引向极乐世界,也不是如希伯来人那样,将人们对终极的向往引向天堂,而是通过塑造"圣人""真人""至人""神人"等理想人格,引导人们与本生的世界共存,与无限的天地同在,即与天地并生,与万物为一,以克服个体的短暂与渺小,实现对有限的超越。所谓的"齐物""物化",也即庄子提出的"天地与

---

① 李泽厚说,庄子思想的实质是他"第一次突出了个体存在"。参见李泽厚:《中国古代思想史论》,合肥:安徽文艺出版社,1994 年,第 181 页。

我并生，而万物与我为一"(《庄子·齐物论》)。庄子之所以能够让人们留在这个世界上，是因为他所建构的具有终极价值的"道"，就在这个世界上，从未离开过。①

因此，庄子主张有限的人逍遥游于无限的天地之间，就可以获得充分的精神自由，颇有存在主义的意蕴。无疑，"天地之间"是庄子发现和建构的重要空间，这个空间与前两种模式所产生的空间相比，同样都具有超越性，但却没有神性。没有神性，就避免了人们的盲目崇信；虽有超越性，但却需要人们生命意识的觉醒，方可领悟得到。所以，我们看到，在战乱纷纷的战国末年，庄子之学，无人问津。经过几百年的翱翔，庄子这个大鹏终于落在了生命意识觉醒的建安时期，庄子之学方才大行其道，魏晋士人称庄子为"百家之冠"。从此，中国人对外在空间和空间物象的领悟，带有超越有限的哲学意蕴。兰亭之会，茂林修竹，清流急湍，人们体验到的不仅是天朗气清、惠风和畅的游目骋怀、视听之娱，也会感发"死生，亦大矣"的千年之叹，领悟超越时间的终极体验。

物化模式是带有存在主义意蕴的哲学模式，又具有安顿心灵的宗教意义，或曰"审美救赎"的终极意义，使得中国人与天地之间(后来也具化为山水)的关系变得密不可分。喻学才先生很早就注意到，"西方人的旅游观念中绝无中国古人的那种忧患感。因为他们心中有'真主'和'上帝'，他们认为自己和世界都是上帝或真主所赐。在他们的旅游文化中，宗教气氛至为浓烈。而中国人则从很早就开始异常清醒地意识到人不过和万物一样，处在生生不已的运动变化之中。这种尚变的旅游哲学是造成中国人深沉的忧患意识的最根本原因"②。喻先生所发现的中国人不同于西方人旅游过程中所表现出来的"忧患

---

① 庄子提出"道"是"无所不在"的，"在蝼蚁""在稊稗""在瓦甓"，甚至"在屎溺"，且"每下愈况"(《庄子·知北游》)。

② 喻学才：《尚实·尚变·尚文——中国旅游文化的三大优良传统》，载臧维熙：《中国山水的艺术精神》，上海：学林出版社，1994年，第515～516页。

感"，也许正像王羲之那样的千年之叹，都是对生命有限存在的深层忧患。[①]

第四种模式依然是以个人为主体。这里称之为"娱人"模式，是取自谢灵运"山水含清晖""清晖能娱人"的代表性诗句。这种模式是物化模式的继续和扩大，也受到朝圣、仙凡模式的推动，是人与外在空间之间的直接审美体验。这种模式所产生的空间，具体化为"山水"，也是最具中国特色的文化空间概念。这一概念形成于魏晋南北朝时期，它的出现就标志着中国人与外在空间之间纯粹审美关系的确立。前文已有所涉及，这里也不再详述。

"娱人"模式中，人们直接与山水面对，"山水"作为一种空间，直接对人们产生吸引力，已不再有神性，也不再需要任何的建构，是纯粹的空间吸引关系，与现代旅游并无二致。

中国人山水依恋的途径与模式，也是一篇大文章，这里不详细阐明。总而言之，中国古代史上，上述四种模式演绎的过程中，主要有两个特点。第一，四种模式在历史演变过程中，并不相互排斥，更多地表现为相互叠加、互为推动的状态。从更为宽广的视野看，这不仅是人与外在空间的交往，也是古代中国人与天、地、神、人的交往。第二，四种模式演变过程中，逐渐呈现"人进神退"的趋势。具体说，就是朝圣、仙凡逐渐退出历史舞台，物化、娱人逐渐成为主流。伴随着这个过程的是政治性、神圣性的逐渐消退，超越性、审美性的作用逐渐凸显。

四、武夷山：中国古典山水依恋之典范

武夷山古代旅游史是中国旅游史的一部分。通过对该课题的研究，我们发现武夷山旅游发展过程中，所展现山水依恋的途径和样态是多样的、复杂的

---

① 喻先生的观察非常到位，但理解并不完全准确。中国人旅游观念中的忧患感的确是有的，但不一定是出于"尚变"的哲学。实际上，这是尚不变的哲学，与西方人追求上帝和真主的精神需要是一样的，山川大地就是上帝，天地自然就是真主，它寄托了中国人对永恒的渴望和追求。中国人就是在不断变化的世界中追求不变的东西，即道、造物、天地、山川、万物。中国人之所以对山水情有独钟，其是有深刻的心理原因和精神根源的。

和深刻的，在中国古代旅游史上可谓典范，具有典型的代表性。

第一，类型的多样性。这里的多样性，是指朝圣、仙凡、物化、娱人等山水依恋模式在武夷山古代旅游发展史上都有丰富的、突出的体现。也就是说，同一个空间，武夷山的属性在一定的历史时期是多样的。既属于政治性的神权空间，也属于宗教性的神仙空间；既是桃花源式的精神空间，又是人文圣地和审美胜地的文化与美的空间，这在中国古代名山中是罕见的。

如前文，唐玄宗天宝七年（748 年），登仕郎颜行之代表唐政府册封武夷山为"名山大川"，标志着武夷山正式进入国家朝圣的空间序列——五岳、四渎和名山，武夷山从此成为闽之镇山，具备了神权空间的属性。也正是在同一时期，司马承祯完成了道教神学宇宙观的建构，首次将武夷山纳入三十六小洞天之第十六洞天，使得武夷山同时又成为新兴的道教名山，具备了神仙空间的属性。唐代的武夷山，是神权和神仙双重空间属性的建构期，也是武夷山由区域名山走向天下名山的开始。

但是，唐代中期之后，全国范围内朝圣模式的实际影响已开始下降，而道教神仙空间的兴盛才刚刚开始。所以，武夷山作为神权空间属性的影响相对有限，而作为新兴的神仙空间，则正好赶上了道教发展的几次高潮，顺应了时代的需要，一跃成为天下道教名山。南唐时期，有皇室背景的李良佐进一步开辟，使得武夷山道教宫观建设得以空前发展，"会仙观"的护荫以国家法令的形式固定下来。北宋时期，武夷山神仙空间的建构得以空前发展。以武夷君为代表的地方神仙谱系建构基本完成，并受到国家最高权力的册封，北宋朝廷赐名"冲佑观"，并将它纳入国家宫观序列。南宋时期，武夷山的神仙空间建构，也有新的发展。

南宋时期，由于人文主义的兴起，武夷山空间属性出现多样性的趋势。南宋既是武夷山桃花源空间建构的开始，又是人文圣地建构的关键期，同时又是作为审美空间扩大、人文主义旅游兴起的重要时期。之后，随着人文主义思潮的兴起以及旅游的扩大，武夷山作为精神家园、人文圣地和审美空间的多重属性都在不断发展。明代中期，各种属性在武夷山充分展现，武夷山地方旅游也随之达至顶峰。同一个地方，空间类型之多样、文化内涵之丰富，在中国古代旅游史上是十分少见的。

第二,趋势的一致性。在中国古代史上,朝圣模式产生得最早,但也最早退出历史舞台。它萌芽于先秦时期,自秦汉开始成为国之大事,唐宋时期达至巅峰,但之后就渐趋衰微。仙凡模式是随着道教的兴衰自唐宋达至巅峰之后,也呈现一个逐渐衰落的过程,明代中期之后已不可避免地走向衰落。但物化和娱人的模式正逐渐走上历史的舞台,中国人对山水的依恋,不但没有减弱,反而愈加强烈,愈加凸显。自《诗经》开始,中国人对外在空间和空间物象就产生了依恋现象,庄子提出"天地有大美而不言",更加确定了这个方向。至魏晋南北朝,"山水"的发现,物化和娱人的模式都有了根本性的发展,奠定了中国人山水审美的基石。唐宋时期的中国美学是在魏晋审美转向的基础上发展的,其背后隐藏的是中国人对这个世界的深深依恋。宋代理学兴起,人文主义思潮逐渐占据上风,明代中期之后心学成为主流,人们更加注重自我的价值和意义,人文之理和自我之情是当时文人的主要追求,将中国人的山水依恋现象演绎到极致,"读万卷书,行万里路"成为文人的普遍理想,加之审美大众化的趋势在明代中后期也日渐凸显,旅游之风在明代中后期达至顶峰。纵观古代中国人山水依恋演绎的历史,不难发现,带有神学色彩的朝圣和仙凡模式先后退出历史舞台,而人文主义的物化和娱人模式则逐渐占据主导地位,呈现明显的"人进神退"的演化趋势。

武夷山旅游发展史,"人进神退"的历史进程也十分明显,与中国古代山水依恋的基本趋势是高度一致的,而且有一定的代表性。北宋时期是武夷山神仙空间建构的最高峰,李纲的仙赏模式是那个时代旅游体验的代表。南宋刘子翚、朱熹等理学家群体的出现,使得武夷山人文主义思潮得以空前发展,也使得武夷山的旅游出现新的空间建构元素,如刘子翚将"闲境"理想空间思想与武夷山相结合,在武夷山开始了"桃花源"的空间建构。朱熹在武夷山九曲溪畔创建武夷精舍,授徒讲学,栖居于武夷,并首倡《武夷棹歌》。"金鸡叫罢无人见,月满空山水满潭",不仅表现出淡化神仙建构、倡导人文主义的思想趋势,而且标志着武夷山的旅游空间从大王峰、冲佑观为中心的区域,向以九曲溪为中心的空间转向,这是从神性的空间向审美空间转向的开始。之后不久,武夷山迎来道教金丹派南宗创始人白玉蟾，他宣扬自己的道教神学理论，并对武夷山进行了新的神学建构，试图建构以彭祖为主神的武夷山神仙谱系，但影响并不大，反倒是他自己对武夷山的山水产生了极深的依恋，与其说他是一个道士，不如说是一个山林居士，一个自在的游者。他宣称"会得山林下事"，"皆是神仙中人"，与一百年前的李纲主张的"仙赏"之游，形成了鲜明的对比，这是南宋人文主义思潮发展的结果，体现着"人进神退"的历史趋势。

元代时期，武夷山道教传统又有所复兴，天游峰道院的兴建，又再次扩大了武夷山神仙道教的影响。因此，元代基本是处于一个人文主义与神仙思潮并举的时代。明代中期嘉靖年间，武夷山神仙思潮再度兴起，汪丽阳、刘端阳等道士在接笋峰顶修建玄元道院，影响较大。这次神仙思潮的兴起，伴随着仙蜕朝拜现象，即在武夷山大王峰升真洞出现"张垓"仙蜕的蜡身像，地方道士将仙蜕移至山下道观，引来民众围观和朝拜。这一现象引起了部分文人仕宦的警惕，嘉兴太守郑纲经游武夷期间，曾对此提出过怀疑。嘉靖后期，福建巡按樊献科来到武夷山，认为观瞻拜谒仙蜕是以假托仙蜕，实为"欺罔世人"，饬令地方官员"为石函秘藏焉"，是为"葬蜕事件"。这一事件是武夷山历史上"人进神退"的转折点，具有标志性意义。标志着以大王峰为中心的神仙空间建构开始坍塌，人文主义思潮占据主导地位。

明代后期，以徐熥、徐燉、曹学佺、林宏衍、谢肇淛等为代表的晚明鼓山诸文学巨匠，从逻辑内涵上彻底摒弃武夷山原有的神仙建构，他们倚重武夷之美，倾心建构桃花源理想空间，影响较大。至清初以董天工为代表的人文主义流派最终占据上风，武夷山神仙色彩基本退却，它作为人文主义圣地、桃花源、审美胜地等的空间属性开始走向鼎盛，由此也见证了武夷山古代旅游史的巅峰时刻。与此同时，武夷山的旅游空间再次出现转向，由以九曲溪为中心的溪游空间向九曲溪周边陆地景观的纵深扩展。

第三，发展的典型性。明代中后期是中国古代旅游的巅峰时期，从目前的研究来看，武夷山旅游史不仅与这一趋势相一致，而且在发展表现方面具有很强的典型性。

北宋画家和画论家郭熙在《林泉高致》中将武夷山与嵩山、华山、衡山、常山(恒山)、泰山、天台、庐霍、雁荡、岷峨、巫峡、天坛、王屋、林虑、武当等名山一起,列入他所谓的"天下名山巨镇"。在郭熙看来,这些名山巨镇乃"天地宝藏所出,仙圣窟宅所隐,奇崛神秀,莫可穷其要妙"。虽然还有一些神仙的色彩,但作为画家的郭熙,看重的必然是这些名山的"奇崛神秀"之妙,这是武夷山开始以审美空间进入天下名山的视野。之后不久,著名的山水词人郭祥正说,"平生爱山水,最闻武夷好"。很显然,武夷山作为山水审美的空间已经产生了一定的影响。两宋之交,李纲对武夷山的"好慕之极,达乎精神",是北宋士人对武夷山的最高审美评判,也是武夷山作为神仙和审美双重属性的空间在北宋文人心中极高地位的象征。

南宋朱熹不仅是宋代理学的集大成者,也自称"我是溪山旧主人",开启了武夷山历史上人文主义旅游的新时代。他栖居武夷,首倡《武夷棹歌》,"渔郎更觅桃源路,除是人间别有天",接过刘子翚对武夷山"小桃源"的空间新建构,使得武夷山的空间属性开始多样化。随着朱子理学影响的进一步扩大,宋元时期的武夷山已经以人文主义圣地的属性,开始进入人们旅游朝圣的视野。元代开始,有大量的文学家、艺术家、旅行家经游武夷,他们沿着人文主义和审美主义的路线,对武夷山水开始进一步具体化的审美评判,如元代著名学者和诗人虞集,评论武夷山水说:"层林叠巘,攒奇累秀。跬步转移,万态亿状。引舟濯缨,清澈心骨。精神之聚,特在十余里之间。"周草庭形容武夷山,色似"金芙蓉",形似"万马奔",非常形象贴切。也有人对武夷山进行综合评价,如元末名臣李惟馨说"山水佳丽,武夷为最",著名理学家杜本说"天下名山此最奇",地方文人林方说"天下名山无此景"。这些评价都是以审美为范式,它们反映了元代部分文人"不取壶山取丹山"的人文主义审美态度。

有明一代的各个时期,几乎各方面的文人名士都在武夷山旅游,并留下纪游诗文,真可谓"高轩频过武夷山",星聚一方话武夷。有杰出的地方文人蓝仁、蓝智兄弟,以及苏伯厚、邱云霄等。蓝仁称"梦里武夷清未了",蓝智赞美"九曲桃花今烂漫",苏伯厚说"平生酷爱真山水,老去清游入武夷",他们对武夷山表现出浓厚的依恋之情。也有以林鸿、王恭、王偁为代表的闽中诗人十才子,以及以谢肇淛、曹学佺、徐𤊹、徐熥、林宏衍等为代表的晚明鼓山诗派作家群体,他们引领武夷山人文主义思潮,在旅游之道的探索、旅游空间的拓展以及旅游文化的创新等方面都留下经典案例,如徐熥把武夷山三十六峰描绘为"九环衣带束芙蓉",以及"流香涧""清凉峡"等景点命名的佳话流传至今,堪称经典。他的《金鸡洞》诗云"大梦纷纷谁自觉,空劳仙洞报金鸡",反映晚明文人自我价值回归的思潮。天才少年张于垒,是明代福建地方文人对武夷山依恋之典范。他评论武夷山"或气宇如王""或骨相如仙",不仅身体力行创武夷山旅游时空之最,游遍当时武夷山最大的旅游空间,而且探索旅游之道,认为登陟为休闲的必要手段,主张寓情于景,神情两畅,自称武夷"情痴"。重情和自我价值的觉醒,都代表着明代文化发展的基本趋势。

　　明代经游武夷的名宦十分突出,如刘基、夏元吉、樊献科、林俊、张时彻、江以达、陆深、郑纪、王鏊、慎蒙、陈暹、马森、陈省、黄道周、苏茂相、杨四知、叶向高、瞿汝稷等,著名的思想家、文学家更是群英荟萃,众星云集,如章衮、罗伦、陈献章、王阳明、湛若水、邹东廓、李元阳、聂大年、钟惺、闻人诠、万虞恺、宋仪望、吴国伦、葛寅亮等。这些名宦、名家,大多视野开阔,思想深刻,影响广泛,他们能够从天下的视野看待武夷山,并把武夷山的旅游审美带入时代的前沿,成就时代的经典,使武夷山成为人们心向往之的必游之地。如陆深宣称"一路看山到武夷";聂大年说"不宗朱子元非学,看到武夷方是山";王阳明称"山中又遇武夷君";慎蒙称自己的武夷之游为"游山水之极观也";罗伦把武夷山概括为"一朝烟霞看不尽""万古朝宗碧海来";徐左达称九曲为"天下之奇观,世间之绝景";王鏊论天台、武夷两山,为"人间之福地,物外之灵峰"。他们对武夷山水特点的总结也十分精准,如苏伯厚称武夷山为"真山水";林弼称"奇怪百出,使人应接不暇";瞿汝稷描述武夷山是"万变而万美","行弥进而眺弥新,境愈移而赏愈深";李元阳也称"天下山水至武夷诸峰,奇诡极矣","布列尽乎天巧,体制疑于人为,游观至此,将谓造物者之独有所私矣";郑纪评论天下山水,"夫奇、秀、清、幽,山水之四德。天下山水,多不能全,而武夷独全之,是宜骚人韵士,恋恋不能释于怀也"。关于在武夷山的旅游体验,明代文人也有极好的表达,钟惺称武夷之游如"置身星月上,濯魄水烟中";江以达在大王峰顶称"雄据俯视,玩弄宇宙,盖在股掌中矣";宋仪望说,武夷君"邀我游鸿蒙","下视浊世,何异蚁虱处裈中","维予兹游……情兴所至,若振衣千仞而流神八极也,庶几庄生所谓天游乎?"超越有限,但不盲目崇拜无限,既有超越性又排斥神性,是中国古典山水依恋的特点。

在明代的重游氛围之下,武夷山成为中国古代旅游版图中非常重要的一个环节,其旅游人物、思想在中国古代旅游史上都具有十分重要的代表意义。除了上述著名文人仕宦畅游武夷之外,还有一些著名艺术家、道学家、旅行家等纷纷慕名而来,如画家沈仕、徐渭,名医江瓘,阴阳学家郑善夫,一生的游者徐霞客,以及旅游情痴张于垒、吴拭等这样自觉的超级旅游者,他们对武夷山依恋更为深刻,更为自觉和主动。如追求自由的游者孙一元,称"相逢先问武夷山";吴拭愿"以世间百年,易此山中一日";自比开元李居士的阴阳学家郑善夫,则称自己要周游天下名山,而最终"归庐于武夷"。明代著名文学家、旅行家、人文地理学家王士性,在《五岳游草》序言中称,自己将畅游五岳齐鲁、大河南北、三吴都会、江陵白帝、阮湘楚粤、桂林苍洱,最终要"披图九曲,是为武夷","将以闽游终焉"。虽然王士性最终没有能够来到武夷山,但可见武夷山在他的心中的地位,也表明了明代武夷山在中国旅游版图中的地位。

明清易代,武夷山依然名著天下。清代出现了更多的独立的自觉旅游者,他们中有一代文豪朱彝尊、查慎行,理学家施闰章,以及性灵派代表人物袁枚等,也有名不见经传的远距离超级旅游团队,还有佛教人士的深度参与,他们在武夷山留下的纪游文字代表着清代中国旅游发展的新趋势、新方向。如朱彝尊、查慎行、袁枚的武夷之行,表现出生活化、平民性的特点,董天工等表现出明显的旅游生态意识的觉醒,以及《武夷导游记》、竹筏等旅游服务新现象的出现,都是武夷山旅游发展盛况的体现,在中国古代旅游史上有重要的意义。何瀚用阴阳互在、以阳统阴的理论,诠释中国古代人与山关系中的儒、佛、道三家关系,以及金友兰《论武夷游记》这样学术性论文的出现,都体现了武夷山在中国古代旅游史上的典型性,具有一定的前瞻性和引领性。

一生畅游天下的乾隆皇帝对武夷山有深刻依恋情结,他有很多武夷诗句,代表着武夷山在乾隆皇帝心中的地位,如"那藉彩虹桥,方臻武夷胜""不是武夷凡几曲,虹桥何事倚空横""因风飞过仙霞岭,惹得人间齿颊香""武夷君若期相会，蹑此知当到幔亭""武夷胜处称九曲，白也诗情寄两章"等等。乾隆皇帝深厚的武夷情结，是武夷山在中国古代旅游史上地位的标志与缩影。

小　结

"道生一，一生二，二生三，三生万物"，这是众所周知的中国道家经典之言，它蕴含着中国人对世界形成的基本理念和基本范式，那就是"生"，即中国人认为这个世界是"生成的"，包括人在内的世界万物都是由"道"而"生成的"。这一基本理念对中国文化的影响是根本性的，生成的世界，必然是有生命的世界，也就是说，万物都是有生命的。这是中国人司空见惯但又容易被人们忽略的基本逻辑，中国人看到的世界和万物，与你我一样，都是有生命的。广为流传的阴阳五行说，认为形成世界的金、木、水、火、土五种元素，它们之间是相生相克的生命流转关系，体现着中国人基本的生命哲学观，表明这是一个生命流行的世界。而古希腊哲学的早期阶段，也有哲学家提出世界是由土、气、水、火四种元素构成的，但这四种元素是相互独立的、互不关联的元素，甚至还可以再分，背后隐藏的世界形成范式是"构成的"。一个是"生成的"世界，一个是"构成的"世界，这是两种文化中，人与世界关系形态迥异的开始。

"不同文化的人们栖居于不同的感知的世界。他们不仅构筑空间的形式不同，而且体验空间的方式也不同，因为感官中枢被不同地'编程'。"[1]中国人对山水的依恋，本质上讲是对生命的依恋。山水，不过是一个有生命的空间，人们对山水的依恋，只不过是同山水之间展开了一场生命情感和精神的交换。

中国人空间优先的思维，加深了对空间的情感依恋。中国人不是用审美代替了宗教，而是审美即宗教，审美中有宗教，宗教中有审美。中国人与山水交往的模式，最终占据主导地位的，必然是"物化"和"娱人"。苏东坡说，"凡物皆有可观，苟有可观，皆有可乐"，"君子可以寓意于物，而不可以留意于物"。[2]

① Setha M. Low, Denise Lawrence-Zunigais, eds., *The Anthropology of Space and Place: Locating Culture*, London: Wiley-Blackwell, 2003, p.52.
② （北宋）苏轼：《东坡全集》卷36，清文渊阁四库全书本，第1页a、9页b。

君子观物而乐，寓意于物，无往而不乐，这是宋人将中国人的审美情感普遍化、理性化的必然结果，体现了宋人的理性能力，但这个理性始终是生命的理性，是情感的理性。蒙培元先生说，"以儒、道为代表的中国哲学，从根本上说都是诗学的、艺术的，而不是纯粹理智型的，这与西方主流哲学形成了鲜明的对比……这种哲学是讲人的存在问题的，是讲人的情感与人性的，不是讲逻辑、概念等知识系统的。中国哲学也讲宇宙自然界，但决不是作为客观的存在、对象去对待，而是与人的存在不可分；中国哲学也讲宇宙论本体论，但不是构造世界的图画或原型，而是解决人的生命的'安顿'的问题，也就是情感的归属问题"；"情感，而且只有情感，才是人的最首要最基本的存在方式"。[①]

山水，是中国人体验生命情感和理性的空间，是一个有生命的世界。朱良志说："中国人宗教观念淡漠，而将无限的敬仰献给了一个冥冥中的创造者——天。"[②]武夷山九曲溪之六曲的响声岩上，有一方明代学者李廷臣题写的摩崖石刻，是为"天上山"。它简约而精练地表达了明人对武夷山的旅游体验，它超越人间，又近在眼前。"天上山"是明代人对武夷山的最好总结，是武夷山古代旅游史上空间文化形象的典型概括。武夷山，天上山，中国古典山水依恋的典范。

---

① 蒙培元：《情感与理性》，北京：中国社会科学出版社，2002年，第170～171、4页。
② 朱良志：《中国美学十五讲》，北京：北京大学出版社，2006年，第57页。

武夷山旅游史研究的启发与反思

经过长期的资料收集和整理,又经过长期的思考、写作和反复修改,总算把武夷山古代旅游史撰写到一个阶段。实际上,在研究和撰写的过程中,每天都能从古代旅游的宝库中得到启发,同时也意味着不断的反思。这里,简要作以下几个方面的小结。

一、原真性与异化

明崇祯八年(1635年)夏天,建宁知府汪桂①游武夷山,作《游武夷山记》一篇。

游记一开始就交代,与他人一样,自己游武夷是通过舟、舆、步三种方式互用,溪曲次第,加之"羽客导前,图经在手",以及"舆人、榜夫,皆能响答"②。这样的旅游,不必多加诠释。往返数日,游事结束,回顾这次旅游,"复随笔批点,而为之记"。此时再记,汪桂没有像他人游记那样,以空间的流转为线索,而是对武夷山做了一个全面的总结,一个前所未有的排比式总结。他用抒情的方式,罗列武夷山给游人带来快乐体验的八个方面,它们分别是舆步之快、坐卧之适、眺远之奇、饮啖之福、凭吊之益、往返之乐、壶天之居、开山之逸。这里不

---

① 据《湖广通志》卷五十一,汪桂,字伯贞,崇阳人。天启五年(1625年)进士,以户部主事榷关江州,迁建宁知府。

② (明)衷仲孺:《武夷山志》卷17,明崇祯癸未年版,哈佛大学汉和图书馆藏影印本,第23页b。

仅有舆步坐卧、往返饮啖等日常生活之快，也有眺远、凭吊的可游之乐，更有壶天可居的精神逸响。

可是，汪桂话锋一转，突然作了一连串的反问：

> 若乃梯天栈云，磨崖划壁之题镌，其兹山之黥劓乎？
>
> 六六三三，打油钉铰，牖崇栟比之碑榜，其兹山之疥癞乎？
>
> 溪面浮石，天然错落，云根自冷，不求闻达，乃龟印巾笠之名色，纷纷指授，无端镌署，此何异石氏之绅号？而山灵忍辱，或当如漆园之应牛马乎？
>
> 高真遗蜕，乡人窃为救旱之符，赤日炎风，年时暴露，嗟呼仙乎，生不食人间之烟火，而死受旱魃之魔障，反不及累累之冢，保其一抔，似乎仙家之可哀，更甚于人间而何，莫非兹山之疑冤乎？[①]

很显然，汪桂对当时武夷山的旅游状况提出反思：摩崖石刻、栈道亭台是对山崖的破坏；过多的楼阁牌坊，似是山的疾病；题名刻字于山体，无异于牛马穿鼻；乡人暴露高真遗蜕，更是荒诞不经。汪桂以及前文所述吴拭、董天工等人的反思，真乃石破天惊之语，即便是在今天，依然有启发意义。数百年前的思想者，已经能够从中国传统哲学的基本精神出发，反对人为破坏自然山水的原真之态，提出景观和生态原真性保护的思想和命题，是难能可贵的。

我们今天研究和学习这些思想，不应仅仅作为资源、遗产或知识去了解，它们依然有深刻的启发意义。正像汪桂自云，他是"自有武夷以来，第一颠顽诞慢之游人也"[②]，山灵是否真在，天地是否有知，现在已无法知道，但还有多少地方在打着旅游可进入性的旗号，大肆修建各种花样繁多的栈道、索道等，

---

① （明）衷仲孺：《武夷山志》卷 17，明崇祯癸未年版，哈佛大学汉和图书馆藏影印本，第 26 页 a～b。

② 文末，汪桂写道："此数者，余欲为剪拂之不得，庇护之不能。数日之游，嗔即根喜赏，不胜惋惜，复不戒前车，僭加品题，临以卷册，缩武夷为一拳而玩之袖中。余退而自评，是自有武夷以来，第一颠顽诞慢之游人也。山灵如在，其知我乎？其罪我乎？崇祯乙亥夏日（崇祯八年，1635）。"参见（明）衷仲孺：《武夷山志》卷 17，明崇祯癸未年版，哈佛大学汉和图书馆藏影印本，第 26 页 b。

我们是否能意识到,这可能是当代人对天地之大美的又一次无法挽回的破坏?是否能够意识到这也是对生命本身的戕害?武夷山历史悠久,文化深厚,有前哲之见,至今保存完好,实乃幸事。

元末明初的林弼,"十年三过武夷山",在《泛舟入武夷至平林渡》中,认为虹桥有仙人也未得到秦王的赏识,所谓控鹤仙人也随着汉武帝的使者回去了,神仙终究靠不住,"惟有溪源通泗水,一泓千古对孱颜"。[①] 他认为只有朱子的文化价值,才能千古不朽、万世留存。这实际上是涉及武夷山长期以来发展的文化脉络和文化建构,并认为只有与朱子相关的文化建构,才是长远的。

武夷山曾经是神圣的朝圣中心,也曾经是人文中心,但当代旅游却也面临诸多困境,人文圣地有时也可能会遭遇低俗的流布和异化。事实上,研究发现,古人也曾遇到同样的困惑。到董天工的时代,人们终于意识到可能存在的文化危机,也终于意识到朱子给武夷山带来人文主义的意义和价值。这一点,对于今天武夷山的文化旅游,以及文化旅游产品的开发和服务来说,应该也有一定的启发意义。

二、建构与尊重

通过对武夷山古代旅游史的研究,我们发现,任何空间都是要建构的,而经过建构的空间,能够满足人们不同层次的心理和精神需要。没有空间的建构,就不会有空间对人的吸引。武夷山作为神仙空间的建构,就是一个恰当的案例。我们看到,在遥远的古代,武夷山当然是默默无闻,不为人知的,它真正进入人们的视野,是在不断地被建构的过程中实现的。

比如唐朝政府把它纳入"名山大川"行列,司马承祯把它列为"三十六小洞天"之"第十六升真玄化洞天",这些都是对武夷山这个空间的重要建构。每一次建构,都意味着武夷山作为一种空间,具备了某一个方面的属性,能够满足不同时代人们某些方面的心理或精神需求,武夷君的出现,是神仙空间建构深

---

①　(清)董天工:《武夷山志》卷 23,《艺文》,武夷山市市志编纂委员会整理,北京:方志出版社,1997 年,第 776 页。

化的表现。

但是，经过明末人文主义思潮的洗礼，人们对待原有神话传说的态度已经发生了变化，随之那个充满着神仙色彩的空间建构，不断地被解构，乃至于崩塌。这个解构过程，起源于南宋朱熹人文主义思潮的兴起，于明中后期成为潮流。但中间也有反复，如衷仲孺就认为，武夷山是神仙居住的地方，朱熹之说并无道理，并且为了证明和宣扬这一点，他还编纂《武夷山志》。但从整体而言，人文主义、理性主义最终逐渐占据主导地位。明代中后期的"葬蜕"事件，是一个转向的标志。

至清代初年，这个转向已不可避免，甚至可以说，对神仙空间的解构已基本完成。董天工认为，那些鬼怪传说甚为荒诞，本应在山志中删除，但为了保存前代留存的资料都保留了下来，但已经从理性上彻底抛弃这些传说。比如，在谈及有关彭祖传说的时候，董天工说"彭祖之事，荒妄不经"，历史上有关彭祖的传说，也是"其事不足为凭"，"谬矣！其传中六十七妻等事，尤不雅驯"。① 董天工从逻辑上质疑彭祖传说的真实性。

虽然现在看来，这是一个不可避免的过程，或者说这是历史的必然趋势；但我们不能不承认，历史是一个过程，历史上作为神仙空间的武夷山，对武夷山的成长和发展，做出了不可替代的空间引领作用。这就是黄山在古代为什么没有能够像武夷山这样久负盛名的原因。所以建构本身是有合理性的，现代性或现代科学虽然能解决很多问题，但不一定能解决所有问题，尤其是人的精神问题。这里的启示是，不必让人的意志战胜所有的空间，要给人类留下一片精神的家园。

再如，武夷山作为桃花源空间的建构，也不是短时间内形成的，它是从南宋刘子翚与朱熹开始，直到明中后期，文人名士普遍推波助澜，声名日著。武夷山的桃源空间，并非虚构和一时妄言，而是有历史渊源的，并且也寄托着一代代旅游人的心灵。盲目适应大众旅游的开发，有时候会对山水的内在精神

---

① （清）董天工：《武夷山志》卷 18，《方外》，武夷山市市志编纂委员会整理，北京：方志出版社，1997 年，第 586 页。

造成一定程度的损害，这也是现代旅游应当注意的。

三、山水与景观

景观和景点，是当今人们再熟悉不过的词语和概念了。但传统的文化里，没有景观概念，只有山水。我们一直在反思，山水和景观都是空间，它们究竟有哪些不同呢？

朱良志教授在《中国美学十五讲》中说，中国美学，"不是西方感性学或感觉学意义上的美学，而是生命超越之学"；"中国美学的重心就是超越'感性'，而寻求生命的感悟。不是在'经验的'世界认识美，而是在'超验的'世界体会美，将世界从'感性''对象'中拯救出来"；"它所重视的是返归内心，由对知识的荡涤进而体验万物，通于天地，融自我与万物为一体，从而获得灵魂的适意。中国美学是一种生命安顿之学"。①

如果从生命处着眼，我们就会理解到，人们所迷恋的那个山水的空间，是有生命的空间，并且是与我的生命密切相关的空间。从生命处着眼，就会以生命为中心，就会回归生命，关照生命，愉悦生命。甚至生命体验之悦，是一种终极愉悦，山水空间只是帮助人们来完成超越生命局限的审美空间，以安顿生命的不安与躁动。这些不安与躁动，有来自生命有限的不安，有来自功名利禄的躁动。

而景观是什么，是经过改造并加以利用的空间单元，这是现代旅游学的基本定义。它与我的关系，是产品与消费的关系。这样的景观，被视为一种用以交换的产品，它与人之间是一种消费与被消费的关系，已经远离人们生命的本真体验。远离生命本真的旅游体验，无论如何都无法理解"天上山"的深刻内涵。这是我们的又一个反思。

---

① 朱良志：《中国美学十五讲》，北京：北京大学出版社，2006年，第2页。

四、旅游本质之反思

长期以来，关于旅游本质的研究，一直是旅游学界争论的热点，但观点纷繁复杂，不能统一，这里也不一一赘述。大致说来，主要的观点有经济本质论、文化本质论、消费本质论、体验本质论、愉悦本质论，当然还有逃逸、朝圣、求异等众说纷纭的本质。对旅游本质的研究，其实就是在探讨惯常生活的人们为什么要到非惯常环境中去，然后又回来；是什么力量促使人们离开惯常空间，到非惯常空间去体验。

经过长期的关注、思考与研究，这里也试着提出一种关于旅游本质的阐释。如前所述，旅游是人们自觉地到非惯常环境作短暂停留的行为过程。那么，这必然要涉及人为什么要自觉地到非惯常环境作短暂的停留。我们认为，之所以要到非惯常环境中去，是因为那个环境满足了人的某种情感或精神需要，也就是说，人通过空间的位移，实现了与非惯常空间之间的情感交换，人的某种情感需要，得到暂时的满足，旅游的目的就得以实现。

但事实上，经过研究我们也发现，外在的空间经常被人们不断地建构。而每一种建构，其背后都有人类的某种精神需求在其中。自古以来，中国文化中，我们所谓的"五岳、四渎、名山"，这样完整有序的空间建构，就满足了一些人的精神需要，他们需要这样的建构来神化自己的权力，那就是统治者。再如洞天福地，也是一种空间建构，它们能够满足人们的心理需求，即超越有限存在，达至永恒的精神需求。山还是那座山，水还是那道水，但是经过建构的山水，就能够满足人们的不同的精神和心理需要。

问题是"旅游"的空间满足了人们的什么需要，它们是否需要建构。我们发现，人们对山水的依恋，不是个别现象，而是带有普遍性的精神现象。人们对山水的依恋，是因为山水作为一种空间，是能够超越时空的，它没有朝代更迭的痛苦，没有时间的驱动，也没有功利的缠绕。山水是自在的，是不受任何约束的自由自在。山水的这个特点，正好满足日益被时间驱使、日益被空间压抑的现代人的情感需要。对自我惯常时空的超越是旅游的本质。[①] 而我们要反思的是,今天的旅游开发、旅游景点在多大程度上,又是如何满足人们超越时间和空间的情感需要的。然而,实际的旅游开发中,不但没有超越时空,反而更加庸俗的现象恐怕是很多的,从而导致很多传统"景区"的吸引力正在减退,这也不得不引起我们的反思和重视。

尊重旅游者的需求,回归旅游的本质,将是未来旅游的趋势。

---

① 王中华:《哲学视野与旅游活动之本质》,《宁夏大学学报(人文社会科学版)》2011年第 4 期。

参考文献

一、古籍

[1](清)孙星衍:《尚书今古文注疏》,陈抗、盛冬铃点校,北京:中华书局,1986 年。

[2]杨伯峻编著:《春秋左传注》,北京:中华书局,1981 年。

[3](清)孙希旦:《礼记集解》,沈啸寰、王星贤点校,北京:中华书局,1989 年。

[4]《尔雅》,(东晋)郭璞注,永怀堂本。

[5](清)焦循:《孟子正义》,沈文倬点校,北京:中华书局,1987 年。

[6](清)王聘珍:《大戴礼记解诂》,王文锦点校,北京:中华书局,1983 年。

[7]雍正《山东通志》,清文渊阁四库全书本。

[8]《庄子》,方勇译注,北京:中华书局,2010 年。

[9](清)孙诒让:《墨子闲诂》,孙启治点校,北京:中华书局,2001 年。

[10](清)黎翔凤:《管子校注》,梁运华整理,北京:中华书局,2004 年。

[11](西汉)司马迁:《史记》,载《二十五史》,上海:上海古籍出版社,1986 年。

[12](东汉)班固:《前汉书》,载《二十五史》,上海:上海古籍出版社,1986 年。

[13](南北朝)魏收:《魏书》,载《二十五史》,上海:上海古籍出版社,1986 年。

［14］（唐）姚思廉：《陈书》，载《二十五史》，上海：上海古籍出版社，1986 年。

［15］（五代）刘昫：《旧唐书》，载《二十五史》，上海：上海古籍出版社，1986 年。

［16］（北宋）欧阳修：《新唐书》，载《二十五史》，上海：上海古籍出版社，1986 年。

［17］（北宋）宋敏求：《唐大诏令集》，民国适园丛书本。

［18］（元）脱脱：《宋史》，载《二十五史》，上海：上海古籍出版社，1986 年。

［19］（明）陈邦瞻：《宋史纪事本末》，北京：中华书局，1977 年。

［20］（南宋）李心传：《建炎杂记》，清文渊阁四库全书本。

［21］（南宋）李焘：《续资治通鉴长编》，清文渊阁四库全书本。

［22］（清）徐乾学：《资治通鉴后编》，清文渊阁四库全书本。

［23］（清）张廷玉：《明史》，载《二十五史》，上海：上海古籍出版社，1986 年。

［24］（清）谷应泰：《明史纪事本末》，北京：中华书局，1977 年。

［25］（明）朱国桢：《皇明史概》，明崇祯间刻本。

［26］（南宋）郑樵：《通志》，北京：中华书局，1987 年。

［27］（清）庆桂、董诰等：《清高宗实录》，清嘉庆间内务府抄本。

［28］（清）彭元瑞：《孚惠全书》，民国罗振玉石印本。

［29］（清）郝玉麟：《福建通志》，清文渊阁四库全书本。

［30］赵尔巽等：《清史稿》，载《二十五史》，上海：上海古籍出版社，1986 年。

［31］袁珂校注：《山海经校注》，成都：巴蜀书社，1992 年。

［32］赵望秦等译注：《水经注选译》，成都：巴蜀书社，1990 年。

［33］（明）劳堪：《武夷山志》，明万历辛巳年版，国家图书馆藏本。

［34］（明）徐表然：《武夷山志》，明万历己未年版，哈佛大学汉和图书馆藏影印本。

[35](明)衷仲孺:《武夷山志》,明崇祯癸未年版,哈佛大学汉和图书馆藏影印本。

[36](清)董天工:《武夷山志》,武夷山市市志编纂编委会整理,北京:方志出版社,1997年。

[37](明)张溥:《汉魏六朝百三家集》,明娄东张氏刻本。

[38](三国)曹丕:《魏文帝集》,明末刊七十二家集本。

[39](南北朝)钟嵘:《诗品》,明夷门广牍本。

[40](东晋)葛洪:《抱朴子内篇校释》,王明校释,北京:中华书局,1986年。

[41]何宁:《淮南子集释》,北京:中华书局,1998年。

[42](西汉)刘向:《列仙传》,上海:上海古籍出版社,1987年。

[43](南北朝)陶弘景:《真诰》,清嘉庆学津讨原本。

[44](唐)张鷟:《朝野佥载》,清文渊阁四库全书本。

[45](唐)陆羽:《茶经》,卡卡译注,北京:中国纺织出版社,2006年。

[46](清)彭定求等编:《全唐诗》,中华书局编辑部点校,北京:中华书局,1999年。

[47](北宋)欧阳询:《艺文类聚》,汪绍楹校,上海:上海古籍出版社,1982年。

[48](唐)释道宣:《广弘明集》,大正新修大藏经本。

[49](清)陈鸿墀:《全唐文纪事》,清同治十二年巴陵方功惠广东刻本。

[50](南北朝)任昉:《述异记》,明刻汉魏丛书本。

[51](北宋)乐史:《太平寰宇记》,清文渊阁四库全书本。

[52](北宋)李昉等:《太平御览》,清文渊阁四库全书本。

[53](北宋)李昉等:《太平广记》,北京:中华书局,1961年。

[54](北宋)张君房:《云笈七签》,清文渊阁四库全书本。

[55](北宋)李昉等:《文苑英华》,北京:中华书局,1956年。

[56](北宋)王钦若等:《册府元龟》,清文渊阁四库全书本。

[57](南宋)王栐:《燕翼诒谋录》,清文渊阁四库全书本。

[58](清)高舆等:《佩文斋咏物诗选》,清文渊阁四库全书本。

[59](北宋)张载:《张子全书》,朱熹注,朱轼、段志熙校,高安朱氏藏本。

[60](北宋)杨亿:《武夷新集》,清文渊阁四库全书本。

[61](北宋)李复:《潏水集》,清文渊阁四库全书本。

[62](北宋)郭熙:《林泉高致集》,清文渊阁四库全书本。

[63](北宋)沈遘:《西溪集》,清文渊阁四库全书本。

[64](北宋)郭祥正:《青山集》,清文渊阁四库全书本。

[65](北宋)韦骧:《钱塘集》,清文渊阁四库全书本。

[66](北宋)范仲淹:《范文正集》,清文渊阁四库全书本。

[67](北宋)欧阳修:《欧阳文忠公全集》,据祠堂排印本。

[68](北宋)苏轼:《东坡全集》,明成化本。

[69](北宋)曾肇:《曲阜集》,清文渊阁四库全书本。

[70](北宋)黄裳:《演山集》,清文渊阁四库全书本。

[71](北宋)李纲:《梁溪集》,清文渊阁四库全书本。

[72](北宋)江少虞:《事实类苑》,清文渊阁四库全书本。

[73](北宋)杨时:《龟山集》,明万历刻本。

[74](北宋)刘子翚:《屏山集》,清文渊阁四库全书本。

[75](北宋)朱熹:《晦庵先生朱文公集》,上海涵芬楼藏明刊本。

[76](北宋)朱熹:《朱文公楚辞集注》,清乾隆庚戌年听雨斋刻版影印本。

[77](北宋)朱熹:《四书章句集注·论语集注》,北京:中华书局,1983年。

[78](南宋)陆游:《剑南诗稿》,清文渊阁四库全书本。

[79](南宋)陈亮:《龙川集》,明嘉靖刻本。

[80](南宋)杨万里:《诚斋集》,清乾隆吉安刻本校勘。

[81](南宋)游九言:《默斋遗稿》,清文渊阁四库全书本。

[82](南宋)喻良能:《香山集》,清文渊阁四库全书本。

[83](南宋)陈起:《江湖小集》,清文渊阁四库全书本。

[84](唐)王仁裕等:《开元天宝遗事十种》,丁如明辑校,上海:上海古籍出版社,1985年。

[85](南宋)赵汝砺:《北苑别录》,清嘉庆读画斋丛书本。

[86] (南宋)熊蕃：《宣和北苑贡茶录》，清嘉庆读画斋丛书本。

[87] (北宋)张舜民：《画墁录》，清文渊阁四库全书本。

[88] (南宋)李昴英：《文溪集》，清文渊阁四库全书本。

[89] (南宋)祝穆：《方舆胜览》，宋刻本。

[90] (明)何镗：《古今游名山记》，明嘉靖四十四年庐陵吴炳刻本。

[91] (南宋)白玉蟾：《琼琯白真人集》，明万历刻本。

[92] (南宋)白玉蟾：《修真十书上清集》，上海涵芬楼本。

[93] (清)厉鹗、马日管：《宋诗纪事》，清文渊阁四库全书本。

[94] (南宋)任士林：《松乡集》，清文渊阁四库全书本。

[95] (元)范梈：《范德机诗集》，清文渊阁四库全书本。

[96] (元)张之翰：《西岩集》，清文渊阁四库全书本。

[97] (元)蒲寿宬：《心泉学诗稿》，清文渊阁四库全书本。

[98] (元)富大用：《古今事文类聚新集》，清文渊阁四库全书本。

[99] (元)蓝仁：《蓝山集》，清文渊阁四库全书本。

[100] (元)蓝智：《蓝涧集》，清文渊阁四库全书本。

[101] (元)唐桂芳：《白云集》，清文渊阁四库全书本。

[102] (明)林弼：《林登州集》，清文渊阁四库全书本。

[103] (明)张宇初：《岘泉集》，清文渊阁四库全书本。

[104] (明)黄淮等：《历代名臣奏议》，清文渊阁四库全书本。

[105] (明)王恭：《白云樵唱集》，清文渊阁四库全书本。

[106] (明)王恭：《草泽狂歌》，清文渊阁四库全书本。

[107] (明)王偁：《虚舟集》，清文渊阁四库全书本。

[108] (明)郑善夫：《少谷集》，清文渊阁四库全书本。

[109] (明)林俊：《见素集》，清文渊阁四库全书本。

[110] (明)陈献章：《白沙子》，东莞莫氏五十万卷楼藏嘉靖刊本。

[111] (明)黄仲昭：《未轩文集》，清文渊阁四库全书本。

[112] (明)孙一元：《太白山人漫稿》，清文渊阁四库全书本。

[113] (明)陆深：《俨山集》，清文渊阁四库全书本。

[114](明)郑纪:《东园文集》,清文渊阁四库全书本。

[115](明)王鏊:《震泽集》,清文渊阁四库全书本。

[116](明)邱云霄:《止山集》,清文渊阁四库全书本。

[117](明)王士性:《五岳游草/广志绎》,周振鹤点校,北京:中华书局,2006 年。

[118](明)王士性:《广志绎》,清文渊阁四库全书本。

[119](明)徐弘祖:《徐霞客游记》,上海:上海古籍出版社,2016 年。

[120](明)徐熥:《幔亭集》,清文渊阁四库全书本。

[121](明)张岱:《琅嬛文集》,云告点校,长沙:岳麓书社,1985 年。

[122](明)梅鼎祚辑:《释文纪》,清文渊阁四库全书本。

[123](明)黄宗羲编:《明文海》,清文渊阁四库全书本。

[124](明)曹学佺编:《石仓历代诗选》,清文渊阁四库全书本。

[125](明)胡应麟:《少室山房笔丛正集》,明万历刻本。

[126](明)何镗:《名山胜概记》,明崇祯六年刊本,哈佛大学燕京图书馆藏影印本。

[127](明)朱存理:《赵氏铁网珊瑚》,清文渊阁四库全书本。

[128](清)陈梦雷:《古今图书集成》,清文渊阁四库全书本。

[129](清)朱彝尊:《曝书亭集》,清文渊阁四库全书本。

[130](清)朱彝尊编:《明诗综》,清文渊阁四库全书本。

[131](清)朱彝尊:《词综》,清文渊阁四库全书本。

[132](清)查慎行:《敬业堂诗集》,清文渊阁四库全书本。

[133](清)郑方坤:《全闽诗话》,清文渊阁四库全书本。

[134](清)蓝鼎元:《鹿洲初集》,清文渊阁四库全书本。

[135](清)陆廷灿:《续茶经》,清文渊阁四库全书本。

[136](清)卢之颐:《本草乘雅半偈》,清文渊阁四库全书本。

[137](清)王锡祺:《小方壶斋舆地丛钞》,东北大学寄存图书、台湾省立师范学院图书馆藏影印本。

[138](清)张豫章辑:《御选宋诗》,清文渊阁四库全书本。

[139]（清）顾嗣立：《元诗选》，清文渊阁四库全书本。

[140]（清）张豫章辑：《御选元诗》，清文渊阁四库全书本。

[141]（清）张豫章辑：《御选明诗》，清文渊阁四库全书本。

[142]（清）李鸿章等：《钦定大清会典事例》，光绪朝本。

[143]（清）张廷玉等：《皇朝文献通考》，清文渊阁四库全书本。

[144]（清）高晋、萨载、阿桂：《钦定南巡盛典》，清文渊阁四库全书本。

[145]（清）蒋溥：《御制乐善堂全集定本》，清文渊阁四库全书本。

[146]（清）纪昀等：《御制诗集》，清文渊阁四库全书本。

[147]（明）钟惺：《钟惺散文选》，徐柏容、郑法清编，陈少松注，天津：百花文艺出版社，1997年。

[148]（明）宋应星：《天工开物》，明崇祯十一年刻本。

[149]（明）蔡清：《虚斋集》，清文渊阁四库全书本。

[150]（明）孙承恩：《文简集》，清文渊阁四库全书本。

[151]（明）吴宽：《家藏集》，清文渊阁四库全书本。

[152]（明）李东阳：《怀麓堂集》，清文渊阁四库全书本。

[153]（明）吴芾：《湖山集》，清文渊阁四库全书本。

[154]（明）佘翔：《薛荔园诗集》，清文渊阁四库全书本。

[155]（明）陆云龙等：《皇明十六家小品》，北京：书目文献出版社，1997年。

[156]（清）秦蕙田：《五礼通考》，清文渊阁四库全书本。

二、专著

[1]卿希泰：《道教与中国传统文化》，福州：福建人民出版社，1990年。

[2][日]今道友信：《东西方哲学美学比较》，李心峰等译，北京：中国人民大学出版社，1991年。

[3][古罗马]奥古斯丁：《忏悔录》，周士良译，北京：商务印书馆，1991年。

[4]李泽厚：《中国古代思想史论》，合肥：安徽文艺出版社，1994年。

[5]卿希泰：《中国道教史》，成都：四川人民出版社，1996年。

［6］马勇：《旅游学概论》，北京：高等教育出版社，1998年。

［7］王一川：《审美体验论》，天津：百花文艺出版社，1999年。

［8］［德］海德格尔：《存在与时间》，陈嘉映、王庆节译，上海：上海三联书店，1999年。

［9］葛兆光：《中国思想史》，上海：复旦大学出版社，2000年。

［10］蒙培元：《情感与理性》，北京：中国社会科学出版社，2002年。

［11］许东海：《山水田园诗赋与士人心灵图景》，台北：新文丰出版股份有限公司，2004年。

［12］［美］爱德华·W.索雅：《第三空间——去往洛杉矶和其他真实和想象地方的旅程》，陆扬等译，上海：上海教育出版社，2005年。

［13］朱立元：《当代西方文艺理论》，上海：华东师范大学出版社，2005年。

［14］朱良志：《中国美学十五讲》，北京：北京大学出版社，2006年。

［15］蒙培元：《理学的演变》，北京：方志出版社，2007年。

［16］武夷山市地方志编委会：《武夷山摩崖石刻》，北京：大众文艺出版社，2007年。

［17］王立群：《中国古代山水游记研究》，北京：中国社会科学出版社，2008年。

［18］何国平：《山水诗前史——从〈古诗十九首〉到玄言诗审美经验的变迁》，广州：暨南大学出版社，2011年。

［19］邓伟龙：《中国古代诗学的空间问题研究》，北京：中国社会科学出版社，2012年。

［20］杨春时：《作为第一哲学的美学——存在、现象与审美》，北京：人民出版社，2016年。

［21］李亮伟：《中国古代山水文学散论》，杭州：浙江大学出版社，2016年。

［22］刘彦顺：《西方美学中的时间性问题——现象学美学之外的视野》，北京：北京大学出版社，2016年。

［23］黄继刚：《空间的迷误与反思——爱德华·素雅的空间思想研究》，武汉：武汉大学出版社，2016年。

[24]陈素贞：《宋代山水游记研究》，台北：花木兰文化出版社，1960年。

[25]萧淑贞：《魏晋山水纪游诗文之研究》，台北：台湾学生书局有限公司，1964年。

[26]南炳文、汤纲：《明史（上）》，上海：上海人民出版社，2003年。

[27]章必功：《中国旅游史》，昆明：云南人民出版社，1992年。

[28]黄家城：《桂林旅游史略》，桂林：漓江出版社，1998年。

[29]李伯齐：《中国古代纪游文学史》，济南：山东友谊出版社，1998年。

[30]郑焱：《中国旅游发展史》，长沙：湖南教育出版社，2000年。

[31]郑向敏：《中国古代旅馆流变》，北京：旅游教育出版社，2000年。

[32]梅新林、俞樟华：《中国游记文学史》，上海：学林出版社，2004年。

[33]向玉成：《乐山旅游史》，成都：巴蜀书社，2005年。

[34]贾鸿雁：《中国游记文献研究》，南京：东南大学出版社，2005年。

[35]王淑良、张天来：《中国旅游史》，北京：旅游教育出版社，2006年。

[36]彭勇：《中国旅游史》，郑州：郑州大学出版社，2006年。

[37]朱平安：《武夷山摩崖石刻与武夷文化研究》，厦门：厦门大学出版社，2008年。

[38]夏咸淳：《明代山水审美》，北京：人民出版社，2009年。

[39]吴海庆：《江南山水与中国审美文化的生成》，北京：中国社会科学出版社，2011年。

[40]谢贵安：《中国旅游史》，武汉：武汉大学出版社，2011年。

三、析出文献

[1]成中英：《中国语言与中国传统哲学思维方式》，载张岱年、成中英：《中国思维偏向》，北京：中国社会科学出版社，1991年。

[2]欧潭生、卢美松：《先秦闽族及其考古学文化》，载陈存洗：《闽越考古研究》，厦门：厦门大学出版社，1993年。

[3]喻学才：《尚实·尚变·尚文——中国旅游文化的三大优良传统》，载臧维熙：《中国山水的艺术精神》，上海：学林出版社，1994年。

[4][法]福柯:《不同的空间》,载[法]福柯、[德]哈贝马斯、[法]布尔迪厄等:《激进的美学锋芒》,周宪译,北京:中国人民大学出版社,2003年。

[5]徐通锵:《汉字与认知》,载《识字教育科学化教学汇粹——第二届识字教育国际研讨会文献之三》,北京:中国轻工业出版社,2006年。

四、期刊报纸

[1]蒋炳钊:《略谈福建崇安武夷山的架壑船棺》,《厦门大学学报(哲学社会科学版)》1978年第4期。

[2]石钟健:《论武夷山悬棺葬的有关问题——武夷君是谁和武夷山悬棺葬式的开始时代》,《思想战线》1981年第1期。

[3]林忠干、梅华全:《武夷山悬棺葬年代与族属试探》,《民族学研究》1982年第2期。

[4]刘德谦:《先秦旅游活动初探》,《旅游论坛》1986年第3期。

[5]彭适凡:《论武夷山地区悬棺葬制的族属——兼论其年代》,《江西师范大学学报》1988年第2期。

[6]林蔚文:《闽赣川黔地区悬棺葬几个问题的比较研究》,《考古与文物》1988年第2期。

[7]林忠干:《武夷山区悬棺葬遗存再研究》,《东南文化》1990年第3期。

[8]李绍连:《殷的“上帝”与周的“天”》,《史学月刊》1990年第4期。

[9]朱凤瀚:《商周时期的天神崇拜》,《中国社会科学》1993年第4期。

[10]张荣明:《周代“天”神说驳证》,《天津师范大学学报(社会科学版)》1993年第3期。

[11]林文龙:《福建丹霞地貌及其旅游资源》,《福州师专学报》1994年第2期。

[12]张怀通:《周代山川祭祀的民本精神与政治功能》,《殷都学刊》1994年第4期。

[13]徐通锵:《中西语言学的结合应以字的研究为基础》,《语言文字应用》1998年第1期。

[14]王祖麟：《道教南五祖之一白玉蟾》，《福建侨报》1998 年 10 月 31 日第 4 版。

[15]王晖：《论周代天神性质与山岳崇拜》，《北京师范大学学报（社会科学版）》1999 年第 1 期。

[16]陈明芳：《中国悬棺葬研究状况及其展望》，《史前研究》2000 年第 1 期。

[17]赵奎英：《诗·言·思——试论中国古代哲学言语与思维的诗化》，《山东师范大学学报（人文社会科学版）》2000 年第 3 期。

[18]谢金良：《白玉蟾的生卒年月及其有关问题考辨》，《世界宗教研究》2001 年第 4 期。

[19]曾召南：《白玉蟾生卒及事迹考略》，《宗教学研究》2001 年第 3 期。

[20]王永平：《论唐代道教的发展规模》，《首都师范大学学报（社会科学版）》2002 年第 6 期。

[21]王尊旺、方宝璋：《也谈白玉蟾生卒年代及其有关问题》，《世界宗教研究》2003 年第 3 期。

[22]赵奎英：《从"文"、"象"的空间性看中国古代的诗画交融》，《山东师范大学学报（人文社会科学版）》2003 年第 1 期。

[23]吴天明：《神仙思想的起源与变迁》，《海南大学学报（人文社会科学版）》2004 年第 2 期。

[24]徐通锵：《字的重新分析和汉语语义语法的研究》，《语文研究》2005 年第 3 期。

[25]曹诗图、郑宇飞、黄蓉：《旅游概念的哲学辨析》，《地理与地理信息科学》2006 年第 4 期。

[26]张泽洪：《唐代道教的投龙仪式》，《陕西师范大学学报（哲学社会科学版）》2007 年第 1 期。

[27]王敬武：《对旅游艾斯特定义的质疑》，《北京工商大学学报（社会科学版）》2009 年第 1 期。

[28]黄景春:《秦汉魏晋神仙思想的继承与嬗变:兼谈小南一郎"新神仙思想"说存在的问题》,《武汉大学学报(人文科学版)》2010年第3期。

[29]张雁勇:《〈真灵位业图〉校勘举要》,《南京晓庄学院学报》2011年第1期。

[30]冯焕珍:《白玉蟾生卒年新说》,《现代哲学》2011年第5期。

[31]张林:《〈列仙传〉神仙思想摭谈》,《长治学院学报》2013年第4期。

[32]刘亮:《白玉蟾生卒年新证》,《文化遗产》2013年第3期。

[33]王文斌:《论英语的时间性特质与汉语的空间性特质》,《外语教学与研究》2013年第2期。

[34]黄丽娟:《从武夷山摩崖石刻看明代旅游现象及其特征》,《安徽农业大学学报(社会科学版)》2014年第6期。

[35]陈庆元:《龙溪张于垒年谱》,《漳州师范学院学报》2014年第4期。

[36]王中华:《旅游定义研究的语言困境及其突破思路》,《旅游论坛》2014年第3期。

[37]王中华:《旅游定义研究的逻辑反思及其内涵的再认识》,《旅游论坛》2014年第5期。

[38]沈家煊:《从语言看中西方的范畴观》,《中国社会科学》2017年第7期。

[39]福建省崇安县文化馆、厦门大学历史系考古专业:《福建崇安县架壑船棺调查简报》,《厦门大学学报(哲学社会科学版)》1978年第4期。

[40]辛土成:《关于武夷山架壑悬棺若干问题的探讨》,《厦门大学学报(哲学社会科学版)》1978年第4期。

[41]王中华:《哲学视野与旅游活动之本质》,《宁夏大学学报(人文社会科学版)》2011年第4期。

五、硕博论文

[1]徐晓力:《从山水观念到山水图式——山水画的文化解释》,上海:复旦大学博士学位论文,2006年。

[2]付其建:《试论道教洞天福地理论的形成与发展》,济南:山东大学硕士学位论文,2007年。

[3]朱镜静:《南宋道教管理思想及宫观制度研究》,杭州:杭州师范大学硕士学位论文,2007年。

[4]李剑楠:《道教神仙谱系的建构初探》,北京:中央民族大学硕士学位论文,2010年。

[5]陆庆祥:《苏轼休闲审美思想研究》,杭州:浙江大学博士学位论文,2010年。

[6]牛敬飞:《五岳祭祀演变考论》,北京:清华大学博士学位论文,2012年。

[7]刘守政:《白玉蟾道教思想研究》,南京:南京大学博士学位论文,2012年。

[8]周能俊:《唐代道教地理分布》,南京:南京大学博士学位论文,2013年。

[9]卢巷文:《陶弘景的神仙谱系研究》,长沙:湖南师范大学硕士学位论文,2019年。

[10]侯长生:《朱熹山水诗的渊源与嬗变》,西安:陕西师范大学硕士学位论文,2004年。

[11]王娟:《道教神谱〈真灵位业图〉神仙演化过程考察》,西安:陕西师范大学硕士学位论文,2005年。

六、英文文献

[1]Henri Lefebvre, *The Production of Space*, London: Wiley-Blackwell, 1991.

[2]Setha M. Low, Denise Lawrence-Zunigais, eds., *The Anthropology of Space and Place*: *Locating Culture*, London: Wiley-Blackwell, 2003.

[3]Timothy S. Oakes, Patricia L. Price, *The Cultural Geography Reader*, Abingdon: Taylor & Francis, 2008.

后　记

　　一座名山,就是一个文化宝库。在即将付梓之际,我愈加感受到了这一点。武夷山历史悠久,文化资源极为丰富。武夷山的旅游源远流长,历久弥新。武夷山,是中国山水文明的一个典型代表。

　　由于个人能力所限,武夷山旅游史的研究与撰写,对我来说是一件很困难的事。其一,由于个人知识范围和掌握资料的局限,本书研究的时间跨度止于清代前期,主要涉及武夷山古代旅游史。武夷山的近现代旅游,尤其是新中国成立以来,同样也进入了蓬勃发展的新时期,但因资料和能力所限,本书暂时没有涉及这些内容,这是个遗憾,有待以后进一步研究和补充。其二,本书所涉及的文献,很多都是原始资料,在阅读、断句、诠释过程中一定还有很多疏漏、错误之处,敬请方家批评指正。其三,在很多文献中选取资料作为研究的案例和典型,取舍之间难免有偏颇之处,也请各位方家谅解和指正。

　　本书是关于历史的研究和叙述,因此在书写的过程中尽量做到客观描述,力争做到不宣扬、不夸张、不趋时尚。在这个盛行快餐文化的时代,阅读图书已是可贵的事,此书不求理解和点赞,但愿没有浪费阅书人的时间。

　　本研究的展开和本书的出版,受到福建省社科规划项目

（FJ2017B024）、武夷学院服务产业研究专项项目（2021XJFWCY07）、武夷学院旅游学院学科建设项目等资助。武夷学院科研处邓家耀老师、图书馆陈兴老师、旅游学院黄丽娟老师，以及武夷山市导游协会陈礼良先生等，为本书的研究和撰写提供了课题申报、资料整理、文稿修改等方面的鼎力支持。厦门大学出版社林灿等诸位编辑老师仔细审读，提出很多修改建议，使本书得以避免更多的疏漏和错误。在此，致以衷心的感谢！

虽然，多年以来我并没有什么可观的研究成果，但我的妻子和女儿却一直给我最大的支持。妻子承担着繁重的家务，也忍受着我的固执和平庸，心中之难，难以言说。借此，表达对妻子和女儿最诚挚的谢意。

王中华

2024 年 4 月 29 日夜于武夷学院